Wissen anwenden und übertragen

Operator	Was genau musst du tun?	Was dir helfen kann
analysiere, untersuche	Du wertest Materialien nach bestimmten Gesichtspunkten aus und verwendest dafür bestimmte Vorgehensweisen (siehe dazu die Methoden-Bausteine ▶ *Schritt für Schritt*).	Nach besonderen Begriffen, Merkmalen und Zusammenhängen in Materialien suchen und diese in einem Text systematisch und geordnet zusammenfassen. **Analyse von Texten**: häufig genannte Begriffe wie bestimmte Substantive, Jahreszahlen, Personen oder Schauplätze beachten **Analyse von Bildern**: bestimmte Symbole, Auffälligkeiten und Hervorhebungen durch Größenverhältnisse, Positionen im Bild, bestimmte Farben und besondere Kleidung beachten
begründe, weise nach	Du verwendest Gründe, um zu überzeugen. In der Aufgabenstellung findest du deshalb immer eine bestimmte Aussage (These).	**Beispiel**: *Frankreich durfte auf dem Wiener Kongress mitverhandeln, weil …*
charakterisiere	Du beschreibst einen historischen Sachverhalt, indem du das Besondere deutlich herausarbeitest.	Um das Besondere zu erfassen, musst du Thema oder Material nach bestimmten Gesichtspunkten gliedern und ▶ *erklären*.
erarbeite, arbeite heraus, finde heraus	Du entnimmst einem Material bestimmte Informationen oder Begriffe und stellst deine Ergebnisse in eigenen Formulierungen sachlich dar.	**Tipp:** Achte besonders auf die Gesamtaussage, da manchmal wichtige Informationen nicht ausdrücklich, sondern nur indirekt genannt werden! Siehe auch die Hinweise für ▶ *fasse zusammen*.
erkläre, erläutere	Du stellst einen Sachverhalt so dar, dass die Inhalte und Zusammenhänge für einen Leser oder Zuhörer verständlich sind. Gelegentlich musst du auch Gründe nennen (▶ *begründe*). Achte auf deine Wortwahl!	Komplizierte Sachverhalte sind ausführlicher zu erklären, das nennen wir dann ▶ *erläutern*. **Tipp**: Um die Zusammenhänge zu erklären oder zu erläutern, kannst du kausale Konjunktionen verwenden wie *weil…*, *deshalb …*, *daher …*, *dadurch …*
ordne ein	Du ordnest ein Ereignis, die Handlungsweise einer Person, das Thema der Quelle bzw. der Darstellung in einen übergeordneten Zusammenhang ein.	**Tipp:** Stelle dir z. B. dazu folgende Fragen: • Was hat sich in dem betreffenden Zeitraum sonst noch ereignet? • In welchem Zusammenhang ist mir das Ereignis, die Person oder das Thema schon einmal begegnet?
stelle dar	Du verfasst einen Text über bestimmte historische Sachverhalte und Zusammenhänge. Dafür entnimmst du den Materialien gezielt Informationen.	**Tipp**: In diesem Operator sind noch … steckt: 1. Um an die Informationen zu … du Materialien ▶ *auswerten* … 2. Um Zusammenhänge darzus… teilweise auch ▶ *beschreibe…* und ▶ *beurteilen*.
werte aus	Du wertest Text- und Bildquellen, Karten und Schaubilder sowie INFO-Texte nach bestimmten Gesichtspunkten (Kriterien) genau aus.	Für eine Untersuchung brauchst du bestimmte Gesichtspunkte. Dies können z. B. Fragen sein. Du findest solche Fragen in den Methoden-Bausteinen ▶ *Schritt für Schritt*.

Über etwas nachdenken, eine eigene Meinung bilden und gemeinsam Probleme lösen

<table>
<tr><th>Operator</th><th>Was genau musst du tun?</th><th>Was dir helfen kann</th></tr>
<tr><td>beurteile</td><td>Du ▶ bewertest einen bestimmten historischen Sachverhalt. Dabei achtest du genau auf die Fakten und Umstände (= Sachurteil).</td><td>Beispiel: Die schlechten Wohnverhältnisse wirkten sich auf das Familienleben aus, weil …</td></tr>
<tr><td>bewerte, nimm Stellung</td><td>Du beziehst wie bei ▶ beurteile Stellung zu einem historischen Sachverhalt. Bei „bewerte" sollst du aber auch deine eigene Vorstellung berücksichtigen (= Werturteil).</td><td>Beispiel: Die Reaktionen auf die Umweltbelastungen waren damals und heute unzureichend, weil …</td></tr>
<tr><td>diskutiere</td><td>Du nimmst zu einer bestimmten Aussage eine bestimmte Position ein. Damit du einen Leser oder Zuhörer überzeugen kannst, musst du Argumente entwickeln.</td><td>Beispiel: Ich finde, dass die Urbanisierung auch Probleme löste, da sie …</td></tr>
<tr><td>erörtere, setze dich auseinander</td><td>Du entwickelst schriftlich und wie bei ▶ diskutiere eine Argumentation, indem du Thesen mit Beispielen bildest.</td><td>Erörtern hat einen ausgeprägten Sachbezug, sodass die historische Fragestellung noch stärker in den Mittelpunkt der Betrachtung rückt als bei ▶ diskutiere.</td></tr>
<tr><td>interpretiere, deute</td><td>Du ▶ untersuchst die Aussagen eines Textes, eines Bildes, einer Statistik oder eines Schaubildes und stellst fest, was der Verfasser bzw. Urheber damit bewirken wollte. Du kannst bei der Interpretation deine Aussagen selbst gewichten. Berücksichtige dabei die Ergebnisse, die du durch die vorausgehende Beschreibung und Untersuchung gewonnen hast. Es geht also nicht um eine bloße Einschätzung oder Vermutung.</td><td>• Der Verfasser möchte mit seinem Text (wahrscheinlich) erreichen, dass …
• Der Künstler will dem Betrachter zeigen, dass …
• Der Statistiker will belegen, dass …
Vergiss im Anschluss an die Behauptung nicht, deine Deutung mithilfe der Beschreibung und Untersuchung zu belegen!
• Das kann man daran erkennen, dass …
• Folgende Bildelemente sprechen dafür, dass …</td></tr>
<tr><td>prüfe, überprüfe</td><td>Du ▶ untersuchst, ob eine Aussage stimmig ist, und formulierst ein überzeugendes Ergebnis zu deinen Überlegungen. Vorher musst du ein Material aber ▶ untersuchen oder ▶ auswerten.</td><td>Tipp: Berücksichtige beim Überprüfen die Informationen zu ▶ beurteile, ▶ bewerte und ▶ diskutiere.</td></tr>
<tr><td>vergleiche, stelle gegenüber, unterscheide</td><td>Du stellst zwei Aussagen oder Materialien gegenüber und suchst mithilfe bestimmter Vergleichspunkte nach Gemeinsamkeiten und Unterschieden. Abschließend formulierst du ein Ergebnis der Gegenüberstellung.</td><td>Tipp: Zur Vorbereitung deiner Antwort kann eine Tabelle mit Spalten hilfreich sein.<table><tr><th>Vergleichsmerkmal</th><th>Material 1</th><th>Material 2</th></tr><tr><td>…</td><td>…</td><td>…</td></tr></table></td></tr>
</table>

DAS WAREN ZEITEN

3

herausgegeben von
Dieter Brückner
und Josef Koller

C.C.Buchner

Das waren Zeiten – Bayern

Unterrichtswerk für Geschichte an Gymnasien

Band 3 für die Jahrgangsstufe 8:
Das lange 19. Jahrhundert

Herausgegeben von Dieter Brückner und Josef Koller

Bearbeitet von Volker Bräu, Dieter Brückner, Judith Bruniecki, Marcus Gerber, Klaus Dieter Hein-Mooren, Josef Koller, Sven Pflefka, Ernst Schütz, Andreas Weindl unter Mitarbeit von Stefan Schuch

Dieser Titel ist auch als digitale Ausgabe **click & study** unter www.ccbuchner.de erhältlich.

Die Mediencodes des Werkes enthalten zusätzliche Unterrichtsmaterialien, die der Verlag in eigener Verantwortung zur Verfügung stellt.

1. Auflage, 1. Druck 2020
Alle Drucke dieser Auflage sind, weil untereinander unverändert, nebeneinander benutzbar.

Dieses Werk folgt der reformierten Rechtschreibung und Zeichensetzung. Ausnahmen bilden Texte, bei denen künstlerische, philologische und lizenzrechtliche Gründe einer Änderung entgegenstehen.

An keiner Stelle im Schülerbuch dürfen Eintragungen vorgenommen werden.

Redaktion: Klaus Dieter Hein-Mooren
Korrektorat: Kerstin Schulbert
Layout, Satz und Grafik: ARTBOX Grafik & Satz GmbH, Bremen
Karten: ARTBOX Grafik & Satz GmbH, Bremen; KÄMMER-Kartographie, Berlin; mr-Karthographie, Gotha; Peter Palm, Berlin
Umschlag: ARTBOX Grafik & Satz GmbH, Bremen (Motiv: siehe S. 141, M1)
Druck und Bindung: Mohn Media Mohndruck GmbH, Gütersloh

www.ccbuchner.de

ISBN: 978-3-661-**31063**-3

Inhalt

Alle mit * gekennzeichneten Kapitel sind nicht verbindlich.

3 Bayern – Identität, Staatsgebiet und kulturelles Erbe

4 Industrialisierung und Soziale Frage

5 Das Deutsche Kaiserreich

Alle mit * gekennzeichneten Kapitel sind nicht verbindlich.

6 Imperialismus und Erster Weltkrieg

Anhang

Zusätzliches Kartenmaterial

Mit diesem Geschichtsbuch arbeiten und lernen

Das waren Zeiten wird euch durch dieses Schuljahr begleiten. Es ist ein Lern- und Arbeitsbuch. Die folgenden Erklärungen stellen die verschiedenen Teile des Werkes vor. Sie geben an, wie ihr mit dem Buch gut arbeiten und lernen könnt.

Der Auftakt

Am Beginn eines jeden Großkapitels zeigt ein großes Bild, wo oder wie wir der Geschichte begegnen können. Kurze Erläuterungen und erste Aufgaben sollen euch zum Nachfragen und Nachdenken über das Thema und die Zeit anregen.

Orientierung in Raum und Zeit

Auf dieser Doppelseite gibt euch ein kurzer Einführungstext erste Hinweise, wieso es sich lohnt, sich mit dem Thema des Großkapitels zu beschäftigen. Sogenannte Leitfragen am Ende dieses Textes führen in das Thema ein. Wenn ihr das Kapitel bearbeitet habt, seid ihr in der Lage, diese Fragen zu beantworten.
Mit **M** und einer Ziffer sind alle Materialien (Bilder und Texte) gekennzeichnet. Sie vertiefen die Einführung. Eine Karte und eine Zeitleiste zeigen euch, wie die Materialien in Raum und Zeit einzuordnen sind.
Erste Arbeitsvorschläge schließen die Seiten ab. Tipps zur Bearbeitung aller Aufgaben findet ihr vorne im Buch unter Aufgaben begreifen und richtig bearbeiten.

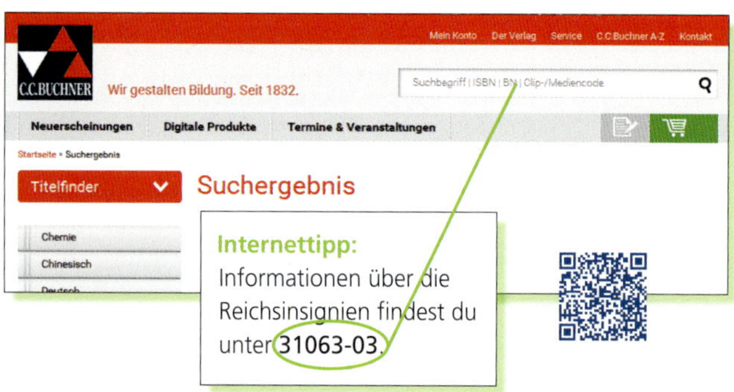

Medientipps

Zu dem einen oder anderen Thema haben wir in den Randspalten **Lese-, Karten- und Medientipps** angegeben. Wenn ihr die Tipps einsehen wollt, müsst ihr nur unsere Homepage *www.ccbuchner.de* aufrufen und in das Suchfeld oben rechts den **Mediencode** eingeben. Besondere Inhalte könnt ihr auch direkt über einen QR-Code aufrufen.

Teilkapitel

Die Lernbereiche sind in Teilkapitel gegliedert, die in der Regel eine Doppelseite umfassen. Sie enthalten die von uns Schulbuchautoren verfassten INFOS und ausgewählte Materialien. Die INFOS berücksichtigen alle vom Lehrplan vorgegebenen **Grundlegenden Daten und Begriffe** (GDB). Sie sind am fetten Druck erkennbar. Die GDB des vorhergehenden Jahrgangs oder Kapitels sind mit einem * gekennzeichnet. Sonstige Fachbegriffe und Fremdwörter haben wir in den Randspalten oder unter den Texten erklärt. Auf jeder Doppelseite befindet sich eine Zeitleiste, die euch hilft, die Inhalte zeitlich einzuordnen.
Vielfältige Lern- und Übungsaufgaben unterstützen eure Arbeit. Zu allen mit (H) oder (F) markierten Aufgaben geben wir euch Tipps zur Bearbeitung (**H**elfen) und zur Vertiefung (**F**ordern) im Anhang des Buches.
Einige Teilkapitel sind als **Lernaufgaben** ausgewiesen. Materialien, INFOS und Arbeitsvorschläge berücksichtigen dann einen bestimmten Lernweg.

Schritt für Schritt

Unter dieser Überschrift lernt ihr nach und nach Arbeitsmethoden kennen und anzuwenden, die für das Fach Geschichte wichtig sind.

Treffpunkt Geschichte

Diese Doppelseiten findet ihr in jedem Großkapitel. Hier könnt ihr in Partner- oder Gruppenarbeit Materialien zu einem besonderen Themenbereich bearbeiten.

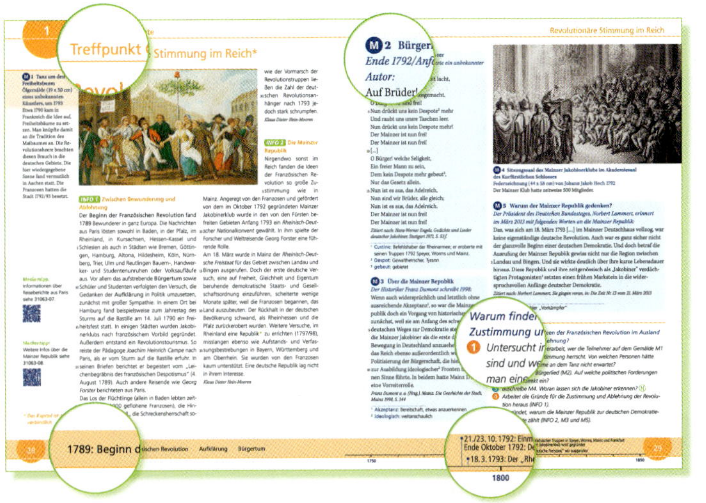

Das weiß ich – das kann ich!

Zum Schluss haben wir den ganzen Inhalt des Großkapitels knapp zusammengefasst und dazu noch weitere Materialien abgedruckt. Damit könnt ihr die Leitfragen von der Orientierungsseite beantworten, die **Grundlegenden Daten und Begriffe** wiederholen und noch einmal zeigen, wie gut ihr die erlernten Arbeitsmethoden anwenden könnt.

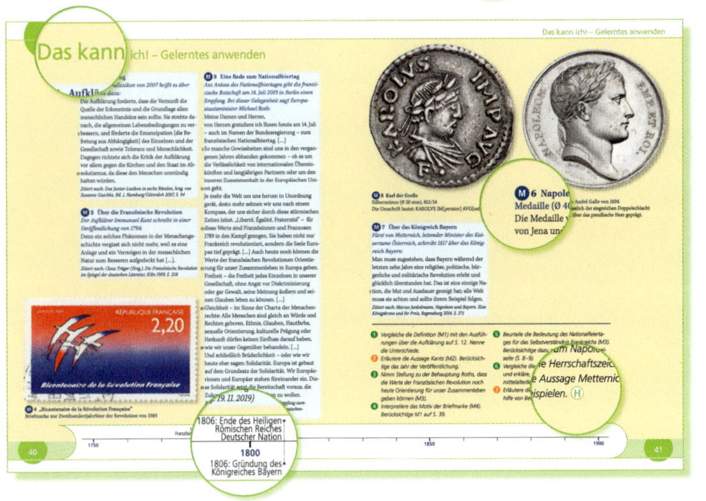

Anhang

Am Ende eures Geschichtsbuches findet ihr alle **Grundlegenden Daten und Begriffe** übersichtlich zusammengestellt, die Tipps und Anregungen für die mit (H) oder (F) gekennzeichneten Aufgaben und die Zusammenfassung der Arbeitsmethoden **Schritt für Schritt**.
Sach- und Personenregister helfen euch bei der gezielten Suche nach Informationen. Nutzt sie!

1

Aufklärung, Französische Revolution und Napoleon

Am 14. Juli wird in ganz Frankreich gefeiert – mit politischen Reden, Militärparaden und Volksfesten. Der Feiertag geht auf zwei Ereignisse zurück. Zum einen auf die gewaltsame Erstürmung der Bastille in Paris vom 14. Juli 1789 und auf die Überwindung der absolutistischen Herrschaftsordnung und zum anderen auf ein großes „Verbrüderungsfest" vom 14. Juli 1790, auf dem die Truppen aus allen Landesteilen Frankreichs in Paris einen Eid auf die „Nation, das Gesetz und den König" ablegten. Das erste Datum galt als der Beginn der eigentlichen Revolution und besaß Signalwirkung für das ganze Land und Europa, das zweite beschwor den Zusammenhalt aller Franzosen. Zwei Gründe, die 1880 für die Einführung des Nationalfeiertages unter der Devise „Freiheit, Gleichheit und Brüderlichkeit" sprachen – und die noch heute Anlass für die feierliche Beschwörung der gemeinsamen Geschichte und Zukunft der Nation sind.

1 *Nenne die Motive für die Einführung des französischen Nationalfeiertages.*

2 *Recherchiert in Partnerarbeit die Nationalfeiertage in Polen, Deutschland und in den USA. Woran erinnern sie?*

M1 Truppenparade auf der Avenue des Champs-Élysées in Paris am Nationalfeiertag
Foto vom 14. Juli 2019
Seit 1980 findet alljährlich am 14. Juli eine Truppenparade auf der Avenue des Champs-Élysées statt. Im Hintergrund der von Napoleon 1806 angeregte „Arc de Triomphe". Nebenbei: Seit 1994 nehmen Streitkräfte aus ganz Europa, das „Eurokorps", an der Militärparade teil.

Orientierung in Raum und Zeit

M 1 Die Bastille wird gestürmt
Aquarell (50,5 x 37,8 cm) von Jean-Pierre Houël, 1789
Die Bastille war eine im 14. Jh. errichtete Festung, die seit Mitte des 17. Jhs. als Gefängnis und seit Ende des 18. Jhs. als Waffenlager genutzt wurde. Am 14. Juli 1789 stürmten Aufständische die Festung, um die Gefangenen zu befreien. In ihren Augen waren sie Opfer der Willkür der absolutistischen Herrschaft. Unter dem Druck der Massen wurde die Bastille geöffnet. Sieben Häftlinge kamen frei. Etwa 100 Menschen starben. Die „Eroberung der Bastille" wurde zum Zeichen für die Befreiung von den „Ketten der Knechtschaft" – und später zum Nationalfeiertag der Franzosen erklärt.

Ein Epochenumbruch

Dass wir unsere Meinung frei äußern und demonstrieren gehen können, dass wir vor dem Gesetz gleich sind und politisch mitreden dürfen, verdanken wir Veränderungen, die vor rund 250 Jahren begannen. In der Epoche der **Aufklärung** wurden rationale, d.h. durch den Verstand erklär- und begründbare Entscheidungen gesucht und jahrhundertealte göttliche Weisheiten infrage gestellt. Dadurch gerieten der Absolutismus* und die Ständegesellschaft zunehmend in die Kritik, zumal sie nicht mehr in der Lage waren, die gesellschaftlichen, wirtschaftlichen und sozialen Probleme der Zeit zu lösen.

1789 begann ein tief greifender Umbruch, der in verhältnismäßig kurzer Zeit Politik, Gesellschaft, Wirtschaft und Kultur veränderte: die **Französische Revolution**. Erstmals in Europa wurden **Menschenrechte** verkündet und Freiheit und Gleichheit zum Maßstab politischen Handelns. Die Revolution entwickelte sich als politisches Experimentierfeld. Terror und Kriege zählten dazu. Nach zehn Jahren erklärte General **Napoleon** Bonaparte die Revolution für beendet. Er übernahm die Macht, krönte sich 1804 selbst zum Kaiser* und machte Frankreich vorübergehend zur Hegemonialmacht Europas (Hegemonie*).

Volker Bräu und Klaus Dieter Hein-Mooren

Das folgende Großkapitel behandelt die Ideen der Aufklärung und die Französische Revolution. Darüber hinaus erfährst du, wie Napoleon die Revolution beendete und vorübergehend eine Führungsrolle in Europa übernahm. Du kannst dann Antwort auf diese Fragen geben:

- *Welche Veränderungen brachte die Aufklärung*?*
- *Warum kam es 1789* zur Revolution?*
- *Wer löste sie aus?*
- *Wie veränderten sich die Regierungsformen im Laufe der Revolution?*
- *Wer war Napoleon*?*
- *Warum konnte er aufsteigen?*
- *Wie veränderte Napoleon Frankreich, Europa und auch Bayern?*
- *Welche Veränderungen haben Bestand bis in die Gegenwart?*

M 2 Europa unter französischer Vorherrschaft, um 1812
Zum Rheinbund siehe S. 35. Eine detaillierte Karte zum Thema „Europa zur Zeit Napoleon I. 1804-1815" findest du auf S. 228.

M 3 Kokarde
Bandschleife in Form einer Rosette, die in der Regel am Hut getragen wurde, um 1789
Zur Entstehung so viel: Drei Tage nach dem Sturm auf die Bastille (M1) steckte sich der König eine blau-rote (die Farben von Paris) Kokarde an den Hut, als er die neue Stadtverwaltung anerkannte. Daraufhin führte der Militärausschuss von Paris eine Kokarde ein, die aus einem weißen (die Farbe der Monarchie), mit blauer und roter Borte eingefassten Band bestand. Das machte sie zur Vorlage für die im Oktober 1790 eingeführte *Trikolore*: die blau-weiß-rote Nationalfahne. Nebenbei: 1792/93 wurde es zeitweise zur Pflicht, die Kokarde zu tragen.

M 4 Obelisk auf dem Münchner Karolinenplatz
Luftbildaufnahme, um 2017
Von dem Karolinenplatz gehen u. a. die Barer und die Brienner Straße ab.

1. *Erläutere, warum die „Eroberung der Bastille" (M1) für die Aufständischen eine Befreiung aus den „Ketten der Knechtschaft" war.*
2. *Erstelle mithilfe der Karte (M2) und einer aktuellen Europakarte eine Liste der Staaten, die 1812 von Napoleon* abhängig waren.*
3. *Beschreibe Herkunft und Bedeutung der Trikolore (M3). Recherchiere dazu, welche europäischen Staaten dreifarbige Nationalfahnen haben. Berichte in der Klasse, ob sie auf die Französische Revolution zurückgehen.*
4. *Informiere dich, warum es in München eine „Brienner Straße" und eine „Barer Straße" gibt (M4). Was haben die Namen mit Napoleon* und Bayern zu tun?*

Selbst denken! Die Aufklärung

M 1 „Aufklärung“
Nachträglich kolorierte Radierung (8,7 x 5,1 cm) von Daniel Chodowiecki, 1791
Übrigens: Die Epochenbezeichnung „Aufklärung“ heißt auf Englisch „Age of Enlightenment“, auf Französisch „Âge des Lumières“ und auf Niederländisch „De eeuw va de verlichting“.

INFO 1 Was ist Aufklärung?

Die bis heute gültige Antwort auf die Frage hat der Philosoph *Immanuel Kant* 1784 gegeben. Für ihn war **Aufklärung** „der Ausgang des Menschen aus seiner selbstverschuldeten Unmündigkeit“. Er forderte jeden Einzelnen auf, sich seines „eigenen Verstandes zu bedienen“ und „Faulheit und Feigheit“ zu überwinden, um nicht unmündig zu bleiben.

Kant stand nicht am Anfang der Aufklärung. Seit dem 17. Jh. hatte sich in England und Frankreich eine neue Geisteshaltung entwickelt, die beinahe alle Lebensbereiche betraf. Die Aufklärer waren überzeugt,

- dass der Wert eines Menschen nicht auf Herkunft und Stand, sondern auf seiner angeborenen Würde und seiner Leistung beruhe, also darauf, wie er seine natürlichen Fähigkeiten ausbildet;
- dass der Mensch sich nur in Freiheit entfalten könne;
- dass es nicht nur eine einzige „wahre“ Religion gebe, sondern dass in jeder Religion ein „vernünftiger“ Kern stecke und
- dass es Sache der Herrscher sei, die Aufklärung in der Gesellschaft zu verbreiten.

Doch die Aufklärung änderte das Verhalten der Bevölkerung nur allmählich. Weiterhin glaubten noch viele Menschen an Wahrsager, fanden große Hexenprozesse statt, wurden Frauen benachteiligt, Afrikaner millionenfach versklavt und Minderheiten verfolgt.

Klaus Dieter Hein-Mooren

INFO 2 Wie soll regiert werden?

Nach den vielen Religions- und Bürgerkriegen des 16. und 17. Jhs. suchten Aufklärer mehr denn je Antworten auf die Frage nach dem besten Staat. Insbesondere die Frage, wie gerechte Herrschaft aussehen soll, beschäftigte die aufgeklärten Staatsdenker. Während die Lehre des Absolutismus* die Herrschaft der Fürsten über ein Volk auf Gottes Willen zurückführte (*Gottesgnadentum*), sahen die Aufklärer die Grundlage eines Staates in einem freiwilligen Zusammenschluss der Menschen mit einem König* als Oberhaupt. Dieses Staatsverständnis hatte auch der Engländer *John Locke*. Er verwies darauf, dass ein Monarch nicht alleiniger Gesetzgeber sein solle und dass ein Herrscher, der sich nicht an vereinbarte Gesetze hält, vom Volk abgesetzt werden könne.

Der französische Rechtsgelehrte und Schriftsteller *Charles de Montesquieu* führte Lockes Überlegungen weiter. Er forderte die Kontrolle der Staatsmacht durch ihre Aufteilung in drei Teilgewalten: die *Legislative* (gesetzgebende Gewalt: Ständeversammlung oder Parlament), die *Exekutive* (vollziehende Gewalt: König und Regierung) und die *Judikative* (richterliche Gewalt: Gerichte). Nur diese **Gewaltenteilung** könne den Machtmissbrauch eines Herrschers verhindern.

Zuletzt entwickelte der aus Genf stammende, aber in Frankreich lebende *Jean-Jacques Rousseau* eine neue Vorstellung eines Gesellschaftsvertrages. Demnach sei ein gerechtes Zusammenleben nur möglich, wenn sich alle Mitglieder einer Gemeinschaft freiwillig einem übergeordneten Gesamtwillen unterwerfen. Anders ausgedrückt: Die Herrschaft (Staatsgewalt) müsse, wie im alten Athen, vom Volk ausgehen (**Volkssouveränität**).

Bei allen Überlegungen spielten Freiheit und Rechte jedes Menschen die entscheidende Rolle.

Klaus Dieter Hein-Mooren

Medientipp:
Zum Zeitalter der Aufklärung siehe auch **31063-01**.

M 2 Recht auf Widerstand

Der englische Arzt, Naturwissenschaftler und Staatsdenker John Locke geht in einem 1690 anonym veröffentlichten Werk auch der Frage nach, ob es ein Widerstandsrecht gibt.

Wer also die […] höchste Gewalt eines Staatswesens besitzt, ist verpflichtet, nach feststehenden, gehörig bekanntgemachten und vom Volk anerkannten Gesetzen zu regieren und nicht nach Beschlüssen des Augenblicks […].

Jeder, der in seiner Autorität über die ihm gesetzlich eingeräumte Macht hinausgeht und von der Gewalt, über die er verfügt, Gebrauch macht, den Untertanen das aufzuzwingen, was das Gesetz nicht gestattet, hört in dieser Beziehung auf, Obrigkeit zu sein; und da er ohne Autorität handelt, darf ihm Widerstand geleistet werden, wie jedem anderen, der mit Gewalt in das Recht eines anderen eingreift.

Zitiert nach: Arnold Bergstraesser und Dieter Oberndörfer (Hrsg.), Klassiker der Staatsphilosophie, Stuttgart ²1975, S. 193 und 209 f.

M 3 Geteilte Gewalten im Staat

Charles-Louis de Secondat de Montesquieu, Schriftsteller und Staatsdenker, schreibt in seinem Buch „Vom Geist der Gesetze" („De l'esprit des loix") von 1748:

Es gibt in jedem Staat drei Arten von Vollmacht: die legislative[1] Gewalt, die exekutive[2] Gewalt in Sachen, die vom Völkerrecht abhängen, und die exekutive Befugnis in Sachen, die vom Zivilrecht[3] abhängen.

Aufgrund der ersteren schafft der Herrscher oder Magistrat Gesetze auf Zeit oder für die Dauer, ändert geltende Gesetze oder schafft sie ab. Aufgrund der zweiten stiftet er Frieden oder Krieg, sendet oder empfängt Botschaften, stellt die Sicherheit her, sorgt gegen Einfälle vor. Aufgrund der dritten bestraft er Verbrechen oder sitzt zu Gericht über die Streitfälle der Einzelpersonen. […]

Sobald in ein und derselben Person oder derselben Beamtenschaft die legislative Befugnis mit der exekutiven verbunden ist, gibt es keine Freiheit. Es wäre nämlich zu befürchten, dass derselbe Monarch oder derselbe Senat[4] tyrannische Gesetze erließe und dann tyrannisch durchführte.

Freiheit gibt es auch nicht, wenn die richterliche Befugnis nicht von der legislativen und von der exekutiven Befugnis geschieden wird. […]

Alles wäre verloren, wenn ein und derselbe Mann beziehungsweise die gleiche Körperschaft entweder der Mächtigsten oder der Adligen oder des Volkes folgende drei Machtvollkommenheiten ausübte: Gesetze erlassen, öffentliche Beschlüsse in die Tat umsetzen, Verbrechen und private Streitfälle aburteilen.

Montesquieu, Vom Geist der Gesetze. Eingeleitet, ausgewählt und übersetzt von Kurt Weigand, Stuttgart 1994, S. 216 f.

M 4 Vom Gesellschaftsvertrag

In seinem 1762 in Amsterdam veröffentlichten politischen Hauptwerk „Vom Gesellschaftsvertrag oder Prinzipien des politischen Rechtes" („Du contrat social ou principes du droit politique"), das in Frankreich, den Niederlanden, in Genf und Bern sofort verboten wird, erklärt der Schriftsteller Jean-Jacques Rousseau:

Der Mensch wird frei geboren, und überall ist er in Ketten. […] Solange ein Volk gezwungen wird zu gehorchen und es gehorcht, tut es gut daran. Sobald es das Joch abschütteln kann und es tatsächlich abschüttelt, tut es noch besser daran […]. Die gesellschaftliche Ordnung aber ist ein heiliges Recht, das allen anderen zugrunde liegt. Dennoch kommt dieses Recht nicht von der Natur; es beruht folglich auf Übereinkünften.

Jean-Jacques Rousseau, Kulturkritische und politische Schriften, hrsg. von Martin Fontius, Bd. 1, Berlin 1989, S. 382 f. (übersetzt von Karlheinz Barck u. a.)

1 **Legislative**: gesetzgebende Gewalt (Gesetzgebung)
2 **Exekutive**: vollziehende Gewalt (Regierung)
3 **Zivilrecht**: bürgerliches Recht
4 **Senat**: Staatsrat

Wie sollen Menschen in einem Staat leben?

1. *Erkläre, inwiefern der Titel „Aufklärung" zu dem Bild (M1) passt.*
2. *Erläutere Kants Verständnis der Aufklärung* (INFO 1). Inwiefern ist es politisch und eine Kampfansage an die alte Ständeordnung?*
3. *Erkläre die Aufgabe der Gesetze im Staat (INFO 2 und M2).*
4. *Arbeite heraus, warum nach Montesquieu die Staatsgewalt geteilt werden muss (M3).*
5. *Diskutiert, ob Rousseaus Vorstellungen mit einer Monarchie* vereinbar waren (INFO 2 und M4).*
6. *Diskutiert in Kleingruppen, welche staatstheoretischen Ideen der Aufklärung* noch heute eine besondere Rolle in der Politik spielen.* Ⓗ

1689-1755: Charles de Montesquieu
1724-1804: Immanuel Kant
1632-1704: John Locke
1712-1778: Jean-Jacques Rousseau
1600 1650 1700 1750 1800 1850

Frankreich vor der Revolution

M1 „Man muss hoffen, dass dieses Spiel bald vorbei ist"
Radierung eines unbekannten Künstlers, 1789
Das Bild wurde als Flugblatt verbreitet. Auf dem aus der Hose hängenden Taschentuch der unteren Person steht „Salz- und Tabaksteuer, Grundsteuer, Zehnt, Frondienst, Militärdienst"; auf dem Säbel seht „gerötet von Blut", auf der Hacke „mit Tränen getränkt". Das dunkle Gewand (Soutane), die Halsbinde („Beffchen") und das Kreuz am Hals kennzeichnen die Zugehörigkeit der Person zu einem bestimmten Stand.

Schritt für Schritt:
Karikaturen entschlüsseln

Karikaturen sind gezeichnete Kommentare zu Politik, Gesellschaft und Kultur. Sie vereinfachen und verzerren die Wirklichkeit, um etwas zu verdeutlichen, indem sie z. B. Eigenschaften einer Person oder Zustände bzw. Entwicklungen stark übertrieben wiedergeben; oft haben sie erläuternde Textelemente. Um eine Karikatur zu entschlüsseln, solltest du mit folgenden Fragen an sie herangehen:

1. Wie lauten Titel und Thema der Karikatur?
2. In welchem historischen Zusammenhang ist sie entstanden?
3. Woher stammt sie?
4. An wen wendet sie sich?
5. Wer oder was ist wie dargestellt? Werden Symbole verwendet?
6. Welche Aussageabsicht wird verfolgt?

INFO 1 Die französische Gesellschaft

Frankreichs Bevölkerung war von 1715 bis 1789 von 18 auf rund 28 Millionen gestiegen. Mit 600 000 Einwohnern war Paris die größte Stadt Frankreichs – und des Kontinents. 85 Prozent der Franzosen lebten aber auf dem Lande.

Klerus und Adel*, die beiden ersten Stände*, hatten Vorrechte und waren von Abgaben befreit. Aber zwischen Bischöfen und einfachen Priestern sowie zwischen Hofadel und verarmtem Adel gab es große Unterschiede. Zum Dritten Stand zählten Bauern und Bürger. Nur wenige Großbauern waren unabhängig, die meisten Kleinbauern hatten noch Abgaben und Dienste an ihre Grundherren zu leisten (Grundherrschaft*). Auch das **Bürgertum** war in sich stark verschieden. Zur kleinen Oberschicht gehörte das Großbürgertum. Es bestand aus Großkaufleuten, Bankiers und Unternehmern und orientierte sich an der adligen Lebensweise. Die Mittelschicht des Bürgertums bildeten Anwälte, Ärzte, Beamte, Kaufleute, Künstler und Schriftsteller. Zum sogenannten Kleinbürgertum gehörten Ladenbesitzer, Gastwirte und die noch in Zünften organisierten Handwerker. Zur Unterschicht zählten sodann die Arbeiter, Dienstboten, Tagelöhner und Erwerbslosen. Ihre Zahl stieg nach Missernten und bei Hungersnöten stark an.

Klaus Dieter Hein-Mooren

INFO 2 Krisen

1787 und 1788 waren die Ernten schlecht. Die Brotpreise stiegen. Hungerunruhen und Plünderungen von Bäckereien waren die Folge. Dazu drohte Frankreich wegen der anhaltend hohen Staatsausgaben der Staatsbankrott[1]. Zwar hatte der König immer wieder versucht, die Steuern zu erhöhen, doch Adel* und Klerus forderten hierzu die Einberufung der Generalstände.

Klaus Dieter Hein-Mooren

[1] Staatsbankrott: Unfähigkeit eines Staates, seine Schulden zu bezahlen.

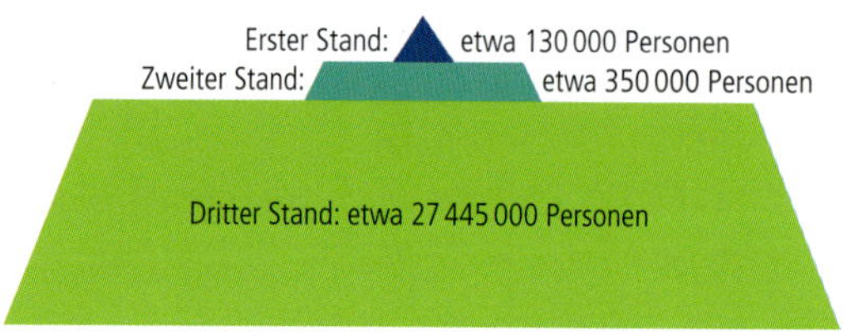

M2 Die Einteilung der französischen Bevölkerung um 1788/89
Grafik: Stefan Schuch

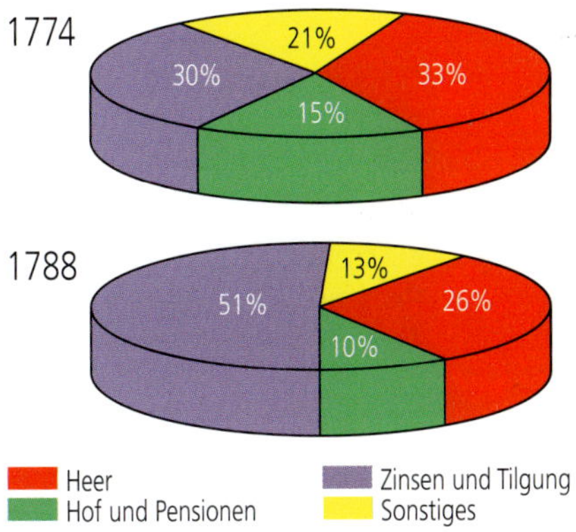

M 3 Die Entwicklung der Staatsausgaben
Zinsen: Gebühren für Kredite; **Tilgung**: Ausgaben für die Rückzahlung von Krediten; **Pensionen**: Gehälter für Beamte

INFO 3 Einberufung der Generalstände

Die Generalstände waren die gemeinsame Vertretung der drei Stände*. Sie hatte seit 1614 nicht mehr getagt. Dass *Ludwig XVI.* sie Anfang August 1788 für den 1. Mai 1789 widerwillig einberief, galt als ein Zeichen der Schwäche und läutete für manche Geschichtsschreiber das Ende des Absolutismus* in Frankreich ein.

Alle Männer über 25 Jahren wurden aufgefordert, getrennt nach Ständen, je 300 Abgeordnete zu wählen und dem König Wünsche und Beschwerden mitzuteilen. Zugleich hob Ludwig XVI. die Zensur der Presse auf. Das nutzten die Vertreter des Dritten Standes, um gegen die zahlenmäßige Überlegenheit der beiden ersten Stände zu protestieren. Sie erreichten eine Verdoppelung ihrer Abgeordnetenzahl.

Klaus Dieter Hein-Mooren

M 4 Was Bauern fordern

Mit den Wahlen zu den Generalständen werden die Bürger 1789 aufgefordert, ihre Beschwerden aufzuschreiben. So entstehen nahezu 60 000 Beschwerdehefte („Cahiers de Doléances"). Hier ein Auszug aus einem Heft der Bauern aus Gyancourt:

Die Einwohner dieser Gemeinde fordern:
1. dass alle Steuern von den drei Ständen ohne irgendwelche Ausnahme gezahlt werden, von jedem Stand gemäß seinen Kräften;
2. das gleiche Gesetz und Recht im ganzen Königreich;
3. die völlige Aufhebung der Sondersteuern und der Salzsteuer;
4. die Abgabenfreiheit aller Messen und Märkte und die Abschaffung aller Wegegelder;
5. die völlige Beseitigung jeglicher Art von Zehnten in Naturalien; [...]
8. dass die Eigentumsrechte heilig und unverletzlich sind;
9. dass rascher und mit weniger Parteilichkeit Recht gesprochen wird;
10. dass alle Frondienste, welcher Art sie auch seien, beseitigt werden;
11. dass die Einziehung zum Heeresdienst nur in den dringenden Fällen erfolgt und dass in diesem Fall alle Stände ohne irgendwelche Ausnahme oder Befreiung hierzu beitragen; [...]
17. dass alle Pfarrer verpflichtet sind, alle ihre Amtspflichten zu erfüllen, ohne dafür irgendeine Bezahlung zu fordern.

Zitiert nach: Irmgard und Paul Hartig, Die Französische Revolution, Stuttgart 1985, S. 34 f.

M 5 Was Frauen fordern

Beschwerdeschrift von Frauen des Dritten Standes vom 1. Januar 1789 an den König:

Wir bitten um Ausbildung und Beruf, nicht um die Befugnisse der Männer anzueignen, sondern, um höher von ihnen geachtet zu werden, und damit wir imstande sind, vor dem Elend geschützt zu leben. [...] Wir bitten Sie inständig [...], kostenlose Schulen einzurichten, wo wir unsere Sprache von Grund auf erlernen können, die Religion und die geistigen und sittlichen Werte [...].
Wir glauben, dass es den Frauen, den Witwen und Töchtern, die Ländereien oder anderes Vermögen besitzen, billigerweise gestattet sein muss, dem Thron ihre Beschwerden zu Füßen zu legen, und dass es ebenso nur gerecht ist, ihre Stimmen zu zählen, da sie doch, wie die Männer, dazu verpflichtet sind, die königlichen Abgaben zu zahlen [...].

Zitiert nach: Geschichte auch für Mädchen, hrsg. von der Parlamentarischen Staatssekretärin für die Gleichstellung von Mann und Frau beim Ministerpräsidenten des Landes Nordrhein-Westfalen, Düsseldorf 1989, S. 20 f.

Warum kommt es im absolutistischen Ständestaat zur Krise?

1. *Erkläre, welche Missstände M1 anprangert. Berücksichtige die Methode „Schritt für Schritt".*
2. *Ordne den Ständen* in der Grafik (M2) bestimmte Gruppen zu wie Bankiers, Priester, Unternehmer, Bauern, Bischöfe, Handwerker und Dienstboten.*
3. *Beschreibe die Entwicklung der Staatsausgaben (M3) und erläutere, warum sie zu einem Problem wurden (INFO 2 und 3).*
4. *Ordne die Forderungen in einer Tabelle nach folgenden Kategorien: Steuer und Finanzen – Persönliche Freiheit und Besitz – Rechtsgleichheit – Staat und Verfassung (M4 und M5).* (H)
5. *Erkläre, worin sich die Forderungen der Frauen von denen der Bauern unterscheiden (M4 und M5).*
6. *Diskutiert, welche der Forderungen des Dritten Standes bei den anderen Ständen* wohl auf den meisten Widerstand stießen.*

Die Revolution beginnt

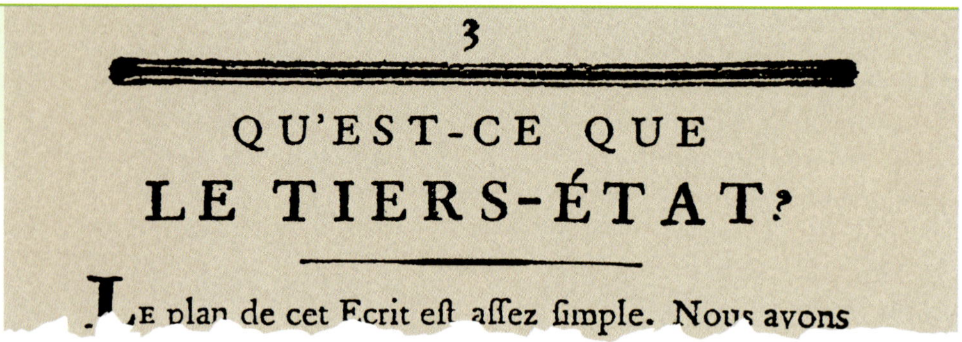
3

QU'EST-CE QUE
LE TIERS-ÉTAT?

Le plan de cet Ecrit eſt aſſez ſimple. Nous avons

M1 „Qu'est-ce que le Tiers État?"
Überschrift des ersten Kapitels der 1788 verfassten und im Januar 1789 anonym veröffentlichten Kampfschrift „Was ist der Dritte Stand?". Sie beeinflusst den Verlauf der am 5. Mai 1789 eröffneten Generalstände.

Medientipp:
Zur Französischen Revolution siehe **31063-02**.

Lesetipps:
- Inge Ott, Freiheit! Sechs Freunde in den Wirren der Französischen Revolution, Stuttgart ²2012
- Harald Parigger, Die Französische Revolution oder der Preis der Freiheit, Würzburg 2012

INFO 1 Die Ständevertreter revoltieren

Als die 1 200 gewählten Vertreter der Generalstände am 5. Mai 1789 in Versailles zusammentraten, forderte der Dritte Stand eine Änderung der Abstimmungsmethode: Die Vertreter der jeweiligen Stände* sollten nicht mehr getrennt, sondern alle drei gemeinsam abstimmen. Fortschrittlich gesinnte Abgeordnete aus Adel* und Klerus unterstützten den Antrag.

Am 17. Juni 1789 erklärten die Vertreter des Dritten Standes sich zur Nationalversammlung. Sie begründeten diesen Schritt damit, dass der Dritte Stand 98 Prozent der französischen Bevölkerung vertrete – und damit den politischen Willen der gesamten **Nation** repräsentiere. Drei Tage später schworen die Abgeordneten, sich nicht mehr zu trennen „bis die Verfassung des Königreiches ausgearbeitet ist und auf festen Grundlagen ruht". Mit diesem Schwur im königlichen Ballhaus (Sporthalle) hatte die **Revolution** ihren ersten Höhepunkt. Die Abgeordneten verstanden sich nun als Vertreter einer Nation. Die den Ideen der **Aufklärung** folgenden Männer lehnten Ständestaat und Absolutismus* ab und forderten eine **konstitutionelle Monarchie**. Die Macht des Monarchen sollte durch eine Verfassung* (Konstitution), die eine **Gewaltenteilung** festschrieb, eingeschränkt werden. Ludwig XVI. ging widerwillig darauf ein. Er erlaubte, dass die Abgeordneten aller drei Stände am 9. Juli 1789 eine Verfassunggebende Nationalversammlung bildeten, zugleich ließ er in Paris Truppen zusammenziehen.

Klaus Dieter Hein-Mooren

M2 Drei Fragen zur Nation

Verfasser der Schrift (M1) ist der Geistliche Emmanuel Joseph Sieyès. Er wird vom Dritten Stand, nicht vom Klerus, in die Generalstände gewählt. In seiner Schrift heißt es:

Der Plan dieser Schrift ist sehr einfach. Wir haben uns drei Fragen vorzulegen.

1. Was ist der Dritte Stand? ALLES.
2. Was ist er bis jetzt in der politischen Ordnung gewesen? NICHTS.
3. Was verlangt er? ETWAS ZU SEIN.

[...]

Wer wagte es also zu sagen, dass der Dritte Stand nicht alles in sich besitzt, was nötig ist, um eine vollständige Nation zu bilden? Er ist der starke und kraftvolle Mann, der an einem Arm noch angekettet ist. Wenn man den privilegierten Stand wegnähme, wäre die Nation nicht etwas weniger, sondern etwas mehr. Also, was ist der Dritte Stand? Alles, aber ein gefesseltes und unterdrücktes Alles. Was wäre er ohne den privilegierten Stand? Alles, aber ein freies und blühendes Alles. Nichts kann ohne ihn gehen; alles ginge unendlich viel besser ohne die anderen. [...]

§ I. Erste Forderung
Dass die Vertreter des Dritten Standes nur unter den Bürgern, die wirklich zum Dritten Stand gehören, gewählt werden.

§ II. Zweite Forderung des Dritten Standes
Dass seine Abgeordneten denen der beiden privilegierten Stände an der Zahl gleich sind.

§ III. Dritte und letzte Forderung des Dritten Standes
Dass die Generalstände nicht nach Ständen, sondern nach Köpfen abstimmen.

Zitiert nach: Eberhard Schmitt und Rolf Reichardt (Hrsg.), Emmanuel Joseph Sieyès. Politische Schriften 1788-1790, München ²1981, S. 119, 123, 134, 139 und 144

1789: Beginn der Französischen Revolution — Gewaltenteilung — konstitutionelle Monarchie — Nation — Aufklärung

INFO 2 Revolution auf der Straße

Die Einwohner von Paris befürchteten eine gewaltsame Auflösung der Nationalversammlung. Gerüchte verstärkten ihre Ängste. Zeitungsartikel und öffentliche Reden heizten die Stimmung an. Zollstationen wurden gestürmt und erste Straßenkämpfe geführt. Zur Sicherheit vor den regulären Truppen und zum Schutz ihres Eigentums bildeten die Bürger eine Nationalgarde. Sie konnte die Lage aber nicht wirklich beruhigen. Am 14. Juli 1789 stürmten etwa 7 000 bewaffnete Frauen und Männer das berüchtigte Gefängnis: die Bastille.[1] Auch in anderen Städten gingen die Menschen auf die Straßen.

Klaus Dieter Hein-Mooren

[1] Siehe dazu die Abbildung auf S. 10.

M 3 Die Bastille ist genommen

Der englische Arzt Dr. Edward Rigby schreibt am 14. Juli 1789 seiner Familie aus Paris:

Die [...] Kunde von diesem außerordentlichen Ereignis brachte einen in der Tat unbeschreiblichen Eindruck auf die Menge hervor. Auf einen Schlag brach der tollste Jubel los; jede erdenkliche Art, in der sich die entzücktesten Freudengefühle äußern können, waren allenthalben zu sehen und zu hören. Rufe und Schreie, Springen und Umarmen, Lachen und Weinen, jeder Ton und jede Geste [...] offenbarten in der bunt durcheinandergemischten Menge ein so augenblickliches und einstimmiges Aufwallen äußerster Freude, wie es, sollte ich meinen, nie zuvor von Menschenkindern erlebt worden ist.

Zitiert nach: Ulrich Friedrich Müller (Hrsg.), Die Französische Revolution. Ein Lesebuch, München 1988, S. 49

M 4 Über den 14. Juli 1789

Der englische Botschafter Lord Dorset berichtet am 16. Juli 1789 aus Paris:

Von nun an können wir Frankreich als ein freies Land ansehen; der König ist hinsichtlich seiner Macht sehr eingeschränkt, und die Stellung des Adels ist soweit herabgesetzt, dass er sich auf gleichem Rang mit dem Rest der Nation befindet.

Zitiert nach: Johannes Willms, Tugend und Terror. Geschichte der Französischen Revolution, München 2014, S. 162

M 5 Ländlicher Aufruhr
Anonymer Kupferstich, um 1789

INFO 3 Revolution auf dem Lande

Auch auf dem Land begannen Bauern gegen den Adel* zu revoltieren, da ihre Beschwerden ungehört geblieben waren. Sie weigerten sich, Steuern zu zahlen. Aufgrund von Gerüchten und aus Furcht vor Verschwörungen stürmten Bauern und Tagelöhner Schlösser und Klöster*. Sie plünderten, steckten Rathäuser in Brand und vernichteten Urkunden, die ihre Abhängigkeiten dokumentierten. In der Nacht vom 4. auf den 5. August 1789 beschloss daraufhin die Nationalversammlung das Ende der Leibeigenschaft. Die Grundherren durften nicht mehr über ihre Hörigen richten und die Bauern sollten sich von den Abgaben freikaufen können. Dazu wurden Steuerbefreiungen und Ämterkäuflichkeit abgeschafft.

Klaus Dieter Hein-Mooren

Geschichte erzählt:
Die Erzählung „Was Marc-Antoine am 14. Juli 1789 machte" findest du unter **31063-03**.

Wie verläuft die erste Phase der Französischen Revolution?

1. Erläutere, inwieweit die Schrift von Sieyès bei der Bildung der Nation* eine Rolle spielte (M1, M2 und INFO 1).
2. Nenne Gründe, warum die Revolution gewaltsam ablief (INFO 2 und 3).
3. Beurteile die Reaktionen auf die Eroberung der Bastille (M3 und M4).
4. Erläutere die mit den „Augustbeschlüssen" verbundenen Ziele (INFO 3).

5.5.1789: Eröffnung der Generalstände
9.7.1789: Bildung der Verfassunggebenden Nationalversammlung
14.7.1789: Sturm auf die Bastille
Juli/August 1789: Unruhen auf dem Lande

1750 1800 1850

Lern-aufgabe

Die Erklärung der Menschen- und Bürgerrechte

M1 „Déclaration des droits de l'homme et du citoyen" (Erklärung der Menschen- und Bürgerrechte)

Ölgemälde (71 x 56 cm) von Jean-Jacques-François Le Barbier, 1789/90

Die beiden Frauengestalten symbolisieren „Frankreich" und das „Gesetz". Das „Auge der Vernunft" wacht über sie. Die beiden Schrifttafeln erinnern an die Gesetzestafeln von Moses mit den zehn Geboten. Auf der Pike (Spieß des Fußvolkes) ist eine rote Mütze abgebildet, ein Zeichen für die Wehrhaftigkeit der Bürger. Sie ist eine Anspielung auf die Kopfbedeckung der freigelassenen Sklaven im alten Rom. Das Rutenbündel darunter ist ein Verweis auf die Strafgewalt der römischen Beamten.

Medientipp:
Den vollständigen Text der „Erklärung der Rechte der Menschen und Bürger" findest du unter **31063-04**.

M2 Die Erklärung der Rechte der Menschen und Bürger

Am 26. August 1789 verkündet die Nationalversammlung die Erklärung. Sie wird der Verfassung vom 3. September 1791 vorangestellt.

Da die Vertreter des französischen Volkes, als Nationalversammlung eingesetzt, erwogen haben, dass die Unkenntnis, das Vergessen oder die Verachtung der Menschenrechte die einzigen Ursachen des öffentlichen Unglücks und der Verderbtheit der Regierung sind, haben sie beschlossen, die natürlichen und unveräußerlichen und heiligen Rechte der Menschen in einer feierlichen Erklärung darzulegen [...]. [...]

Art. 1: Die Menschen sind und bleiben von Geburt frei und gleich an Rechten. [...]

Art. 2: Das Ziel jeder politischen Vereinigung ist die Erhaltung der natürlichen und unveräußerlichen Menschenrechte. Diese Rechte sind Freiheit, Eigentum, Sicherheit und Widerstand gegen Unterdrückung. [...]

Art. 4: Die Freiheit besteht darin, alles tun zu können, was anderen nicht schadet. [...]

Art. 6: Das Gesetz ist der Ausdruck des allgemeinen Willens. Alle Bürger haben das Recht, persönlich oder durch ihre Vertreter an seiner Formung mitzuwirken. Es soll für alle gleich sein [...]. [...]

Art. 7: Jeder Mensch kann nur in den durch das Gesetz bestimmten Fällen und in den Formen, die es vorschreibt, angeklagt, verhaftet und gefangengehalten werden. [...]

Art: 11: Die freie Mitteilung der Gedanken und Meinungen ist eines der kostbarsten Menschenrechte. Jeder Bürger kann also frei schreiben, reden und drucken unter Vorbehalt der Verantwortlichkeit für den Missbrauch dieser Freiheit in den durch das Gesetz bestimmten Fällen.

Zitiert nach: Günther Franz (Hrsg.), Staatsverfassungen. Eine Sammlung wichtiger Verfassungen der Vergangenheit und Gegenwart in Urtext und Übersetzung, München ²1964, S. 303-307

INFO Forderungen werden umgesetzt

Schon vor dem Sturm auf die Bastille hatte die Nationalversammlung an einer „Erklärung der Rechte der Menschen und Bürger" gearbeitet. Sie wurde bereits vor Fertigstellung der Verfassung* am 26. August 1789 verkündet und beendete alle bisherigen Sonderrechte. Die Abgeordneten orientierten sich an der amerikanischen Unabhängigkeitserklärung von 1776. Anders als diese wandten sich die Franzosen aber mit ihrer Erklärung an die gesamte Menschheit.

Der Text zählt bis heute zu den wichtigsten Dokumenten der **Französischen Revolution**, obwohl er weder die Frauen noch die Sklaven in den Kolonien berücksichtigte – eine Ungerechtigkeit, die damals nur von wenigen gesehen wurde.

Ludwig XVI. erkannte die **Menschenrechte** erst nach einer großen Demonstration an. Am 5. Oktober waren über 6000 bewaffnete Frauen zunächst vor das Pariser Rathaus und dann zusammen mit der Nationalgarde nach Versailles gezogen, um gegen die unzureichende Brotversorgung von Paris zu protestieren. Es kam zu Gewalt und Leibwachen des Königs wurden getötet. Noch am Abend des 5. Oktobers ging der König auf die Forderungen der Demonstranten ein: Er versprach zum einen eine bessere Lebensmittelversorgung in Paris und zum anderen die Annahme der Erklärung der Menschenrechte. Als Zeichen der besonderen Fürsorge für das Volk zogen die königliche Familie und die Nationalversammlung von Versailles nach Paris.

Klaus Dieter Hein-Mooren

M3 Bürgerrechte auch für Frauen

Das französische Wort „homme" in der „Erklärung der Menschen- und Bürgerrechte" (siehe S. 18, M1) kann sowohl mit „Mensch" als auch mit „Mann" übersetzt werden. Die Schriftstellerin Olympe de Gouges legt daher der Nationalversammlung 1791 eine „Erklärung der Rechte der Frau und Bürgerin" vor. Sie bleibt zwar von den Zeitgenossen unbeachtet, wirkt aber bis heute.

Wir, die Mütter, Töchter, Schwestern, Vertreterinnen der Nation, verlangen, in die Nationalversammlung aufgenommen zu werden [...].

Art. 1: Die Frau ist frei geboren und bleibt dem Manne gleich in allen Rechten [...].

Art. 2: Ziel und Zweck jedes politischen Zusammenschlusses ist der Schutz der natürlichen und unveräußerlichen Rechte sowohl der Frau als auch des Mannes. Diese Rechte sind: Freiheit, Sicherheit, das Recht auf Eigentum und besonders das Recht auf Widerstand gegen Unterdrückung [...].

Art. 6: Das Gesetz sollte Ausdruck des allgemeinen Willens sein. Alle Bürgerinnen und Bürger sollen persönlich oder durch ihre Vertreter an seiner Gestaltung mitwirken. Es muss für alle das Gleiche sein [...].

Zitiert nach: Ute Gerhard, Menschenrechte – Frauenrechte 1789, in: Viktoria Schmidt-Linsenhoff (Hrsg.), Sklavin oder Bürgerin? Französische Revolution und Neue Weiblichkeit, Frankfurt am Main 1989, S. 68 ff.

M4 Zug der Pariser Marktfrauen nach Versailles, Oktober 1789
Zeichnung von 1789

Medientipp:
Den Text der Grundrechte unseres Grundgesetzes findest du unter **31063-05**.

Erstellt in Partnerarbeit eine digitale Präsentation zur Bedeutung der „Menschen- und Bürgerrechte* – 1789* und heute".

1. *Untersucht M1. Was soll die im Bild verwendete Symbolik deutlich machen?*
2. *Erklärt, wie die Menschen- und Bürgerrechte begründet werden (M2).*
3. *Beschreibt die Umstände, die die Annahme der Menschenrechte beförderten (INFO und M4).*
4. *Vergleicht M2 mit M3 und begründet, warum Olympe de Gouges ihre Erklärung verfasst hat.*
5. *Vergleicht M2 mit den Artikeln 1-5 des Grundgesetzes. Nutze dazu den Medientipp.*
6. *Präsentiert eure Ergebnisse und diskutiert mit der Klasse, welche Bedeutung die Menschenrechte für euch haben.* Ⓗ

14.7.1789: Sturm auf die Bastille
26.8.1789: Verkündung der Menschen- und Bürgerrechte
5.10.1789: Zug der Marktfrauen nach Versailles; die König nimmt die Menschenrechte an
1750 — 1800 — 1850

Frankreich wird konstitutionelle Monarchie

M1 „La Fête de la Fédération au Champ de Mars, le 14 juillet 1790"
Gemälde (127 cm x 183 cm) von Charles Thévenin, um 1790
Anlässlich des ersten Jahrestages des Sturms auf die Bastille fand am 14. Juli 1790 ein „Verbrüderungsfest" auf dem Marsfeld statt, dem Truppenübungsplatz von Paris. Etwa 400 000 Zuschauer kamen. Demonstrativ vereinten sich hier rund 60 000 Soldaten der Nationalgarde und der regulären Truppen aus allen Teilen des Landes. Gemeinsam wurde unter Führung des Oberbefehlshabers der Nationalgarde, Marquis de Lafayette, ein Bürgereid auf die „Nation, das Gesetz und den König" abgelegt. Auch der König beschwor öffentlich die Nation und das Gesetz.

INFO 1 Eine neue politische Kultur

Nach Einberufung der Generalstände waren politische Klubs entstanden, in denen sich Abgeordnete und Bürger trafen, um wichtige Themen zu diskutieren und Aktionen zu planen. Zur einflussreichsten Vereinigung entwickelte sich der *Jakobinerklub*, benannt nach dem Kloster* Saint-Jacques in Paris. Ihm gelang es im Laufe der folgenden Jahre, ein breites Netzwerk von Tochtergesellschaften im ganzen Land an sich zu binden. Der Jakobinerklub spaltete sich in einen gemäßigten und einen radikalen Flügel. Weitere politische Vereine entstanden, darunter auch Frauenklubs. Mit ihren Zeitungen, Flugblättern, Plakaten, Liedern und Tänzen unter den „Freiheitsbäumen"[1] beeinflussten sie die öffentliche Meinung und Stimmung.

Eine Besonderheit der neuen politischen Kultur wurden nationale Revolutionsfeiern. Die erste und größte war das Verbrüderungsfest am 14. Juli 1790 in Paris. Erstmals gab man hier die Losung „Freiheit, Gleichheit, Brüderlichkeit" (franz.: *liberté, égalité, fraternité*) aus. Sie wurde aber erst 90 Jahre später zur amtlichen Devise Frankreichs.

Klaus Dieter Hein-Mooren

INFO 2 Vom Untertan zum Staatsbürger

Die Diskussion über die Verfassung* wurde beeinflusst von dem verhinderten Versuch Ludwigs XVI., mit seiner Familie im Juni 1791 ins Ausland zu fliehen. Viele Franzosen sahen seitdem in dem König einen Landesverräter und forderten das Ende der Monarchie*. Trotzdem beschloss die Nationalversammlung am 3. September 1791 die Verfassung. 11 Tage später leistete der König* seinen Eid auf die Konstitution – Frankreich war **konstitutionelle Monarchie**.

Der König vertrat das Land nach außen, war oberster Kriegsherr und stand einer von ihm gebildeten Regierung vor (Exekutive). Seine Macht musste er gemäß **Gewaltenteilung** mit der Nationalversammlung (Legislative) und den Gerichten (Judikative) teilen. Nur die Bürger mit Einkommen erhielten das Recht, Abgeordnete zu wählen. Die Legislative war für die Gesetze und die Steuern zuständig. Unabhängige Gerichte hatten öffentlich zu tagen. Die Verfassung von 1791 hatte aus Untertanen Staatsbürger gemacht.

Klaus Dieter Hein-Mooren

[1] Siehe Seite 28, M1.

Gewaltenteilung konstitutionelle Monarchie Nation

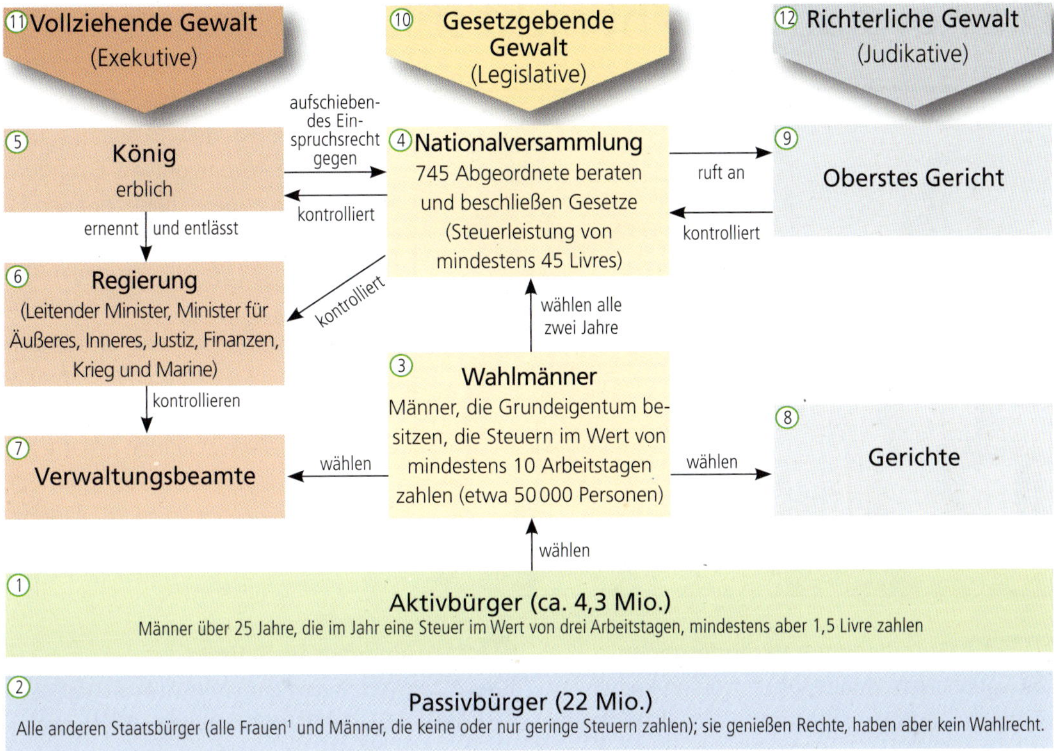

M2 Die Verfassung von 1791

Medientipp:
Den vollständigen Text der Verfassung siehe unter **31063-06**.

[1] Das Frauenwahlrecht wurde in Frankreich 1946 eingeführt.

Schritt für Schritt:
Verfassungsschemata auswerten

Ein Verfassungsschema stellt grafisch dar, wie ein Staat aufgebaut ist, welche Institutionen er hat, wie sie zusammenarbeiten und welche Rechte die Bewohner haben.
Folgende Leitfragen können dir bei der Auswertung einer solchen Grafik helfen:

1. Wer hat die Verfassung ausgearbeitet und beschlossen?
2. Welche Teile der Bevölkerung werden genannt?
3. Wer darf wählen (aktives Wahlrecht) und wer darf gewählt werden (passives Wahlrecht)?
4. Wer ist von Wahlen ausgeschlossen?
5. Welche Ämter und Einrichtungen werden genannt?
6. Wer hat welche Aufgaben, Rechte oder Pflichten?
7. Wer arbeitet mit wem zusammen?
8. Wer hat wie viel Macht? Wer ist ausgeschlossen?
9. Wie wird ein Machtmissbrauch der Exekutive verhindert? Besteht eine Gewaltenteilung?

Wie funktioniert die konstitutionelle Monarchie?*

1. *Erläutere die Absichten, die mit dem „Verbrüderungsfest" verfolgt wurden (M1 und INFO 1).*
2. *Untersuche, welche der genannten Medien heute noch der politischen Meinungsbildung dienen (INFO 1). Welche gab es damals noch nicht?*
3. *Erklärt in Partnerarbeit, wie die Verfassung* von 1791 aufgebaut war und wie die Gewaltenteilung* funktionierte (M2). Berücksichtigt die Leitfragen in „Schritt für Schritt". (H)*
4. *Diskutiert, ob die Verfassung von 1791 (M2) aus „Untertanen" „Staatsbürger" machte. Berücksichtigt dabei den Absolutismus*.*
5. *Die Verfassung* von 1791 war die Grundlage der konstitutionellen Monarchie*. Vergleiche die politische Ordnung mit dem Absolutismus* (INFO 2 und M2). Präsentiere das Ergebnis in einer Gegenüberstellung als Tabelle.*

Die Revolution steht nicht still

M 1 Die Einführung neuer Maße
Kupferstich nach J.-P. Delion, um 1800 (Ausschnitt)
Am 26. März 1791 beschloss die Nationalversammlung auf Vorschlag der „Académie des siences“ die Einführung einer universellen Längeneinheit. Die Umsetzung der Idee dauerte bis zum 1. August 1793. An dem Tag wurden Maß- und Währungseinheiten (Meter, Gramm, Liter, Franc) mit Wirkung vom 1. Juli 1794 eingeführt.

INFO 1 Grundlegende Veränderungen

Die Nationalversammlung beschloss in kurzer Zeit zahlreiche Gesetze, die Staat, Gesellschaft und Wirtschaft grundlegend und nachhaltig veränderten. Frankreich wurde in 83 etwa gleich große Verwaltungsbezirke (*Départements*) eingeteilt, die die historisch gewachsenen Provinzen ablösten. Die Adelstitel schaffte man ab. Das gesamte Kirchenvermögen wurde dem Staat übertragen, um die Staatsfinanzen zu sanieren. Klöster* und Orden wurden aufgelöst, Staat und Kirche getrennt. Ehen schloss man nicht mehr in der Kirche, sondern im Rathaus. Darüber hinaus wurden Verwaltung und Gerichtswesen geändert, Binnenzölle abgeschafft und die Zunft- und Gewerbefreiheit eingeführt. Während die Veränderungen manchen Bürgern nicht weit genug gingen, nahm die Zahl der Adligen, Priester, Mönche und Nonnen zu, die ins Ausland flohen.

Klaus Dieter Hein-Mooren

INFO 2 „Friede den Hütten, Krieg den Palästen!“

Motiviert vom französischen Hochadel drohten Österreich und Preußen seit August 1791 mit einem Krieg, um die absolutistische Ordnung in Frankreich wieder herzustellen. Ein Teil der politischen Führung in Paris wollte dem Ausland zuvorkommen und von Problemen im Lande ablenken. Sie verkündete die Parole „Friede den Hütten, Krieg den Palästen!“ und wollte die revolutionären Errungenschaften in andere Länder bringen.
Am 20. April 1792 stimmte Ludwig XVI. einer Kriegserklärung gegen Österreich zu. Er erhoffte eine Niederlage der Revolutionsarmee, um danach die vorrevolutionären Verhältnisse wiederherstellen zu können.
Die Nationalversammlung erklärte am 11. Juli „Das Vaterland ist in Gefahr!“ und begann, eine Revolutionsarmee aufzubauen.

Klaus Dieter Hein-Mooren

M 2 Drohungen aus Pillnitz

Kaiser Leopold II. und der preußische König Friedrich Wilhelm II. treffen sich am 27. August 1791 in Schloss Pillnitz unweit von Dresden. Sie veröffentlichen folgende Erklärung:

Der Kaiser und der König von Preußen haben die Wünsche und Vorstellungen [...] des ältesten Bruders des Königs von Frankreich und des Grafen Artois[1] vernommen und erklären gemeinschaftlich die Situation, in der sich der König von Frankreich gegenwärtig befindet, als ein gemeinsames Interesse für alle Könige Europas. Sie hoffen [...], dass sie sich in der Folge nicht weigern werden, gemeinschaftlich mit den unterzeichneten Majestäten, gemäß ihren Kräften, die wirksamsten Mittel anzuwenden, um den König in den Stand zu setzen, in größter Freiheit die Grundlagen eines monarchischen Regiments zu festigen, die gleichermaßen den Rechten der Souveräne und dem Wohl der französischen Nation entsprechen. [...] In der Voraussetzung werden sie ihren Truppen die geeigneten Befehle erteilen, um sie in den Stand zu setzen, einzuschreiten.

Zitiert nach: Walter Grab (Hrsg.), Die Französische Revolution. Eine Dokumentation, München 1973, S. 59 f.

[1] **Charles Philippe Graf D'Artois**: Bruder von Ludwig XVI.; er war am 15./17. Juli 1789 aus Frankreich geflohen und plante vom Exil aus gegenrevolutionäre Aktionen.

M 3 Keine Revolution ohne Krieg

Der Journalist Jacques-Pierre Brissot empfiehlt am 16. Dezember 1791:

Die Kraft der Überlegung und der Tatsachen hat mich davon überzeugt, dass ein Volk, das nach 10 Jahrhunderten der Sklaverei die Freiheit errungen hat, Krieg führen muss. Es muss Krieg führen, um die Freiheit auf unerschütterliche Grundlagen zu stellen; es muss Krieg führen, um die Freiheit von den Lastern des Despotismus[1] reinzuwaschen, und es muss schließlich Krieg führen, um aus seinem Schoß jene Männer zu entfernen, die die Freiheit verderben könnten.

Zitiert nach: Walter Markov, Revolution im Zeugenstand. Frankreich 1789-1799, Bd. 2, Leipzig 1986, S. 198 f.

[1] **Despotismus**: Herrschaftsform, in der gesetzlos und gewalttätig regiert wird

M 4 Kriegserklärung

Am 20. April 1792 beschließt die Nationalversammlung, dass Ludwig XVI. Österreich den Krieg mit folgenden Worten erklären muss:

In Anbetracht, dass der Wiener Hof […] nicht aufgehört hat, aufrührerischen Franzosen unverhüllten Schutz zu gewähren und gemeinsam mit mehreren europäischen Mächten ein Bündnis gegen die Unabhängigkeit und Sicherheit der französischen Nation geschmiedet und geschlossen hat […], beschließt die Nationalversammlung, dass die Angelegenheit keinen Aufschub duldet. Die Nationalversammlung erklärt, dass die französische Nation, den durch die Verfassung geheiligten Grundsätzen getreu, keinen auf Eroberungen gerichteten Krieg zu unternehmen und zu keiner Zeit ihre Streitkräfte gegen die Freiheit irgendeines Volkes einzusetzen, die Waffen einzig und allein ergreift, um ihre Freiheit und Unabhängigkeit zu bewahren […].

Zitiert nach: Walter Markov, Revolution im Zeugenstand, Frankreich 1789-1799, Bd. 2, Leipzig 1986, S. 234-235

M 5 „Unité – Indivisibilité de la République. Liberté – Égalité – Fraternité ou la Mort“

Plakat (61,5 x 45 cm), Herbst 1793

Solche Plakate wurden 1793/94 in großer Zahl und in hohen Auflagen hergestellt und billig verkauft.

Zum Text und zur Symbolik des Plakats: Die mit einem Eichenkranz (seit der Antike Zeichen für Macht und Treue) eingefasste Devise „Einheit und Unteilbarkeit der Republik. Freiheit, Gleichheit, Brüderlichkeit oder Tod“ entstand im Krieg gegen die vorrückenden Truppen Österreichs und Preußens. Die beiden Piken sind mit den Nationalfarben geschmückt (siehe S. 11, M3). Zu den Spießen, dem Rutenbündel und der roten Mütze siehe S. 18, M1. Der Hahn war zwischen 1789 und 1804 französisches Wappentier und symbolisierte die errungenen Freiheiten.

Warum steht die Revolution nach 1789 nicht still?*

1. *Nenne die Bereiche, die grundlegend verändert wurden (M1 und INFO 1). Wer hatte einen Nutzen, wer einen Nachteil von den Veränderungen?*
2. *Erarbeitet in Gruppenarbeit, wie der Krieg begründet und mit welcher Zielsetzung er geführt werden sollte (INFO 2, M2 bis M4).*
3. *Erläutere die Funktion des Plakats (M5).*

14.7.1789: Sturm auf die Bastille
27.8.1791: Erklärung von Pillnitz
20.4.1792: Kriegserklärung Frankreichs an Österreich

1750 — 1800 — 1850

Von der Monarchie zur Republik

M 1 Hinrichtung Ludwigs XVI. am 21. Januar 1793
Kupferstich von 1793
Die Hinrichtung mit dem Fallbeil (Guillotine) fand vor großem Publikum auf dem größten Platz von Paris statt: die „Place de la Révolution" (seit 1830 „Place de la Concorde" = Platz der Eintracht). Zehn Monate später, am 16. Oktober 1793, wurde auch die Frau Ludwigs XVI., Marie Antoinette aus dem Hause Habsburg, geköpft.

INFO 1 Die Zweite Revolution

Die schlecht ausgerüstete Revolutionsarmee verlor die ersten Gefechte. Als dann noch der Befehlshaber der preußisch-österreichischen Truppen im Juli 1792 drohte, Paris zu vernichten, falls Ludwig XVI. und seiner Familie Gewalt zugefügt würde, brach in Paris ein Aufstand aus. Unter Führung radikaler Abgeordneter erstürmten Sansculotten[1] am 10. August 1792 das Stadtschloss. Sie nahmen den König und seine Familie gefangen, entmachteten den Monarchen und forderten eine neue Volksvertretung.

Aus Furcht vor einer Gegenrevolution und aus Panik vor anrückenden feindlichen Truppen drangen Sansculotten Anfang September 1792 in die Pariser Gefängnisse ein. Sie töten über 1 500 Männer, Frauen und Kinder, darunter viele Priester, die den geforderten Eid auf die Verfassung* verweigert hatten. Der Terror hatte begonnen.

Klaus Dieter Hein-Mooren

[1] Sansculotten (franz. sans culottes: ohne Kniehosen) Damit grenzten sich die Männer der radikalen städtischen Volksbewegung bewusst von den Kniehosen und Seidenstrümpfen des Adels und des Großbürgertums ab. Zu ihnen zählten Handwerker, Krämer, Gastwirte, Tagelöhner, Marktfrauen und Wäscherinnen. Ihre Anführer waren Rechtsanwälte und Journalisten. Die Sansculotten traten für ein allgemeines Wahlrecht ein.

INFO 2 Frankreich wird Republik

In diesem gewalttätigen Klima fanden die Wahlen zum Nationalkonvent, so die neue Bezeichnung für die Nationalversammlung, statt. Erstmals durften alle Männer ab dem 21. Lebensjahr unabhängig von ihrem Einkommen wählen. Aber nur sechs bis zehn Prozent der Wahlberechtigten gingen zur Wahl. Am 21. September 1792 traten die Abgeordneten zusammen, schufen die **konstitutionelle Monarchie** ab und verkündeten die „einheitliche und unteilbare Republik".

Der Nationalkonvent erarbeitete eine demokratische Verfassung*. Sie verwirklichte die **Volkssouveränität**, in der alle Gewalt vom Volke ausgeht. Darüber hinaus wurden die **Menschenrechte** um soziale Grundrechte wie das Recht auf Unterstützung in Not erweitert. Der Nationalkonvent beschloss weitere Gesetze. Darüber hinaus versuchte die Regierung alles, um den Einfluss der Kirche bzw. des Christentums* auf die Bevölkerung zu beseitigen. In dem Zusammenhang wurden im Oktober 1793 die christliche Zeitrechnung abgeschafft und ein republikanischer Kalender eingeführt. Rückwirkend wurde der 22. September 1792 zum Beginn des Jahres I erklärt.

Klaus Dieter Hein-Mooren

INFO 3 Der König wird hingerichtet

Im Winter 1792/1793 führten die Abgeordneten des Nationalkonvents den Prozess gegen den König – nicht die Richter eines unabhängigen Gerichts. Ludwig XVI., den man inzwischen nur noch „Bürger Capet" nannte, wurde „der Verschwörung gegen die Freiheit der **Nation**" überführt und zum Tode verurteilt. Das Urteil wurde erst nach einer weiteren Abstimmung im Nationalkonvent vollstreckt. 387 Abgeordnete hatten zuletzt für und 334 gegen die Hinrichtung gestimmt. Am 21. Januar 1793 wurde Ludwig XVI. hingerichtet. In ganz Europa – nicht nur in den Fürstenhäusern – waren viele Menschen darüber entsetzt. Das gewaltsame Ende der **konstitutionellen Monarchie** schadete dem Ansehen der Republik*. Im In- und Ausland stieg die Zahl ihrer Gegner.

Klaus Dieter Hein-Mooren

konstitutionelle Monarchie   Menschenrechte   Nation   Volkssouveränität

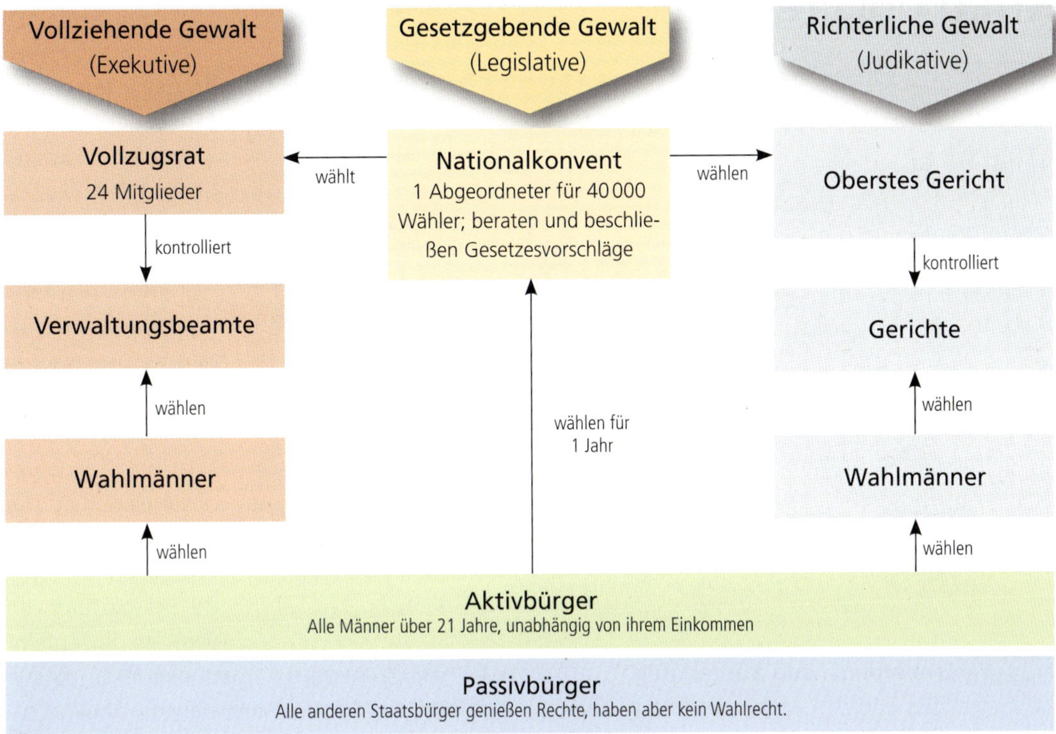

M 2 Die Verfassung von 1793
Der Nationalkonvent verabschiedete die Verfassung am 24. Juni 1793. Sie wurde durch einen Volksentscheid am 10. August 1793 bestätigt, trat aber wegen des Krieges nicht in Kraft.

M 3 „Es lebe die Republik!“

Georg Wilhelm Böhmer, der vor der Revolution Lehrer am evangelischen Gymnasium in Worms gewesen ist, berichtet am 21. Januar 1793 aus Paris nach Mainz:

Er [Ludwig XVI.] stieg […] allein aufs Blutgerüst […]. Seine Kleidung war ein weißes Kamisol[1], Hals und Brust waren unbedeckt. […] Mit herzhafter Miene und emporgehobenem Haupt näherte er sich dem Werkzeug seines Todes, sah umher von der Rechten zur Linken und sagte mit starker Stimme: „Franken! Ich sterbe unschuldig; ich verzeihe meinen Feinden, ich wünsche, dass mein Tod dem Volke nützlich sei.“ – Man führte ihn hierauf näher zur Köpfmaschine[2], um ihm die gehörige Stellung zu geben, wobei er noch die Worte aussprach: „Ich befehle meinen Geist in die Hand Gottes.“ Wenige Augenblicke darauf fiel das Haupt desjenigen, um dessentwillen schon Tausende derer fielen, die er stolz seine Untertanen nannte. Damals war es 10 Uhr 24 Minuten. Die Exekution dauerte nur einige Sekunden. Noch immer herrschte die größte Stille, aber in dem Augenblick, wo einer von den drei Scharfrichtern Ludwigs Kopf nahm und ihn den Zuschauern zeigte, erscholl ein allgemeines Geschrei: „Es lebe die Nation! Es lebe die Republik!“, und alle Hüte wurden auf Bajonetten und Piken in die Höhe gehoben.

Zitiert nach: Walter Markov, Revolution im Zeugenstand. Frankreich 1789 - 1799, Bd. 2: Gesprochenes und Geschriebenes, Leipzig 1986, S. 348 ff.

[1] **Karmisol**: eine Art Unterjacke
[2] **Köpfmaschine**: Gemeint ist die Guillotine. Das nach dem Arzt und Politiker Joseph Ignace Guillotin benannte Fallbeil wurde seit April 1792 bei Hinrichtungen verwendet.

Warum wird Frankreich 1792 zur Republik?*

1. *Fasst in Partnerarbeit zusammen, wie Frankreich zur Republik wurde (INFO 1 und 2).*
2. *Arbeite die zentralen Unterschiede zwischen den Verfassungen* von 1791 (siehe S. 21, M2) und von 1793 (M2) heraus.* (H)
3. *Nimm Stellung dazu, wie Böhmer die Hinrichtung Ludwigs XVI. beurteilt.*

27.8.1791: Erklärung von Pillnitz • 20.4.792: Kriegserklärung Frankreichs an Österreich – 10.8.1792: Gefangennahme der königlichen Familie – 22.9.1792: Ausrufung der Republik
• 21.1.1793: Hinrichtung Ludwigs XVI.
1750 1800 1850

Krieg und Terror

M1 „Marseillaise“
Kolorierter Kupferstich, um 1792

Im April 1792 dichtete der Offizier Claude-Joseph Rouget de Lisle das „Kriegslied für die Rheinarmee“. Es überzeugte die Armee und wurde als „Marseillaise“ 1795 (endgültig 1879) zur Nationalhymne Frankreichs erklärt. Die „Marseillaise“ hat sieben Strophen. Jede schließt mit folgendem Refrain: „Zu den Waffen, Bürger! Formt eure Reihen. Marschieren wir, marschieren wir! Bis unreines Blut unserer Äcker Furchen tränkt!“

INFO 1 Eroberungs- und Bürgerkrieg

Mit dem Krieg und den ersten Niederlagen hatte eine Radikalisierung der Revolution begonnen. Entgegen der Kriegserklärung vom 20. April 1792[1] zogen die Revolutionstruppen über Speyer, Worms und Mainz nach Norden, um die österreichischen Niederlande, das heutige Belgien, anzugreifen und die benachbarten Staaten von den Fürsten zu befreien.

England, Holland und Spanien schlossen sich daraufhin dem Bündnis Österreichs und Preußens gegen Frankreich an. In der Lage beschloss der Konvent am 23. August 1793 die allgemeine Wehrpflicht (*„Levée en masse“*), um das Vaterland vor den äußeren und inneren Feinden zu retten. Die zum Teil erzwungene Aushebung von rund 300 000 (später bis zu 900 000) Soldaten aus allen Teilen des Landes vergrößerte vor allem die Unzufriedenheit der ländlichen Bevölkerung. Aus Widerstand gegen die Maßnahmen der Regierung wurde ein Bürgerkrieg. Er fand vor allem in der Vendée statt. Ihm fielen zwischen 150 000 und 200 000 Menschen zum Opfer.

Klaus Dieter Hein-Mooren

INFO 2 Terror als Mittel der Politik

Eroberungskrieg und Bürgerkrieg ließen die Republik* nicht zur Ruhe kommen. Die Presse- und Meinungsfreiheit wurden aufgehoben, Löhne und Lebensmittelpreise festgesetzt und Sondergerichte eingeführt. Im Kampf gegen die Wucherer forderten die Sansculotten von Paris am 5. September 1793: „Gesetzgeber! Setzt den Terror auf die Tagesordnung!“ Ratlos überließen die Abgeordneten des Nationalkonvents den radikalen Kräften um die Jakobiner *Maximilien de Robespierre, Georges Danton* und *Jean Paul Marat* die Macht. Sie richteten eine neue Regierung, den Wohlfahrts- und Sicherheitsausschuss, mit unbeschränkter Macht ein und übten nach der Devise „Wer nicht für uns ist, ist gegen uns“ eine Schreckensherrschaft (*La terreur*) aus. Die Terrorwelle machte zuletzt nicht einmal halt vor den Revolutionsführern. Als beispielsweise Danton das brutale Vorgehen der Ausschüsse kritisierte, wurde er im April 1794 hingerichtet.

Klaus Dieter Hein-Mooren

INFO 3 Rückkehr zur „alten Ordnung“

Erst nach dem Sieg der französischen Truppen über die gegnerischen Heere fand die Mehrheit des Nationalkonvents den Mut, sich gegen die Schreckensherrschaft auszusprechen. Am 27. Juli 1794 wurde Robespierre gestürzt. Er und weitere 105 Jakobiner wurden ohne Prozess hingerichtet. Anschließend löste man die Sondergerichte auf und ließ alle Jakobinerklubs schließen.

1795 erhielt Frankreich die dritte Verfassung*. Fünf Direktoren übernahmen die Macht.

Klaus Dieter Hein-Mooren

[1] Siehe S. 23, M4.

M2 „Seien wir schrecklich …“

Am 10. März 1793 fordert der Jakobiner Georges Danton im Nationalkonvent:

Die Feinde der Freiheit erheben kühn die Stirn. In alles mischen sie sich ein, überall wirken sie aufreizend. […]

Lasst uns aus den Fehlern unserer Vorgänger lernen. Tun wir, was die Gesetzgebende Versammlung versäumt hat: Seien wir schrecklich, damit das Volk es nicht zu sein braucht! Lasst uns einen Gerichtshof zusammenstellen […], auf dass das Volk wisse, dass das Schwert des Gesetzes über den Häuptern all seiner Feinde schwebt.

Zitiert nach: Walter Markov, Revolution im Zeugenstand, Bd. 2, Leipzig 1986, S. 367

M3 Tugend und Terror

Am 5. Februar 1794 sagt Robespierre vor dem Nationalkonvent:

Man muss die inneren und äußeren Feinde der Republik beseitigen oder mit ihr untergehen. Deshalb sei in der gegenwärtigen Lage der erste Grundsatz eurer Politik, das Volk durch Vernunft und die Volksfeinde durch Terror zu lenken. Wenn in friedlichen Zeiten der Kraftquell der Volksregierung die Tugend ist, so sind es in Zeiten der Revolution Tugend und Terror zusammen.

Maximilien Robespierre, Ausgewählte Texte. Deutsch von Manfred Unruh, Hamburg 1971, S. 587 und S. 594

M4 Opfer der Schreckensherrschaft

Der Historiker Dieter Langewiesche fasst 2019 die Opferzahlen wie folgt zusammen:

Insgesamt sind dem „gesetzlichen“ Terror ca. 165 000 Menschen zum Opfer gefallen, die von (Sonder-)Gerichten verurteilt und hingerichtet wurden; die Zahl der in Haft Umgekommenen und ohne Prozess Getöteten hat man auf 25 000 bis 40 000 geschätzt; rund 500 000 Menschen sind wohl zeitweise verhaftet worden.

Dieter Langewiesche, Der gewaltsame Lehrer. Europas Kriege in der Moderne, München 2019, S. 189

M5 „Robespierre als Henker des Henkers“
Radierung (13,8 x 8,3 cm) eines unbekannten Künstlers, Ende 1794
Die Blätter rechts unten symbolisieren die Verfassungen von 1791 und 1793. Unter der Guillotine liegt ein Henker. Die Inschrift auf der Grabpyramide lautet: „Hier ruht ganz Frankreich“.

Wie kommt es nach 1789 zur Radikalisierung der Revolution?*

1. *Nenne Gründe, warum die „Marseillaise“ zur Nationalhymne Frankreichs wurde (M1 und INFO 1).*
2. *Nimm Stellung dazu, wie Robespierre den Terror begründet (M3). Berücksichtige die Konsequenzen (M4).*
3. *Untersuche die Zeichnung (M5). Erläutere die Absicht des Zeichners.*
4. *Diskutiert in Kleingruppen den Zusammenhang von Revolution, Krieg und Terror (INFO 2 und 3).*

1.8.1791: Nationalkonvent beschließt die Vernichtung der Vendée
23.8.1793: Einführung der allgemeinen Wehrpflicht
17.9.1793: „Gesetz über die Verdächtigen“
10.6.1794: Die „Terrorgesetze“ werden verschärft – 27.7.1794: Robespierre und seine Anhänger werden gestürzt; Ende der „Schreckensherrschaft“

1750 1800 1850

Revolutionäre Stimmung im Reich*

M1 Tanz um den Freiheitsbaum
Ölgemälde (19 x 30 cm) eines unbekannten Künstlers, um 1793
Etwa 1790 kam in Frankreich die Idee auf, Freiheitsbäume zu setzen. Man knüpfte damit an die Tradition des Maibaumes an. Die Revolutionsheere brachten diesen Brauch in die deutschen Gebiete. Die hier wiedergegebene Szene fand vermutlich in Aachen statt. Die Franzosen hatten die Stadt 1792/93 besetzt.

INFO 1 Zwischen Bewunderung und Ablehnung

Der **Beginn der Französischen Revolution** fand **1789** Bewunderer in ganz Europa. Die Nachrichten aus Paris lösten sowohl in Baden, in der Pfalz, im Rheinland, in Kursachsen, Hessen-Kassel und Schlesien als auch in Städten wie Bremen, Göttingen, Hamburg, Altona, Hildesheim, Köln, Nürnberg, Trier, Ulm und Reutlingen Bauern-, Handwerker- und Studentenunruhen oder Volksaufläufe aus. Vor allem das aufstrebende **Bürgertum** sowie Schüler und Studenten verfolgten den Versuch, die Gedanken der **Aufklärung** in Politik umzusetzen, zunächst mit großer Sympathie. In einem Ort bei Hamburg fand beispielsweise zum Jahrestag des Sturms auf die Bastille am 14. Juli 1790 ein Freiheitsfest statt. In einigen Städten wurden Jakobinerklubs nach französischem Vorbild gegründet. Außerdem entstand ein Revolutionstourismus. So reiste der Pädagoge *Joachim Heinrich Campe* nach Paris, als er vom Sturm auf die Bastille erfuhr. In seinen Briefen berichtet er begeistert vom „Leichenbegräbnis des französischen Despotismus" (4. August 1789). Auch andere Reisende wie *Georg Forster* berichteten aus Paris.

Das Los der Flüchtlinge (allein in Baden lebten zeitweise fast 10 000 geflohene Franzosen), die Hinrichtung Ludwigs XVI., die Schreckensherrschaft sowie der Vormarsch der Revolutionstruppen ließen die Zahl der deutschen Revolutionsanhänger nach 1793 jedoch stark schrumpfen.

Klaus Dieter Hein-Mooren

INFO 2 Die Mainzer Republik

Nirgendwo sonst im Reich fanden die Ideen der Französischen Revolution so große Zustimmung wie in Mainz. Angeregt von den Franzosen und gefördert von dem im Oktober 1792 gegründeten Mainzer Jakobinerklub wurde in den von den Fürsten befreiten Gebieten Anfang 1793 ein *Rheinisch-Deutscher Nationalkonvent* gewählt. In ihm spielte der Forscher und Weltreisende Georg Forster eine führende Rolle.

Am 18. März wurde in Mainz der *Rheinisch-Deutsche Freistaat* für das Gebiet zwischen Landau und Bingen ausgerufen. Doch der erste deutsche Versuch, eine auf Freiheit, Gleichheit und Eigentum beruhende demokratische Staats- und Gesellschaftsordnung einzuführen, scheiterte wenige Monate später, weil die Franzosen begannen, das Land auszubeuten. Der Rückhalt in der deutschen Bevölkerung schwand, als Rheinhessen und die Pfalz zurückerobert wurden. Weitere Versuche, im Rheinland eine Republik* zu errichten (1797/98), misslangen ebenso wie Aufstands- und Verfassungsbestrebungen in Bayern, Württemberg und am Oberrhein. Sie wurden von den Franzosen kaum unterstützt. Eine deutsche Republik lag nicht in ihrem Interesse.

Klaus Dieter Hein-Mooren

Medientipp:
Informationen über Reiseberichte aus Paris siehe **31063-07**.

Medientipp:
Weitere Infos über die Mainzer Republik siehe **31063-08**.

* Das Kapitel ist nicht verbindlich.

M2 Bürgerlied der Mainzer

Ende 1792/Anfang 1793 dichtete ein unbekannter Autor:

Auf Brüder! auf! Die Freiheit lacht,
Die Ketten sind entzwei.
Uns hat sie Custine[1] losgemacht,
O Bürger, wir sind frei!
Nun drückt uns kein Despote[2] mehr
Und raubt uns unsre Taschen leer.
Nun drückt uns kein Despote mehr!
Der Mainzer ist nun frei!
Der Mainzer ist nun frei!
[...]
O Bürger! welche Seligkeit,
Ein freier Mann zu sein,
Dem kein Despote mehr gebeut[3],
Nur das Gesetz allein.
Nun ist es aus, das Adelreich,
Nun sind wir Brüder, alle gleich;
Nun ist es aus, das Adelreich.
Der Mainzer ist nun frei!
Der Mainzer ist nun frei!

Zitiert nach: Hans-Werner Engels, Gedichte und Lieder deutscher Jakobiner, Stuttgart 1971, S. 53 f.

[1] **Custine**: Befehlshaber der Rheinarmee; er eroberte mit seinen Truppen 1792 Speyer, Worms und Mainz.
[2] **Despot**: Gewaltherrscher, Tyrann
[3] **gebeut**: gebietet

M3 Über die Mainzer Republik

Der Historiker Franz Dumont schreibt 1998:

Wenn auch widersprüchlich und letztlich ohne ausreichende Akzeptanz[1], so war die Mainzer Republik doch ein Vorgang von historischem Rang: zunächst, weil sie am Anfang des schwierigen deutschen Weges zur Demokratie steht und weil die Mainzer Jakobiner als die erste demokratische Bewegung in Deutschland anzusehen sind. Für das Reich ebenso außerordentlich war die breite Politisierung der Bürgerschaft, die hier erstmals zur Ausbildung ideologischer[2] Fronten im modernen Sinne führte. In beidem hatte Mainz 1792/93 eine Vorreiterrolle.

Franz Dumont u. a. (Hrsg.), Mainz. Die Geschichte der Stadt, Mainz 1998, S. 344

[1] **Akzeptanz**: Bereitschaft, etwas anzuerkennen
[2] **ideologisch**: weltanschaulich

M4 Sitzungssaal des Mainzer Jakobinerklubs im Akademiesaal des Kurfürstlichen Schlosses
Federzeichnung (44 x 58 cm) von Johann Jakob Hoch 1792
Der Mainzer Klub hatte zeitweise 500 Mitglieder.

M5 Warum der Mainzer Republik gedenken?

Der Präsident des Deutschen Bundestages, Norbert Lammert, erinnert im März 2013 mit folgenden Worten an die Mainzer Republik:

Das, was sich am 18. März 1793 [...] im Mainzer Deutschhaus vollzog, war keine eigenständige deutsche Revolution. Auch war es ganz sicher nicht der glanzvolle Beginn einer deutschen Demokratie. Und doch betraf die Ausrufung der Mainzer Republik gewiss nicht nur die Region zwischen Landau und Bingen. Und sie wirkte deutlich über ihre kurze Lebensdauer hinaus. Diese Republik und ihre zeitgenössisch als „Jakobiner" verdächtigten Protagonisten[1] setzten einen frühen Markstein in die widerspruchsvollen Anfänge deutscher Demokratie.

Zitiert nach: Norbert Lammert, Sie gingen voran, in: Die Zeit Nr. 13 vom 21. März 2013

[1] **Protagonisten**: hier „Vorkämpfer"

Warum finden die Ideen der Französischen Revolution im Ausland Zustimmung und Ablehnung?

1. *Untersucht in Partnerarbeit, wer die Teilnehmer auf dem Gemälde M1 sind und welche Stimmung herrscht. Von welchen Personen hätte man eine Teilnahme an dem Tanz nicht erwartet?*
2. *Analysiert das Bürgerlied (M2). Auf welche politischen Forderungen geht es indirekt ein?*
3. *Beschreibe M4. Woran lassen sich die Jakobiner erkennen?* (H)
4. *Arbeitet die Gründe für die Zustimmung und Ablehnung der Revolution heraus (INFO 1).*
5. *Begründet, warum die Mainzer Republik zur Geschichte der deutschen Demokratie* zählt (INFO 2, M3 und M5).*

21./23.10.1792: Einmarsch französischer Truppen in Speyer, Worms, Mainz und Frankfurt
Ende Oktober 1792: Der Mainzer Jakobinerklub wird gegründet
18.3.1793: Der „Rheinisch-Deutsche Freistaat" wir ausgerufen

1750 1800 1850

Napoleon – vom General zum Kaiser

M 1 „Bonaparte auf der Brücke von Arcole …"
Gemälde (94 x 130 cm) von Antonie-Jean Gros, 1796
Der Künstler hat folgende Episode des Italienfeldzuges dargestellt: Napoleon Bonaparte eilt mit wehender Fahne seinen Soldaten voraus, nachdem er diese an der Brücke von Arcole von einem tödlich verwundeten Soldaten ergriffen hat. Die Wirklichkeit sah etwas anders aus: In der Schlacht bei Arcole (15. bis 17. November 1796) wurde Napoleons Einheit zunächst besiegt. Er selbst fiel in einen Wassergraben, bevor er die Fahne übernehmen konnte. Das Gefecht endete erst nach drei Tagen mit einem Sieg für Frankreich.

INFO 1 Eine steile Karriere

Napoleon[1] wurde 1769 auf der Insel Korsika geboren. Während der **Französischen Revolution** machte er schnell Karriere. Schon mit 24 Jahren wurde er General. Seine großen militärischen Erfolge aus den Jahren 1796 bis 1799 machten ihn zum bewunderten Helden. Geschickte Propaganda[2] vergrößerte sein Ansehen. Obwohl Napoleon in Ägypten erfolglos gegen England zog, kehrte er 1799 erhobenen Hauptes nach Frankreich zurück. Sein Ziel war es, als Heerführer alleiniger Machthaber in Frankreich zu werden.

Nach den Aufständen und Kriegen der letzten Jahre sehnte sich vor allem das Bürgertum* nach Ruhe und Ordnung und einem Ende der Wirtschaftskrise. Diese Stimmung nutzte Napoleon. Am 9. November 1799 setzte er in einem Staatsstreich[3] die unbeliebte fünfköpfige Regierung ab und übernahm die Staatsführung. Danach verkündete Napoleon das Ende der Revolution, verkündete eine neue Verfassung* und ließ die autoritäre[4] Staatsordnung durch eine Volksabstimmung bestätigen.

Volker Bräu

INFO 2 Wie Napoleon seine Macht sichert

Napoleons Machtübernahme bedeutete nicht das Ende der Revolutionskriege. Mit seinen Truppen siegte er über Österreich und das Heilige Römische Reich. Der *Friede von Lunéville* (1801) löste Österreich als stärkste europäische Macht ab. Im selben Jahr schloss Napoleon Frieden mit England und Russland. Damit sicherte er Frankreich die Vormachtstellung (Hegemonie*) auf dem Kontinent.

Die außenpolitischen Erfolge stärkten Napoleons innenpolitische Macht. Mit Reformen und Zugeständnissen, aber auch mit Gewalt, brachte er seine Gegner zum Schweigen. Er ließ die Adelstitel wieder zu und versöhnte das Land mit der Kirche bzw. dem Papst. Das von ihm 1804 eingeführte – und später für viele Staaten vorbildliche – Gesetzbuch, der *Code civil*, garantierte bürgerliche Rechte, machte aber zugleich die begonnene rechtliche Gleichstellung der Frauen wieder rückgängig. Unterdessen erholte sich die Wirtschaft allmählich. Die Vorteile der Herrschaft Napoleons überwogen für viele Franzosen deren Nachteile. Sie kritisierten z.B. Einschränkungen der Presse- und Meinungsfreiheit nicht.

Volker Bräu

INFO 3 Vom Ersten Konsul zum Kaiser

Als 1803 ein Attentatsversuch auf Napoleon aufgedeckt wurde, nutzte er die Situation, seine Stellung und die seiner Familie dauerhaft zu verändern. Am 2. Dezember 1804 krönte er sich in Anwesenheit des Papstes zuerst selbst zum „Kaiser der Franzosen" und anschließend seine Frau *Joséphine* zur Kaiserin. Seine Kaiserwürde rechtfertigte er mit Verweisen auf antike und mittelalterliche Herrscher. Auch sie seien weder durch ihre Abstammung aus einer Herrscherfamilie (Dynastie) noch durch Gottesgnaden-

1 **Napoleon**: Der vollständige Name lautet Napoleon Bonaparte; erst mit der Kaiserkrönung von 1804 wird er zu Napoleon (I.).
2 **Propaganda**: der Versuch, das Denken, Handeln und Fühlen von Menschen gezielt zu beeinflussen
3 **Staatsstreich**: gewaltsamer Aufstand einer kleinen Gruppe, um eine bestehende Regierung zu stürzen und eine neue Staatsordnung einzuführen
4 **autoritär**: diktatorisch, unbedingten Gehorsam fordernd

Medientipp:
Zu Napoleon siehe auch **31063-09**.

Lesetipp:
Harald Parigger, Napoleon. Der unersättliche Kaiser, Würzburg 2013

tum Kaiser geworden, sondern durch ihre besonderen militärischen und zivilen Leistungen für das Volk. Aber anders als Karl der Große*, der das weströmische Kaisertum 800* erneuert hatte, ließ Napoleon sich nicht vom Papst krönen. Nicht die Kirche, sondern die Verfassung und das Volk sollten seine Stellung rechtfertigen. Das spiegelte dann auch sein Titel wider: „Napoleon, von Gottes Gnaden und aufgrund der Verfassung der Republik, Kaiser der Franzosen". Nach der Krönung ließ Napoleon sich daher auch die erbliche Kaiserwürde per Volksentscheid bestätigen. In ganz Europa wurde das fasziniert oder ablehnend zur Kenntnis genommen.

Volker Bräu

M2 Der Eid des Kaisers

Nach der Krönungszeremonie legt Napoleon I. am 18. Mai 1804 folgenden Eid ab:

Ich schwöre, die Unversehrtheit des Staatsgebietes der Republik zu erhalten, die [...] Glaubensfreiheit, die Gleichheit vor dem Gesetz, die politische und bürgerliche Freiheit [...] zu respektieren und [...] Steuern und Abgaben nur kraft Gesetzes zu erheben [...] und nur unter dem Gesichtspunkt des Interesses, des Glücks und des Ruhmes des französischen Volks zu herrschen.

Zitiert nach: Jean Tulard, Napoleon oder der Mythos des Retters, Berlin 1982, S. 193

Welches Herrschaftsverständnis hat Napoleon*?

1. *Beschreibe das Gemälde (M1) und erkläre seine mögliche Wirkung auf den Betrachter (INFO 1).* (H)
2. *Skizziere anhand von INFO 2, wie Napoleon seine Macht innenpolitisch und außenpolitisch sicherte.*
3. *Arbeite heraus, welche Errungenschaften der Revolution Napoleon beibehielt (M2).*
4. *Napoleon hat seine Kaiserwürde mit Verweisen auf römische und mittelalterliche Kaiser* wie Karl den Großen* gerechtfertigt. Nenne und erläutere Übereinstimmungen und Unterschiede (INFO 3 und M3).*
5. *Beurteile, wie Napoleons Bekenntnis zur Republik* und sein Kaisertitel zusammenpassen (INFO 3 und M2).*

M3 „Napoleon I. im Krönungsornat"
Gemälde (223 x 143 cm) von François Gérard, 1805
Die Darstellung des Kaisers ist voller Symbolik. Die Lorbeerkrone auf dem Kopf und das Adlerzepter in der rechten Hand sind Herrschaftszeichen des römischen Kaisertums. Um den Hals trägt Napoleon einen Orden der Ehrenlegion, den er 1802 ins Leben gerufen hat und der bis heute die ranghöchste Auszeichnung Frankreichs ist. Das unter dem Mantel hervorschauende Schwert sowie der Reichsapfel auf dem Hocker verweisen auf Karl den Großen. Der fränkische Herrscher hatte im Jahre 800 mithilfe des Papstes das weströmische Kaisertum erneuert. Die ebenfalls auf dem Hocker liegende „Hand der Gerechtigkeit" spielt an auf die Gerichtshoheit der französischen Könige.

1799: Staatsstreich Napoleons; Napoleon verkündet das Ende der Revolution

1804: Der Code civil und eine neue Verfassung treten in Kraft; Napoleon krönt sich zum Kaiser

1750 1800 1850

Napoleon und Europa – ein Überblick

M1 „Stufenleiter der Größe und des Sturzes Napoleons"
Radierung (19,5 x 33,4 cm) eines unbekannten deutschen Künstlers, 1814
Auf den Schildern steht: Corsischer Knabe – Militär-Schüler – Glücksritter zu Paris – General – Erster Consul – Kaiser der Franzosen – Abzug aus Spanien – Rückreise von Moskau – Abschied von Deutschland – Ende[1]

Schritt für Schritt:
Geschichtskarten analysieren (1)

Wie du mit Karten arbeiten kannst, hast du bereits gelernt (siehe die Arbeitsmethode auf S. 205 f). Auf den Seiten 11 und 229 befinden sich Karten, die Europa zur Zeit Napoleons zeigen. Mithilfe dieser Karten können politische und territoriale Veränderungen festgestellt und beurteilt werden. Folgende Fragen helfen dir dabei:

1. In welchen historischen Zusammenhang müssen die Karten eingeordnet werden?
2. Sagen sie etwas über die Veränderung der Herrschaftsverhältnisse aus?
3. Was sagen sie über den Einfluss eines Staates über andere aus?

M2 Frankreichs neue Rolle

Am 2. Januar 1806 steht in der „Gazette de France":

[V]on nun an [wird] eine einzige überwiegende Macht alles um sich her in Frieden halten, eine Macht, in ihrer Stärke jedem Angriff überlegen, in ihrer Größe erhaben über jedes Ausdehnungsbedürfnis […]. Von nun an wird Frankreich der Stützpunkt sein, auf dem ganz Europa ruht.

Zitiert nach: Denis de Rougemont, Europa. Vom Mythos zur Wirklichkeit, München 1962, S. 188 (übersetzt von Hjalmar Pehrsson und Renate Bieber)

INFO 1 „Frankreich zuerst!"

Von 1792 bis 1815 befand sich Frankreich fast durchgehend im Krieg mit den europäischen Mächten. Das militärische und diplomatische Geschick **Napoleons** und der Einsatz vieler Soldaten, die für „ihren" Kaiser kämpften, aber auch die Uneinigkeit seiner Gegner machten Frankreich zur Vormacht auf dem europäischen Kontinent.

Napoleon nutzte diese Hegemonie* aus. Er vergrößerte das Territorium Frankreichs, indem er verschiedene Teile angrenzender Herrschaften besetzte und in sein Reich integrierte.

Um seine Macht zu sichern, machte Napoleon – ähnlich wie alle großen Herrscherfamilien – Mitglieder seiner Familie zu Monarchen der besetzten Gebiete. Die Familie Bonaparte herrschte bald über Neapel, Holland, Westphalen, Italien und andere Gebiete. Napoleons Angehörige hatten aber zu befolgen, was er in einem Brief an seinen Stiefsohn *Eugène de Beauharnais*, den Vizekönig von Italien, einmal als Devise ausgegeben hatte: „Frankreich zuerst!" Seinen krönenden Abschluss erfuhr das familiäre Herrschaftssystem 1810 durch die zweite Heirat Napoleons mit *Marie-Louise*, der Tochter des österreichischen Kaisers *Franz I.*[2]

Volker Bräu

[1] Zu den letzten Stufen und zum Sturz Napoleons siehe auch S. 46 ff.

[2] Kaiser Franz I. aus dem Hause Habsburg begründete 1804 das Kaisertum Österreich. Von 1792 bis 1806 war er als Franz II. auch Kaiser des Heiligen Römischen Reiches Deutscher Nation.

INFO 2 Kontinentalsperre

Nachdem alle kontinentalen Gegner immer wieder besiegt waren, blieb nur Großbritannien als Feind Napoleons. Das Königreich leistete anhaltenden Widerstand. Um das Inselreich in die Knie zu zwingen, errichtete Napoleon ein Handelsverbot für britische Waren auf dem Kontinent: die *Kontinentalsperre*. Alle von ihm besiegten und abhängigen Staaten mussten sie einhalten. Als sich daraus schwere Handelseinbußen für das russische Kaiserreich ergaben, widersetzte sich Zar *Alexander I*.

Volker Bräu

INFO 3 Russlandfeldzug

Napoleon reagierte und marschierte mit einer Armee von 650 000 Mann in Russland ein. Obwohl er die russische Hauptstadt Moskau eroberte, gingen seine Truppen im russischen Winter von 1812/13 unter. Der Abstieg Napoleons begann. Es dauerte aber noch bis 1815 bis seine Truppen endgültig geschlagen wurden und er nach St. Helena verbannt wurde. Die Zahl der Toten seiner Kriege wurde auf 3,5 bis fünf Millionen geschätzt.

Volker Bräu

M3 Feigheit vor dem Feind?

Im Jahr 1812 muss der Bauernsohn Jakob Wimmer aus Katzwalchen (Landkreis Traunstein) als Soldat des „Königlich-Bayerischen 1. Linieninfanterieregiments" mit der „Grande Armée" nach Russland ziehen. Er hat folgenden Erlebnisbericht von einer Schlacht hinterlassen:

Als wir am 20. Oktober uns zurückziehend die Düna[1] verlassen, sprengten zwischen 5 und 6 Uhr abends Kosacken an, wir sprangen auf einen Pulverwagen und sagten, nicht zu schießen; jedoch schoss einer von uns einen Kosacken vom Pferde; jetzt erst sprengten sie in voller Menge auf uns ein; ich versteckte mich unter den Pulverwagen, wo noch ein schwer Verwundeter lag; ich wickelte mich in einen Mantel und schaute bloß mit dem Gesicht welches ich mit Blut bestrich heraus. Etwa hundert Schritte rückten die Russen noch vor; dann kam unser großes Geschütz, die Russen mussten zurück, und ich gieng wieder zu den Unserigen.

Zitiert nach: www.sueddeutsche.de/bayern/erinnerungen-von-1812-blechernes-kriegstagebuch-1.1634544 (Zugriff: 12.06.2020)

M4 „Der Huber Hans auch in Russland geblieben. 1825" Erinnerungstafel (31,8 x 22 cm) für den bayerischen Soldaten Hans Huber, der 1812 im Russlandfeldzug starb
Das Symbol des Auges im oberen Bildabschnitt steht für Gott, der alles sieht.

Medientipp:
Hinweise auf Erinnerungsorte der Napoleonischen Zeit in Bayern findest du unter **31063-11**.

[1] **Düna**: Fluss in Weißrussland; Wimmers Einheit nahm an der zweiten Schlacht von Polozk teil. Sie endete mit einem russischen Sieg. Zwischen 16 000 und 20 000 Soldaten starben.

Wie verläuft Napoleons Herrschaft über Europa?*

1. *Unter Napoleon gewinnt Frankreich die Hegemonie* über Europa (INFO 1). Erkläre die Aussage mithilfe der Karten auf Seite 11 bzw. Seite 229. Berücksichtige dazu den Methodentipp „Schritt für Schritt".*
2. *Fasse zusammen, mit welchen Mitteln Napoleon seine Hegemonialpolitik umsetzte (INFO 1).*
3. *Erläutere den Einfluss der Kontinentalsperre auf die Herrschaft Napoleons über den Kontinent (INFO 2 und Seite 229, M2).*
4. *Erkläre, warum der Widerstand gegen die Kontinentalsperre vor allem aus Russland kam (INFO 2). Berücksichtige M1.*
5. *Nimm Stellung zum Verhalten Jakob Wimmers. Berücksichtige INFO 3.*
6. *In vielen Kirchen und Gemeinden Bayerns finden sich Erinnerungstafeln für in Russland gefallene Soldaten (INFO 3 und M4). Suche in deinem Schul- oder Wohnort nach solchen Erinnerungsstücken und berichte. Siehe dazu auch den Medientipp.*

Napoleon und das Ende des Alten Reiches

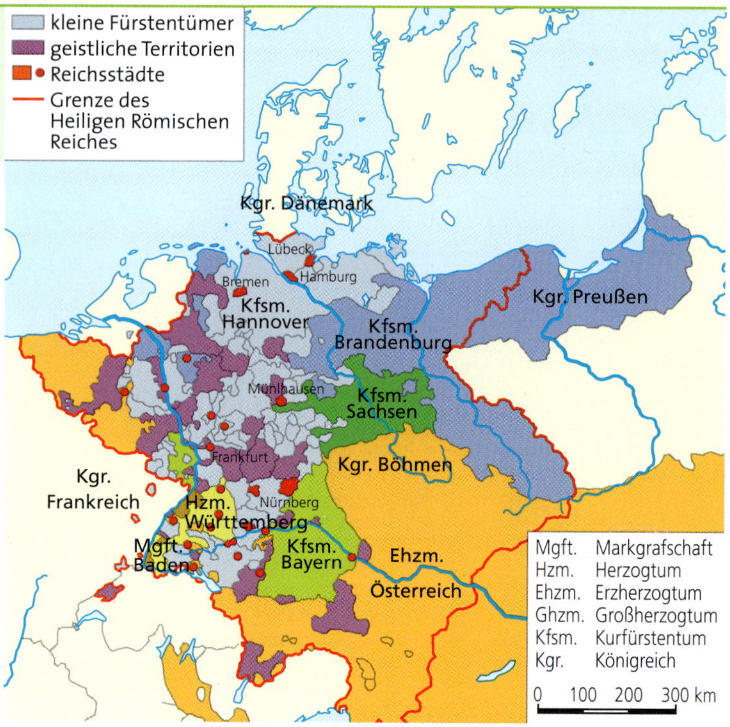

M 1 Die deutschen Territorien um 1789

M 2 Die deutschen Territorien um 1806

INFO 1 Verlust und Gewinn

Der Rhein als Ostgrenze Frankreichs war seit Jahrhunderten Ziel der französischen Außenpolitik. Im Frieden von Lunéville 1801 setzte **Napoleon** diese durch. Dadurch verloren Fürsten des Heiligen Römischen Reiches Deutscher Nation links vom Rhein gelegene Gebiete. Mit Napoleon verbündete Fürsten wurden mit rechtsrheinischen Gebieten entschädigt. Sie konnten so ihre Herrschaftsbereiche zum Teil stark vergrößern. Dazu wurden 1802/03 über 100 Reichsstände[1] aufgelöst und ihre Territorien neu verteilt. Die Umverteilung der geistlichen Fürstentümer auf die übrigen Herrscher sowie die Enteignung und Verstaatlichung von Kirchengut (u. a. von Klöstern*, Ländereien und Kunstschätzen) wurde unter dem Begriff der **Säkularisation** bekannt.

Darüber hinaus verloren viele kleinere weltliche Reichsstände ihre Eigenständigkeit, dies bezeichnete der Begriff *Mediatisierung*.

Volker Bräu

[1] **Reichsstände**: dem Kaiser direkt unterstellte geistliche und weltliche Herrscher, die über Territorien verfügten, sowie die freien Reichsstädte. Die Reichsstände hatten Sitz und Stimme im Immerwährenden Reichstag in Regensburg und tagten in drei Kollegien (Kurien): dem Kurfürstenrat, dem Reichsfürstenrat und dem Rat der Reichsstädte.

Schritt für Schritt:

Geschichtskarten analysieren (2)

Um die Entwicklung Europas oder Deutschlands zu Beginn des 19. Jhs. auf Karten beurteilen zu können, musst du u. a. folgende Fragen beantworten:

1. In welchen historischen Zusammenhang müssen die Karten eingeordnet werden?
2. Was sagen die Karten über den Einfluss eines Staates über andere aus?

INFO 2 Der Rheinbund und das Ende des alten Reiches

Am 2. Dezember 1805 feierte **Napoleon** in der *Schlacht von Austerlitz* seinen größten Sieg gegen Österreich und Russland. Da er mit Preußen bereits einen Friedensvertrag abgeschlossen hatte, schien Frankreich die Hegemonie* über den Kontinent sicher. Um seinen Einfluss zu sichern, hatte Napoleon sich mit einem Netz aus Staaten umgeben, die alle mehr oder weniger direkt von ihm abhängig waren. In dem Zusammenhang entstand auf sein Betreiben hin 1806 ein neuer Staatenbund: der *Rheinbund*. Die neu ernannten Könige* von Bayern, Württemberg, Sachsen und Westphalen sowie zwölf weitere deutsche Fürsten unterstellten sich dem Schutz Napoleons, verpflichteten sich zu Militärhilfe und traten aus dem fast 1 000 Jahre alten Verband des Heiligen Römischen Reiches aus. Dies bedeutete **1806** das **Ende des Heiligen Römischen Reiches Deutscher Nation**.

Volker Bräu

M3 Aus der Rheinbundakte

Frankreichs Außenminister Talleyrand und die Bevollmächtigten der deutschen Fürsten unterzeichneten am 12. Juli 1806 in Paris die „Rheinbundakte"; sie enthält folgende Punkte:

Art. 1. Die Staaten [Bayern, Württemberg, Baden und die weiteren Mitglieder] werden für immer vom deutschen Reichsgebiete abgesondert, und unter sich durch eine besondere Konföderation[1] unter dem Namen: rheinische Bundesstaaten vereinigt. [...]

Art. 6. Die gemeinschaftlichen Interessen der Bundesstaaten werden auf dem Bundestage verhandelt, der zu Frankfurt seinen Sitz hat [...]. [...]

Art. 9. Alle Streitigkeiten, welche sich unter den Bundesstaaten ergeben dürften, werden von der Bundesversammlung zu Frankfurt entschieden. [...]

Art. 12. Se. Majestät der Kaiser der Franzosen wird als Protektor[2] des rheinischen Bundes ausgerufen [...].

Zitiert nach: www.documentarchiv.de/nzjh/1806/rheinbundsakte.html (leicht bearbeitet; Zugriff: 26. 11. 2019)

[1] **Konföderation**: Staatenbund
[2] **Protektor**: Schutzherr

M4 Der Rheinbund (1808)

Welche Veränderungen führen 1806* zum Untergang des Heiligen Römischen Reiches?

1. *Arbeite aus den Karten M1 und M2 die Veränderungen der Fürstentümer und Reichsstädte heraus.*
2. *Vergleiche die Karten M1 und M2 und erläutere, warum die Veränderungen als „Flurbereinigung" bezeichnet wurden.* (H)
3. *Die Säkularisation* hat den „Flickenteppich des alten Reiches" beseitigt. Erläutere mithilfe von INFO 1, M1 und M2 die Aussage. Berücksichtige auch die Karten auf den Seiten 228 und 229.*
4. *Prüfe, wie souverän die Staaten des Rheinbundes nach 1805 waren (INFO 2 und M3).*
5. *Die Karte M4 weist eine Reihe von Schlachten in Bayern nach 1805 aus. Recherchiert in Partnerarbeit, welche Streitkräfte dort warum kämpften.*

1792 bis 1815: Frankreich führt zahlreiche Kriege auf dem Kontinent
1801: Friede von Lunéville
1805: Schlacht von Austerlitz
1806: Gründung des Rheinbunds – Ende des Heiligen Römischen Reichs – Kontinentalsperre
1812: Russlandfeldzug – 1815: Niederlage Napoleons und Ende seiner Herrschaft
1800
1850

Das moderne Bayern entsteht

M1 „Gallia schützt Bavaria“
Ölgemälde (71,5 x 58,5 cm) von Marianne Kürzinger, 1805
In der Bildmitte flüchtet sich ein Mädchen in die Arme einer Frau. Diese trägt ein Schild mit dem Buchstaben „N“ und einen mit einem Adler geschmückten Helm. Der Buchstabe „N“ und der Adler verweisen auf Napoleon, die weiß-blaue Schärpe und der Löwe auf Bayern.

INFO 1 Der Kurfürst wird König

Der seit 1799 regierende Kurfürst* *Max IV. Joseph* machte seinen Mitarbeiter *Maximilian Joseph von Montgelas* zu seinem wichtigsten Berater. Beide waren von der Aufklärung* und von den positiven Errungenschaften der Französischen Revolution geprägt. Zusammen wollten sie aus dem überschuldeten und von Österreich bedrohten Kurfürstentum ein modernes und unabhängiges Bayern schaffen.

Als 1805 österreichische Truppen in Bayern einmarschierten, verbündete sich Max IV. Joseph mit **Napoleon**, von dessen Politik er bereits durch die **Säkularisation** und Mediatisierung profitiert hatte.[1] Der französische Kaiser willigte in das Bündnis ein, da es seine europäische Vormachtstellung untermauerte. Nach Frankreichs Triumph über Österreich in der *Schlacht bei Austerlitz* (2. Dezember 1805) nahm der bayerische Kurfürst mit Einwilligung Napoleons den Königstitel an. Aus Kurfürst Max IV. Joseph wurde am 1. Januar **1806** König *Max I. Joseph* und damit aus **Bayern** ein **Königreich**. Gemeinsam mit 15 weiteren deutschen Fürsten trat der bayerische Monarch dem Rheinbund bei.[2]

Volker Bräu

INFO 2 Grundlagen für eine bürgerliche Gesellschaft

Zur Sicherung der Herrschaft war es Max I. Joseph wichtig, die neuen und alten Territorien zu modernisieren und zu einem einheitlichen Staat zusammenzufügen. Mit Unterstützung seines Leitenden Staatsministers Montgelas kam es zu einer „Revolution von oben“. Die Zünfte wurden aufgelöst, die Vorrechte des Adels* und der Geistlichkeit abgeschafft und das **Bürgertum** gestärkt. Zugleich wurde die Gesetzgebung nach dem Vorbild des französischen Code civil reformiert und eine zentrale, straffe und einheitliche Staatsverwaltung aufgebaut. Gut ausgebildete Beamte, die dem Staat, nicht dem Monarchen dienten, stützten die Verwaltung. Der König* stand nicht mehr über dem Gesetz. Seine Herrschaft war an eine Konstitution, eine Verfassung*, gebunden. Alle Untertanen waren vor dem Gesetz gleich und eine Volksvertretung („National-Repräsentation“) sollte den Bürgern Mitsprache im neuen Königreich garantieren. Alle diese Reformen wurden in der „Constitution“ von 1808 zusammengefasst. Sie legte die Grundlagen für die **konstitutionelle Monarchie** in Bayern. Nach dem Ende Napoleons erließ der bayerische König 1818 eine überarbeitete Verfassung, die bis 1918 gültig blieb.[2] Bayern war somit lange vor Preußen und Österreich ein Verfassungsstaat und damit eine der fortschrittlichsten Monarchien Europas.

Volker Bräu

---
[1] Zum Rheinbund siehe S. 35.
[2] Siehe dazu S. 88.

M 2 Ein Reformprogramm

Montgelas verfasst 1796 in der Residenzstadt Ansbach für seinen Dienstherrn ein umfangreiches Programm für den Umbau des Kurfürstentums Bayern, darin heißt es:

Die Schulen in den Städten und auf dem Land werden noch schlechter geführt [als die Universitäten]. [...] Die Bauern weigern sich, ihre Kinder in die Schule zu schicken; die meisten können weder lesen noch schreiben. [...] Die religiöse Toleranz zieht Fremde ins Innere des Staates, die nutzbringend sind aufgrund ihrer Betriebsamkeit, sie begünstigt den Fortschritt in der Industrie sowie der Bildung und regt den Wettbewerb an. Dort, wo sie in größerer Anzahl ansässig sind, stellt die Toleranz eine absolute Verpflichtung gegenüber den Untertanen einer anderen Religion dar. [...] Es ist heute erwiesen, dass es die grobe Unwissenheit der Völker ist und nicht die vernünftige und dem Stand eines jeden entsprechende Bildung, die man ihnen vermittelt, welche Revolutionen hervorruft und Reiche umstürzt. Je aufgeklärter die Menschen sind, umso mehr lieben sie ihre Pflichten und umso mehr halten sie an einer Regierung fest, die sich wirklich um ihr Glück kümmert.

Das „Ansbacher Mémoire" vom 30. September 1796; zitiert nach: www.hdbg.de/montgelas/pages/memoire.pdf (übersetzt von Oliver Zeidler; Zugriff: 11. 06. 2020)

INFO 3 Ein teures Bündnis

Als Verbündeter Napoleons erhielt Bayern nach jedem erfolgreichen Feldzug Gebiete. Für diese Erweiterungen zahlte Bayern aber einen hohen Preis: Rund 30 000 bayerische Soldaten mussten an der Seite Frankreichs kämpfen und nur 3 000 Mann kehrten in die Heimat zurück.

Fast alle Feldzüge Napoleons führten durch Bayern. Die Bevölkerung musste ständig Krieg, Seuchen und Überfälle ertragen. Als im Jahr 1813 ein entscheidendes Bündnis (Allianz) gegen Napoleon geschmiedet wurde, entschied sich Max I. Joseph für einen Bündniswechsel und schloss sich der Koalition unter der Führung Österreichs an. Die neuen Verbündeten garantierten Bayern seine Souveränität und Max I. Joseph den Königstitel.

Volker Bräu

M 3 Aus der ersten Verfassung des Königreiches Bayern

Zentrale Artikel der Verfassung („Constitution") vom 1. Mai 1808 lauten:

§ 1. Das Königreich Bayern bildet einen Theil der rheinischen Föderation.

§ 2. Alle besonderen Verfassungen, Privilegien, Erbämter und landschaftlichen Corporationen[1] der einzelnen Provinzen sind aufgehoben. Das ganze Königreich wird durch eine Nationalrepräsentation[2] vertreten, nach gleichen Gesetzen gerichtet, und nach gleichen Grundsätzen verwaltet; dem zu Folge soll ein und dasselbe Steuersystem für das ganze Königreich seyn.

§ 3. Die Leibeigenschaft wird da, wo sie noch besteht, aufgehoben. [...]

§ 5. Der Adel behält seine Titel und, wie jeder Gutseigenthümer, seine gutsherrlichen Rechte nach den gesetzlichen Bestimmungen; übrigens aber wird er in Rücksicht auf die Staatslasten, wie sie dermal bestehen oder noch eingeführt werden mögen, den übrigen Staatsbürgern ganz gleich behandelt. [...] Eben so wenig wird ihm ein ausschließliches Recht auf Staatsämter, Staatswürden, Staatspfründen[3] zugestanden.

§ 7. Der Staat gewährt allen Staatsbürgern Sicherheit der Person und des Eigenthums – vollkommene Gewissensfreiheit – Preßfreiheit nach dem Censuredict vom 13. Juni 1803 und den [...] 1806 erlassenen Verordnungen. Nur Eingeborne, oder im Staate Begüterte, können Staatsämter bekleiden. [...]

https://de.wikisource.org/wiki/Constitution_vom_1._Mai_1808 (Zugriff: 27. 04. 2020)

M 4 Joseph Graf von Montgelas
Aluminiumstandbild (Höhe 6,20 m) nach historischen Vorlagen von Karin Sander, 2003-2005
Foto vom Juni 2015
Das Kunstwerk steht in München auf dem Promenadeplatz.

[1] **Corporation**: Zusammenschluss von bestimmten Funktionsträgern
[2] Eine Nationalrepräsentation trat bis 1818 nicht zusammen.
[3] **Staatspfründe**: Staatseinkünfte

Wie entsteht das moderne Bayern?

1. *Beschreibe mithilfe des Gemäldes (M1) und INFO 1 das Verhältnis Bayerns zu Frankreich im Jahre 1805.*
2. *Arbeite die Motive für die Reformvorschläge Montgelas' heraus (INFO 2 und M2). Inwiefern waren sie von der Aufklärung* geprägt?*
3. *Erstelle eine Liste die wichtigsten Reformen Montgelas' und Max IV. Josephs (INFO 2 und M3).*
4. *Begründe, warum mit diesen Reformen ein „modernes Bayern" entsteht und die Aufstellung des Standbilds (M4) gerechtfertigt ist.*
5. *Beurteile die Bedeutung der „Revolution von oben" für die Entstehung der bürgerlichen Gesellschaft in Bayern (M3 und INFO 2). Berücksichtige dabei auch INFO 3.*

1805: Schlacht bei Austerlitz
1806: Ende des Heiligen Römischen Reichs und Gründung des Königreichs Bayern
1808: Bayern bekommt eine Verfassung
1812: Kriegszug Frankreichs mit seinen Verbündeten gegen Russland

1750 – 1800 – 1850

Das weiß ich! – Gelerntes sichern

Liberté • Égalité • Fraternité
RÉPUBLIQUE FRANÇAISE

M1 „Liberté, Égalité, Fraternité“
Die Devise steht heute auf dem offiziellen Logo der Französischen Republik.

Auf einen Blick: Aufklärung, Französische Revolution und Napoleon

Die Staatslehren der **Aufklärung** betonten die Freiheit und Gleichheit der Menschen und stellten den Absolutismus* infrage. Sie forderten eine **Gewaltenteilung** im Staat, um jede Herrscherwillkür zu verhindern. Letztlich solle, so die Vorstellung von der **Volkssouveränität**, alle Staatsgewalt vom Volke ausgehen.

Die französische Monarchie* befand sich in den 1780er-Jahren in einer Krise. Ein Staatsbankrott drohte. Adel* und Klerus verweigerten aber Reformen, die ihre Steuervorteile beschneiden sollten. Missernten und Hungerunruhen vergrößerten die sozialen und gesellschaftlichen Probleme.

1789 begann die **Französische Revolution**. Am Anfang stand die Einberufung der Generalstände durch den König*. Dort erklärte der Dritte Stand, er vertrete die **Nation**, da ihm 98 Prozent aller Franzosen angehörten. Eine Nationalversammlung wurde einberufen, die die Sonderrechte der Stände* abschaffen und Reformen einleiten sollte. Der Sturm auf die Bastille am 14. Juli 1789 in Paris sowie Aufstände auf dem Lande vertieften die Revolution. Anfang August 1789 wurde die Abschaffung der Privilegien von Adel und Klerus beschlossen und die auf Freiheit und Gleichheit beruhenden **Menschenrechte** verkündet. Es folgten weitere Gesetze, die Staat, Gesellschaft und Wirtschaft von Grund auf veränderten. 1791 leistete der König seinen Eid auf die Verfassung*. Sie machte aus Frankreich eine **konstitutionelle Monarchie**.

Als Preußen und Österreich mit Krieg drohten, um die absolutistische Ordnung in Frankreich wieder herzustellen, begann Frankreich einen Krieg, um die revolutionären Errungenschaften zu verbreiten. Ludwig XVI. wurde abgesetzt, die konstitutionelle Monarchie abgeschafft und eine Republik* errichtet. Krieg und Bürgerkrieg prägten die Republik. Sie stand zunächst unter dem Einfluss des **Bürgertums**, dann unter dem der städtischen Volksbewegung, den Sansculotten. Der Nationalkonvent verurteilte Ludwig XVI. und ließ ihn am 21. Januar 1793 hinrichten. Im selben Jahr übernahm ein „Wohlfahrts- und Sicherheitsausschuss“ unter Robespierre die Regierung. Er und seine Anhänger ließen alle Feinde der Republik, ob echte oder nur vermeintliche, verfolgen und hinrichten. Erst der Sturz Robespierres im Juli 1794 beendete die Diktatur und Schreckensherrschaft. Ein Direktorium aus fünf Männern übernahm daraufhin die Regierungsgeschäfte und erließ eine neue Verfassung.

Frankreich kam trotzdem nicht zur Ruhe. 1799 übernahm General **Napoleon** Bonaparte in einem Staatsstreich die Macht. Innenpolitisch erklärte er die Revolution für beendet und versöhnte sich mit der Kirche, dem Adel und dem Bürgertum. Dazu trug das 1804 erlassene Gesetzbuch, der Code civil, bei. Es versprach die Freiheit des Einzelnen und des Eigentums sowie die Gleichheit vor dem Gesetz. 1804 krönte sich Napoleon selbst zum Kaiser. Außenpolitisch bestand seine Politik aus Eroberungs- und Bündnispolitik. Er besetzte 1801 die linksrheinischen Gebiete des Heiligen Römischen Reiches. Seine Verbündeten entschädigte er für ihre linksrheinischen Verluste mit Gebieten aus den zwischenzeitlich aufgelösten geistlichen Fürstentümern (**Säkularisation**).

Napoleon machte Frankreich zur Vormacht auf dem Kontinent. Auf seine Initiative hin schlossen sich zahlreiche deutsche Fürsten zum Rheinbund zusammen. Das führte **1806** zum **Ende des Heiligen Römischen Reiches** – und zur **Gründung des Königreiches Bayern**.

Der bayerische König Max I. Joseph hatte schon als Kurfürst* begonnen, sein Reich mithilfe seines Leitenden Ministers Montgelas zu modernisieren. 1808 erließ er eine Verfassung und zählte damit zu den ersten deutschen Fürsten, die eine konstitutionelle Monarchie errichteten.

Volker Bräu und Klaus Dieter Hein-Mooren

M 2 Stimmt – stimmt nicht

1. Die Aufklärer wollten den Menschen die Augen öffnen.
2. Wenn die Staatsgewalt vom Volk ausgeht, spricht man nicht mehr von einem absolutistischen System.
3. Ludwig XVI. herrschte bis zu seinem Tod als absolutistischer König.
4. Die Menschenrechte wurden für alle Franzosen eingeführt.
5. Die Nationalversammlung hat die Gewaltenteilung durchgesetzt.
6. Die Französische Revolution beginnt 1789.
7. Mit der Verfassung von 1791 wurde Frankreich eine Demokratie.
8. Napoleon beseitigte die Ständegesellschaft.
9. Aus dem Herzogtum Bayern wurde 1806 ein Kurfürstentum.

M 3 „Rasch, rasch, rasch! …“
Kolorierter Kupferstich (18,1 x 18,6 cm), 1790
Auf dem Amboss liegt die „Neue Verfassung“. Dazu die Aufforderung: „Rasch, rasch, rasch! Schmiedet das Eisen heiß! Rasch, rasch, rasch! Nur guten Mut, man muss beherzt zu Werke gehen.“

	richtig	falsch
1. Die Menschen- und Bürgerrechte wurden 1791 verkündet.	Ü	A
2. Der 14. Juli ist Nationalfeiertag der Franzosen.	U	S
3. Die Revolutionäre kämpften für Freiheit und Gleichheit.	F	G
4. In Frankreich herrschte seit 1788 das Prinzip der Volkssouveränität.	P	K
5. Napoleon kam 1799 durch einen Staatsstreich an die Macht.	L	E
6. Frankreich übernahm nach 1801 die Hegemonie über den Kontinent.	Ä	N
7. Der Code civil war Napoleon nicht besonders wichtig.	O	R
8. Die Säkularisation veränderte die Ordnung des Heiligen Römischen Reiches.	U	K
9. 1804 krönte der Papst Napoleon zum Kaiser.	S	N
10. 1806 endete auf Druck Napoleons das Heilige Römische Reich.	G	T

M 4 Wer weiß was? Ein Expertenquiz

1. *Erläutere die Entstehung der Nationalfarben Frankreichs und den Hintergrund der Devise „Liberté, Égalité, Fraternité“ (M1).*
2. *Überprüfe die Aussagen in M2. Welche sind falsch, welche richtig? Begründe deine Antworten.*
3. *Beschreibe und deute M3. Verwende dabei die Begriffe Stände*, Menschenrechte*, Verfassung* und konstitutionelle Monarchie*.*
4. *Notiere dir die richtigen Antworten aus M4 in dein Arbeitsheft. Das Lösungswort verrät dir, ob du ein Experte bist.*

1850 1900

Das kann ich! – Gelerntes anwenden

M1 Aufklärung

In einem Jugendlexikon von 2007 heißt es über die Epoche dazu:

Die Aufklärung forderte, dass die Vernunft die Quelle der Erkenntnis und die Grundlage allen menschlichen Handelns sein sollte. Sie strebte danach, die allgemeinen Lebensbedingungen zu verbessern, und förderte die Emanzipation [die Befreiung aus Abhängigkeit] des Einzelnen und der Gesellschaft sowie Toleranz und Menschlichkeit. Dagegen richtete sich die Kritik der Aufklärung vor allem gegen die Kirchen und den Staat im Absolutismus, da diese den Menschen unmündig halten würden.

Zitiert nach: Das Junior-Lexikon in sechs Bänden, hrsg. von Susanne Gaschke, Bd. 1, Hamburg/Gütersloh 2007, S. 94

M2 Über die Französische Revolution

Der Aufklärer Immanuel Kant schreibt in einer Veröffentlichung von 1798:

Denn ein solches Phänomen in der Menschengeschichte vergisst sich nicht mehr, weil es eine Anlage und ein Vermögen in der menschlichen Natur zum Besseren aufgedeckt hat […].

Zitiert nach: Claus Träger (Hrsg.), Die Französische Revolution im Spiegel der deutschen Literatur, Köln 1989, S. 258

M4 „Bicentenaire de la Révolution Française"
Briefmarke zur Zweihundertjahrfeier der Revolution von 1989

M3 Eine Rede zum Nationalfeiertag

Aus Anlass des Nationalfeiertages gibt die französische Botschaft am 14. Juli 2019 in Berlin einen Empfang. Bei dieser Gelegenheit sagt Europastaatsminister Michael Roth:

Meine Damen und Herren,
von Herzen gratuliere ich Ihnen heute am 14. Juli – auch im Namen der Bundesregierung – zum französischen Nationalfeiertag. […]
So manche Gewissheiten sind uns in den vergangenen Jahren abhanden gekommen – ob es um die Verlässlichkeit von internationalen Übereinkünften und langjährigen Partnern oder um den inneren Zusammenhalt in der Europäischen Union geht.
Je mehr die Welt um uns herum in Unordnung gerät, desto mehr sehnen wir uns nach einem Kompass, der uns sicher durch diese stürmischen Zeiten leitet. „Liberté, Égalité, Fraternité" – für diese Werte sind Französinnen und Franzosen 1789 in den Kampf gezogen. Sie haben nicht nur Frankreich revolutioniert, sondern die Seele Europas tief geprägt. […] Auch heute noch können die Werte der französischen Revolutionen Orientierung für unser Zusammenleben in Europa geben.
Freiheit – die Freiheit jedes Einzelnen in unserer Gesellschaft, ohne Angst vor Diskriminierung oder gar Gewalt, seine Meinung äußern und seinen Glauben leben zu können. […]
Gleichheit – im Sinne der Charta der Menschenrechte: Alle Menschen sind gleich an Würde und Rechten geboren. Ethnie, Glauben, Hautfarbe, sexuelle Orientierung, kulturelle Prägung oder Herkunft dürfen keinen Einfluss darauf haben, wie wir unser Gegenüber behandeln. […]
Und schließlich Brüderlichkeit – oder wie wir heute eher sagen: Solidarität. Europa ist gebaut auf dem Grundsatz der Solidarität. Wir Europäerinnen und Europäer stehen füreinander ein. Diese Solidarität setzt die Bereitschaft voraus, die Zukunft miteinander gestalten zu wollen.

Zitiert nach: https://de.ambafrance.org/Empfang-zum-franzosischen-Nationalfeiertag-in-der-Franzosischen-Botschaft-in (Zugriff: 19. 11. 2019)

M 5 Karl der Große
Silbermünze (Ø 20 mm), 813/14
Die Umschrift lautet: KAROLVS IM[perator] AVG[ustus]

M 6 Napoleon
Medaille (Ø 40 mm) von André Galle von 1806
Die Medaille wurde anlässlich der siegreichen Doppelschlacht von Jena und Auerstedt über das preußische Heer geprägt.

M 7 Über das Königreich Bayern

Fürst von Metternich, leitender Minister des Kaisertums Österreich, schreibt 1817 über das Königreich Bayern:

Man muss zugestehen, dass Bayern während der letzten zehn Jahre eine religiöse, politische, bürgerliche und militärische Revolution erlebt und glücklich überstanden hat. Das ist eine einzige Nation, die Mut und Ausdauer gezeigt hat; alle Welt muss sie achten und sollte ihrem Beispiel folgen.

Zitiert nach: Marcus Junkelmann, Napoleon und Bayern. Eine Königskrone und ihr Preis, Regensburg 2014, S. 173

1. *Vergleiche die Definition (M1) mit den Ausführungen über die Aufklärung* auf S. 12. Nenne die Unterschiede.*
2. *Erläutere die Aussage Kants (M2). Berücksichtige das Jahr der Veröffentlichung.*
3. *Nimm Stellung zu der Behauptung Roths, dass die Werte der Französischen Revolution noch heute Orientierung für unser Zusammenleben geben können (M3).*
4. *Interpretiere das Motiv der Briefmarke (M4). Berücksichtige M1 auf S. 39.*
5. *Beurteile die Bedeutung des Nationalfeiertages für das Selbstverständnis Frankreichs (M3). Berücksichtige dazu auch die Auftaktdoppelseite (S. 8-9).*
6. *Vergleiche die beiden Medaillen (M5 und M6) und erkläre, warum Napoleon* auf antike bzw. mittelalterliche Herrschaftszeichen zurückgriff.*
7. *Erläutere die Aussage Metternichs (M7) mithilfe von Beispielen.* (H)

2

Einigkeit und Freiheit?
Deutschland zwischen 1815 und 1848/49

Über 170 000 Menschen besuchen jährlich das Hambacher Schloss bei Neustadt an der Weinstraße. Hier informieren sie sich in einer Ausstellung über die Anfänge der deutschen Nation im 19. Jh. und diskutieren über Gegenwart und Zukunft unserer Demokratie. Und warum gerade im Hambacher Schloss? Weil dort am 27. Mai 1832 etwa 30 000 Männer und Frauen zusammenkamen, um für die deutsche Einheit, für Gewährung von Grundrechten und für die Völkerverständigung zu demonstrieren. Damals richtete sich die Kundgebung gegen die herrschende Ordnung der Fürsten. Heute können wir uns dort fragen, ob die Forderungen von damals inzwischen erfüllt worden sind und wie wir unsere politischen Aufgaben der Gegenwart demokratisch lösen wollen.

1 *Manche Themen, die damals im Raum standen, sind noch heute aktuell: Welche Rechte braucht der Mensch, um sich frei entfalten zu können? Wie sieht Mitbestimmung in Politik und Gesellschaft aus? Wann ist es Zeit, für die Demokratie und für den Staat einzustehen? Diskutiert diese Themen in der Klasse.*

M 1 „Hambacher Fest der Jugend“
Foto vom 19. Juni 2007
Aus Anlass des 175. Jubiläums des „Hambacher Festes“ zogen Tausende Schüler zu dem historischen Ort, um an die erste Massenkundgebung für ein einiges und freies Deutschland zu erinnern.

Orientierung in Raum und Zeit

M 1 Fahne der Jenaer Urburschenschaft von 1816
Sie war ein Geschenk von Jenaer Frauen und enthielt – wie die Uniform der „Lützower Jäger“ (siehe S. 47, M4) die Farben Rot, Schwarz und Gold.

M 2 Fußballfans auf der Fanmeile am Brandenburger Tor in Berlin
Foto vom 17. Juni 2012
Europameisterschaftsspiel Dänemark gegen Deutschland (1:2).

Filmtipp:
Deutschland auf dem Weg zum Nationalstaat 1815-1871. Ein Film von Carola Hoffmann und Anne Roerkohl, 2010

Deutschland zwischen Restauration und Revolution

Hast du dich schon einmal gefragt, warum unsere Nationalfahne schwarz-rot-gold ist und wann unsere Nationalhymne gedichtet wurde? Flagge und Hymne haben ihren Ursprung in der ersten Hälfte des 19. Jhs., als es ein einheitliches Deutschland noch gar nicht gab.

Schon seit der Aufklärung* und der Französischen Revolution sowie mit Napoleons* Hegemonie* über den europäischen Kontinent entstand die Forderung nach Freiheit und Einheit, nach einer starken und mächtigen deutschen Nation* (lat. *natio:* Herkunft, Abstammung).

Doch nach dem Sieg über Napoleon wurde **1815** auf dem **Wiener Kongress** anstelle des 1806* untergegangenen Heiligen Römischen Reiches Deutscher Nation der **Deutsche Bund** gegründet. Er enttäuschte die Anhänger der nationalen Bewegung. Sie stritten weiter für Einheit und Freiheit und wurden deswegen verfolgt und überwacht. Doch der Kampf um „Einigkeit und Freiheit“ ging – wie das **Hambacher Fest von 1832** beweist – weiter. **1848** kam es auch in den Staaten des Deutschen Bundes zu **Revolutionen**. Mit Nachdruck forderten Menschen aus allen gesellschaftlichen Schichten nationale, rechtliche und soziale Veränderungen. Doch der Versuch, die politischen Verhältnisse grundlegend zu ändern, scheiterte bereits ein Jahr später.

Judith Bruniecki

In diesem Großkapitel kannst du erschließen, warum sich in der ersten Hälfte des 19. Jhs. immer mehr Menschen für einen einheitlichen und freiheitlichen deutschen Staat einsetzten. Du wirst erkennen, dass die Auseinandersetzung mit den Kräften, die die alten Herrschaftsstrukturen bewahren wollten, die Zeit prägte.

Folgende Fragen kannst du danach beantworten:

- *Wie wurde Europa nach dem Sieg über Napoleon* neu geordnet?*
- *Welche Ziele verfolgten Nationalismus* und Liberalismus*?*
- *Wie reagierten die Fürsten auf diese politischen Bewegungen?*
- *Welche Möglichkeiten und Grenzen freier Meinungsäußerung gab es?*
- *Wie sind die Errungenschaften der Revolution von 1848/49* in Deutschland vor dem Hintergrund ihres Scheiterns zu beurteilen?*
- *Welche Bedeutung hat bürgerschaftliches Engagement für die moderne Demokratie*?*

1750
1789: Beginn der Französischen Revolution
1800
1806: Ende des Heiligen Römischen Reiches Deutscher Nation
1815: Wiener Kongress

M3 „Was ist des Deutschen Vaterland?"

Im März 1813 verfasst der Historiker und Schriftsteller Ernst Moritz Arndt im ostpreußischen Königsberg (heute Kaliningrad / Russland) folgendes Gedicht, das sehr populär wurde:

Was ist des Deutschen Vaterland?
Ist's Preußenland, ist's Schwabenland?
Ist's, wo am Rhein die Rebe blüht?
Ist's, wo am Belt[1] die Möwe zieht?
O nein! nein! nein!
Sein Vaterland muss größer sein!
[...]
Was ist des Deutschen Vaterland?
So nenne endlich mir das Land!
So weit die deutsche Zunge klingt
Und Gott im Himmel Lieder singt,
Das soll es sein!
Das, wackrer Deutscher, nenne dein!
[...]
Das ist des Deutschen Vaterland,
Wo Zorn vertilgt den welschen[2] Tand[3],
Wo jeder Franzmann[4] heißet Feind,
Wo jeder Deutsche heißet Freund –
Das soll es sein!
Das ganze Deutschland soll es sein!
[...]

Zitiert nach: Hans-Bernd Spies (Hrsg.), Die Erhebung gegen Napoleon 1806-1814/15, Darmstadt 1981, S. 256

[1] **Belt**: Meerengen um Dänemark
[2] **welsch**: französisch
[3] **Tand**: wertloses Zeug
[4] **Franzmann**: Franzosen

M4 Deutscher Bund

34 Fürstentümer und vier „freye Städte" gründeten auf dem Wiener Kongress 1815 den Deutschen Bund. Er zählte etwa 300 Mio. Einwohner. Ihm gehörten neben den deutschen Fürsten der britische König mit Hannover, der dänische König mit Holstein und Lauenburg und der niederländische König mit Luxemburg und Limburg an. Der Deutsche Bund bestand bis 1866.

M5 Was ist eine Nation?

In der Zusammenfassung eines Vortrags, den der Staatsrechtler Ernst-Wolfgang Böckenförde 1995 zum Thema „Nation" gehalten hat, heißt es:

In Frankreich [...] wurde die Nation als „politische Bekenntnisgemeinschaft" verstanden. Ähnlich bestimmten im Einwanderungsland die Vereinigten Staaten universale Ziele wie Freiheit, Demokratie, Rechtsgleichheit den Begriff Nation. [...] Ganz anders Deutschland und die Länder Ost- und Mitteleuropas, deren Nationbegriff sich in einer Zeit bildete, da sie noch keinen eigenen Staat hatten. Sie griffen daher auf eher natürliche Kriterien wie Sprache, Abstammung, Geschichte, Kultur zurück.

Zitiert nach: Renate Schostack, Ein einig Volk aus was für Brüdern?, in: Frankfurter Allgemeine Zeitung vom 9. Mai 1995, S. 39

1. *Diskutiert, warum Nationalmannschaften „nationale" Begeisterungen auslösen können. Berücksichtigt M2.*
2. *Erläutere die Besonderheit der Grenzen des Deutschen Bundes* (M4). Berücksichtige besonders den Verlauf der Grenzen Österreichs und Preußens.*
3. *Erkläre mithilfe des Gedichts (M3), warum der Deutsche Bund* (M4) für Ernst Moritz Arndt und seine Anhänger unbefriedigend war.*
4. *Arbeite heraus, wie unterschiedlich im 19. Jh. Nation* definiert wurde (M5). Ordne den Definitionen die Begriffe „Staatsnation" und „Kulturnation" zu.*
5. *Diskutiert, warum eine moderne Demokratie* das Engagement der Bürgerinnen und Bürger braucht.*

•1832: Hambacher Fest
•1848/49: Revolution in Deutschland
1850
1900

Gegen die Fremdherrschaft und für die Nation?

M1 „Der 3. Mai 1808 in Madrid. Die Erschießung der Aufständischen auf der Montan del Principio Pio“
Ölgemälde (266 x 345 cm) von Francisco de Goya, 1814
Am 2. Mai 1808 hatte sich die Bevölkerung von Madrid gegen die französischen Soldaten erhoben. Einen Tag danach wurden auf Befehl eines französischen Generals 800 spanische Freiheitskämpfer zur Vergeltung hingerichtet.

Lesetipps:
- Sabine Ebert, 1813 – Kriegsfeuer. Roman, München 2014
- Klaus Kordon, Joss oder der Preis der Freiheit. Historischer Abenteuerroman, Weinheim 2017

M2 Überall gärt es

Am 5. Dezember 1811 informiert Jérôme Bonaparte, der König von Westphalen, seinen Bruder Napoleon über die Stimmung in Deutschland; er schreibt:

Die Gärung ist auf dem höchsten Grad angelangt. [....] Der Hauptgrund dieser gefährlichen Bewegungen ist nicht nur der Hass gegen die Franzosen und die Ungeduld, das fremde Joch abzuschütteln; es ist vielmehr im Unglück der Zeiten begründet, in dem völligen Ruin aller Klassen, in der Vermehrung der Steuern und Kriegsbeiträge, dem Unterhalt der Truppen, dem Durchmarsch der Soldaten und der ständigen Wiederkehr von einer Unzahl von Plackereien aller Art. Die Verzweiflung der Völker, die nichts mehr zu verlieren haben, da ihnen alles genommen wurde, ist zu fürchten.

Zitiert nach: Eckart Kleßmann (Hrsg.), Deutschland unter Napoleon in Augenzeugenberichten, München 1976, S. 380 f. (übersetzt von Friedrich M. Kircheisen)

INFO Gegen fremde Herrschaft

Nicht nur in Spanien, Österreich und Tirol wurde versucht, die napoleonische Fremdherrschaft abzuschütteln, auch in den deutschen Staaten. Neben Wehrpflichtigen zogen Freiwillige in die „Befreiungskriege“ (auch „Freiheitskriege“ genannt), um für Freiheit und Einigkeit Deutschlands zu kämpfen. Dabei hofften die einen, dass nach einem Sieg über Napoleon* ihre Fürsten Verfassungen* erlassen würden, und die anderen, dass das 1806* untergegangene Heilige Römische Reich Deutscher Nation wiedererrichtet würde. Sie alle meinten, durch ihre Opferbereitschaft ein Recht auf Freiheit und Einheit erworben zu haben.

Die Entscheidung über die Vorherrschaft (Hegemonie*) über den Kontinent fiel Mitte Oktober 1813 in der *Völkerschlacht bei Leipzig*. Etwa 530 000 Soldaten kämpften drei Tage lang in der bis dahin blutigsten Schlacht der Weltgeschichte. Zwischen 90 000 und 120 000 Menschen starben an den Kriegshandlungen und -folgen.

Nach der Niederlage Frankreichs zerfiel der Rheinbund[1]. Im März 1814 wurde Paris erobert und Napoleon musste abdanken. Mit Spannung blickte man auf den **Wiener Kongress**, auf dem auch über das weitere Schicksal der deutschen Länder entschieden werden sollte. Würde das 1806 untergegangen Heilige Römische Reich Deutscher Nation wiederhergestellt werden? Oder würde ein deutscher Nationalstaat errichtet werden?

Judith Bruniecki

[1] **Rheinbund**: Siehe S. 35.

Medientipp:
Informationen über die Völkerschlacht bei Leipzig siehe **31063-12**.

Welche Bedeutung haben die „Befreiungskriege“ für die deutsche Nationalidee?

1. *Fasse die Situation in Europa um 1812 zusammen. Benenne die Ursachen (M1, M2 und INFO).*
2. *Beschreibe das Gemälde (M1) und erläutere, welche Haltung der Maler zu den Geschehnissen einnimmt.*

M3 „An mein Volk!“

Am 17. März 1813 erklärt Preußen Frankreich den Krieg und noch am selben Tag wendet sich der preußische König Friedrich Wilhelm III. mit folgendem Aufruf an die Bevölkerung:

Jetzt ist der Augenblick gekommen, wo alle Täuschung über unsern Zustand aufhört. – Brandenburger, Preußen, Schlesier, Pommern, Litauer! Ihr wisst, was ihr seit sieben Jahren erduldet habt, ihr wisst, was euer trauriges Los ist, wenn wir den beginnenden Kampf nicht ehrenvoll enden […].

[…]

Große Opfer werden von allen Ständen gefordert werden, denn unser Beginnen ist groß, und nicht gering die Zahl und die Mittel unserer Feinde. Ihr werdet jene lieber bringen für das Vaterland, für euren angeborenen König, als für einen fremden Herrscher […]. Aber welche Opfer auch von Einzelnen gefordert werden mögen, sie wiegen die heiligen Güter nicht auf, für die wir sie hingeben, für die wir streiten und siegen müssen, wenn wir nicht aufhören wollen, Preußen und Deutsche zu sein. Es ist der letzte entscheidende Kampf, den wir bestehen, für unsere Existenz, unsere Unabhängigkeit, unsern Wohlstand. Keinen andern Ausweg gibt es, als einen ehrenvollen Frieden, oder einen ruhmvollen Untergang.

Zitiert nach: Hans-Bernd Spies (Hrsg.), Die Erhebung gegen Napoleon 1806-1814/15, Darmstadt 1981, S. 255 (vereinfacht)

M5 „Lützows Jagd“

Undatiertes Gemälde von Richard Knötel

Die Schlachtenbilder des Historienmalers Knötel wurden um 1900 auch als Postkarten verbreitet.
Zum Bild: Der preußische Offizier Adolf Freiherr von Lützow stellte 1813 außerhalb Preußens eine Truppe aus Freiwilligen für den Kampf gegen die napoleonischen Truppen auf. Die etwa 3 800 Männer kamen aus allen deutschen Gebieten und Gesellschaftsschichten. Unsere Nationalfarben gehen auf die Uniform der „Lützower Jäger“ zurück. Eine rote Borte schloss den Kragen ihrer schwarzen Uniformröcke ab und die Messingknöpfe und Schulterstücke glänzten golden.

M4 Der Mythos von „Lützows wilder, verwegener Jagd“

Die Geschichtswissenschaft hat festgestellt, dass die Mehrheit der Soldaten in den „Befreiungskriegen“ nicht freiwillig in den Krieg zog. Auch die große Teilnahme von studentischen Freiwilligen hat sich als Mythos erwiesen. Studenten stellten lediglich rund fünf Prozent der etwa 25 000 Freiwilligen. Die Klagenfurter Historikerin Alexandra Bleyer schreibt 2013 dazu:

Das überlieferte Bild der deutschen Befreiungskriege ist geprägt von jungen Männern, die sich freiwillig und begeistert in Kampf und Heldentod stürzten. Das erklärt sich teils daraus, dass überproportional viele Verfasser von Erinnerungsliteratur und Gedichten selbst Freiwillige waren. Bei den Lützowern waren es beispielsweise Turnvater Jahn, Joseph Freiherr von Eichendorff und Theodor Körner, wobei Letzterer den Mythos von „Lützows wilder, verwegener Jagd“[1] schuf und nach seinem Tod im August 1813 zum Prototypen des „teutschen Heldenjünglings“ erhoben wurde. So gering der militärische Beitrag der Freiwilligen am Befreiungskrieg auch gewesen sein mochte, propagandistisch wirkte er bis weit ins 19. Jahrhundert hinein und erhob die Freiheitskriege zur nationalen Bewegung.

Alexandra Bleyer, Auf gegen Napoleon! Mythos Volkskriege, Darmstadt 2013, S. 197

[1] **„Lützows wilde, verwegene Jagd“**: Nach dem Gedicht „Was glänzt dort vom Walde im Sonnenschein?“ von Theodor Körner. Es entstand am 24. April 1813 im Zuge der „Befreiungskriege“ in Leipzig und wurde noch im gleichen Jahr veröffentlicht.

3. *Analysiere den Aufruf des preußischen Königs (M3). Arbeite den Aufbau des Aufrufs heraus und benenne die Gefühle, Werte und Ziele, die er anspricht.*
4. *Fasse zusammen, was man unter dem Mythos von den „Lützower Jägern“ versteht, und erkläre seine Bedeutung (M4 und M5).*
5. *Beurteile, ob um 1815 ein deutsches Identitätsgefühl bestand und welche Rolle die „Befreiungskriege“ in diesem Zusammenhang spielten.* (H)

1806: Ende des Heiligen Römischen Reiches Deutscher Nation
1812/13: Russlandfeldzug Napoleons
1813-1815: „Befreiungskriege“ gegen Napoleon

1800 | 1810 | 1820 | 1830 | 1840 | 1850

Lernaufgabe

Die Neuordnung Europas auf dem Wiener Kongress

M1 Europa nach dem Wiener Kongress

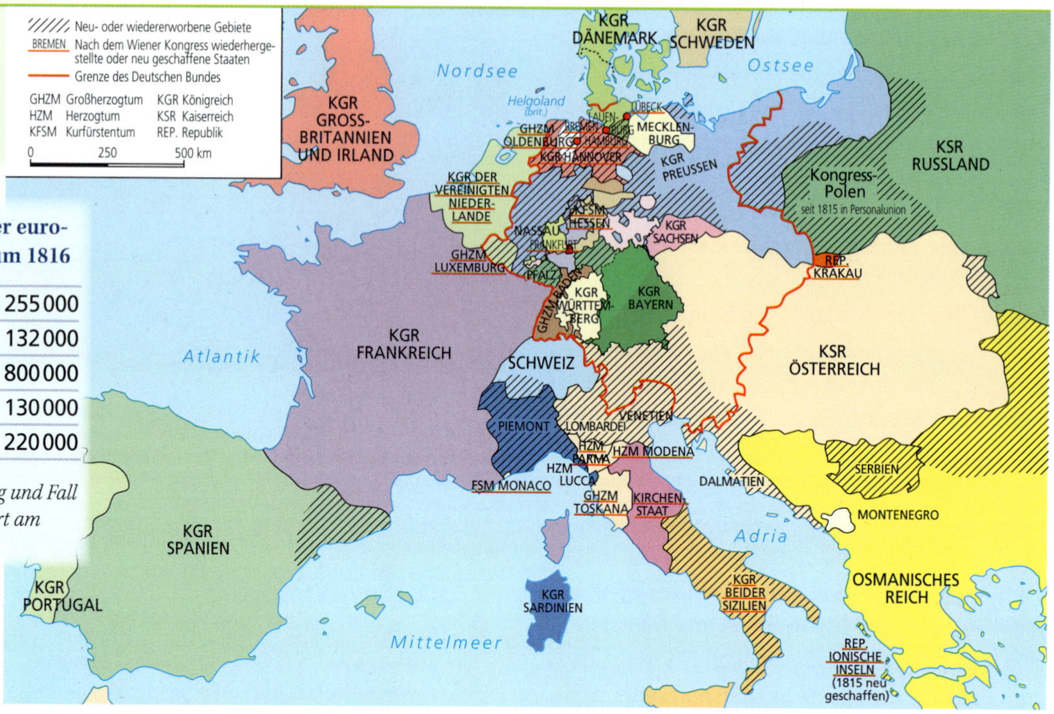

M2 Truppenstärke der europäischen Großmächte um 1816

Großbritannien	255 000
Frankreich	132 000
Russland	800 000
Preußen/Deutschland	130 000
Habsburger Reich	220 000

Nach: Paul Kennedy, Aufstieg und Fall der großen Mächte, Frankfurt am Main [6]2000, S. 244

Kartentipp:
Eine animierte Karte zum Wiener Kongress findest du unter 31063-14.

Schritt für Schritt:
Geschichtskarten analysieren (3)

Wie mit Karten gearbeitet wird, hast du bereits gelernt (siehe die Arbeitsmethode auf S. 205 f.). Weitere Tipps zur Analyse von Geschichtskarten haben wir dir auf S. 32 und 34 gegeben. Um die territorialen Veränderungen in Mitteleuropa nach dem Wiener Kongress beschreiben und Rückschlüsse auf die machtpolitischen Verhältnisse ziehen zu können, musst du weitere Arbeitsschritte berücksichtigen:

1. Welche Aussagen über die territorialen Veränderungen zeigt die Karte?
2. Welche Rückschlüsse können aufgrund der Informationen für das Thema gezogen werden?
3. Fehlen Informationen, die für die Interpretation der Karte noch wichtig wären? Wo kannst du diese Angaben recherchieren?
4. Lassen sich die Untersuchungsergebnisse zu einer Gesamtaussage zusammenfassen?

INFO 1 Eine neue Ordnung für Europa?

Nach fast einem Vierteljahrhundert der Kriege und des Wandels wollten die Sieger 1814/15 auf diplomatischem Wege eine neue europäische Ordnung errichten. Von September 1814 bis Juni **1815** versammelten sich auf dem **Wiener Kongress** 15 Kaiser und Könige und rund 200 Fürsten mit ihren Gesandten (Diplomaten[1]). Hinzu kamen zahlreiche Standesherren sowie Abgesandte der Städte, die nach 1803 ihre Selbstständigkeit verloren hatten. Großbritannien, Russland, Österreich und Preußen bestimmten als Siegermächte die Verhandlungen, doch räumte man auch dem besiegten Frankreich einen Platz am Verhandlungstisch ein.

Judith Bruniecki

[1] **Diplomat**: jemand, der im Auftrag der Regierung sein Land im Ausland vertritt; Diplomatie: „Kunst der Verhandlung"

INFO 2 Restauration und Legitimität

Trotz der unterschiedlichen Interessen stand ein Ziel im Vordergrund der Verhandlungen: Nie wieder sollte ein Staat die Hegemonie* auf dem Kontinent übernehmen können. Die Gründung von Nationalstaaten oder die Wiederherstellung des 1806* untergegangenen Heiligen Römischen Reiches Deutscher Nation wurden abgelehnt. Aber auch die durch Mediatisierung und Säkularisierung*[1] entstandenen territorialen Veränderungen sollten nicht rückgängig gemacht werden, um keine neuen Unruhen oder Kriege zu provozieren. Stattdessen akzeptierten die Großmächte auf dem Wiener Kongress die Gründung des **Deutschen Bundes**.[2] Er trat an die Stelle des Heiligen Römischen Reiches und knüpfte an den zerschlagenen Rheinbund[3] an.

Grundsätzlich sollte mit dem Wiener Kongress die monarchische Ordnung wiederhergestellt werden (*Restauration*). Nie wieder sollte eine Revolution die Herrschaft der Monarchen erschüttern. Nur die alten Fürstenhäuser (*Dynastien*) seien berechtigt, in Europa zu herrschen (*Legitimität*). Dabei beriefen sich die Fürsten auf ihr Gottesgnadentum. Entsprechend hatten die entmachteten Herrscherfamilien wieder ihren Rang eingenommen, z. B. die Bourbonen in Frankreich (*Ludwig XVIII.*) und Spanien (*Ferdinand VII.*). Zugleich wollten aber auch alle von Napoleon* geförderten Fürsten, ihre Rangerhöhungen und Gebietsvergrößerungen beibehalten.

Judith Bruniecki

INFO 3 Solidarität

Angesichts der beginnenden Kritik der nationalen Bewegungen an den Beschlüssen des **Wiener Kongresses**, verpflichteten sich die Monarchen von Russland, Preußen und Österreich im September **1815** in einem Vertrag gegenseitig, überall da einzugreifen, wo die monarchische Ordnung in Gefahr ist (*Solidarität*). Dieser „Heiligen Allianz" traten fast alle europäischen Herrscherhäuser bei.

Judith Bruniecki

[1] Siehe S. 33.

[2] Siehe dazu auch die Karte auf S. 45 und das folgende Kapitel.

[3] Zum Rheinbund siehe S. 35.

M3 „Le Congrès"
Kolorierter Kupferstich (18 x 27 cm) von 1815
Das Motiv des Bildes ist eine Anspielung auf die scherzhafte Äußerung des österreichischen Diplomaten Charles Joseph Fürst de Ligne: „Der Kongress schreitet nicht vor, sondern er tanzt." Auf der linken Seite des Bildes sind der französische Außenminister Talleyrand und sein englischer Amtskollege Castlereagh zu sehen, in der Mitte tanzen der österreichische Kaiser Franz I., der russische Zar Alexander I. und der preußische König Friedrich Wilhelm III. Der sächsische König Friedrich August I. bemüht sich, seine Krone festzuhalten. Ganz rechts eine Personifikation der Republik Genua, die 1815 an das Königreich Sardinien-Piemont fiel.

Geschichte erzählt:
Die Erzählung „Der Kongress hat getanzt" findest du unter **31063-13**.

Wie wird Europa territorial und machtpolitisch 1815* auf dem Wiener Kongress geordnet? Erarbeite einen Kurzvortag.

1. *Werte die Karte M1 mithilfe der Arbeitsmethode „Schritt für Schritt" aus. Berücksichtige auch die vollständige Fassung der Methode (siehe S. 205).*
2. *Beschreibe die territorialen und machtpolitischen Verhältnisse in Europa (M1 und M2). Ziehe dazu auch vergleichend die Karte auf Seite 229 heran.*
3. *Die europäische Ordnung sollte durch ein „Gleichgewicht der Mächte" (Balance of power) eine erneute Hegemonie* verhindern. Beurteile, inwiefern dieses Ziel erreicht wurde (M1 und M2). Berücksichtige auch die geografische Lage des Deutschen Bundes*.*
4. *Arbeite die Zielsetzung des Kongresses heraus. Begründe, warum das besiegte Frankreich in Wien mitverhandeln durfte (INFO 1 und 2).*
5. *Erkläre die Motive für die Gründung der „Heiligen Allianz" (INFO 3).*
6. *Fasse deine Ergebnisse in einem Kurzvortrag zusammen. Nimm dabei auch Stellung zu der Zeichnung (M3). Beurteile, ob von einer Neuordnung oder von einer Restauration (Wiederherstellung) Europas gesprochen werden muss.*

1806: Ende des Heiligen Römischen Reiches Deutscher Nation
1815: Wiener Kongress

1800 1810 1820 1830 1840 1850

Triumph der Fürsten – der Deutsche Bund

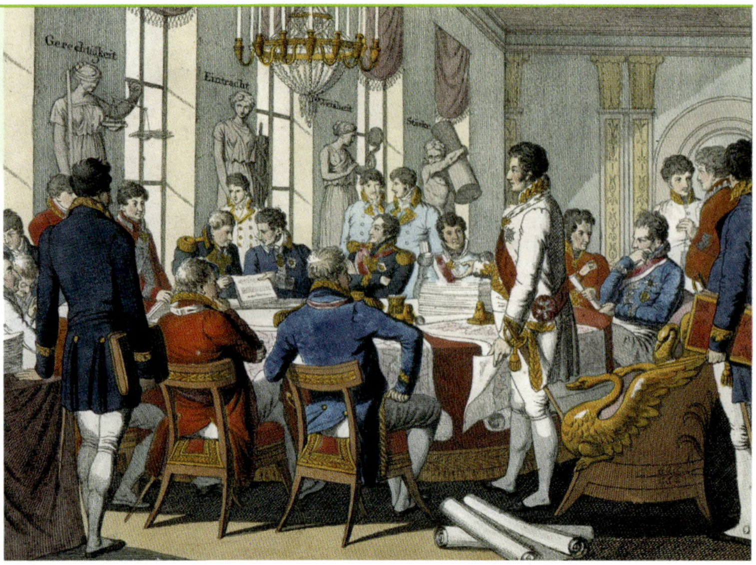

M1 „Deutschlands Hoffnung"
Radierung von 1816
Dargestellt ist eine Versammlung der von den Fürsten bevollmächtigten Gesandten am „Runden Tisch" in Frankfurt am Main. Die Skulpturen im Hintergrund stellen die Gerechtigkeit, Eintracht, Weisheit und Stärke dar. Die Bundesversammlung konnte unter dem Vorsitz Österreichs in zwei Gremien zusammentreten: Im „Engeren Rat" und im – sehr selten tagenden – Plenum. Von den 17 Stimmen im „Engeren Rat" führten die elf großen Staaten je eine Stimme, die 23 kleineren Länder und vier freien Städte teilten sich sechs Stimmen.

INFO Ein Staatenbund

Der **Deutsche Bund** hatte kein gemeinsames Staatsoberhaupt, keine gemeinsame Regierung und keine gemeinsame Armee. Die einzige gesamtdeutsche Einrichtung war ein ständiger Gesandtenkongress, der in Frankfurt am Main tagte: die *Bundesversammlung* (auch *Bundestag* genannt). Gemeinsam sollten politische und wirtschaftliche Probleme diplomatisch gelöst und Bundesgesetze beschlossen werden. Ein mit Zwei-Drittel-Mehrheit beschlossenes Bundesgesetz war für alle bindend. Aus dem Bund austreten konnten die Mitglieder nicht. Trotzdem blieben sie unabhängig. Sie konnten in ihren Territorien Gesetze erlassen, Zölle und Steuern nach ihren Vorstellungen erheben, Bündnisse schließen und Krieg führen, allerdings nicht gegen ihre Bundespartner. Insofern war der Deutsche Bund ein Zusammenschluss souveräner Einzelstaaten.

Judith Bruniecki

M2 Aus der Deutschen Bundesakte

Am 8. Juni 1815 wird während des Wiener Kongresses der Vertrag zwischen den deutschen Staaten über die Gründung eines Staatenbundes geschlossen. Die beiden ersten Artikel der allgemeinen Bestimmungen lauten:

Art. 1. Die souveränen Fürsten und freien Städte Deutschlands […] vereinigen sich zu einem beständigen Bunde, welcher der deutsche Bund heißen soll. […]

Art. 2. Der Zweck desselben ist Erhaltung der äußeren und inneren Sicherheit Deutschlands und der Unabhängigkeit und Unverletzbarkeit der einzelnen deutschen Staaten. […]

Art. 13. In allen Bundesstaaten wird eine Landständische Verfassung[1] stattfinden.

Zitiert nach: Wolfgang Hardtwig und Helmut Hinze (Hrsg.), Vom Deutschen Bund zum Deutschen Reich 1815 - 1871, Stuttgart 1997, S. 37 (vereinfacht)

[1] Vertretung der Stände (Adel, Geistlichkeit, Bürger und Bauern) bzw. der Gesamtbevölkerung; wie diese Verfassung ausgestaltet sein sollte blieb offen

M3 Aus der Wiener Schlussakte

Die Deutsche Bundesakte (M2) wird, wie 1815 beschlossen, auf mehreren Konferenzen in Wien ausgestaltet. Das Ergebnis ist die Wiener Schlussakte von 1820. Sie legt gemeinsam mit der Bundesakte die verfassungsrechtliche Ordnung des Deutschen Bundes fest:

Art. 18 Da Eintracht und Friede unter den Bundes-Gliedern ungestört aufrechterhalten werden soll, so hat die Bundes-Versammlung, wenn die innere Ruhe und Sicherheit des Bundes auf irgendeine Weise bedroht oder gestört ist, über Erhaltung oder Wiederherstellung derselben Rat zu pflegen und die geeigneten Beschlüsse […] zu fassen. […]

Art. 25 Die Aufrechterhaltung der inneren Ruhe und Ordnung in den Bundesstaaten steht den Regierungen allein zu. Als Ausnahme kann jedoch […] die Mitwirkung der Gesamtheit zur Erhaltung oder Wiederherstellung der Ruhe im Fall einer Widersetzlichkeit der Untertanen gegen die Regierung, eines offenen Aufruhrs oder →

gefährlicher Bewegungen in mehreren Bundesstaaten stattfinden.

Art. 26 Wenn in einem Bundesstaate durch Widersetzlichkeit der Untertanen gegen die Obrigkeit die innere Ruhe unmittelbar gefährdet und eine Verbreitung aufrührerischer Bewegungen zu fürchten oder ein wirklicher Aufruhr zum Ausbruch gekommen ist und die Regierung selbst [...] den Beistand des Bundes anruft, so liegt der Bundesversammlung ob, die schleunigste Hilfe zur Wiederherstellung der Ordnung zu veranlassen.

Zitiert nach: Wolfgang Hardtwig und Helmut Hinze (Hrsg.), Vom Deutschen Bund zum Deutschen Reich 1815 - 1871, Stuttgart 1997, S. 49 f. und 54 (vereinfacht)

M4 Kritik an der „Bundesverfassung“

Noch vor der Verabschiedung der „Bundesverfassung“ steht am 7. Mai 1815 in dem von Joseph Görres, einem katholischen Gymnasiallehrer aus Koblenz, herausgegebenen „Rheinischen Merkur“:

Es ist endlich bekannt geworden, welche Verfassung man dem Bunde geben will [...]. Man hat die Völker bei seiner Errichtung nicht um Rat gefragt; man scheint auf sie und ihre Stimme nicht hören zu wollen. [...] Dennoch ist es unsere Pflicht, uns zu erheben gegen das Verderbliche, damit wir ohne Schuld sind an des Vaterlandes Unglück. [...] Man wird zur Vermutung gezwungen, dass man Deutschland nicht als organisches Ganzes, als einen Staat betrachte, sondern nur als einen Staatenbund [...]. Aber man höre doch nur den Ruf aller deutschen Volksstämme. Einmütig erklären sie: „Wir wollen nicht länger bloß Preußen, Hannoveraner, Hessen bleiben, wir wollen Deutsche werden!“ Der künstliche Bund aber, der nicht gestützt ist auf die Liebe und den Gemeingeist des deutschen Volkes, wird bald durch seine eigene Schwäche zusammenfallen! [...]

Anmerkung: Es könnte gut sein, wenn die deutschen Vereine und Städte Unterschriften sammelten zu einer Bittschrift um Einführung deutscher Reichsstände. Die Stimme des Volkes dringt so schwer durch zu den Ohren der Fürsten: Vielleicht war dies der Grund, dass so mancher billiger Wunsch der Deutschen unerfüllt blieb.

Rheinischer Merkur Nr. 234 vom 7. Mai 1815 (vereinfacht)

M5 Hauptgrund des Deutschen Bundes

In einer Denkschrift vom 30. September 1816 legt der Gelehrte und Staatsmann Wilhelm von Humboldt dem preußischen Staatskanzler Karl August Freiherr von Hardenberg seine Auffassung über den Deutschen Bund dar:

Man wird Deutschland nie hindern können, auf irgendeine Weise Ein Staat und Eine Nation sein zu wollen; die Neigung, wenn nicht nach Einheit, wenigstens doch nach irgendeinem Verbande, liegt [...] in allen Köpfen und Gemütern [...].

Ein allgemeiner Deutscher Bund war demnach die einzige politische Form, durch welche sich die ungleichartige Masse großer und kleiner Fürsten, welche Deutschland umfasst, in Gestalt bringen ließ [...].

Die Notwendigkeit, Deutschland und dadurch Europa [...] zu sichern, ist ein Hauptgrund der Stiftung des Deutschen Bundes, auch bei den fremden Mächten, gewesen. [...] Denn wenn der Bund sich auch nicht so nützlich erproben sollte, die Macht Deutschlands gegen außen hin wirklich zu verstärken, so befördert er negativ die Ruhe, indem er die unglücklichen politischen Folgen, welche ohne ihn unfehlbar das Dasein so vieler kleiner Fürsten mitten unter Mächtigeren im Herzen haben müsste, aufhebet oder doch mindert. [...]

Sieht man [...] auf die besondere Natur des Bundes, so gibt es, meiner Meinung nach, die wichtigsten Gründe, alle Tätigkeit des Bundes als eigenen Gesamtstaat so viel nur immer möglich zu beschränken.

Wilhelm von Humboldt, Schriften zur Politik und zum Bildungswesen, Darmstadt [4]1993, S. 347 - 417, Zitate S. 351, 353 f. und 391

M6 Wappen des Deutschen Bundes

Das Wappenschild griff auf Symbol und Farben des Reichsbanners des Heiligen Römischen Reiches zurück.

Wie wird der Deutsche Bund von den Zeitgenossen bewertet?*

1. *Fasst in Gruppenarbeit die Zielsetzungen des Deutschen Bundes zusammen und erklärt, warum der Deutsche Bund kein Nationalstaat war (INFO, M1 bis M3).*
2. *Erläutere, inwiefern der „Runde Tisch“ die Verteilung der Macht im „Engeren Rat“ der Bundesversammlung darstellen sollte (M1).*
3. *Erarbeitet in zwei Gruppen die Positionen von Görres (M4) und von Humboldt (M5). Erkläre ihre Positionen.*
4. *Beschreibe das Wappen (M6) und suche eine Erklärung, warum sich die Fürsten dafür entschieden haben.* (F)

1806: Ende des Heiligen Römischen Reiches Deutscher Nation
1815: Wiener Kongress; Gründung des Deutschen Bundes
1800 1810 1820 1830 1840 1850

Forderung nach Einheit und Freiheit

M1 Das Wartburgfest von 1817
Holzstich, um 1880
Auf Einladung der 1815 gegründeten Jenaer Burschenschaft trafen sich am 18./19. Oktober 1817 an die 500 Studenten aus zwölf deutschen Universitäten (u. a. auch aus Würzburg und Erlangen) im thüringischen Eisenach. Sie gedachten auf der Wartburg der Reformation von 1517 und der siegreichen Leipziger Völkerschlacht von 1813. Nach der eigentlichen Feier zog man auf den Wartenberg (nicht auf die Wartburg). Dort wurden symbolisch 25 bis 30 als deutschfeindlich eingestufte Bücher (beschriftete Altpapierballen) verbrannt und drei Kennzeichen des absolutistischen Militärs: Schnürleib, Prügelstock und Perückenzopf. In Preußen und Österreich sahen die Regierenden durch diese Aktion die politische Ordnung bedroht.

Medientipp:
Die Texte der „Karlsbader Beschlüsse" findest du unter **31063-15**.

INFO 1 Nationale Forderungen

Nach dem gemeinsamen Kampf gegen Frankreichs Hegemonie* schlossen sich vaterländisch gesinnte Studenten in Jena zur *Allgemeinen Deutschen Burschenschaft* zusammen. Die Burschenschaftler waren überzeugt, dass alle Deutschen aufgrund ihrer gemeinsamen Herkunft, Sprache und Kultur eine Nation* bildeten. Den **Deutschen Bund** lehnten sie ab.

Die Burschenschaften prägten die Anfänge des deutschen **Nationalismus**. Ihre Anhänger hatten aber keine einheitlichen Vorstellungen davon, wer zum deutschen Nationalstaat gehören sollte. Die einen setzten auf eine enge Verbindung von Christentum* und Staat – und grenzten damit bewusst Juden aus, andere lehnten fremde Sprachen und Sitten ab und stellten die eigene Nation über andere Völker. Wieder andere sprachen sich für die Verständigung zwischen den Religionen und Völkern aus. Nur ein kleiner Teil der Nationalbewegung war radikal und wollte mit Gewalt die politischen Verhältnisse verändern.

Judith Bruniecki

INFO 2 Politische Strömungen

Die politische Ordnung des **Deutschen Bundes** hatte auch viele von der Aufklärung* beeinflusste Bürger in den Einzelstaaten enttäuscht. Sie wollten nicht mehr Untertanen sein, sondern freie Staatsbürger. Ihre Haltung wurde als **Liberalismus** bezeichnet. Die Liberalen forderten „Constitutionen" (Verfassungen*), in denen die Macht der Fürsten begrenzt und Grundrechte (z. B. Presse- und Versammlungsfreiheit, Rechtsgleichheit, Schutz des Eigentums) festgehalten werden sollten. „Volksvertretungen" (**Parlamente**) sollten an der Gesetzgebung mitwirken und beim Haushalt mitsprechen dürfen.

Eine kleine Gruppe von *Republikanern*, auch *Demokraten* genannt, ging weiter als die Liberalen. Sie wollten die Macht der Fürsten beseitigen sowie eine Republik* einführen. Die Regierungsgewalt sollte nur durch Wahl und auf bestimmte Zeit übertragen werden. Neben den Liberalen und den Republikanern gab es auch weiterhin Anhänger des Absolutismus* und der Ständegesellschaft, das waren die *Konservativen*.

Unter allen politischen Strömungen gab es Anhänger der nationalen Einheitsbewegung.

Judith Bruniecki

M2 „Was ist euer Ziel?"

Der 1799 in Bayreuth geborene Heinrich von Gagern hat das Wartburgfest mitorganisiert. Am 17. Juni 1818 schreibt er an seinen Vater:

Wir [die Burschenschaftler] wünschen unter den einzelnen Staaten Deutschlands größeren Gemeinsinn, größere Einheit in ihrer Politik [...]; keine eigne Politik der einzelnen Staaten, sondern das engste Bundesverhältnis; überhaupt, wir wünschen, dass Deutschland als ein Land und das deutsche Volk als ein Volk angesehen werden könne. [...] Wir wünschen eine Verfassung für das Volk nach dem Zeitgeiste und nach der Aufklärung desselben, nicht, dass jeder Fürst seinem Volke gibt, was er Lust hat und wie es seinem Privatinteresse dienlich ist.

Heinrich von Gagern, Deutscher Liberalismus im Vormärz. Briefe und Reden 1815-1848, hrsg. vom Bundesarchiv und der Hessischen Historischen Kommission Darmstadt, bearb. von Paul Wentzcke und Wolfgang Klötzer, Göttingen/Berlin/Frankfurt am Main 1959, S. 59 f.

Deutscher Bund Liberalismus Nationalismus Parlament

M 3 Attentat auf August von Kotzebue
Kolorierter Einblattdruck (19 x 26 cm), gedruckt in Nürnberg, um 1820

Der Theologiestudent und Burschenschaftler Carl Ludwig Sand aus Jena ermordete am 23. März 1819 in Mannheim den Schriftsteller und russischen Staatsrat August von Kotzebue, weil er die nationalen Ideen immer wieder verspottet hatte.

M 4 „An alle die Meinigen"

In einem Anfang März 1819 verfassten – aber nicht abgeschickten – Schreiben erklärt Carl Ludwig Sand seinen Freunden, warum er ein Attentat auf August von Kotzebue verüben wollte.

Viele der ruchlosesten[1] Verführer treiben ungeahndet, bis aufs völlige Verderben unseres Volkes hin, bei uns ihr Spiel. Unter ihnen ist Kotzebue der feinste und boshafteste, das wahre Sprachwerkzeug für alles Schlechte in unserer Zeit [...]. [...] [U]m das gemeinsame Vaterland, Deutschland, den immer noch zerrissenen und entwürdigten Staatenbund, aus der nahen großen Gefahr zu erretten, möchte ich Schrecken über die Bösen und Feigen, Mut über die Guten verbreiten! Schriften und Reden wirken nicht, – nur die Tat kann einen, – möchte ich wenigstens einen Brand schleudern in die jetzige Schlaffheit, und die Flamme des Volksgefühls, das schöne Streben für Gottes Sache in der Menschheit, das seit 1813 unter uns aufgeregt ist, unterhalten, mehren helfen!

Carl Ludwig Sand, dargestellt durch seine Tagebücher und Briefe von einigen seiner Freunde, Altenburg 1821, S. 191 - 198,

[1] **ruchlos**: gemein und skrupellos

M 5 Nutzen aus der Sache ziehen

Der österreichische Staatskanzler Klemens Fürst von Metternich ist Vorsitzender der Bundesversammlung des Deutschen Bundes. Am 9. April 1819 schreibt er einem Vertrauten:

Ich habe die Nachricht von der Ermordung Kotzebues mit allen vorläufigen Details erhalten. [...] Ich für meinen Teil hege keinen Zweifel, dass der Mörder nicht aus eigenem Antriebe, sondern infolge eines geheimen Bundes handelte. [...] Meine Sorge geht dahin, der Sache die beste Folge zu geben, [...] und in dieser Sorge werde ich nicht lau vorgehen.

Zitiert nach: Wolfgang Hardtwig und Helmut Hinze (Hrsg.), Vom Deutschen Bund zum Kaiserreich 1815-1871, Stuttgart 1997, S. 70

INFO 3 Karlsbader Beschlüsse

Die Ermordung des konservativen Schriftstellers *August von Kotzebue* lieferte den Anlass, umfassend gegen die nationale Bewegung vorzugehen. Auf einer Konferenz im böhmischen Karlsbad (heute Tschechische Republik) wurden am 20. September 1819 folgende Bundesgesetze beschlossen:

- Alle Druckerzeugnisse unter 16 Bogen (= 320 Seiten) Umfang unterlagen jetzt der Zensur. Sie mussten vor ihrer Veröffentlichung staatlich genehmigt werden.
- Die Versammlungsfreiheit wurde eingeschränkt.
- An den Universitäten wurden die Burschenschaften verboten.

Dazu richtete man in Mainz eine zentrale Behörde ein, die alle „revolutionären Umtriebe" aufdecken sollte. Die Wortführer der nationalen und liberalen Bewegung wurden als *Demagogen* (Volksaufrührer) verfolgt. Sie erhielten Berufsverbote, Haftstrafen oder wurden aus dem Land gewiesen. Das Bürgertum* suchte fortan sein Glück in der Familie und widmete sich religiösen, wissenschaftlichen oder kulturellen Themen. Später wurde diese Kultur als *Biedermeier* bezeichnet. Doch das Bild täuscht. Immer mehr Bürger organisierten sich in Gesangs-, Turn-, Schützen- und Wohltätigkeitsvereinen oder wissenschaftlichen Vereinigungen. Dort fanden sie Mittel und Wege, sich auch politisch zu informieren und zu äußern.

Judith Bruniecki

Wie reagiert der Deutsche Bund* auf die nationale und liberale Bewegung?

1. *Nimm Stellung zu den Aktionen auf dem Wartburgfest (M1).*
2. *Erkläre, was die Anhänger des Nationalismus* anstrebten und warum sie den Deutschen Bund ablehnten (INFO 1).*
3. *Arbeite die Kennzeichen der politischen Strömungen heraus (INFO 2).*
4. *Beschreibe die Reaktionen auf das Attentat (M5 und INFO 3) und beurteile, ob sie angemessen waren.*
5. *Beurteile die Möglichkeiten der politischen Meinungsäußerung nach 1819 (INFO 3).*

1815: Gründung des Deutschen Bundes
1817: Wartburgfest
23.3.1819: Attentat Carl Ludwig Sands – „Karlsbader Beschlüsse"
1800 1810 1820 1830 1840 1850

Der nationale Durchbruch?

M 1 „Die Freiheit führt das Volk" (28. Juli 1830)
Ölgemälde (260 x 325 cm) von Eugène Delacroix, 1830/31

INFO 1 Aufstände – Freiheitskämpfe und die Julirevolution

Aufstände in Italien, Spanien und Portugal sowie der Freiheitskampf in Griechenland 1821 gegen die türkische Fremdherrschaft zeigten, dass es in ganz Europa rumorte. Im Juli 1830 kam es erneut zu einer Revolution in Frankreich. König *Karl X.* wurde nach heftigen Kämpfen gestürzt, weil er das **Parlament** auflösen und dem Adel* wieder mehr Macht erteilen wollte. Ein Verwandter des abgesetzten Königs kam auf den Thron, der sogenannte „Bürgerkönig" *Louis-Philippe I.*

Alle diese Ereignisse hatten europaweite Auswirkungen. Auch im **Deutschen Bund** kam es zu Unruhen. In Braunschweig, Hannover, Kurhessen und Sachsen wurden verbesserte Verfassungen* erlassen. Preußen und Österreich unterdrückten dagegen die Aufstände militärisch. Im selben Jahr erhoben sich die Polen gegen die russische Herrschaft, die Engländer reformierten ihr Parlament und die Belgier gründeten einen Staat mit einer liberalen Verfassung.

Judith Bruniecki

Kartentipp:
Eine animierte Karte mit den Aufständen in Europa zwischen 1815 und 1848 findest du unter **31063-16**.

INFO 2 Das Hambacher Fest

Ein Zeichen der politischen Unzufriedenheit im **Deutschen Bund** war das **Hambacher Fest** vom 27. bis 30. Mai **1832** in dem kleinen Weinort Neustadt, der damals zum bayerischen Rheinkreis (Rheinpfalz) gehörte.

Da politische Kundgebungen verboten waren, hatten die Veranstalter einfach zu einem „Volksfest" eingeladen – und etwa 30 000 Männer und Frauen „jedes Standes" aus allen deutschen Regionen kamen. Eingeladen waren auch Gäste aus Frankreich, England und Polen. Die Veranstaltung wuchs zur größten politischen Massenkundgebung der damaligen Zeit. Über 30 Ansprachen wurden gehalten, in denen über die politischen und sozialen Zustände in Deutschland und Europa geklagt und für einen deutschen und polnischen Nationalstaat, für Volkssouveränität*, für Pressefreiheit und für Völkerverständigung demonstriert wurde.

Nach der Veranstaltung gingen die bayerische Regierung und der Deutsche Bund mit aller Schärfe gegen die Organisatoren und Teilnehmer des Hambacher Festes vor. Sie wurden verfolgt, verhaftet und vor Gericht gestellt. Zugleich verschärfte man die Zensur und die Überwachungsmaßnahmen. All das konnte aber nicht verhindern, dass am 3. April 1833 etwa 100 radikale Burschenschaftler und Bürger die Frankfurter Hauptwache stürmten, um eine allgemeine Revolution in Deutschland auszulösen. Der Versuch scheiterte, erregte aber große öffentliche Aufmerksamkeit.

Judith Bruniecki

Medientipps:
Informationen zum Hambacher Fest findest du unter **31063-17**.

M 2 Zug auf das Hambacher Schloss am 27. Mai 1832

Kolorierte Lithografie (22,0 x 26,7 cm) von 1832

In den Staaten des Deutschen Bundes fanden 1832 rund 30 ähnliche, aber bedeutend kleinere Veranstaltungen statt. So z. B. auch im fränkischen Gaibach bei Würzburg (siehe S. 83).

M 3 „Vaterland – Freiheit – ja!“

Der 43-jährige Jurist und Journalist Philipp Jacob Siebenpfeiffer, ein entlassener bayerischer Beamter, eröffnet am 27. Mai 1832 das Hambacher Fest mit folgenden Worten:

Vaterland – Freiheit – ja! Ein freies deutsches Vaterland – dies ist der Sinn des heutigen Festes [...]. Und es wird kommen der Tag, [...] wo der Deutsche vom Alpengebirge und der Nordsee, vom Rhein, der Donau und der Elbe den Bruder im Bruder umarmt, wo die Zollstöcke und die Schlagbäume, wo alle Hoheitszeichen der Trennung [...] und Bedrückung verschwinden [...].

Es wird kommen der Tag [...], wo das deutsche Weib, nicht mehr die dienstpflichtige Magd des herrschenden Mannes [sein wird], sondern die freie Genossin des freien Bürgers [...]; wo der Bürger nicht in höriger Untertänigkeit den Launen des Herrschers und seiner knechtischen Diener, sondern dem Gesetze gehorcht, und auf den Tafeln des Gesetzes den eigenen Willen liest, und im Richter den freierwählten Mann seines Vertrauens erblickt [...].

Wir selbst wollen, wir selbst müssen vollenden das Werk, und, ich ahne, bald, bald muss es geschehen, soll die deutsche, soll die europäische Freiheit nicht erdrosselt werden von den Mörderhänden der Aristokraten [...].

Es lebe das freie, das einige Deutschland!

Hoch leben die Polen, der Deutschen Verbündete! Hoch leben die Franken[1], der Deutschen Brüder, die unsere Nationalität und Selbstständigkeit achten! [...]

Vaterland – Volkshoheit – Völkerbund hoch!

Zitiert nach: Johann Georg August Wirth, Das Nationalfest der Deutschen zu Hambach, Neustadt an der Haard 1832, Nachdruck der Original-Ausgabe, Neustadt a. d. W. 1981, S. 33, 37-39 und 40 f.

[1] **Franken**: Gemeint sind hier die Franzosen.

M 4 Gegen die „Unruhestifter“

Die bayerische Regierung reagierte auf das Fest und schickte 8 500 Soldaten in die Pfalz. Sie sollten für „Ruhe und Ordnung“ sorgen. Generalfeldmarschall Carl Philipp Fürst von Wrede schreibt 1833 dem österreichischen Staatskanzler Metternich:

Ich bin ja doch wohl kein harter grausamer Mann, aber ich wiederhole, lieber Fürst, ohne Galgen und Rad wird man der Umtriebe in Deutschland nicht Meister. Allein ich versichere, es werden keine drei aufgehängt oder erschossen, und es ist Ruhe.

Zitiert nach: Hellmut G. Haasis, Volksfest, Sozialer Protest und Verschwörung. 150 Jahre Hambacher Fest, Heidelberg 1981, S. 168

Welche Ereignisse und Forderungen kennzeichnen den Durchbruch der nationalen Bewegung?

1. *Untersucht in Partnerarbeit das Historiengemälde (INFO 1 und M1). Was macht es zu einem zeitlosen Symbol für Revolution, Freiheit und Demokratie*? (H)*
2. *Erkläre, warum es 1832 zum Hambacher Fest kam und welche Bedeutung dieses für die liberale Nationalbewegung hatte (INFO 2, M2).*
3. *Arbeite die politischen Forderungen Siebenpfeiffers heraus, und interpretiere seine Rede (M3). (H)*
4. *Beurteile die staatlichen Reaktionen auf das Hambacher Fest (INFO 2 und M4).*
5. *Schreibe eine eigene Rede: Hatte Siebenpfeiffer aus heutiger Sicht Recht damit, dass der Tag kommen wird, an dem die Forderungen eingelöst sind? Verwende dabei die Begriffe Deutscher Bund*, Liberalismus*, Nation* und Parlament*.*

1830: Julirevolution in Frankreich
27. 5. 1832: Hambacher Fest
3. 4. 1833: Frankfurter Wachensturm

1820 | 1830 | 1840 | 1850

Lern-aufgabe

Presse- und Meinungsfreiheit – damals und heute

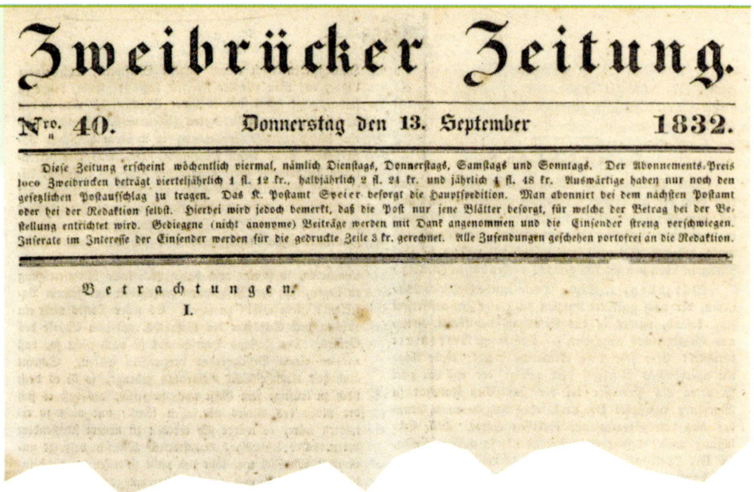

Zweibrücker Zeitung.

Nro. 40. Donnerstag den 13. September 1832.

Diese Zeitung erscheint wöchentlich viermal, nämlich Dienstags, Donnerstags, Samstags und Sonntags. Der Abonnements-Preis loco Zweibrücken beträgt vierteljährlich 1 fl. 12 kr., halbjährlich 2 fl. 24 kr. und jährlich 4 fl. 48 kr. Auswärtige haben nur noch den gesetzlichen Postaufschlag zu tragen. Das K. Postamt Speier besorgt die Hauptspedition. Man abonnirt bei dem nächsten Postamt oder bei der Redaktion selbst. Hierbei wird jedoch bemerkt, daß die Post nur jene Blätter besorgt, für welche der Betrag bei der Bestellung entrichtet wird. Gediegne (nicht anonyme) Beiträge werden mit Dank angenommen und die Einsender streng verschwiegen. Inserate im Interesse der Einsender werden für die gedruckte Zeile 3 kr. gerechnet. Alle Zusendungen geschehen portofrei an die Redaktion.

Betrachtungen.

I.

M1 Zweibrücker Zeitung vom 13. September 1832
Freibleibende Seiten oder Gedankenstriche zeigten dem Leser die Eingriffe der Zensur.

Medientipps:
Zur Presse- und Meinungsfreiheit siehe **31063-18**.

M2 Gegen die Presse- und Meinungsfreiheit

Aus den „Zehn Artikeln" der Bundesversammlung des Deutschen Bundes vom 5. Juli 1832:

Art. 1. Keine […] Druckschrift politischen Inhalts darf in einem Bundesstaate ohne vorgängige Genehmigung der Regierung zugelassen und ausgegeben werden […].

Art. 2. Alle Vereine, welche politische Zwecke haben, […] sind […] zu verbieten und ist gegen deren Urheber und die Teilnehmer an denselben mit angemessener Strafe vorzuschreiten. […]

Art. 3. Außerordentliche Volksversammlungen und Volksfeste […] dürfen […] in keinem Bundesstaate ohne vorausgegangene Genehmigung […] stattfinden.

Aus den „Wiener Beschlüssen" vom 12. Juni 1834:

Art. 29. Von den Nachteilen einer übermäßigen Anzahl politischer Tagblätter überzeugt, werden die Regierungen auf eine allmählich herbeizuführende Verminderung solcher Blätter […] Bedacht nehmen.

Art. 30. Kraft der ihnen zustehenden oberpolizeilichen Aufsicht werden die Regierungen die Herausgabe neuer politischer Tageblätter ohne die vorgängige Erwirkung einer diesfälligen Konzession[1] nicht gestatten.

Zitiert nach: Ernst Rudolf Huber (Hrsg.), Dokumente zur deutschen Verfassungsgeschichte, Bd. 1, Stuttgart ³1988, S. 134 und 143 (vereinfacht)

[1] **Konzession**: Zulassung
[2] **Vormärz**: Bezeichnung für die Zeit vor der Märzrevolution von 1848; zur Revolution von 1848/49 siehe Seite 60 ff.
[3] **Pfaffen**: Priester
[4] **Potentaten**: Herrscher

M3 „Warnung"

Das folgende Gedicht ist von Heinrich Heine. Der Dichter hat Deutschland 1831 bereits verlassen und lebt in Paris. Im Jahr 1835 erhält Heine per Bundestagsbeschluss ein Publikationsverbot. Trotzdem veröffentlichen Verleger seine Arbeiten. Das Gedicht „Warnung" erscheint 1844 in einer Sammlung seiner Gedichte in Hamburg

Solche Bücher lässt du drucken!
Teurer Freund, du bist verloren!
Willst du Geld und Ehre haben,
Musst du dich gehörig ducken.

Nimmer hätt ich dir geraten,
So zu sprechen vor dem Volke,
So zu sprechen von den Pfaffen[3]
Und von hohen Potentaten[4]!

Teurer Freund, du bist verloren!
Fürsten haben lange Arme,
Pfaffen haben lange Zungen,
Und das Volk hat lange Ohren!

Zitiert nach: https://de.wikisource.org/wiki/Warnung_(Heine) (Zugriff: 28.05.2020)

INFO 1 Gegen die Zensur

Zu den einflussreichsten Schriftstellern und Dichtern des Vormärz[2] zählen *Georg Büchner, August Heinrich von Fallersleben, Ferdinand Freiligrath* und *Heinrich Heine*. Mit ihren Schriften machten sie auch auf politische und soziale Missstände aufmerksam. Um der Zensur und der Verfolgung zu entgehen, ließen sie Texte geheim oder im Ausland drucken und als Flugblätter oder -schriften verbreiten.

Klaus Dieter Hein-Mooren

Welche Bedeutung haben Presse- und Meinungsfreiheit für eine freie Gesellschaft? Verfasst dazu in einen Artikel für die Schülerzeitung.

1. *Beschreibt die Maßnahmen (M2) und prüft, ob sie gegenüber den Karlsbader Beschlüssen (siehe S. 53) noch verschärft wurden.*

M4 „Der Hessische Landbote“

Darmstadt, im Juli 1834

Die acht Seiten umfassende Flugschrift wird im Juli 1834 in Offenbach in einer Auflage von etwa 1 200 bis 1 500 Exemplaren gedruckt und heimlich im Großherzogtum Hessen-Darmstadt verteilt. Sie erscheint ohne die Nennung der Autoren und ist eine „Gemeinschaftsarbeit“ des 21-jährigen Medizinstudenten und Dichters Georg Büchner und des 43-jährigen Lehrers und Pfarrers Friedrich Ludwig Weidig. Hier ein Auszug aus der „Ersten Botschaft“:

Vorbericht.

Dieses Blatt soll dem hessischen Lande die Wahrheit melden, aber wer die Wahrheit sagt, wird gehenkt; ja sogar der, welcher die Wahrheit liest, wird durch meineidige Richter vielleicht gestraft. Darum haben die, welchen dies Blatt zukommt, Folgendes zu beobachten:

1) Sie müssen das Blatt sorgfältig außerhalb ihres Hauses vor der Polizei verwahren;
2) sie dürfen es nur an treue Freunde mitteilen;
3) denen, welchen sie nicht trauen wie sich selbst, dürfen sie es nur heimlich hinlegen; [...]

„Friede den Hütten! Krieg den Palästen!“

Im Jahr 1834 sieht es aus, als würde die Bibel Lügen gestraft. Es sieht aus, als hätte Gott die Bauern und Handwerker am 5ten Tage, und die Fürsten und Vornehmen am 6ten gemacht, und als hätte der Herr zu diesen gesagt: Herrschet über alles Getier, das auf Erden kriecht, und hätte die Bauern und Bürger zum Gewürm gezählt. Das Leben der Vornehmen ist ein langer Sonntag; sie wohnen in schönen Häusern, sie tragen zierliche Kleider, sie haben feiste Gesichter und reden eine eigene Sprache; das Volk aber liegt vor ihnen wie Dünger auf dem Acker. [...]

Hebt die Augen auf und zählt das Häuflein eurer Presser, die nur stark sind durch das Blut, das sie euch aussaugen, und durch eure Arme, die ihr ihnen willenlos leiht. Ihrer sind vielleicht 10 000 im Großherzogtum und eurer sind es 700 000, und also verhält sich die Zahl des Volkes zu seinen Pressern auch im übrigen Deutschland. Wohl drohen sie mit dem Rüstzeug und den Reisigen der Könige, aber ich sage euch: Wer das Schwert erhebt gegen das Volk, der wird durch das Schwert des Volkes umkommen.

Georg Büchner, Werke und Briefe, München 1965, S. 133 und 142 (vereinfacht)

M5 Georg Büchner
Bleistiftzeichnung von 1833/34

Schritt für Schritt:

Flugblätter und -schriften untersuchen

Du hast bereits in der letzten Jahrgangsstufe Flugblätter als Quellen* untersucht. Zu den schon vorgestellten Kriterien sind für die Analyse von Flugblättern folgende Fragen hilfreich:

1. Von wem ist der Text?
2. An wen richtete sich der Text?
3. Unter welchen Umständen wurde der Text veröffentlicht?
4. Was ist die zentrale Aussage?
5. Welche sprachlichen Mittel werden häufig verwendet?
6. Welche Wirkung geht von dem Text aus – damals und heute?

---

2 *Analysiert die Titelseite (M1). Beurteilt die mögliche Wirkung auf die Bevölkerung.*

3 *Informiert euch über die in INFO 1 genannten Autoren und erstellt kurze Lebensläufe.*

4 *Beurteilt, ob Heines „Warnung“ (M3) gerechtfertigt war. Nehmt Stellung, inwiefern das Gedicht als historische Quelle* für die Zeitumstände gesehen werden kann.*

5 *Untersucht M4 mithilfe der Methode „Schritt für Schritt“. Berücksichtigt die Funktion des „Vorberichts“ und arbeitet die Form der Argumentation und die Absichten heraus.*

6 *Verwendet in eurem Artikel auch den Begriff Demokratie*.*

M6 Eine Gewissensfrage

1837 wird der 66-jährige britische Prinz Ernst August König von Hannover. Er setzt kurz danach das erst vier Jahre zuvor erlassene Staatsgrundgesetz (Verfassung) außer Kraft. Daraufhin senden sieben Professoren der Universität Göttingen am 18. November 1837 an ihre Universitätsdienststelle folgendes Schreiben:

Die Unterzeichneten könnten sich bei aller schuldigen Ehrfurcht vor dem Königlichen Wort in ihrem Gewissen nicht davon überzeugen, dass das Staatsgrundgesetz […] ungültig sei […]. […] Wenn daher die untertänigst Unterzeichneten sich nach ernster Erwägung der Wichtigkeit des Falles nicht anders überzeugen können, als dass das Staatsgrundgesetz [von 1834] seiner Errichtung und seinem Inhalte nach gültig sei, so können sie auch, ohne ihr Gewissen zu verletzen, es nicht stillschweigend geschehen lassen, dass dasselbe […] allein auf dem Wege der Macht zugrunde gehe. Ihre unabweisliche Pflicht vielmehr bleibt, wie sie hiermit tun, offen zu erklären, dass sie sich durch ihren auf das Staatsgrundgesetz geleisteten Eid fortwährend verpflichtet halten müssen […].

Zitiert nach: Sieben gegen den König. Texte und Materialien zum Hannoverschen Verfassungskonflikt von 1837, Hannover 2007, S. 45

INFO 2 Reaktionen

Die Veröffentlichung ihres Protestschreibens war nicht geplant. Eine Kopie geriet aber in die Hände eines Studenten, der sie umgehend Freunden diktierte, die wiederum im Schneeballsystem zahlreiche Kopien herstellten. Im Laufe weniger Tage kamen so mehrere Tausend Abschriften zustande. Kopien wurden auch an Zeitungsredaktionen geschickt, die die „Protestation" veröffentlichten.

Der König von Hannover sah vor allem in der Veröffentlichung des Schreibens einen Beleg für ein „revolutionäres" Verhalten. Er entließ die Professoren aus dem Dienst. Drei verwies er sogar des Landes. In nationalen und liberalen Kreisen erhielten die „Göttinger Sieben" jedoch viel Zuspruch.

Judith Bruniecki

M7 175 Jahre Göttinger Sieben
Sonderbriefmarke der Deutschen Post, 2012
In der Begründung für die Veröffentlichung der Marke heißt es: „Durch ihre mutige Tat trugen die Göttinger Sieben […] entscheidend zur Entstehung einer bürgerlichen Zivilgesellschaft und zur Schaffung einer Demokratie in Deutschland bei."

M8 Presse- und Meinungsfreiheit heute

In Artikel 5 unseres Grundgesetzes heißt es:

Jeder hat das Recht, seine Meinung in Wort, Schrift und Bild frei zu äußern und zu verbreiten und sich aus allgemein zugänglichen Quellen ungehindert zu unterrichten. Die Pressefreiheit und die Freiheit der Berichterstattung durch Rundfunk und Film werden gewährleistet. Eine Zensur findet nicht statt.

Zitiert nach: www.gesetze-im-internet.de/gg/art_5.html (Zugriff: 04. 08. 2019)

M9 Die Pressefreiheit ist in Gefahr

Die Vorstandssprecherin der Organisation „Reporter ohne Grenzen", Katja Gloger, über die Lage der Pressefreiheit auf der Welt im Jahre 2018:

Demokratien leben von öffentlicher Debatte und Kritik. Wer gegen unbequeme Journalistinnen und Journalisten polemisiert oder gar hetzt und die Glaubwürdigkeit der Medien pauschal in Zweifel zieht, zerstört bewusst die Grundlagen einer demokratischen Gesellschaft. […] Leider erleben wir das zunehmend auch in Mitgliedstaaten der Europäischen Union.

Zitiert nach: www.reporter-ohne-grenzen.de/rangliste/2018/ (Zugriff: 08. 02. 2019)

---

6. *Erarbeitet den Anlass des Schreibens der sieben Professoren (M6). Beurteilt ihr Anliegen, die Form des Schreibens und die Reaktionen (INFO 2).*
7. *Begründet, warum der Protest der Göttinger Sieben noch heute als Vorbild für bürgerliches Engagement gilt. Bezieht auch M7 mit ein.*
8. *Vergleicht Artikel 5 unseres Grundgesetzes (M8) mit der damaligen Situation.*
9. *Recherchiert Beispiele, wo und wie Meinungs- und Pressefreiheit heutzutage eingeschränkt werden (M9 und Medientipp auf S. 56).*
10. *Geht in eurem Artikel über die Meinungs- und Pressefreiheit auch auf deren Bedeutung für die moderne Demokratie* ein.*

Eine Hymne für die Deutschen*

M1 „Das Lied der Deutschen“

August Heinrich Hoffmann von Fallersleben dichtet das Lied im August 1841 auf der damals noch britischen Nordseeinsel Helgoland. Er verkauft den Text am 27. August an den Hamburger Verleger Julius Campe. Wenige Tage später erscheint das Lied als Vierblattdruck, begleitet von den Noten der „Kaiser-Hymne“ von Joseph Haydn. Öffentlich gesungen wird das Lied zum ersten Mal am 5. Oktober 1841 auf einem Turnfest in Hamburg.

Deutschland, Deutschland über alles,
Über alles in der Welt,
Wenn es stets zu Schutz und Trutze
Brüderlich zusammenhält.
Von der Maas bis an die Memel,
Von der Etsch bis an den Belt[1] –
Deutschland, Deutschland über alles,
Über alles in der Welt!

Deutsche Frauen, deutsche Treue,
Deutscher Wein und deutscher Sang
Sollen in der Welt behalten
Ihren alten schönen Klang,
Uns zu edler Tat begeistern
Unser ganzes Leben lang.
Deutsche Frauen, deutsche Treue,
Deutscher Wein und deutscher Sang!

Einigkeit und Recht und Freiheit
Für das deutsche Vaterland!
Danach lasst uns alle streben
Brüderlich mit Herz und Hand!
Einigkeit und Recht und Freiheit
Sind des Glückes Unterpfand[2] –
Blüh im Glanze dieses Glückes,
Blühe deutsches Vaterland!

Zitiert nach: https://als.wikipedia.org/wiki/Text: Deutschlandlied (Zugriff: 27. 01. 2019)

[1] **Belt**: Meerengen um Dänemark
[2] **Unterpfand**: Garantie für etwas

** Das Kapitel ist nicht verbindlich.*

M2 August Heinrich Hoffmann von Fallersleben
Stich von Christian Hoffmeister nach einer Zeichnung von Ernst Fröhlich, um 1850 (Ausschnitt)
Hoffmann von Fallersleben war Professor für Sprache und Literatur in Breslau. Seine Karriere endete, als er 1840 seine „Unpolitischen Lieder“ veröffentlichte, in denen er die politischen und gesellschaftlichen Zustände im Deutschen Bund kritisch darstellte. Die preußische Regierung verbot den Gedichtband, entzog ihm 1842 erst die Professur und ein Jahr später sogar die Staatsbürgerschaft. Erst nach 1848 verbesserte sich seine Lage wieder.

INFO Rheinkrise und nationale Begeisterung

Im Herbst 1840 drohte als Folge einer Krise im Nahen Osten ein europäischer Krieg. Französische Zeitungen forderten, die Grenze Frankreichs solle wie zur Zeit Napoleons* der Rhein sein. In deutschen Zeitungen wurde dagegen mit Artikeln protestiert. Dichter wie *Nikolaus Becker* aus Bonn beschworen den „freien deutschen Rhein“. Das Gefühl der Zusammengehörigkeit aller Deutschen wuchs. Selbst einige Fürsten, die bis dahin alle gesamtdeutschen Ziele abgelehnt hatten, unterstützten hier die nationale Begeisterung.

Klaus Dieter Hein-Mooren

Medientipp:
Informationen über die Nationalhymne findest du unter **31063-19**.

„Das Lied der Deutschen“ – Wie entstand die deutsche Nationalhymne?

1. *Fasse den Inhalt und die Aussage des Liedes (M1) zusammen. An welcher Stelle wird deutlich, dass es ursprünglich als Trinklied geschrieben wurde? Welche Passagen verweisen auf die politischen Positionen des Dichters?*
2. *Beurteile den Text des Liedes vor dem Hintergrund der Zeit und der Biografie des Dichters (M1, M2 und INFO).*
3. *Recherchiere, warum nur die dritte Strophe zur Nationalhymne der Bundesrepublik Deutschland wurde.*
4. *Diskutiert, ob die dritte Strophe des Deutschlandliedes noch zeitgemäß ist.*

1840: Rheinkrise zwischen Deutschland und Frankreich
1841: Hoffmann von Fallersleben dichtet das „Lied der Deutschen“
1830 bis 1848: Vormärz
1830 | 1840 | 1850

Die „Märzrevolution" beginnt

M 1 Sturm auf die Kartoffelstände in Berlin

Zeitgenössische Lithografie von Vinzenz Katzler

Eine um 1845 einsetzende Agrarkrise führte in vielen deutschen Ländern zu Missernten, Teuerungen und Elend. Unruhen waren die Folge. Am 21./22. April 1847 kam es in Berlin zur sogenannten „Kartoffel-Revolution", an der sich zwischen 5 000 und 10 000 Menschen beteiligten.

M 2 „Ich fürchte sehr ..."

Der Hofmaler Wilhelm von Kügelgen schreibt am 21. April 1847 seinem Bruder Gerhard:

Mein Herz ist mir voll Trauer, denn wir leben in einer bösen Zeit. Ich trage mit mir das Gefühl eines Propheten herum, der in eine schwarze Zukunft blickt. Jetzt haben wir Hungersnoth – thun wir noch eine Missernte, so handelt es sich nicht mehr darum, sondern um eine gewaltsame Umgestaltung aller Verhältniße. Ich fürchte sehr, daß Deutschland am Vorabend seiner Revolution steht, wie England und Frankreich sie schon überstanden haben.

Im Februar 1848 wird in Frankreich der König gestürzt und in ganz Europa setzt eine Revolutionswelle ein. Kügelgen schreibt am 4. März 1848:

Was! Was, was ist nicht alles geschehen [...] Ungeheures! In Sizilien, in Neapel, Sardinien, in ganz Italien, – endlich in Frankreich! Ob für Frankreich diese Umwandlung ein Glück [ist], muss sich zeigen. Für Deutschland ist sie es gewiss. Freilich werden wir Krieg bekommen, [...] und am Rhein wird er ausgefochten werden, aber das schadet uns nicht, sondern wird uns fördern in unsrem einheitlichen Nationalleben.

Wilhelm von Kügelgen, Bürgerleben. Die Briefe an den Bruder Gerhard 1840-1867, hrsg. von Walther Killy, München 1990, S. 303 f. und 336

M 3 „Hohe zweite Kammer!"

In Mannheim halten am 27. Februar zwischen 2 500 und 4 000 Männer und Frauen aus dem Bürgertum eine Volksversammlung ab. Sie verfassen eine Bittschrift (Petition) an den Präsidenten der badischen Abgeordnetenkammer mit den Forderungen des Volkes:

Das alte System wankt und zerfällt in Trümmer. Allerorten haben die Völker mit kräftiger Hand die Rechte sich selbst genommen, welche ihre Machthaber ihnen vorenthielten. Deutschland darf nicht länger geduldig zusehen, wie es mit Füßen getreten wird. Das deutsche Volk hat das Recht zu verlangen:

Wohlstand, Bildung und Freiheit für alle Klassen der Gesellschaft, ohne Unterschied der Geburt und des Standes.

Die Zeit ist vorüber, die Mittel zu diesen Zwecken lange zu beraten. [...] Aus der großen Zahl von Maßregeln, durch deren Ergreifung allein das deutsche Volk gerettet werden kann, heben wir hervor:

1. Volksbewaffnung mit freien Wahlen der Offiziere,
2. unbedingte Pressefreiheit[1],
3. Schwurgerichte[2] nach dem Vorbilde Englands,
4. sofortige Herstellung eines deutschen Parlaments.

Diese vier Forderungen sind so dringend, dass mit deren Erfüllung nicht länger gezögert werden kann und darf.

Zitiert nach: Hans Fenske (Hrsg.), Vormärz und Revolution 1840-1849, Darmstadt 1976, S. 264 f.

M 4 Entwicklung der Presse 1847 und 1849

Zahl der Zeitungen, Intelligenz- und Volksblätter (Auswahl)

	1847	1849
Preußen	404	622
Österreich	79	215
Sachsen	153	183
Bayern	110	127
Württemberg	60	67
Baden	63	55

Nach: Wolfram Siemann, Die deutsche Revolution von 1848/49, Frankfurt am Main [10]2012, S. 117 (Auswahl)

[1] **unbedingte Pressefreiheit**: keine Zensur

[2] **Schwurgericht**: Gericht zur Aburteilung schwerer Straftaten, in dem neben Berufsrichtern rechtlich nicht vorgebildete ehrenamtliche Richter (früher „Geschworene", heute „Schöffen") mitwirken.

Kartentipp

Eine animierte Karte zu den Revolutionen von 1848 siehe **31063-20**.

INFO 1 Das Volk steht auf

„Märzforderungen" wie die aus Mannheim verbreiteten sich in Windeseile im **Deutschen Bund**. Demokraten und Liberale, Unternehmer, Handwerker, Bauern und Arbeiter forderten nationale und soziale Veränderungen. Flugblätter und Zeitungsartikel mobilisierten Männer und Frauen. In den Städten und auf dem Lande wurde demonstriert. Dank der neuen Eisenbahnen fanden schnell überregionale Versammlungen statt. In einigen Städten brachen blutige Aufstände aus. Am 13. März 1848 floh der verhasste Fürst *Metternich* aus Wien, am 18. März 1848 kam es in Berlin zu blutigen Kämpfen und einen Tag später legte der bayerische König *Ludwig I.* in München sein Amt nieder.

Judith Bruniecki

INFO 2 Halt „vor den Thronen"

Viele Fürsten leiteten Reformen ein, beriefen liberale Minister, gewährten Pressefreiheit und versprachen – wo sie noch fehlten – Verfassungen* und Wahlen. Das stellte die bürgerliche Mehrheit zufrieden. Sie fürchtete eine Ausweitung der Gewalt wie in der Französischen Revolution. Damit machte die Revolution „vor den Thronen" halt und überließ den Fürsten die Macht über das Heer, die Verwaltung und die Polizei.

Ende März 1848 trafen sich rund 570 ehemalige und aktive Mitglieder der Landtage der Staaten des Deutschen Bundes in einem Vorparlament, um eine Nationalversammlung vorzubereiten. Während die Mehrheit ein aus freien Wahlen hervorgegangenes gesamtdeutsches **Parlament** forderte, das eine Verfassung für Deutschland ausarbeiten sollte, wollte eine radikalere Minderheit sofort handeln und eine Republik* errichten. Ein von den angesehenen Rechtsanwälten *Friedrich Hecker* und *Gustav Struve* angeführter Aufstand in Baden fand aber keine große Unterstützung. Er wurde Ende April durch die alten Gewalten niedergeschlagen.

Judith Bruniecki

M 5 Der Antrag Struves

Vom 31. März bis zum 3. April 1848 tagt in Frankfurt ein Vorparlament. Es soll die Wahlen zur Nationalversammlung und die Verfassung vorbereiten. Am ersten Sitzungstag des Vorparlaments erklärt der Rechtsanwalt und Journalist Gustav Struve aus dem Großherzogtum Baden:

Eine lange Zeit tiefster Erniedrigung lastet auf Deutschland. Sie lässt sich bezeichnen durch die Worte: Knechtung, Verdummung und Aussaugung des Volkes. […] Die Not des Volkes ist unerträglich geworden. Sie hat sich in Oberschlesien bis zur Hungersnot gesteigert. Daher haben sich alle Bande gelöst, welche das deutsche Volk an die bisherige sogenannte Ordnung der Dinge geknüpft hatten, und es ist die Aufgabe der Versammlung, […] neue Bande vorzubereiten, mit denen das gesamte deutsche Volk zu einem freien und großen Ganzen umschlungen werden soll. Sicherheit des Eigentums und der Person, Wohlstand, Bildung und Freiheit für alle, ohne Unterschied der Geburt, des Standes und des Glaubens, ist das Ziel, nach welchem das deutsche Volk strebt. […]

Sodann stellt Struve 15 konkrete Forderungen; die letzte lautet:

Aufhebung der erblichen Monarchie (Einherrschaft) und Ersetzung derselben durch frei gewählte Parlamente, an deren Spitze frei gewählte Präsidenten stehen, alle vereint in der föderativen[1] Bundesverfassung nach dem Muster der nordamerikanischen Freistaaten.

Zitiert nach: Hans Fenske (Hrsg.), Vormärz und Revolution 1840-1849, Darmstadt 1976, S. 276-278

[1] **föderativ**: Siehe S. 132, M2, Anm. 1

Filmtipp:
Die Revolution von 1848, Film von Joachim Meißner u. a., 2012

Lesetipps:
- Dietlof Reiche, Zeit der Freiheit, Weinheim 2003
- Klaus Kordon, 1848. Die Geschichte von Jette und Frieder, Weinheim [11]2016

Was ist kennzeichnend für den Beginn der 48er-Revolution in Deutschland?

1. *Nenne Ursachen für den Ausbruch der 48er-Revolution in Deutschland (M1 und M2).*
2. *Erkläre die „Märzforderungen" und ihr Zustandekommen (M3).*
3. *Die Ereignisse von 1848 werden auch als „Kommunikationsrevolution" bezeichnet. Erläutere die Sichtweise mithilfe von M4 und INFO 1.*
4. *Nimm Stellung zu der Frage, ob die Revolution am Ziel war (INFO 2 und M5).*

1845-1847: Agrar- und Gewerbekrise in vielen deutschen Gebieten
22.-24.2.1848: Revolution in Paris
27.2.1848: Mannheimer Volksversammlung
3.3.1848: Abschaffung der Zensur im Deutschen Bund
1845 … 1850

Die „Märzrevolution“ in Bayern*

M 1 „Gedenkblatt an die ewig denkwürdigen Tage in München am 4. und 6. März 1848“
Anonyme Lithografie (46,9 x 40,5 cm), 1848 (oben)
Untertitel: „4. März. Erstürmung des bürgl. Zeughauses durch das aufgeregte Volk, welches auch zugleich in der Peterskirche Sturm läuten ließ.“

** Das Kapitel ist nicht verbindlich.*

M 2 Die vierzehn „Bamberger Artikel“

Am 4. März 1848 nimmt eine öffentliche Volksversammlung in Bamberg folgende Forderungen an:

Wir verlangen unmittelbare Wahlen und jährliche Versammlung der Volksvertreter.

Wir verlangen ferner gleich dem Brudervolk in Baden:

Art. 1. vollkommene Pressefreiheit; das unveräußerliche Recht des menschlichen Geistes, seine Gedanken unverstümmelt mitzuteilen, darf uns nicht länger vorenthalten werden.

Art. 2. Wir verlangen Gewissens- und Lehrfreiheit. [...]

Art. 3. Ein Gesetz über Verantwortlichkeit der Minister.

Art. 4. Wir verlangen Beeidigung des Militärs auf die Verfassung. [...]

Art. 5. Aufhebung aller feudalen Lasten.

Art. 6. Wir verlangen persönliche Freiheit. [...] [D]as Recht des Volkes sich zu versammeln und zu reden [...] seien hinfüro ungestört.

Art. 7. Wir verlangen Vertretung des Volkes beim Deutschen Bunde. [...]

Art. 8. Wir verlangen eine volkstümliche Wehrverfassung. [...]

Art. 9. Wir verlangen eine gerechte Besteuerung. [...]

Art. 10. Wir verlangen, dass die Bildung durch Unterricht allen gleich zugänglich werde. [...]

Art. 11. Wir verlangen Ausgleichung des Missverhältnisses zwischen Arbeit und Kapital. [...]

Art. 12. Wir verlangen Gesetze, die freien Bürgern würdig sind, und deren Anwendung durch Geschworenengerichte. [...]

Art. 13. Wir verlangen eine volkstümliche Staatsverwaltung. [...]

Art. 14. Wir verlangen Abschaffung aller Vorrechte.

Zitiert nach: Stefan Kestler und Kai Uwe Tapken, Bamberg und die Revolution von 1848/49. Begleitband zur Ausstellung im Stadtarchiv Bamberg 1998, S. 27

M 3 „Königliche Proklamation“

Plakate und Zeitungen verbreiten folgende Erklärung des bayerischen Königs Ludwig I. vom 6. März 1848:

Ich habe mich entschlossen, die Stände Meines Reiches um Mich zu versammeln [...].

Die Wünsche Meines Volkes haben in Meinem Herzen jederzeit vollen Widerhall gefunden.

An die Stände des Reiches werden ungesäumt Gesetz-Vorlagen gelangen, unter anderem: über die verfassungsmäßige Verantwortlichkeit der Minister; über vollständige Pressfreiheit; über Verbesserung der Stände-Wahl-Ordnung; über Einführung der Öffentlichkeit und Mündlichkeit in die Rechtspflege mit Schwur-Gerichten [...]; über Verbesserung der Verhältnisse der Israeliten[1]. [...]

Ferner ordne Ich in diesem Augenblicke die schleunige Abfassung eines Polizei-Gesetz-Buches an, ebenso befehle Ich die unverzügliche Beeidigung Meines Heeres auf die Verfassung [...].

Ernst ist die Lage Deutschlands. Wie Ich für deutsche Sache denke und fühle, davon zeugt Mein ganzes Leben.

Deutschlands Einheit durch wirksame Maßnahmen zu stärken [...], wird Ziel Meines Strebens bleiben. [...] Bayerns König ist stolz darauf, ein deutscher Mann zu sein. Bayern! [...]

Alles für Mein Volk! Alles für Deutschland!

Zitiert nach: www.hdbg.eu/koenigreich/index.php/objekte/xzoom/herrscher_id/2/id/687 (Zugriff: 19.04.2019)

[1] **Israeliten**: Juden

INFO König Ludwig I. dankt ab

Auch in Bayern hatte es nach Missernten und hohen Lebensmittelpreisen seit Beginn des Jahres 1848 vielerorts Unruhen und Proteste gegeben. Dazu hatte das Ansehen von König *Ludwig I.* in der Bevölkerung wegen seiner Affäre mit der Tänzerin *Lola Montez* schweren Schaden genommen. In dieser Situation traf die Nachricht von der Februarevolution in Paris ein. Die Kundgebungen in München, Augsburg und Nürnberg brachen nicht mehr ab. Am 3. März 1848 unterschrieben tausende Bürger im Münchener Rathaus eine Petition mit ihren Forderungen.

Am 6. März gab der König ein Reformprogramm bekannt (*Märzproklamation*). Lola Montez musste das Land verlassen. „Mir macht das ganze Regieren keine Freude mehr", soll Ludwig I. bei Unterzeichnung des Ausweisungsdekrets gesagt haben. Am 19. März dankte er frustriert ab und übergab seinem Sohn die Regentschaft. *Maximilian II.* setzte erste Reformen um. Der Landtag bekam mehr Mitbestimmung, die Befreiung der Bauern und eine weitere Emanzipation der jüdischen Bevölkerung wurden durchgesetzt.[1] Gerichte und Strafrecht wurden reformiert, das Wahlrecht verbessert und Pressefreiheit garantiert.

Judith Bruniecki

M 4 „Heil unserem König Heil"

Das „Tag-Blatt der Stadt Bamberg" berichtet am 9. März 1848 aus Nürnberg:

Ich kann Ihnen den Jubel des gestrigen Tages nicht beschreiben, welcher der Ankunft der königlichen Proklamation folgte. Man rief sich die frohe Nachricht zu, drückte sich die Hände, viele umarmten sich. – Auf der Hauptwache wurde beim Beginn der Parade das „Heil unserem König Heil" von dem versammelten Volke dringend verlangt und [...] mit lautem Jubel und stürmischen Hoch auf [...] den König begrüßt. [...]
Ähnlicher Jubel wie in Nürnberg, gab sich allenthalben kund, vor allem aber in der Hauptstadt München selbst, in Augsburg, Erlangen und selbst in kleineren Orten wie Lauf.

Tag-Blatt der Stadt Bamberg, Nr. 69 vom 9. März 1848

M 5 „Gedenkblatt an die ewig denkwürdigen Tage in München am 4. und 6. März 1848"
Anonyme Lithografie (46,9 x 40,5 cm), 1848 (unten)
Untertitel: „6. März. Feierliche Beeidigung des gesammten Militärs zur Staats-Verfaßung auf dem Maximilians-Platze."

M 6 „Freiheit – Gesetz – Ordnung!"

Am 14. März 1848 veröffentlichen in Bamberg zwölf Bürger folgenden Aufruf:

Im Interesse der Volkssache, im Interesse der Volksfreiheit, deren Verwirklichung wir erstreben, wenden wir uns an alle Freunde des Volkes und des Vaterlandes mit der dringenden Bitte, von jeder Störung der öffentlichen Ordnung abzumahnen und jedem Versuch zu derartigen Freveln durch kräftiges Zusammenwirken nachdrücklich entgegenzutreten. Mitbürger! Nur mit den Waffen des Gesetzes erringt Ihr eine bessere Zukunft. Ausbrüche der rohen Gewalt sind die gefährlichsten Gegner der Freiheit, unserer eigenen, unserer gemeinschaftlichen Sache. Judenverfolgung, gewaltsame Angriffe auf Personen und Eigentum gehören einer barbarischen, längst versunkenen Zeit an [...].
Freiheit – Gesetz – Ordnung! sei, wie immer, unser Wahlspruch.

Zitiert nach einer Vorlage aus dem Stadtarchiv Bamberg.

[1] **Emanzipation der Juden**: rechtliche Gleichstellung der Juden; Aufhebung aller Einschränkungen der bürgerlichen und staatsbürgerlichen Rechte

Sind die „Märzereignisse" in Bayern eine Revolution?

1. *Vergleiche die „Bamberger Artikel" (M2) mit den Mannheimer Forderungen (S. 60, M4). Inwiefern waren sie „radikal"?*
2. *Vergleiche M2 mit der Erklärung Ludwigs I. (M3). Welche Forderungen wurden erfüllt, welche blieben unberücksichtigt? Berücksichtige auch den INFO-Text.*
3. *Arbeitet mithilfe von M4 und M6 die Reaktionen der Bevölkerung auf die Ereignisse heraus. Nehmt Stellung dazu.*
4. *Vergleiche die Szenen des Gedenkblattes (M1 und M5). Welche Haltung zu den Ereignissen wird hier gezeigt?*
5. *Diskutiert in der Klasse, ob die Ereignisse in Bayern als Revolution bezeichnet werden können.*

Der 18. März in Berlin

M 1 „Erinnerung an den Befreiungskampf in der verhängnisvollen Nacht vom 18.-19. März 1848“
Kolorierte Lithografie aus Berlin, nach 1848
Dargestellt ist der Barrikadenkampf in der Breiten Straße. Am 18./19. März waren in Berlin knapp tausend Barrikaden errichtet worden.

Medientipps:
Zur Märzrevolution in Berlin siehe **31063-21**.

Geschichte erzählt:
Einen Auszug aus dem Buch „1848. Die Geschichte von Jette und Frieder“ von Klaus Kordon siehe unter **31063-22**.

M 2 Ein Augenzeuge berichtet

Der preußische König Friedrich Wilhelm IV. reagiert auf die Märzunruhen: Er verspricht, die Zensur aufzuheben und den preußischen Landtag einzuberufen. Am 18. März versammeln sich die Bürger Berlins auf dem Schlosshof zu einer Danksagung. Doch die Situation eskaliert. Der 26-jährige Arzt Rudolf Virchow berichtet am 19. März 1848 in einem Brief an seinen Vater:

Alles sammelte sich vor dem Schloss, jubelte und rief, der König erschien und man schrie ihm Hurras zu. Die Bürger hatten nur noch einen Wunsch, dass das Militär zurückgezogen würde. Das war dem König zu viel. Er sagte dem General Möllendorf, er möchte ihm Ruhe verschaffen; der Prinz von Preußen gab den Befehl zum Angriff, und plötzlich wurde das nichtsahnende Volk von den Dragonern[1] mit Säbelhieben auseinandergetrieben. [...]

Von diesem Moment an begann die Revolution. Alles schrie Verrat und Rache. In wenigen Stunden war ganz Berlin unter Barrikaden[2], und wer Waffen bekommen konnte, rüstete sich. [...] Gegen 4 Uhr standen in Berlin etwa 25 000 Mann Militär unter den Waffen[3] [...]. Die Zahl der kämpfenden Bürger lässt sich nicht angeben. Der Kampf begann, ich weiß gar nicht mehr genau wann, es mag gegen 5 Uhr gewesen sein. Zum ersten Mal seit der Französischen Revolution des vorherigen Jahrhunderts, zum ersten Mal seit dem Beginn der deutschen Geschichte ist es vorgekommen, dass ein Landesfürst auf seine Untertanen mit Kanonen hat schießen lassen; das Kleingewehrfeuer genügte nicht – nein Kartäschen[4] und Granaten ließ er in das Volk schleudern [...].

Grausamkeiten vonseiten des Volkes sind nicht bekannt, während von den Soldaten die brutalsten Dinge gemacht worden sind.

Rudolf Virchow, Briefe an seine Eltern 1839 bis 1864, hrsg. von Marie Rabl, Leipzig ^{2}1907, S. 134 und 137

[1] **Dragoner**: berittene Soldaten
[2] **Barrikade** (aus dem Französischen „barrique: Fass): Schutzwall im Straßenkampf, der aus Gegenständen des Alltagslebens rasch zusammengestellt wird
[3] Andere Quellen nennen 12 500 Soldaten.
[4] **Kartäsche**: mit Bleikugeln gefülltes Geschoss

M 3 „Aufbahrung der Märzgefallenen“
Unvollendetes Ölgemälde (45 x 63 cm) von Adolph Menzel, 1848
Bei den Barrikadenkämpfen starben am 18./19. März 277 Zivilisten, darunter elf Frauen. Die Opfer kamen vor allem aus den Unterschichten. Sie wurden am 19. März im Schlosshof aufgebahrt. Dort folgte der König der Aufforderung der trauernden Menge, seine Kopfbedeckung vor den Leichen der Barrikadenkämpfer zu ziehen. Drei Tage später fand die von Menzel im Bild festgehaltene große Trauerfeier statt. Sie zeigt die auf den Stufen des Deutschen Domes am Gendarmenmarkt stehenden über 180 Särge der „Märzgefallenen“. Einem Freund schilderte Menzel seine Eindrücke wie folgt: „Das war ein traurig feierlicher Tag, dergleichen in Berlin zu erleben, man nicht gedacht hätte.“

M 4 „An Mein Volk …“
Der preußische König Friedrich Wilhelm IV. verkündet am 21. März 1848:

Mit Vertrauen spreche Ich heute, im Augenblicke, wo das Vaterland in höchster Gefahr schwebt, zu der Deutschen Nation, unter dessen edelste Stämme Mein Volk sich mit Stolz rechnen darf. Deutschland ist von innerer Gärung ergriffen und kann durch äußere Gefahr von mehr als einer Seite bedroht werden. Rettung aus dieser doppelten dringenden Gefahr kann nur aus der innigsten Vereinigung der deutschen Fürsten und Völker unter einer Leitung hervorgehen.
Ich übernehme heute diese Leitung für die Tage der Gefahr. Mein Volk, das die Gefahr nicht scheut, wird Mich nicht verlassen und Deutschland wird sich Mir mit Vertrauen anschließen. Ich habe heute die alten deutschen Farben angenommen und Mich und Mein Volk unter das ehrwürdige Banner des deutschen Reiches gestellt. Preußen geht fortan in Deutschland auf.

Zitiert nach: www.documentarchiv.de/nzjh/preussen/1848/friedrich-wilhelmIV-volk-dt-nation_prkla.html (Zugriff: 08. 02. 2019)

M 5 Ein neuer Straßenname in Berlin
Foto vom 19. Juni 2000
Angeregt durch die Bürgerinitiative „Aktion 18. März“ wurde der „Platz vor dem Brandenburger Tor“ in „Platz des 18. März“ umbenannt. Die „Aktion 18. März“ ist eine Bürgerinitiative, die sich dafür einsetzt, dass der 18. März zum nationalen Gedenktag ernannt wird.

Welche historische Bedeutung hat der 18. März 1848?

1. *Beschreibt mithilfe von M1 bis M3 die „Märzereignisse“ in Berlin.*
2. *Informiert euch in Partnerarbeit über die „Märzgefallenen“ (siehe Medientipp) und analysiert deren biografische Daten (Alter, Geschlecht, Herkunft und Beruf).*
3. *Erklärt die Zielsetzung der Proklamation König Friedrich Wilhelms IV. vom 21. März 1848 (M4). Stelle eine Hypothese auf, wie die Worte des Monarchen bei den verschiedenen Bevölkerungsgruppen (Arbeiter, Handwerker, Unternehmer, Bildungsbürger, Adel) aufgenommen wurden.*
4. *Informiert euch über die „Aktion 18. März“ (M5) und diskutiert in der Klasse sowohl den Straßennamen als auch die Frage, ob der 18. März zum nationalen Gedenktag erklärt werden sollte.*

Medientipp:
Informationen über die Märzgefallenen siehe unter **31063-23**.

21./22. 4. 1847: „Kartoffel-Revolution“ in Berlin
18./19. 3. 1848: Barrikadenkämpfe in Berlin
22. 3. 1848: Verfassungsversprechen des preußischen Königs
1845 1850

Die Nationalversammlung tagt

M1 „Verfassunggebende deutsche Nationalversammlung in der Paulskirche zu Frankfurt a. M."
Lithografie (29 x 40,5 cm) von C. A. Lill, 1848
Die Nationalversammlung sollte in der Stadt tagen, in der auch die Bundesversammlung des Deutschen Bundes tagte: Frankfurt am Main. Da kein Saal in der Stadt groß genug war, um die Abgeordneten aufzunehmen, wurde die protestantische Hauptkirche zum Tagungsort gewählt. Sie bot Platz für die über 500 Abgeordneten und etwa 2000 Zuhörerinnen und Zuhörer. Das Parlament tagte hier vom 18. Mai 1848 bis Anfang Juni 1849. Zum Bild: Hinter dem Präsidenten der Reichsadler (wie heute im Bundestag der Bundesadler). Darüber ein großes Transparent mit der Germania, dem Sinnbild Deutschlands (siehe auch S. 72, M1), das die Orgel verdeckt. *Nebenbei:* Schon am 9. März 1848 hatte die Bundesversammlung Schwarz-Rot-Gold zu den Farben des Deutschen Bundes erklärt.

INFO 1 Große Erwartungen

Während in Baden Truppen des **Deutschen Bundes** den Aufstand der Republikaner niederwarfen, fanden Ende April bis Anfang Mai 1848 in allen deutschen Bundesstaaten Wahlen zur Nationalversammlung statt. Wahlberechtigt waren etwa 80 Prozent der „selbstständigen" Männer über 20 Jahre. Gewählt wurde nach dem gleichen Stimmrecht. Die Wahlbeteiligung lag zwischen 40 Prozent in Sachsen und 80 Prozent in Württemberg. Am 18. Mai 1848 zogen dann fast 400 Abgeordnete unter Salutschüssen und Glockengeläut in die Frankfurter Paulskirche ein. Das öffentliche Interesse war groß. Das **Parlament** sollte in einer Verfassung* die Staatsform der Nation* ebenso festlegen wie die Grenzen des neuen Deutschen Reiches sowie die Grundrechte der Bevölkerung (Menschenrechte*). Darüber hinaus suchte es Lösungen für die drängenden sozialen und wirtschaftlichen Probleme.

Judith Bruniecki

M3 Fraktionen in der Nationalversammlung
Stand: Oktober 1848
An den Abstimmungen in der Nationalversammlung beteiligten sich in der Regel zwischen 400 und 540 Abgeordnete.
Nach: Wolfram Siemann, a. a. O., S. 130 (vereinfacht)

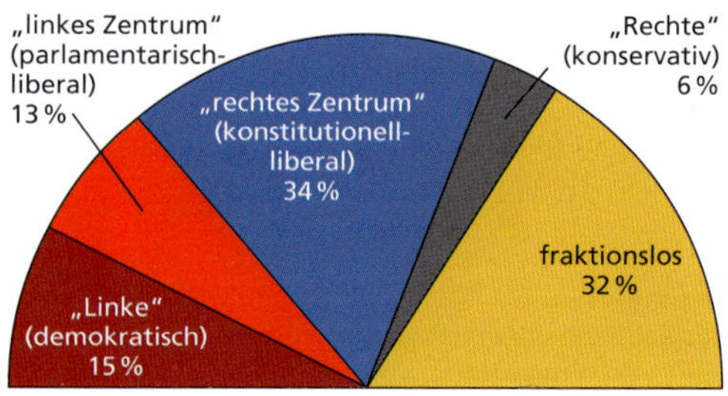

M2 Zusammensetzung des Parlaments
Das Parlament zählte für die Gesamtzeit seines Bestehens vom 18. Mai 1848 bis zum 18. Juni 1849 insgesamt 812 Mitglieder. Sie lassen sich folgenden Berufsgruppen zuordnen:

Staatsdiener (höhere Beamte, Richter, Bürgermeister, Offiziere, Hochschullehrer u. a.)	436
Geistliche	39
Freiberufliche Intelligenz (Rechtsanwälte, Ärzte, Schriftsteller, Journalisten)	149
Wirtschaftsbürgertum (Kaufleute, Fabrikanten u. a.)	56
Landwirte	46
Handwerker	4
Sonstige und nicht ermittelte Berufe	82

Nach: Wolfram Siemann, Die deutsche Revolution von 1848/49, Frankfurt am Main [5]1993, S. 126 (vereinfacht)

M 4 Welche Gebiete soll die Nation umfassen?
1848/49 wurden in der Frankfurter Nationalversammlung folgende Vorstellungen diskutiert: „kleindeutsche Lösung" (links), „großdeutsche Lösung" (Mitte) und „großösterreichische Lösung" (rechts).

INFO 2 Parteien entstehen

Um ihre Arbeit im **Parlament** vorzubereiten, trafen sich Abgeordnete mit ähnlichen politischen Zielen in Frankfurter Gasthöfen. Daraus entstanden Fraktionen (lat. *fractio*: Bruch), deren Mitglieder in der Nationalversammlung geschlossen abstimmten. Die Fraktionen suchten Unterstützung in ihren Wohn- oder Wahlorten, gründeten Zeitungen und verfassten Programme und Bittschriften (Petitionen). Aus diesen Aktivitäten gingen später die konservativen, liberalen, katholischen und sozialistischen Parteien hervor.

Klaus Dieter Hein-Mooren

INFO 3 Eine machtlose Regierung

Die Nationalversammlung bestimmte am 28. Juni 1848 eine provisorische Zentralgewalt (Regierung). Sie war aber machtlos, da sie über keine ausreichende Verwaltung verfügte und die Fürsten sich weigerten, den Oberbefehl über ihre Armeen an einen Reichskriegsminister abzutreten.

Im März 1848 hatte Dänemark das Herzogtum Schleswig, in dem Deutsche und Dänen lebten, in ihr Königreich eingegliedert. Dagegen ging die Bundesversammlung des **Deutschen Bundes** vor, ohne die Nationalversammlung in ihre Entscheidungen einzubeziehen. Preußische Truppen marschierten in Jütland ein. Auf Druck der europäischen Großmächte wurde Ende August in Malmö ein Waffenstillstand ausgehandelt. Wieder stellte man die Abgeordneten vor vollendete Tatsachen. In Frankfurt und anderen Städten führte der „nationale Verrat" zu Unruhen. Sie konnten nur mithilfe von preußischen und österreichischen Truppen niedergeschlagen werden.

Klaus Dieter Hein-Mooren

INFO 4 Welche Grenze soll die Nation haben?

Die Mehrheit der Abgeordneten wollte zunächst die Grenzen des **Deutschen Bundes** beibehalten. Dagegen richteten sich aber die Regierungen in Wien und Berlin. Wien dachte an eine großösterreichische Lösung: den Zusammenschluss der deutschen Einzelstaaten mit dem gesamten Vielvölkerreich, also einschließlich nichtdeutsche Völker. Für Berlin war dagegen eine „kleindeutsche Lösung" ohne Beteiligung Österreichs möglich. In der Paulskirche schloss man sich letztlich den preußischen Vorstellungen an, wobei die Möglichkeit offen gehalten wurde, später einen Bund mit Österreich zu schließen.

Klaus Dieter Hein-Mooren

Welche Aufgaben hat die Nationalversammlung zu lösen?

1. *Beschreibe den Tagungsort (M1). Berücksichtige die Fahnen und das Transparent, die Öffentlichkeit der Sitzungen und die Aufgaben des Parlaments* (INFO 1).*
2. *Untersuche die Zusammensetzung der Nationalversammlung (M2, M3). Ziehe daraus Rückschlüsse auf die zu erwartenden Entscheidungen. Berücksichtige dabei INFO 2.*
3. *Diskutiert, welche Argumente für und gegen die drei „Lösungen" für die künftigen Grenzen Deutschlands sprachen (INFO 4 und M4).*

31.3. – 3.4.1848: Beratungen des Vorparlaments
18.3.1848: Eröffnung der Nationalversammlung
28.6.1848: Einführung einer provisorischen Zentralgewalt
1845 | 1850

M5 Aus den Grundrechten von 1848

Am 27. Dezember 1848 treten die Grundrechte (Menschenrechte) in Kraft. Entgegen den Forderungen der „Linken" enthalten sie keine sozialen Rechte wie das Recht auf Arbeit.

§ 130 Dem deutschen Volke sollen die nachstehenden Grundrechte gewährleistet sein. [...]

§ 137 Vor dem Gesetze gilt kein Unterschied der Stände. Der Adel als Stand ist aufgehoben. Alle Standesvorrechte sind abgeschafft. Die Deutschen sind vor dem Gesetze gleich. [...]

§ 138 Die Freiheit der Person ist unverletzlich. [...]

§ 139 Die Todesstrafe [...] sowie die Strafen des Prangers, der Brandmarkung und der körperlichen Züchtigung sind abgeschafft. [...]

§ 142 Das Briefgeheimnis ist gewährleistet. [...]

§ 143 Jeder Deutsche hat das Recht, durch Wort, Schrift, Druck und bildliche Darstellung seine Meinung frei zu äußern. Die Pressefreiheit darf unter keinen Umständen [...] aufgehoben werden.

§ 144 Jeder Deutsche hat volle Glaubens- und Gewissensfreiheit. [...]

§ 152 Die Wissenschaft und ihre Lehre sind frei. [...]

§ 161 Die Deutschen haben das Recht, sich friedlich und ohne Waffen zu versammeln [...]. [...]

§ 164 Das Eigentum ist unverletzlich.

Zitiert nach: www.verfassungen.de/de06-66/verfassung48-i.htm (Zugriff: 10.09.2019)

Medientipp:
Den vollständigen Verfassungstext findest du unter **31063-24**.

M6 Die Reichsverfassung der Paulskirche

Die Verfassung wurde am 27. März 1849 vom Parlament verabschiedet, einen Tag später verkündet und am 28. April 1849 im Reichsgesetzblatt veröffentlicht.
Der Herrschertitel Kaiser hat seit Napoleon mit dem Kaisertum der Antike und dem Mittelalter nichts mehr zu tun. Weder eine Wahl durch Kurfürsten noch eine Krönung bzw. Salbung durch den Papst waren vorgesehen.

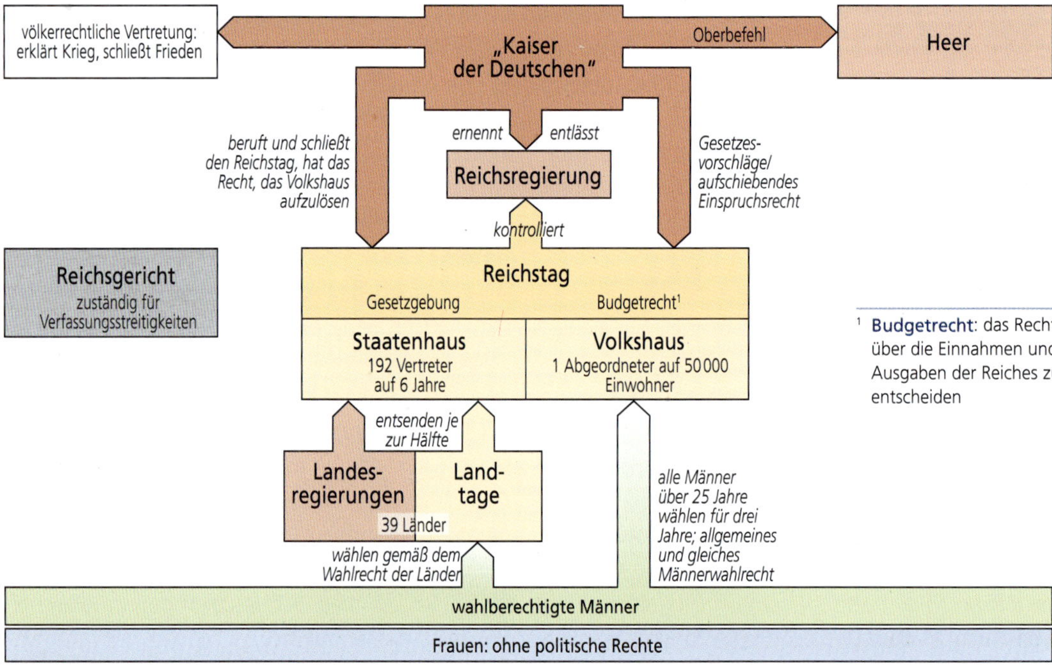

[1] **Budgetrecht**: das Recht, über die Einnahmen und Ausgaben der Reiches zu entscheiden

INFO 5 Die Reichsverfassung

Im Oktober 1848 begannen die Beratungen der Reichsverfassung. Am 27. Dezember wurden die Grundrechte (Menschenrechte*) vorab in Kraft gesetzt. Sie wurden Teil der am 27. März 1849 vom **Parlament** verabschiedeten Reichsverfassung. Das vereinte Deutschland sollte eine konstitutionelle Monarchie* sein. Ein erblicher „Kaiser der Deutschen" sollte an der Spitze eines föderativen Einheitsstaates stehen.

Klaus Dieter Hein-Mooren

4. *Vergleicht in Partnerarbeit die in M5 genannten Grundrechte mit den Artikeln 2, 3, 4, 5, 8, 10 und 14 unseres Grundgesetzes.*
5. *Beurteile die Mitbestimmungsrechte des Volkes in der konstitutionellen Monarchie* (M6 und INFO 5).* (H)
6. *Diskutiert in der Klasse, welche Ziele der Revolution erreicht wurden. Welche Erwartungen wurden enttäuscht?* (F)

Frauen in der 48er-Revolution*

M1 „Erste Sitzung des Dienstmädchenvereins zu Leipzig im April 1848“

Lithografie (27,2 x 34,6 cm) von 1848

An dem Pult steht Louise Auguste Schrödter, die Präsidentin des Dienstmädchenvereins. Zu den auf der Versammlung gestellten Forderungen zählten: Erhöhung des Lohnes, keine Schlafstätte „fünf Treppen hoch unterm Dach“, mindestens freitags und sonnabends „eine kräftige Suppe“, sich um 22:00 Uhr „zu Bette legen zu dürfen“ und alle vier Wochen einmal Ausgeherlaubnis.

INFO Frauen machen mit

Auch wenn sie nicht wählen durften bzw. gewählt werden konnten: Zahlreiche Frauen verfolgten die Sitzungen in den Landesparlamenten und in der Nationalversammlung von den Zuschauertribünen aus. Sie gründeten Vereine und Zeitschriften, forderten Rechte für ihr Geschlecht, verfassten Bittschriften (Petitionen) und wurden so zu einem aktiven Bestandteil der politischen Öffentlichkeit. Es gab auch Frauen wie *Amalie Struve*, die an der Seite ihrer Männer für die Republik* kämpften.

Judith Bruniecki

M2 „Die Frauen und ihre Beziehung zur Politik“

Am 4. Oktober 1848 erscheint in der „Fürstlich Reuß-Geraischen Zeitung“ folgender Artikel. Der Autor ist anonym, vermutlich ist es Adolph Hofmeister, der Verleger der Zeitung.

Die Welt der Frau ist das Haus. Da soll sie wirken und walten; das öffentliche Leben gehört dem Manne an. Die Emanzipation der Frauen bezieht sich daher [...] nur auf ihre Selbstständigkeit in rechtlicher persönlicher Beziehung, nicht auf ihre Teilnahme an den Staatsangelegenheiten; diese sollen sie den Männern überlassen. Wohl können aber die Frauen auch mittelbar auf die Wohlfahrt des Staates einwirken, aber immer nur im Kreise ihrer vorgeschriebenen Pflichten, wenn sie ihre Bestimmung erfüllen als Gattinnen und Mütter.

Zitiert nach: Stefan Gerber (Hrsg.), Quellen zur Geschichte Thüringens. Revolution von 1848/49, Erfurt 2000, S. 202 f.

M3 „Wohl auf denn, Schwestern, vereinigt Euch mit mir“

Louise Otto gründet 1849 in Meißen die erste deutsche „Frauen-Zeitung“. Drei Jahre später muss die Zeitung ihr Erscheinen einstellen. Frauen wurde verboten, als Redakteurinnen tätig zu sein. In der ersten Ausgabe vom 21. April 1849 schreibt Louise Otto:

Die Geschichte aller Zeiten, und die heutige ganz besonders, lehrt: dass diejenigen auch vergessen wurden, welche an sich selbst zu denken vergaßen! – Das schrieb ich im Mai des Jahres 1848 hinaus in die Welt, als ich zunächst meine Worte an die Männer richtete, die sich in Sachsen mit der Frage der Arbeit beschäftigten – ich mahnte sie damit an die armen Arbeiterinnen, indem ich für meine Schwestern das Wort ergriff, auf dass sie nicht vergessen wurden! [...]

Wohlauf denn, meine Schwestern, vereinigt Euch mit mir, damit wir nicht zurückbleiben, wo alle und alles um uns und neben uns vorwärtsdrängt und kämpft. Wir wollen auch unser Teil fordern und verdienen an der großen Welterlösung, welche der ganzen Menschheit, deren eine Hälfte wir sind, endlich werden muss. Wir wollen unser Teil fordern: das Recht, das Rein-Menschliche in uns in freier Entwicklung aller unserer Kräfte auszubilden, und das Recht der Mündigkeit und Selbstständigkeit im Staat.

Zitiert nach: Renate Möhrmann (Hrsg.), Frauenemanzipation im deutschen Vormärz, Stuttgart 1978, S. 203 f.

Inwiefern werden Frauen 1848/49 politisch aktiv?*

1. *Beschreibe M1. Inwiefern belegt das Bild eine Politisierung der Frauen (INFO)?*
2. *Vergleicht die Positionen der Zeitungsartikel (M2 und M3). Inszeniert dazu ein Streitgespräch.* (H)
3. *Beurteile die damaligen politischen Möglichkeiten von Frauen. Nimm Stellung dazu.* (F)

** Das Kapitel ist nicht verbindlich.*

Das bittere Ende

M1 Erschießung Robert Blums am 9. November 1848 auf der Brigittenau bei Wien
Ölgemälde (30 x 43,5 cm) von Carl Constantin Heinrich Steffeck, 1848/49

Blum war einer der führenden Köpfe der Nationalversammlung. Er leitete die „Demokratische Linke" und setzte sich für die Einführung der Republik ein. Im Oktober 1848 reiste Blum mit weiteren Abgeordneten nach Wien, um die Aufständischen zu unterstützen. Obwohl er als Abgeordneter strafrechtlich gar nicht verfolgt werden durfte, wurde er von einem Sondergericht am 8. November 1848 zum Tode verurteilt und einen Tag später hingerichtet.

Lesetipp:
Harald Parigger, 1848 – Robert Blum und die Revolution der vergessenen Demokraten, Würzburg 2011

M2 In Wien entscheidet sich das Schicksal

Am 20. Oktober 1849 schreibt Robert Blum (siehe M1) seiner Frau Jenny:

Besonders die Arbeiter sind bewunderungswert; für die Bourgeoisie[1], die ihnen nie etwas gab oder gönnte, stehen sie bereit, in den Tod zu gehen. Nein, es ist doch für etwas Höheres, denn in Wien entscheidet sich das Schicksal Deutschlands, vielleicht Europas. Siegt die Revolution hier, so beginnt sie von Neuem ihren Kreislauf; erliegt sie, dann ist wenigstens für eine Zeitlang Kirchhofsruhe in Deutschland.

Zitiert nach: Hans Jessen (Hrsg.), Die Deutsche Revolution 1848/49 in Augenzeugenberichten, Düsseldorf 1968, S. 244

[1] **Bourgeoisie**: wohlhabendes Bürgertum, Unternehmer, Fabrikbesitzer, Bankiers, Kaufleute etc.

INFO 1 Rückkehr der alten Mächte

Während die Abgeordneten in Frankfurt debattierten, gewannen die alten Mächte ihren Einfluss zurück. Ende Oktober 1848 ging das Militär in Wien gegen aufständische Bürger, Studenten und Arbeiter vor, die den Freiheitskampf der Ungarn unterstützten. Zum Entsetzen der Liberalen und Demokraten wurden am 9. November 1848 *Robert Blum* und weitere 22 Männer hingerichtet, weil sie sich am Aufstand beteiligt hatten. Auch der preußische König hatte seine Haltung geändert. Er löste am 5. Dezember 1848 in Berlin die Volksvertretung auf und erließ für Preußen ohne Zustimmung der Abgeordneten eine Verfassung*. Drei Monate später folgte der österreichische Kaiser dem preußischen Beispiel. Trotzdem wählte die Frankfurter Nationalversammlung mit der Verkündung der Verfassung am 28. März 1849 den preußischen König zum Reichsoberhaupt. Daraufhin reisten im April 32 Mitglieder des **Parlaments** nach Berlin, um *Friedrich Wilhelm IV.* aus dem Hause der Hohenzollern die erbliche Kaiserkrone anzubieten.

Judith Bruniecki

M3 „Aber, Meine Herren ..."

Auf das Angebot der Kaiserkrone antwortet der preußische König Friedrich Wilhelm IV. am 3. April 1849:

In dem Beschluss der deutschen Nationalversammlung, welchen Sie, Meine Herren, Mir überbringen, erkenne Ich die Stimme der Vertreter des deutschen Volkes. Dieser Ruf gibt Mir ein Anrecht, dessen Wert Ich zu schätzen weiß [...]. Aber, Meine Herren, Ich würde Ihr Vertrauen nicht rechtfertigen, Ich würde dem Sinne des deutschen Volkes nicht entsprechen, Ich würde Deutschlands Einheit nicht aufrichten, wollte Ich [...] ohne das freie Einverständnis der gekrönten Häupter, der Fürsten und freien Städte Deutschlands eine Entschließung fassen, welche für sie und für die von ihnen regierten deutschen Stämme die entschiedensten Folgen haben muss.

Zitiert nach: Ernst Rudolf Huber (Hrsg.), Dokumente zur deutschen Verfassungsgeschichte, Bd. 1, Stuttgart [3]1988, S. 402 f.

M4 „Zum Abschied die Wahrheit"

Nach dem Empfang der Deputation schreibt der preußische König dem preußischen Gesandten in London, Freiherr von Bunsen, in einem vertraulichen Brief:

Des Bescheides Sinn ist: Ich kann Euch weder ja, noch nein antworten. Man nimmt nur an und schlägt nur aus eine Sache, die geboten werden kann, – und Ihr da habt gar nichts zu bieten: Das mach' ich mit meines Gleichen ab; jedoch zum Abschied die Wahrheit: Gegen Demokraten helfen nur Soldaten.

Zitiert nach: Wolfram Siemann, Die deutsche Revolution von 1848/49, Frankfurt am Main [5]1993, S. 203

INFO 2 Für die Reichsverfasung

Friedrich Wilhelm IV., der im März 1848 versprochen hatte, dass Preußen in Deutschland aufgehen solle, lehnte die Kaiserkrone im April 1849 ab. Er verachtete nicht nur die gewählten Volksvertreter, sondern konnte sich auch nicht sicher sein, dass die Großmächte England, Frankreich und Russland das neue Deutsche Reich akzeptieren würden, da es ja das europäische Mächtegleichgewicht verändern würde.

Unabhängig davon bemühte sich die Nationalversammlung in den deutschen Staaten weiter um die Anerkennung der Reichsverfassung. 28 von 39 einzelstaatliche Regierungen erkannten die Verfassung am 14. April 1849 bedingungslos an. Preußen, Österreich und Bayern waren neben Hannover, Sachsen und Württemberg nicht dabei. Dort brachen erneut Unruhen aus. Dazu entstand eine von allen Volksschichten unterstützte „Reichsverfassungskampagne". Mit Volksversammlungen, Petitionen oder Steuerverweigerung wollte man die Durchsetzung der Verfassung erzwingen. Aufstände in Sachsen, im Rheinland, in der Rheinpfalz und in Franken wurden mit preußischen Truppen niedergeworfen.

Die Nationalversammlung zeigte sich in dieser schweren Krise machtlos und innerlich gespalten. Viele Fürsten schränkten die Presse- und Versammlungsfreiheit wieder ein, lösten ihre Länderparlamente auf und riefen die Abgeordneten der Nationalversammlung aus Frankfurt zurück. Das nun von der „demokratischen Linken" dominierte „Rumpfparlament" musste vor preußischen Truppen nach Stuttgart ausweichen. Dort wurde es am 18. Juni 1849 vom württembergischen Militär endgültig aufgelöst. Letzten Widerstand leisteten Aufständische in Baden, die eine demokratische und soziale Republik* errichten wollten. Am 23. Juli 1849 kapitulierten sie in der Festung Rastatt. Rund 10000 Menschen wurden verhaftet. Ein brutales Strafgericht unter preußischer Führung folgte. Zahllose Aufständische flohen daraufhin ins Ausland.[1]

Judith Bruniecki

[1] Etwa 6000 politische Flüchtlinge sollen nach 1849 in die Vereinigten Staaten ausgewandert sein.

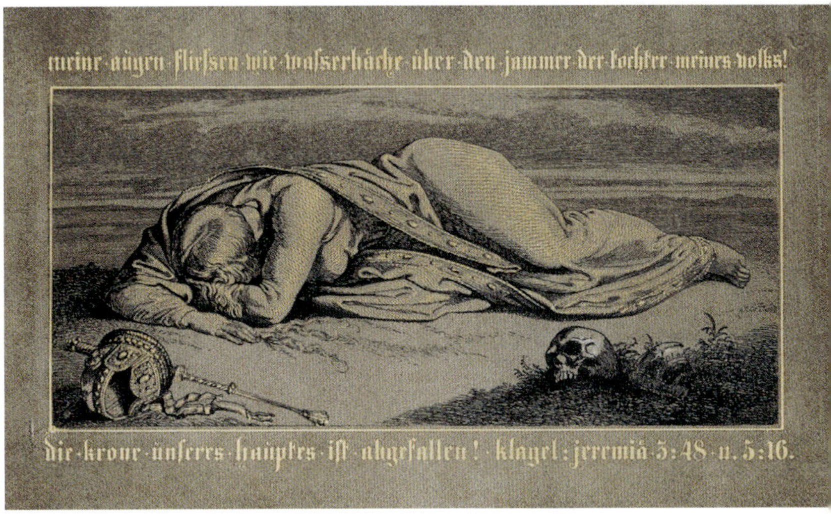

M 5 „Germania 1850"
Radierung (16,8 x 8,6 cm) von Julius Hübner, 1850 (Ausschnitt)
Der Text oberhalb und unterhalb des Bildes lautet: „Meine Augen fließen wie Wasserbäche über den Jammer der Tochter meines Volks! Die Krone unseres Hauptes ist abgefallen!" Das Zitat stammt aus den Klageliedern des Jeremia, die im Alten Testament der Bibel stehen.

INFO 3 Trotz alledem

Das Ziel der **Revolution von 1848/49 in Deutschland** war die Gründung eines Nationalstaates auf der Basis einer liberalen Verfassung. Dieser Vorsatz war gescheitert. Trotz alledem hatte sich einiges geändert. Nach der umfassenden Politisierung der Männer und Frauen war eine vollständige Rückkehr zu den alten Verhältnissen nicht mehr möglich. Und einige soziale Reformen (z. B. für die Bauern) blieben ebenso bestehen wie der Grundsatz, nicht mehr ohne eine Verfassung regieren zu können.

Klaus Dieter Hein-Mooren

Wie sind die Errungenschaften der Revolution von 1848/49 zu beurteilen? Ist sie gescheitert?*

1. *Analysiere das Gemälde (M1). Inwiefern steht es für das Ende der Revolution? Berücksichtige dazu M2 und INFO 1.*
2. *Arbeitet in Gruppenarbeit die Gründe für die Ablehnung der Kaiserkrone heraus und bewertet diese (M3 und M4).*
3. *Nenne die Staatsform, für die sich die Bevölkerung in der „Reichsverfassungskampagne" einsetzte (INFO 2).* (H)
4. *Analysiere und interpretiere M5. Vergleiche dazu die Darstellung der „Germania" auf dem Transparent (S. 66, M1, und S. 72, M1).*
5. *Fasse die Ursachen des Scheiterns der Revolution zusammen (INFO 1 und 2). Nimm Stellung, ob das Scheitern unabwendbar war.*
6. *Verfasse eine Rede, in der du auf Errungenschaften und Folgen der Revolution eingehst. Nimm Stellung dazu, ob sie umsonst gewesen ist (INFO 3).*

28. 3. 1849: Wahl Friedrich Wilhelms IV. zum Kaiser der Deutschen
14. 4. 1849: 28 von 39 deutschen Staaten erkennen die Reichsverfassung und die Kaiserwahl an
18. 6. 1849: Auflösung des „Rumpfparlaments"
April bis Juli 1849: „Reichsverfassungskampagne" und Aufstände

1840 | 1850

Das weiß ich! – Geläerntes sichern

M1 „Germania“
Malerei auf Baumwollgewebe (482 x 320 cm) von Philipp Veit (?), 1848
Der Maler hat die „Germania“ wie eine Freiheitsstatue gemalt. Ein Doppeladler ziert ihr Gewand. Auf dem Kopf trägt sie einen Siegeskranz aus Eichenlaub. In der rechten Hand hält sie das Reichsschwert und in der linken die schwarz-rot-goldene Fahne. Das Transparent hing in der Frankfurter Paulskirche (siehe S. 66, M1) und befindet sich heute im Germanischen Nationalmuseum in Nürnberg.

Auf einen Blick: Deutschland zwischen Restauration und Revolution

Was ist Deutschland? Diese Frage stellten sich in der ersten Hälfte des 19. Jhs. viele. Deutschland war Anfang des 19. Jh. noch kein Nationalstaat. Es war in viele kleine und mittlere Staaten unterteilt. Mit den „Befreiungskriegen“ gegen Napoleon* entstand der Wunsch nach einem politischen Neuanfang, nach einer politischen Einheit aller Deutschen.

Auf dem Wiener Kongress* 1815 stellten die Monarchen und Fürsten aber klar heraus, dass sie die unter Napoleon entstandene Ordnung beibehalten wollten. Um einen dauerhaften Frieden in Europa zu gewähren, sollte für die Zukunft ein Gleichgewicht der Mächte geschaffen werden. Statt eines deutschen Nationalstaates wurde der **Deutsche Bund** als loser Staatenbund gegründet.

Die Fürsten des Deutschen Bundes solidarisierten sich gegen den **Liberalismus** und **Nationalismus**. Diese neuen politischen Vorstellungen hatten die Französische Revolution* sowie der Abwehrkampf gegen die napoleonische Fremdherrschaft geprägt. Vertreten wurden sie vor allem von Studenten und Teilen des Bürgertums*. Neben der Forderung nach einer deutschen Nation* ging es ihnen um politische Mitsprache und die Gewährung von Grundrechten (Menschenrechten*) wie der Meinungs- und Pressefreiheit.

Die Fürsten ließen die Anhänger der nationalen und liberalen Bewegung verfolgen. Universitäten wurden überwacht, Verdächtige inhaftiert und die Presse wurde zensiert. Mancher Bürger zog sich aus dem politischen Leben zurück. Aber immer wieder schafften es kritische Schriftsteller und Journalisten, ihren Unmut über die nationalen, sozialen und politischen Verhältnisse zu veröffentlichen. Höhepunkt der nationalen und demokratischen Freiheitsbewegung wurde dann **1832** das **Hambacher Fest**.

Zunehmende soziale und wirtschaftliche Probleme verschärften die politische Stimmung, nicht nur im Deutschen Bund, sondern in ganz Europa. Beeinflusst von einer erneuten Revolution in Frankreich begann im März die **Revolution in Deutschland von 1848/49**. Sie hatte das Ziel, einen Nationalstaat auf der Basis einer liberalen Verfassung* zu begründen. Soziale Aufstände sowohl auf dem Land als auch in den Städten sowie Volksversammlungen und Straßenkämpfe bildeten den Anfang. Aus allen gesellschaftlichen Schichten wurden nationale, politische und soziale Änderungen gefordert. Überrascht gaben die Fürsten den „Märzforderungen“ nach, um ihre Macht nicht zu verlieren. Überall wurde die Zensur aufgehoben, wurden neue Regierungen berufen und Reformen eingeleitet. Darüber hinaus durften in allen Staaten des Deutschen Bundes alle selbstständigen volljährigen Männer zum ersten Mal in freien und gleichen Wahlen Abgeordnete für die Nationalversammlung wählen. Am 18. Mai 1848 begann das **Parlament** in der Frankfurter Paulskirche seine Arbeit. Eine einheitliche Vorstellung, wie eine künftige deutsche Nation aussehen sollte, gab es nicht: Mit oder ohne Österreich, mit einem Kaiser an der Spitze oder als Republik*? Schließlich wurden die Grundrechte erarbeitet und eine „kleindeutsche“ Reichsverfassung verabschiedet. Als der preußische König die ihm angebotene Kaiserkrone ablehnte und mit ihm noch weitere Fürsten die Annahme der Reichsverfassung verweigerten, kam es zu einer breiten Protestbewegung: der „Reichsverfassungskampagne“. Die Nationalversammlung erwies sich als machtlos und die von Republikanern geführten Aufstände wurden militärisch niedergeschlagen. Auch wenn die Revolution an ihren Zielen scheiterte, sie hatte einen tief greifenden politischen Wandel zur Folge.

Judith Bruniecki

1789: Beginn der Französischen Revolution
1806: Ende des Heiligen Römischen Reiches Deutscher Nation
1750
1800
1815: Wiener Kongress

M 2 „Der Denker-Club. Auch eine neue deutsche Gesellschaft“
Anonyme Radierung (24,5 x 38,0 cm), um 1820
Der Titel spielt auf die damals verbreitete Klub- und Vereinskultur an. Auf dem linken Schild steht: „Wichtige Frage welche in heutiger Sitzung bedacht wird: Wie lange mochte uns das Denken wohl noch erlaubt bleiben? [...]“ Auf dem rechten Schild steht: „I. Der Präsident eröffnet präcise 8 Uhr die Sitzung. II. Schweigen ist das erste Gesetz dieser gelehrten Gesellschaft. III. Auf dass kein Mitglied in Versuchung geraten möge, seiner Zunge freien Lauf zu lassen, so werden beim Eintritt Maulkörbe ausgeteilt. [...]“

2493. Steckbrief.
Der hierunter signalisirte Georg Büchner, Student der Medizin aus Darmstadt, hat sich der gerichtlichen Untersuchun· seiner indicirten Theilnahme an staatsverrätherischen Handlungen durch die Entfernung aus dem Vaterlande entzogen. Man ersucht deßhalb die öffentlichen Behörden des In- und Auslandes, denselben im Betretungsfalle festnehmen und wohlverwahrt an die unterzeichnete Stelle abliefern zu lassen.
Darmstadt, den 13. Juni 1835.
Der von Großh. Hess. Hofgericht der Provinz Oberhessen bestellte Untersuchungs-Richter, Hofgerichtsrath
Georgi.

Personal-Beschreibung.
Alter: 21 Jahre,
Größe: 6 Schuh, 9 Zoll neuen Hessischen Maases,
Haare: blond,
Stirne: sehr gewölbt,
Augenbraunen: blond,
Augen: grau,
Nase: stark,
Mund: klein,
Bart: blond,
Kinn: rund,
Angesicht: oval,
Gesichtsfarbe: frisch,
Statur: kräftig, schlank,
Besondere Kennzeichen: Kurzsichtigkeit.

M 3 Büchners „Steckbrief“
Großherzoglich-Hessische Zeitung Nr. 167 vom 18. Juni 1835

M 4 Kokarde
Solche Abzeichen (Ø 4 cm) trugen 1832 Besucher des Hambacher Festes. Die „Zehn Artikel“ vom 5. Juli 1832 (siehe S. 56, M2) verboten auch das „öffentliche Tragen von Abzeichen in Bändern, Kokarden oder dergleichen“ (*Art. 4*).

1815: Wiener Kongress	Parlament
1848/49: Revolution in Deutschland	
Liberalismus	1832: Hambacher Fest
Deutscher Bund	Nationalismus

M 5 Grundlegende Daten und Begriffe

1. *Analysiere das Transparent (M1) und erkläre dessen Botschaft.*
2. *Ordne die Karikatur (M2) in den historischen Kontext ein und erläutere die Aussage. Was passiert mit einer Gesellschaft, in der die Meinungsfreiheit nicht gegeben ist?*
3. *Fasse zusammen, welche staatlichen Maßnahmen ergriffen wurden, um Flugschriften zu unterdrücken. Berücksichtige M3.*
4. *Nimm Stellung zum Verbot des Tragens der Kokarde (M4). War dies eine Einschränkung der Meinungsfreiheit?*
5. *Erstelle mit den in M5 genannten Daten und Begriffen ein Tafelbild zum Thema „Einigkeit und Freiheit! Deutschland zwischen Restauration und Revolution.“ Berücksichtige die Definitionen der Begriffe.*

1832: Hambacher Fest
1848/49: Revolution in Deutschland
1850 — 1900

Das kann ich! – Gelerntes anwenden

M 1 „Deutschlands Wiedergeburt“
Nachbildung (Replik) der Fahne (145 x 168 cm) von 1832
Auf dem Hambacher Fest wurden die Farben Schwarz-Rot-Gold wahrscheinlich erstmals als Trikolore (dreifarbige Flagge) zusammengestellt. Die Reihenfolge der Farben war noch nicht festgelegt (siehe S. 55, M2).

Medientipp:
Zur Geschichte des Liedes „Die Gedanken sind frei“ siehe **31063-25**.

M 2 Patriot oder Nationalist?

Am 23. Mai 1999, dem 50. Jahrestag der Verkündung des Grundgesetzes, sagt der damalige Bundpräsident Johannes Rau:

Ich will nie ein Nationalist sein, aber ein Patriot wohl. Ein Patriot ist jemand, der sein Vaterland liebt, ein Nationalist ist jemand, der die Vaterländer der anderen verachtet. Wir aber wollen ein Volk der guten Nachbarn sein, in Europa und in der Welt.

Zitiert nach: www.bundespraesident.de/SharedDocs/Zitate/DE/Johannes-Rau/1999/05/19990523_Zitat3.html (Zugriff: 29. 01. 2019)

M 3 Bundeswehr-Gelöbnis am Hambacher Schloss
Foto vom 23. Mai 2019

M 4 „Die Gedanken sind frei“

Hoffmann von Fallersleben (siehe S. 59) veröffentlicht das Lied 1842 in seiner Sammlung „Schlesische Volkslieder“. Das Thema ist alt und der Dichter unbekannt. Eine Fassung des Textes wurde um 1780 zum ersten Mal auf einem Flugblatt gedruckt und verbreitet. Die Melodie kam erst ein halbes Jahrhundert später dazu, auch hier blieb der Komponist unbekannt. Das Lied hat fünf Strophen, hier die erste und die vierte Strophe:

Die Gedanken sind frei,
wer kann sie erraten,
sie fliehen[1] vorbei,
wie nächtliche Schatten.
Kein Mensch kann sie wissen,
kein Jäger erschießen.
Es bleibet dabei:
Die Gedanken sind frei.
[...]
Und sperrt man mich ein
im finsteren Kerker,
das alles sind rein
vergebliche Werke;
denn meine Gedanken
zerreißen die Schranken
und Mauern entzwei:
Die Gedanken sind frei.
[...]

Zitiert nach: www.lieder-archiv.de/die_gedanken_sind_frei-notenblatt_300470.html (Zugriff: 12. 08. 2019)

[1] **fliehen** = fliegen

1789: Beginn der Französischen Revolution
1806: Ende des Heiligen Römischen Reiches Deutscher Nation
1750
1800
1815: Wiener Kongress

M5 Weder Blut noch Tränen sind vergeblich vergossen

Der Berliner Schriftsteller Adolf Streckfuß schließt sich während der Revolution dem „Verein für Volksrechte" an und wird dessen Vorsitzender. In seinem Roman „Die Demokraten" von 1850 verteidigt er seine politischen Grundüberzeugungen. Die preußische Zensur untersagt ihm die Veröffentlichung. In folgender Romanszene kommt es zu einem Gespräch, in dem Hugo seinem alten Freund, Major von Arnow, sagt:

Sie irren, Freund, weder Blut noch Tränen sind vergeblich vergossen, denn sie haben den Keim gelegt zur Freiheit in das Gemüt des Volkes. Und wenn auch jetzt die Demokratie durch falsche Maßregeln, durch Unerfahrenheit und Leichtsinn sich selbst für den Augenblick ruiniert, so ist der göttliche Funke in den Lehren der Demokratie doch bei Weitem zu mächtig, als dass er durch einige unsinnige Unternehmungen der Führer ausgelöscht werden könnte. Freilich beschwört man den Absolutismus wieder herauf am politischen Horizont, freilich arbeitet man, ohne es zu wollen, der Reaktion[1] in die Hände und gibt ihr die Macht, sich täglich zu verstärken, sich immer kühner wieder zu erheben. Aber es tut das nichts, unsere Demokratie ist noch nicht reif zur Herrschaft, sie muss erst wieder ein Stadium der Unterdrückung durchmachen, sie muss erst die Schlacken von sich abstreifen, den Schmutz, der ihr im gegenwärtigen Augenblick noch anklebt. Andere Männer als die, welche jetzt das große Wort in den Klubs führen […], müssen das Volk leiten und die Demokratie vertreten, ehe sie segenreich zu wirken vermag. – Ob auch Jahre darüber vergehen, Verehrtester, es ist ja gleichgültig – was sind denn Jahre in der Weltgeschichte?

Adolf Streckfuß, Die Demokraten. Politischer Roman aus dem Sommer 1848, Berlin 1850, S. 252 (vereinfacht)

[1] **Reaktion**: hier demokratiefeindlich

M6 1848 - eine „Wendemarke"

Anlässlich der Veranstaltung „150 Jahre Revolution von 1848/49" sagt der damalige Bundespräsident Roman Herzog in der Paulskirche zu Frankfurt am Main am 18. Mai 1998:

1848 begann in Deutschland eine neue Zeit. Auch wenn es danach schwere Rückschläge gab: Was hier begann, war auf die Dauer nicht mehr rückgängig zu machen. Das Jahr 1848 war nicht nur der bleibende Anfang der deutschen Demokratiegeschichte – es war auch eine entscheidende Wendemarke auf dem Weg zum modernen, demokratischen Europa. […]

Damals sind die Prinzipien formuliert worden, die noch heute die Grundlagen unserer staatlichen Existenz ausmachen: Das Bekenntnis zu Menschenrechten und Demokratie und der gemeinsame Wille, die verschiedenen Regionen und Strömungen in unserem Land zu einem freien Gemeinwesen zu vereinigen. […]

Die Paulskirchen-Verfassung war nicht nur eines der fortschrittlichsten Verfassungsdokumente ihrer Zeit. Sie wurde auch zur Urahnin aller nachfolgenden deutschen Verfassungen.

Zitiert nach: www.bundespraesident.de/SharedDocs/Reden/DE/Roman-Herzog/Reden/1998/05/19980518_Rede.html;jsessionid=F9CA5D26CCECB71CDBFFC3ACBD06C05E.2_cid371 (Zugriff: 12.08.2019)

1. *Erläutere, warum die Inschrift „Deutschlands Wiedergeburt" sowohl auf die Vergangenheit als auch auf die Zukunft verweisen konnte (M1).*
2. *Erkläre mit eigenen Worten den Unterschied zwischen „Patriot" und „Nationalist" (M2).*
3. *Vergleiche das Auftaktbild des Kapitels (S. 42-43, M1) mit M3 und verfasse eine mögliche Begründung dafür, weshalb an dem Ort heute öffentlich gefeiert wird.* (F)
4. *Begründe, warum es vor und nach der Revolution von 1848/49 genügend Gründe gab, das Lied zu singen (M4).*
5. *Arbeite die Haltung von Adolf Streckfuß heraus (M5). Waren die Errungenschaften der Revolution von 1848 umsonst? Nimm Stellung zu dieser Frage.*
6. *Beurteile, inwieweit die Ereignisse von 1848/49 als identitätsstiftend für unsere heutige Demokratie* gesehen werden können. Berücksichtige dabei M3 und M6.*

3

Bayern – Identität, Staatsgebiet und kulturelles Erbe

Wie kaum ein anderes Bundesland präsentiert sich der Freistaat Bayern gerne als eigenwillig, bodenständig und in seiner Geschichte verwurzelt. Innerhalb wie außerhalb Deutschlands gelten die Schlösser des „Märchenkönigs" als Symbole bayerischer Kultur und Eigenstaatlichkeit. Jahr für Jahr besuchen hunderttausende Menschen das Neue Schloss Herrenchiemsee, wo im Jahr 2011 die bislang erfolgreichste bayerische Landesausstellung unter dem Titel „Götterdämmerung. König Ludwig II. und seine Zeit" stattfand.

1. *Recherchiert im Internet, wann das „Neue Schloss" errichtet wurde.*
2. *Vergleicht das Schloss mit Bauwerken, die ihr im letzten Schuljahr im Zusammenhang mit der Epoche des Absolutismus* kennengelernt habt.*
3. *Nennt mögliche Gründe dafür, weshalb so viele Einheimische und Touristen Herrenchiemsee besuchen.*

M1 Neues Schloss Herrenchiemsee
Foto von Norbert Neuhofer vom 9. Juli 2019
Schülerinnen und Schüler des Robert-Koch-Gymnasiums in Deggendorf besichtigen das „Bayerische Versailles" auf der Herreninsel.

Orientierung in Raum und Zeit

M 1 Die „Bavaria“ an der Münchner Theresienwiese
Undatiertes Foto
Die „Bavaria“ ist eine in Bronze gegossene Allegorie (Personifizierung) des Königreichs Bayern. Die Statue wurde im Auftrag Ludwigs I. in den Jahren 1843 bis 1850 errichtet, ist 18,52 m hoch und steht oberhalb der nach der Gemahlin Ludwigs I. benannten Theresienwiese in München. Hinter der „Bavaria“ ist die zur etwa selben Zeit gebaute „Ruhmeshalle“ zu sehen. Hier ließ Ludwig I. Büsten von „Landeskindern“ aus den vergangenen Jahrhunderten aufstellen, die nach seiner Meinung Bedeutendes geleistet oder sich große Verdienste um ihre bayerische Heimat erworben hatten.

Was ist „bayerisch“?

Bayern beruft sich auf eine über 1000-jährige Geschichte. Sie begann bereits, als nach dem Ende des Römischen Reiches das Volk der „Baiuwaren“ entstand und sich ein Stammesherzogtum Bayern bildete. Seitdem veränderten sich die Grenzen Bayerns immer wieder. Gebiete kamen dazu oder gingen verloren. Dementsprechend wandelte sich auch die Zusammensetzung der Bevölkerung.

Erst nach 1806* fand Bayern die staatliche Einheit, die seinem heutigen Selbstverständnis entspricht. Verfassung*, Wirtschaft und Handel sowie Architektur, Kunst und Kultur trugen dazu bei, dass aus locker oder gar nicht miteinander verbundenen Regionen ein einheitlicher Staat entstand – die „bayerische Nation“. In ihr werden verschiedene Dialekte gesprochen und unterschiedliche Traditionen gepflegt. Für die aktuelle Politik sind sie heute weniger bedeutsam als früher. Für die Kultur Bayerns aber bleiben sie bis heute wichtig.

Ernst Schütz

Am Ende dieses Längsschnitts kannst du vor dem Hintergrund des vielfältigen historischen und kulturellen Erbes Bayerns diskutieren, ob es eine bayerische Identität gibt, und bist in der Lage, folgende Fragen zu beantworten:

- *Wie gestaltete sich die territoriale Entwicklung Bayerns in ihren Grundzügen vom 8. bis ins 20. Jh.?*
- *Inwiefern lässt sich deine Lebensregion innerhalb der verschiedenen bayerischen Landschaften verorten?*
- *Wie prägen Städtebau und Architektur das kulturelle Erbe Bayerns?*
- *Welche Bedeutung hat der Denkmalschutz in einem Kulturstaat?*
- *Welche Bevölkerungsgruppen leben im heutigen Bayern und inwieweit spiegelt das bayerische Staatswappen die heutige Bevölkerungsstruktur Bayerns wider?*

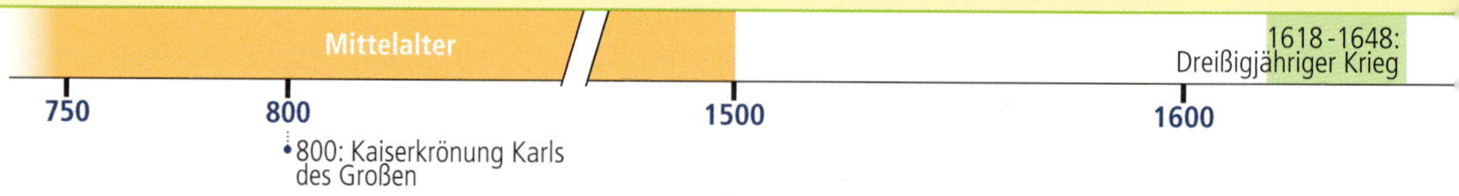

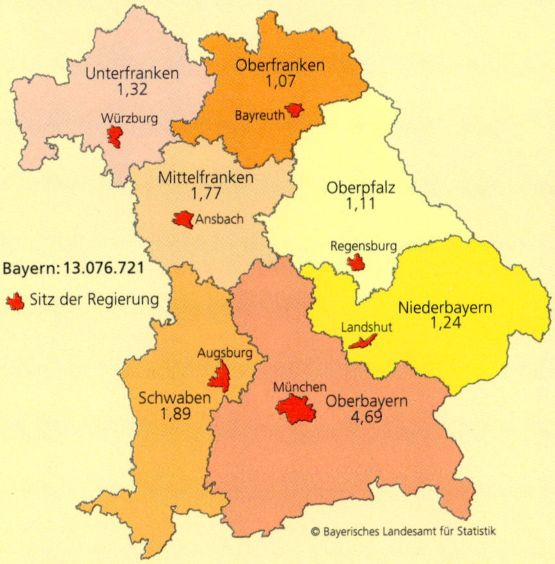

M 2 Der Freistaat Bayern mit seinen Regierungsbezirken und -sitzen sowie Einwohnerzahlen
Einwohnerzahl Bayerns: 13,08 Mio. (Stand: 2018)

M 4 Trachtenumzug zum Oktoberfest
Foto von 2018
Das alljährliche Münchner Oktoberfest geht auf ein Pferderennen zurück, das im Jahr 1810 anlässlich der Hochzeit des damaligen Kronprinzen und späteren Königs Ludwig I. mit Prinzessin Therese veranstaltet wurde. Zum Auftakt des heute größten Volksfestes der Welt zieht ein langer Umzug von Trachtengruppen und Blaskapellen durch die Münchner Innenstadt zur Theresienwiese.
Nebenbei: Das Dirndl, das heute als fester Bestandteil der bayerischen Tracht gilt, ist erst im späten 19. Jh. für die Städterinnen in der Sommerfrische entstanden.

M 3 „Bayerns Geschichte aus der Vogelschau"

Der Historiker Friedrich Prinz schreibt in seiner Geschichte Bayerns von 1997:

Bayern ist innerhalb der Bundesrepublik das Land mit dem stärksten Eigencharakter […]. Ein Land, das sich in seinem heutigen Umfang unter der Herausforderung Napoleons, des großen Umgestalters, am Beginn des 19. Jahrhunderts zu moderner Staatlichkeit zusammenschloss […]. Die großen, ethnisch-kulturellen Bausteine [waren]: Altbayern, Franken und Bayerisch-Schwaben […]. Es entstand eine reich gegliederte Welt vom Fichtelgebirge und den Mainlanden bis zum Alpenkamm, von der Welt fränkischer und schwäbischer Adelsterritorien und Reichsstädte bis zum Böhmerwald und der Dreiflüssestadt Passau. Bayern ist aus vielen Landschaften, aus Stadtrepubliken wie Nürnberg und Augsburg, aus geistlichen und weltlichen Ländereien zusammengewachsen. Und wenn auch Altbayern, Schwaben und Franken mit Recht darauf bedacht sind, ihre Eigenart zu bewahren, so gibt es doch diesen stimmigen Dreiklang dreier Großstämme [Volksgruppen], ohne die weder bayerische noch deutsche Geschichte gedacht werden kann. Der Lauf der Zeitgeschichte hat es mit sich gebracht, dass dieser Dreiklang seit 1945 durch mehr als zwei Millionen Flüchtlinge und Vertriebene variiert[1] wurde […].

Friedrich Prinz, Die Geschichte Bayerns, München – Zürich [5]2006, S. 13

[1] **variieren**: verändern

1. *Sammelt in Partnerarbeit Stichwörter zu folgender Frage: Was ist „typisch bayerisch"?*
2. *Diskutiert, was eine Person auszeichnen sollte, um in die „Ruhmeshalle" (M1) aufgenommen zu werden.*
3. *Prüfe mithilfe von M2, ob die vier in M3 genannten „ethnisch-kulturellen Bausteine" bestimmten Regierungsbezirken zuzuordnen sind.*
4. *Diskutiert, inwieweit das Zusammenwachsen der in M3 genannten Gebiete und Volksgruppen eine neue „bayerische" Identität begründet hat – und welche der angesprochenen „Eigenarten" innerhalb Bayerns vielleicht bis heute fortbestehen.*
5. *Informiere dich über Trachten in deiner Heimatregion (M4). Zu welchen Anlässen werden sie heute getragen?*

1700 – 1800 – 1900 – 2000
- 1806: Ende des Heiligen Römischen Reiches
- 1806: Gründung des Königreiches Bayern
- 1815: Wiener Kongress
- 1914-1918: Erster Weltkrieg
- 1918: Bayern wird Freistaat (Republik)
- 1939-1945: Zweiter Weltkrieg

Grenzen im Wandel

Lern-aufgabe

M 1 Das bayerische Stammesherzogtum 788

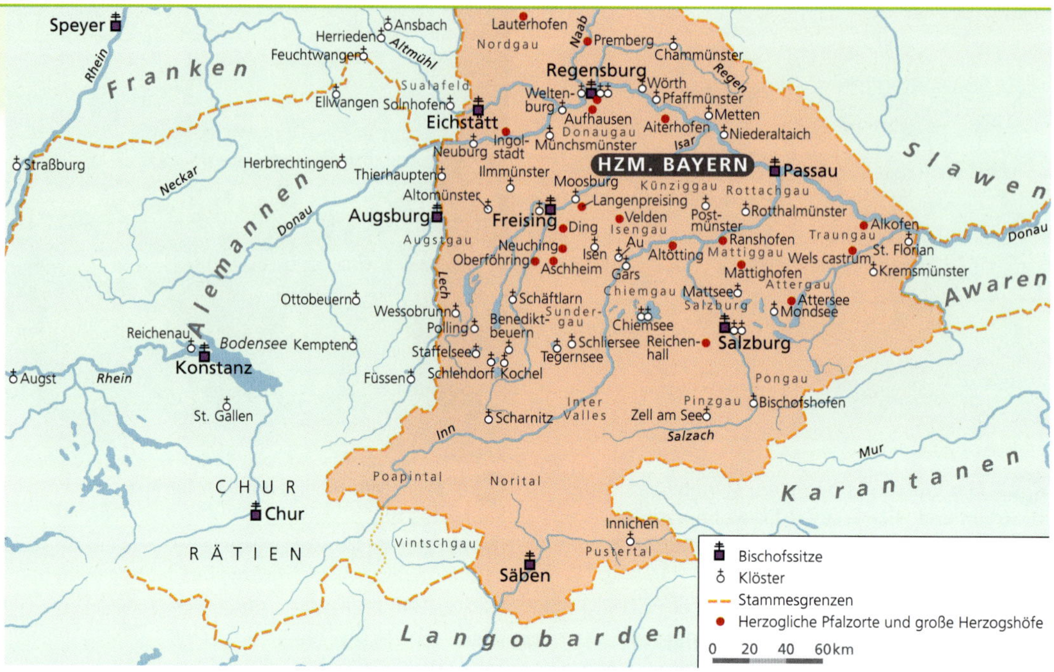

Schritt für Schritt:

Karten im Geschichtsatlas finden und auswerten

Im Lauf der Geschichte verändern sich die Herrschaftsbereiche der Fürsten durch Kriege, Vererbung, Heirat, Tausch und Kauf immer wieder. Dauerhafte Grenzen zwischen selbstständigen Staaten gab es erst viel später. Mithilfe von Karten in einem Geschichtsatlas lassen sich Zustände analysieren und Veränderungen nachvollziehen. Anders als in deinem Geschichtsbuch, musst du diese Karten aber erst im Geschichtsatlas suchen.

1. Das Inhaltsverzeichnis ist nach Epochen und Themen gegliedert. Es zeigt z. B. an, wo Karten zur bayerischen Geschichte abgedruckt sind.
2. Im Kartenregister findest du in alphabetischer Reihenfolge Namen von Orten und Ländern, die auf den Karten auftauchen sowie Hinweise, in welchem thematischen Zusammenhang dies geschieht.
3. Der Geschichtsatlas erleichtert dir die Orientierung dadurch, dass auf allen Karten jedem Herrschaftsgebiet konsequent immer dieselbe Farbe zugeordnet ist.
4. Die „Kartenschule" des Geschichtsatlas liefert eine ausführliche Anleitung zur Interpretation von Geschichtskarten. Siehe auch hier die Tipps in „Schritt für Schritt: Mit Karten arbeiten" auf S. 205 f.

Wie haben sich die Grenzen Bayerns im Laufe seiner Geschichte verändert? Bereitet dazu ein Kurzreferat vor.

Vorbemerkungen zur Bearbeitung der Aufgaben mit dem Geschichtsatlas:

- Bearbeitet die folgenden Aufgaben in Partnerarbeit.
- Übertragt die Tabelle (siehe S. 81) in euer Geschichtsheft und füllt die offenen Stellen in knapper Form aus.
- Hintergrundwissen liefern dir der INFO-Text und die Grundlegenden Daten und Begriffe (siehe S. 197 ff.).

Kartentipp:
Karten, die die Territorialentwicklung Bayerns zeigen, findest du unter 31063-27.

INFO Aus der Geschichte Bayerns

Die bayerischen Stammesherzöge beherrschten im 8. Jh. ein großes Gebiet und betrieben eine eigenständige Politik. Damit wurden sie zu Rivalen des aufstrebenden Frankenreichs. **Karl der Große**, der **800** vom Papst zum Kaiser* gekrönt wurde, hatte zwölf Jahre zuvor den Herrschaftsbereich der *Agilolfinger* in das Reich der Franken eingegliedert. Nach dem Zerfall des Karolingerreiches entstand das bayerische Stammesherzogtum neu. Als Gefolgsleute und Lehnsmänner Kaiser *Ottos des Großen* konnten seine Herzöge ihren Herrschaftsbereich im 10. Jh. weit ausdehnen. Konflikte führten jedoch zum Entzug von Lehen, Verlust von Gebieten und Änderungen der Herrschaftsbereiche.

Seit 1180 kamen die Herzöge aus der Familie der *Wittelsbacher*. Sie weiteten ihr Herrschaftsgebiet aus und begannen im späten **Mittelalter** ihr Herzogtum zu einem Territorialstaat auszubauen. Im **Dreißigjährigen Krieg (1618-1648)** unterstützte Herzog *Maximilian I.* den Kaiser und seine katholischen Verbündeten. Dafür wurde er zum Kurfürsten* erhoben. Bayern wurde auch im Norden seines Territoriums dauerhaft vergrößert.

Weitere Gebietsveränderungen brachten die napoleonischen Kriege. Als Verbündeter **Napoleons** trat der bayerische Kurfürst dem Rheinbund[1] bei. Er musste zwar zunächst auf Besitzungen beiderseits des Rheins verzichten, wurde dann aber im Rahmen der **Säkularisation** mit anderen Gebieten reichlich entschädigt. **1806** endete das **Heilige Römische Reich**. Im selben Jahr wurde auch mithilfe Napoleons das **Königreich Bayern** gegründet und aus Kurfürst *Max IV. Joseph* wurde König *Max I. Joseph*. Da Bayern kurz vor der endgültigen Niederlage Napoleons die Seiten wechselte, zählte es zu den Siegermächten. Auf dem **Wiener Kongress 1815** wurde das Königreich bestätigt und Mitglied des Deutschen Bundes*. Darüber hinaus wurden Bayerns Grenzen neu festgelegt, sie sind – bis auf den Rheinkreis (Rheinpfalz), der 1946 an Rheinland-Pfalz ging – weitgehend identisch mit denen des heutigen Freistaates Bayern.[2]

Dieter Brückner

[1] Siehe dazu S. 35.
[2] Siehe dazu auch die Karten auf S. 230.

Zeitpunkt	Gebietsveränderung	geschichtlicher Hintergrund
	Auflösung des Stammesherzogtums Bayern	*Rivalität mit dem Frankenreich*
bis 976	*größte Ausdehnung des neu gegründeten Stammesherzogtums*	
nach 976		
Dreißigjähriger Krieg		
Zeitalter des Absolutismus		
1806 – 1815/19		
bis in die Gegenwart		

1. *Arbeitet heraus, wie das, was im INFO-Text über das Stammesherzogtum Bayern und Karl den Großen berichtet wird, im Geschichtsatlas dargestellt wird.*
2. *Beschreibt die Ausdehnung des Stammesherzogtums vom 8. bis zum 11. Jh. mit M1 und dem Geschichtsatlas.* (H)
3. *Vergleicht im Geschichtsatlas die Ausdehnung des Herzogtums Bayern im Jahr 1450 mit der im 10. Jh. und nennt die heutigen Regierungsbezirke, die das Herzogtum Bayern um 1450 in etwa umfasste.*
4. *Benennt mithilfe des Geschichtsatlas das Gebiet, das Bayern während des Dreißigjährigen Krieges dauerhaft hinzugewann, und das Jahr dieser Gebietsvergrößerung.*
5. *Sucht im Geschichtsatlas die Karte „Mitteleuropa zur Zeit des Absolutismus" und arbeitet heraus, aus welchen Teilen das Herrschaftsgebiet des Hauses Wittelsbach vor der Französischen Revolution bestand und wo diese Teile geografisch lagen.*
6. *Sucht eine Karte, die die Verhältnisse in Europa oder in Mitteleuropa ab dem Jahr 1815 zeigt, und beschreibt mit ihrer Hilfe, wie sich das Herrschaftsgebiet der Wittelsbacher am Ende der napoleonischen Zeit im Vergleich zum Jahr 1789 verändert hatte.*
7. *Benennt mithilfe des Geschichtsatlas die Veränderungen des bayerischen Staatsgebietes zwischen 1819 und der Gegenwart.*
8. *Recherchiert, wann euer Wohn- oder Schulort zu Bayern kam und in wessen Herrschaftsbereich er zuvor lag. Tragt die Ergebnisse eurer Arbeit mit dem Geschichtsatlas in einem Kurzreferat vor.*

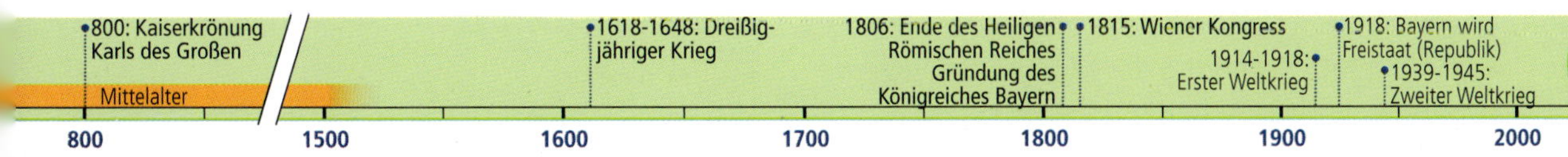

Bayern entwickelt (s)eine Identität

M 1 König Max I. Joseph von Bayern
Gemälde (260 x 194 cm) von Moritz Kellerhoven, wohl 1818
Das Herrscherporträt war für den Saal der Ständeversammlung bestimmt.

Medientipp:
Einen Überblick über Feste und Festspiele in Bayern siehe **31063-28**.

INFO 1 Bausteine für eine „bayerische Nation" – Teil I

Die nach **1806** dem **Königreich Bayern** angegliederten und vorher selbstständigen fränkischen und schwäbischen Herrschaftsgebiete hatten alle ihre eigene Geschichte, ihre eigenen Traditionen, einige von ihnen waren, im Gegensatz zur Mehrheit der Altbayern und dem Königshaus, evangelisch. Sie fühlten sich daher keineswegs als Bayern, viele trauerten ihrer alten Unabhängigkeit und ihren früheren Herren nach.

König *Max I. Joseph* erkannte, dass das Gemeinschaftsgefühl gestärkt werden musste. Franken und Schwaben sollten sich mit Bayern und seinem Königshaus identifizieren, also eine nationale Identität entwickeln. Diesem Zweck dienten bereits die durch *Montgelas* durchgeführten Reformen.[1] Demselben Zweck dienten die von Max I. Joseph erlassenen Verfassungen* von 1808 und 1818, die das Königreich zur konstitutionellen Monarchie* machten. Sie garantierten den Bürgern aus allen Teilen Bayerns gleiche Rechte und erste Möglichkeiten der Mitwirkung an der Gesetzgebung und Steuerpolitik.

Die Identifikation der evangelischen Bürger aus Franken und Schwaben mit dem Königreich Bayern förderte sein Sohn, König *Ludwig I.*, indem er den Aufbau einer evangelischen Landeskirche unterstützte. Er ließ aber auch über 130 im Zuge der **Säkularisation** aufgelöste katholische Klöster* neu gründen.

Ihm war es weiterhin wichtig, die Teile seines Königreiches verkehrstechnisch besser miteinander zu verbinden. Ludwig I. förderte den Bau des Donau-Main-Kanals und setzte sich spät für den Ausbau des Eisenbahnnetzes ein.

Dieter Brückner

INFO 2 Bausteine für eine „bayerische Nation" – Teil II

Um Unzufriedenheit in den Regionen und Revolutionen zu verhindern, sollten alle Volksgruppen stärker als bisher mit der königlichen Herrschaft verbunden werden. Erwünscht war ein geschichtliches Bewusstsein sowohl für die eigenen Regionen als auch für den Gesamtstaat Bayern. Es wurden Vereine gegründet, die die regionale Geschichte erforschten, Brauchtum und Trachten wurden gepflegt und Volksfeste angeregt. Es wurden aber auch „Vaterlandskunde" in der Schule unterrichtet und nationale Denkmäler und Bauwerke errichtet. König *Maximilian II.* gründete in München das Bayerische Nationalmuseum, in dem Beispiele aus Kunst und Kunsthandwerk aus allen Regionen Bayerns gesammelt, erhalten und ausgestellt wurden. Diese Maßnahmen erreichten ihr Ziel: Sie entwickelten eine bayerische Identität dadurch, dass Kultur und Geschichte sowohl der einzelnen Regionen als auch des alle Regionen umfassenden Herrscherhauses der Wittelsbacher gleichermaßen geschätzt, erforscht und präsentiert wurden.

Dieter Brückner

[1] Siehe dazu S. 36.

M2 Der „Grundstein zu einem neuen Altar"

Kronprinz Ludwig anlässlich der Grundsteinlegung der Konstitutionssäule am 26. Mai 1821:

In diesem Augenblicke wird uns der Grundstein zu einem Altar. An ihm reiche ich die Hand den Reichsräten und Abgeordneten, so wie künftig und für alle Zeiten diese Verfassung die Stände des Landes vereinigen möge mit dem Thron des Reiches. An dieser Stätte rufe ich mit heiligem Ernste: Treue dem Könige und der Verfassung, auf Leben und Tod!

Zitiert nach: Rainer Leng, Die Grundsteinlegung der Gaibacher Konstitutionssäule 1821, hrsg. vom Museum für Franken in Würzburg, Würzburg 2018, S. 29f.

M3 Mit der Vergangenheit in die Zukunft?

König Ludwig I. verordnet am 29. November 1837 eine Neueinteilung der seit 1808 nach Flüssen benannten Kreise des Königreiches:

Die göttliche Vorsehung hat unter Unserem Scepter mehrere der edelsten teutschen Volksstämme vereiniget, deren Vergangenheit reich an den erhabensten Vorbildern jeder Tugend und jeglichen Ruhmes ist.

In der Absicht, die Erinnerung an diese erhebende Vergangenheit mit der Gegenwart durch fortlebende Bande enger zu verknüpfen, die alten, geschichtlich geheiligten Marken der Uns untergebenen Lande möglichst wieder herzustellen, die Eintheilung Unseres Reiches und die Benennung der einzelnen Haupt-Landestheile auf die ehrwürdige Grundlage der Geschichte zurückzuführen, und so die durch alle Zeiten bewährte treue Anhänglichkeit Unserer Unterthanen an Thron und Vaterland, die Volksthümlichkeit und das Nationalgefühl zu erhalten und immer mehr zu befestigen, haben Wir beschlossen, und verordnen, was folgt: [...]

Art. II: Die acht Kreise des Königreiches nehmen folgende Benennungen an: I. Oberbayern, II. Niederbayern, III. Pfalz, IV. Oberpfalz und Regensburg, V. Oberfranken, VI. Mittelfranken, VII. Unterfranken und Aschaffenburg, VIII. Schwaben und Neuburg.

Regierungs-Blatt für das Königreich Bayern, Nr. 58 vom Mittwoch, den 29. November 1837

M4 Bürgerfest an der Gaibacher Verfassungssäule

Foto von Anton Hötzelsperger vom 17. Mai 2018

Franz Graf Erwein von Schönborn-Wiesentheid, ein durch den Anschluss seiner Grafschaft zu Bayern zählender Adeliger und Angehöriger der Kammer der Reichsräte, setzte der Verfassung von 1818[1] auf eigene Kosten ein Denkmal, welches in seiner Form an die Trajanssäule in Rom erinnert. Die Grundsteinlegung fand am 26. Mai 1821 in Gaibach (Lkr. Kitzingen) in Gegenwart des Kronprinzen Ludwig und zahlreicher Ehrengäste statt. Bei der Einweihung am 22. August 1828 zählte Ludwig I., nunmehr als König, wieder zu den Ehrengästen. Den Höhepunkt bildete der Auftritt von je acht in ihrer Landestracht gekleideten Knaben und Mädchen, die die einzelnen Kreise des Königreiches symbolisierten und „Nationaltänze" aufführten.

[1] Laut Verfassung von 1818 bestand die „Nationalrepräsentation" aus zwei Kammern. Sie hatten Anteil an der Gesetzgebung, nicht aber an der Ausübung der Regierungsgewalt. Die Abgeordneten der Zweiten Kammer wurden gewählt. Über ein aktives Wahlrecht verfügten aber nur sechs Prozent der Bürger.

Wie entsteht im 19. Jh. die „bayerische Nation"?

1. *Untersuche und deute das Gemälde (M1). Inwiefern verdeutlicht es die konstitutionelle Monarchie*? Vergleiche das Gemälde mit dem Herrscherbild Napoleons auf S. 31.* (H)
2. *Ein Jurist, der für die königliche Regierung arbeitete, schrieb nach 1818: „Erst mit der Verfassung hat sich unser König Ansbach, Bayreuth, Würzburg und Bamberg und alle anderen fränkischen Lande erobert." Erkläre diese Stellungnahme mithilfe von INFO 1, M2 bis M4.*
3. *Recherchiere mithilfe des Medientipps, ob es in eurer Region ein historisches Fest oder ein Festspiel gibt und welche historische Wurzel es hat. Überlege, was es zu einer regionalen oder bayerischen Identität beiträgt (INFO 2).*

Ein Königreich stellt sich dar: Ludwig I. und seine Denkmäler

M 1 Die Eröffnung der Walhalla
Nachträglich kolorierte Lithografie (28,3 x 45,5 cm) von Gustav Kraus, 1842
Die Idee für die nationale Gedenkstätte hatte König Ludwig I. von Bayern. Architekt war der aus Norddeutschland stammende Leo von Klenze.

Medientipp:
Informationen über die Walhalla findest du unter **31063-29**.

INFO 1 Die Erfindung des Denkmalschutzes

Das vom König geförderte neue Geschichtsbewusstsein sollte auch im Alltag sichtbar und erlebbar gemacht werden. Ludwig I., der seit 1825 regierte, verfügte deshalb 1835 die Errichtung einer *General-Inspection der plastischen Denkmäler des Reiches behufs [wegen] Herstellung eines vollständigen, durch Pläne und Zeichnungen belegten Verzeichnisses aller in künstlerischer und geschichtlicher Rücksicht denkwürdiger Gebäude, Monumente, Statuen, Schnitzwerke etc.*, um diese vor ihrem Verfall zu schützen und in die Selbstdarstellung Bayerns einbeziehen zu können. Es war die Geburtsstunde des Denkmalschutzes und der Denkmalpflege.[1] Erstmals ließ ein Monarch Bauwerke, welche man zuvor noch als unnütz bezeichnet und abgerissen hätte (z. B. das Münchener Isartor), gezielt instand setzen sowie unvollendet gebliebene Gebäude zu Ende führen (z. B. den Regensburger Dom).

Ernst Schütz

INFO 2 Neues mit Altem verbinden

Ludwig I. wollte außerdem ein Schöpfer von neuen Baudenkmälern und ein Förderer der Künste sein. Von 1842 bis 1863 ließ er die *Befreiungshalle* bei Kelheim errichten, ein Monument für die Befreiungskriege von 1813 bis 1815. Die *Walhalla* in Donaustauf bei Regensburg wurde 1842 fertiggestellt und präsentiert sich als eine Gedenkstätte für bedeutende Männer (sowie einige wenige Frauen) „teutscher Zunge", deren Büsten in ihrem Innern aufgestellt sind. In diesem Gebäude vereint sich die Suche nach Vorbildern für eine deutsche Nationsbildung mit einer Huldigung an die griechische Nation*, die sich wenige Jahre zuvor mit *Prinz Otto von Bayern* einen Sohn Ludwigs I. zum König erwählt hatte.

Ernst Schütz

M 2 Die Walhalla als bayerisches Aushängeschild

Der Bildungsreisende Alphonse Desforget aus Libourne in Frankreich berichtet seinen Eltern von einer Reise auf der Donau im Juli 1845:

Wir passierten ein kleines Dorf an den Ufern der Donau, nahe jenem berühmten Monument namens Walhalla, das dort vor zwei Jahren auf der Spitze eines Berges zu Ehren deutscher Berühmtheiten errichtet wurde. Es stellt einen Tempel im Stile des Athener Parthenon dar, sein Inneres ist ganz aus Marmor und auf das Schönste und Reichste ausgeschmückt – ein Denkmal, das Bayern 90 Millionen Francs gekostet hat und das man, unter allen Sehenswürdigkeiten der Welt, gesehen haben muss. Deshalb wollten auch wir nicht vorbeifahren, ohne es zu besichtigen.

Original im Privatarchiv von Ernst Schütz

[1] Zum Denkmalschutz in Bayern siehe S. 90.

INFO 3 Ludwig und das „Isar-Athen“

Den Ruhm als Bauherr und Künstler versuchte Ludwig I. vor allem in seiner Hauptstadt unter Beweis zu stellen. Wegen seiner Bauwerke auf dem Königsplatz wurde München bald als „Isar-Athen“ gerühmt; weitere Bauwerke im römischen, byzantinischen, gotischen und im mittelalterlich-italienischen Stil sowie im Stil der italienischen Renaissance* wurden in rascher Reihenfolge errichtet. Den Höhepunkt bildete die monumentale, nach dem Monarchen selbst benannte Ludwigstraße.

Ernst Schütz

M 3 Gigantische Bauvorhaben

Der preußische Gesandte in München berichtet am 17. November 1842 nach Berlin über König Ludwigs Baupläne:

Das Budget[1] an sich wird nicht angefochten werden, wohl aber wird es an bitteren Bemerkungen über die gigantischen Bauvorhaben des Königs nicht fehlen. Die Gebäude, die Seine Majestät bis dahin bauen ließ und die aus München eine der schönsten Städte Europas machen, hatten immer einen Nützlichkeitszweck, welcher Art er auch sein mochte, zum Ziel oder zumindest zum Vorwand. Aber die Öffentlichkeit findet keinen in der Mehrzahl der neuen Bauten, die geplant oder zur Zeit begonnen sind, wie z. B. die Befreiungshalle bei Kelheim, deren Kostenvoranschlag sich auf zweieinhalb Millionen Gulden beläuft, wie die Feldherrnhalle in München, die Ruhmeshalle auf der Theresienwiese und schließlich das Siegestor, das am Anfang der Ludwigstraße nach dem Modell des Triumphbogens des Septimius Severus in Rom errichtet werden wird. Es steht fest, dass diese Denkmäler auf Kosten der Privatkasse des Königs errichtet werden und in keiner Weise den Staat belasten. Ihre Errichtung gibt vielen Händen Arbeit, lässt die Künste aufblühen und zieht die Fremden an. Aber das verhindert nicht, dass die Öffentlichkeit nur schwer zu der Überzeugung kommt, dass die Staatskasse damit nichts zu tun hat […].

Zitiert nach: Helmut Christmann und Franz Dobmann, Quellen zur bayerischen Geschichte, Bonn 1966, S. 65 f.

[1] **Budget**: Staatshaushalt

M 4 Die Ludwigstraße beim Einzug der Prinzessin Marie von Preußen 1842
Lithografie von Gustav Kraus, 1842

Die Blickrichtung geht zum Odeonsplatz; im Hintergrund ist die Feldherrnhalle sichtbar.

Den Ausbau dieser schönsten Prachtstraße Münchens prägte Ludwig I. Er hatte schon um 1812 – also noch vor seiner Regierungsübernahme – die Leitung der Bauangelegenheiten in Bayern von seinem Vater übertragen bekommen. Die Ludwigstraße ist exakt einen Kilometer lang und spiegelt in ihrem Architekturstil die italienische Neurenaissance und Neuromanik wider. Mit der Gesamtplanung beginnt der Architekt Leo von Klenze 1816, er wird 1827 durch Friedrich von Gärtner abgelöst. Auf der Ludwigstraße befinden sich die „tragenden Säulen“ des Staates: die St. Ludwigskirche (christlicher Glaube und Gottesgnadentum), die Universität und Staatsbibliothek (Wissenschaft), das Odeon (Kunst und Musik) sowie die Feldherrnhalle und das Siegestor (Militär).

Medientipp:
Informationen über Kunst und Kultur unter Ludwig I. findest du unter **31063-30**.

Wie kann Neues und Altes der königlichen Selbstdarstellung dienen?

1. *Recherchiert im Internet, was der Begriff „Walhalla“ bedeutet und welche Personen „deutscher Zunge“ Ludwig I. für würdig befand, in der Walhalla mit einer Büste geehrt zu werden. Berücksichtigt M1 und INFO 2. Diskutiert abschließend, welche Personen der deutschen Geschichte ihr dort aufnehmen würdet.* (H)
2. *Werte M2 aus. Welche Wirkung ging von der „Walhalla“ aus?*
3. *Forscht mithilfe des Medientipps nach weiteren Bauten Ludwigs I. Stellt sie in einer Liste zusammen und erklärt, welche Ziele der König mit seiner Baupolitik verfolgte (INFO 1 bis 3).*
4. *Erläutere die Kritik, die in M3 geäußert wird, und beurteile, welchen Nutzen sich der König von der Gestaltung der Ludwigstraße versprach (M4).*

1806: Gründung des Königreichs Bayern
1816: Gesamtplanung der Ludwigstraße beginnt
1825-1848: König Ludwig I. von Bayern regiert
1842: Eröffnung der Walhalla

1800 – 1810 – 1820 – 1830 – 1840 – 1850

Ludwig II. und seine Schlösser*

M 1 „Unser unvergesslicher König Ludwig II.“
Postkarte (9 x 14 cm), nach 1911
Die Karte war 2011 auf der Bayerischen Landesausstellung „Götterdämmerung. König Ludwig II.“ im Neuen Schloss Herrenchiemsee zu sehen.

INFO Ludwig II. – Märchenkönig und Technikfreak

Obwohl *Ludwig II.*, ein Enkel König Ludwigs I., kein „unpolitischer“ Monarch war, stellte die Reichsgründung des Jahres 1871[1] für ihn einen Einschnitt dar: Er zog sich zunehmend in seine eigene Welt zurück, in welcher er anstelle von Soldaten ganze Armeen von Bauarbeitern beschäftigte.

Im südöstlichen bayerischen Allgäu ließ er ab 1869 Schloss Neuschwanstein „im echten Styl der alten deutschen Ritterburgen“ errichten. Der Sängersaal entstand nach dem Vorbild des Festsaals der Wartburg bei Eisenach, der Thronsaal symbolisiert das Gottesgnadentum. Ludwig vermengte dabei verschiedene historische Baustile mit neuesten technischen Innovationen.

Das nach dem Vorbild von Schloss Versailles 1878 eröffnete „Neue Schloss“ auf der Insel Herrenchiemsee war als ein „Tempel des Ruhmes“ für König *Ludwig XIV.* von Frankreich gedacht, womit sein Erbauer der absoluten Herrschaftsidee ein Denkmal setzen ließ. Ludwig ließ außerdem Schloss Linderhof in den Ammergauer Alpen erbauen, welches er vollenden und selbst bewohnen konnte, ebenso wie das Familienschloss Berg am Starnberger See.

Allen diesen Baulichkeiten gemeinsam war ihre Rolle als Zufluchtsort für den König. Wohl gerade deshalb fanden sie bei vielen Zeitgenossen reges Interesse.

Auf der Weltausstellung in Chicago (1893) war der „German Pavillion“ mit einem Raum im Stile des „famous conceit of King Ludwig, of Bavaria“ ausgestattet, womit bereits damals die ganze Welt Anteil am kulturellen Erbe des Königs hatte.

Ernst Schütz

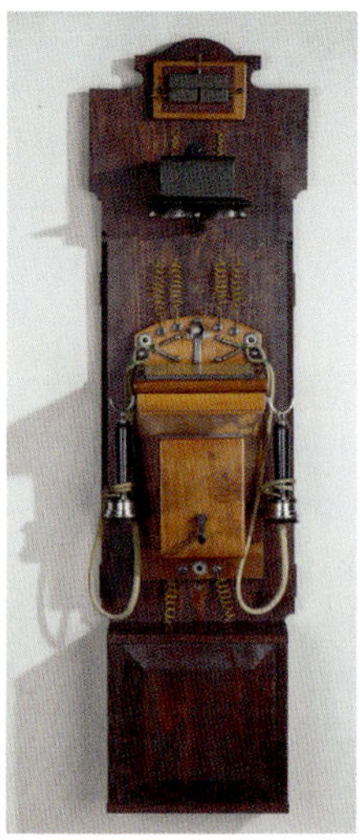

M 2 „König-Ludwig II.-Apparat“
Fernsprechwandstation aus Neuschwanstein von 1885
In Neuschwanstein soll die erste Telefonanlage Bayerns in Betrieb gegangen sein.

[1] Reichsgründung von 1871: Siehe S. 128 f.

* Das Kapitel ist nicht verbindlich.

M 3 Nicht für die Öffentlichkeit gedacht

Der Kunsthistoriker Hans Ottomeyer schreibt in einem Katalogbeitrag über Ludwigs II. Schlossbauten:

Entscheidend ist, dass die Schlösser ohne Publikum und Öffentlichkeit blieben. Sie konnten nicht besucht werden; niemand vermochte sich dort unter irgendeinem Vorwand Zutritt zu verschaffen. Es waren vielmehr Gedankengebäude, die nur der König selbst und einige wenige Vertraute sahen, die er gelegentlich durch die Räume führte, oder Interne, die sich einige Stunden oder Tage dort aufhalten durften. […] Er [Ludwig II.] entzog die Schlösser und Räume von Anfang an einer gesellschaftlichen Nutzung durch seine Familie, die höfische Gesellschaft, Freundeskreise oder gar den Staat.

Und zuletzt und vor allem: Es sind keine Konstrukte der Anciennität[1] und der Legitimation der Herrschaft, sie enthalten an keiner Stelle Verweise auf die Dynastie der Wittelsbacher oder der verwandten Habsburger und Hohenzollern, sondern sie bleiben bestimmt von historischen und literarischen Welten, Romanen, Theaterstücken, Erzählungen, welche die Fantasie und das Augenmerk des Königs fesselten.

Hans Ottomeyer, Alter Adel, neues Geld – europäischer Schlossbau als Legitimationsstrategie, in: Peter Wolf u. a. (Hrsg.), Götterdämmerung. König Ludwig II. und seine Zeit. Aufsätze, Augsburg 2011, S. 163-170, hier S. 170

[1] **Anciennität**: Rangfolge

M 4 Publikumsmagneten

Der Mythos Ludwigs II. ist ohne seine Schlösser sicherlich nicht zu erklären. Seine Schlösser sind seit seinem Tode 1886 für die Öffentlichkeit zugänglich.

	Neuschwanstein	Herrenchiemsee
1886	18 000	–
1930	50 000	62 733
1950	174 473	170 568
1970	569 975	464 783
1990	1 425 149	708 126
2010	1 341 897	417 660
2018	1 486 685	371 791

Nach: Haus der Bayerischen Geschichte, Unterrichtsmaterialien in Themenpaketen: Mythos Ludwig II., www.hdbg.de/ludwig/ludwigii_lehrerinfos-003.php, sowie Bayerische Schlösserverwaltung (für 2018)

M 5 Baustelle „Märchenschloss"

Am 17. Januar 2019 berichtet der Bayerische Rundfunk:

Nach der aufwändigen Außensanierung von Schloss Neuschwanstein wird das Märchenschloss jetzt für 20 Millionen Euro innen saniert. Der Besucherbetrieb läuft aber weiter.

Für die Bayerische Schlösserverwaltung ist es eine der größten und komplexesten Restaurierungsarbeiten in ihrer Geschichte.

Nach den Vorarbeiten in den vergangenen Monaten ist die Sanierung inzwischen in den Prunkräumen und damit im Herz des Schlosses angekommen. [..]

Ein großes, bedrucktes Transparent zeigt den Besuchern die prächtigen Gemälde, die durch das Gerüst verstellt sind. Gleichzeitig ermöglicht der halbdurchsichtige Stoff aber auch einen Blick auf die Restaurierungsarbeiten. […] Mehr als 2 300 Einzelstücke müssen restauriert werden – von Gemälden über Möbel, Textilien, kunsthandwerkliche Objekte und Holzbauteile bis hin zu Fenstern und Türen.

Zitiert nach: www.br.de/nachrichten/bayern/baustelle-maerchenschloss-neuschwanstein-wird-saniert,RFKeaHP (Zugriff: 31. 08. 2019)

M 6 „Ein Sonntag im Königsschlosse auf Herrenchiemsee"
Titelblatt der in Leipzig und Berlin erscheinenden „Illustrirten Zeitung" vom 16. August 1887 (Ausschnitt)

Medientipp:
Informationen über Ludwig II. und seine Schlösser findest du unter **31063-31**.

Wozu die vielen Schlösser?

1. *Stellt Gründe für den Besuch von Schlossanlagen Ludwigs II. zusammen (INFO, M1 und M2). Informiert euch dazu im Internet über die genannten Anlagen (siehe auch den Medientipp).* (H)
2. *Untersucht, worin sich das Denkmal-Verständnis Ludwigs II. (INFO und M3) von demjenigen Ludwigs I. (siehe S. 84 f.) unterscheidet.* (F)
3. *Vergleicht die Entwicklung der Besucherzahlen (M4). Wie erklärst du dir die Entwicklung?*
4. *Diskutiert über die Entscheidung, viel Geld für die Sanierung Neuschwansteins auszugeben (M5). Berücksichtigt dazu auch S. 90.*

Bayern seit 1918: Kontinuität und Wandel

M1 Massendemonstration auf der Theresienwiese in München
Foto vom 7. November 1918 (Ausschnitt)
Die Friedensdemonstration wurde zum Ausgangspunkt für den revolutionären Umsturz in Bayern – aus dem Königreich Bayern wurde der Freistaat Bayern.

M2 „Fremder – ‚Gastarbeiter' – Deggendorfer"
DVD-Cover von 2013
Deutsche Nachbarn zu Besuch bei den Kindern der „Gastarbeiterfamilie" Yasinoğlu, um 1975

INFO 1 Bayern bleibt Bayern?

Mit dem Ende des Ersten Weltkrieges (1914-1918) begann eine Zeit des Umbruchs. König *Ludwig III.* dankte ab – ebenso wie der Kaiser in Berlin und alle anderen Fürsten des Deutschen Reiches. Bayern war nun ein „Freistaat", eine Republik*, innerhalb eines demokratischen Deutschlands.

Nach dem Scheitern der Weimarer Republik (1918-1933), den Verbrechen des „Dritten Reiches" (1933-1945) und den Zerstörungen des Zweiten Weltkrieges (1939-1945) war ein Neuanfang notwendig. 1949 entstand die Bundesrepublik Deutschland, deren Grundgesetz den Ländern besondere Rechte einräumte. Eine große Herausforderung für Bayern, das 1946 eine neue Verfassung* erhalten hatte, war die Integration von rund zwei Millionen (von etwa zwölf Millionen) Flüchtlingen und Vertriebenen, die ihre Heimat in den Ostgebieten des Reiches, im Sudetenland (heute Tschechische Republik) oder in anderen ost- bzw. südosteuropäischen Staaten verloren hatten. Trotz der anfänglichen Ablehnung durch die Einheimischen unterstützten die neuen Mitbürger das Wirtschaftswachstum und halfen beim Aufbau der Industrie entscheidend mit. Bayern erklärte die Volksgruppe der Sudetendeutschen 1954 neben den Altbayern, den Franken und den Schwaben zu seinem „vierten Stamm".

Ernst Schütz

INFO 2 Eine vielfältige Gesellschaft

Als zur Zeit des „Wirtschaftswunders" in Westdeutschland Arbeitskräfte fehlten, schloss die Bundesrepublik ab 1955 Anwerbeabkommen mit einer Reihe vor allem südeuropäischer Staaten sowie im Jahr 1961 mit der Türkei. Bis zum „Anwerbestopp" des Jahres 1973 trafen von dort über 800 000 Menschen in Deutschland ein, welche ursprünglich nur vorübergehend bleiben sollten und als „Gastarbeiter" bezeichnet wurden. Viele von ihnen ließen sich jedoch auf Dauer nieder. Alleine in Bayern liegt heute die Anzahl türkischer bzw. türkischstämmiger Mitbürger bei etwa 200 000.
Seit dem Zerfall der Sowjetunion im Jahr 1991 kamen außerdem immer mehr Spätaussiedler nach Bayern. Als Nachfahren deutscher Auswanderer, die sich vor dem 20. Jh. in Osteuropa (v. a. Rumänien und Russland) angesiedelt hatten, nutzten sie ihr Recht auf Rückkehr, um sich hier mit ihren Familien eine neue Existenz aufzubauen. Daneben war die innerdeutsche Migration* nach Bayern seit jeher bedeutend, ebenso wie die Binnenmigration von Bürgern aus Staaten der Europäischen Union. So zogen im Laufe der letzten Jahrzehnte mehrere Millionen Menschen in den Freistaat zu. An die Stelle eines vermeintlich „typisch bayerischen" Traditionalismus trat das Konzept des Pluralismus, d. h. einer vielfältigen Gesellschaft, die mit ihren verschiedenen Traditionssträngen umzugehen weiß.

Ernst Schütz

M3 Wer ist bayerischer Staatsbürger?

Artikel 7 der Verfassung des Freistaates Bayern:

(1) Staatsbürger ist ohne Unterschied der Geburt, der Rasse, des Geschlechts, des Glaubens und des Berufs jeder Staatsangehörige, der das 18. Lebensjahr vollendet hat.

Zitiert nach: www.gesetze-bayern.de/Content/Document/BayVerf-7 (Zugriff: 26.02.2019)

M4 Keine statische Gesellschaft

In einem Zeitungsartikel vom 1. August 2018 werden folgende Daten genannt:

Mit 23,8 Prozent hat der Anteil der Bevölkerung mit Migrationshintergrund[1] im vergangenen Jahr in Bayern einen neuen Höchststand erreicht, wie aus [...] veröffentlichten Daten des Statistischen Bundesamts in Wiesbaden hervorgeht. „Erstmals stieg die Zahl auf mehr als drei Millionen", sagte ein Sprecher. Von diesen knapp 3,1 Millionen hatten 335 000 türkische Wurzeln, damit ist die Türkei noch immer das größte Herkunftsland. In ganz Deutschland lag der Anteil der Menschen mit ausländischen Wurzeln im Jahr 2017 mit 23,6 Prozent etwas unter dem Wert in Bayern. In absoluten Zahlen waren das rund 19,3 Millionen Menschen – auch das waren so viele wie noch nie zuvor. [...] Mit rund 1,4 Millionen besaß fast die Hälfte der Migranten in Bayern die deutsche Staatsangehörigkeit.

Zitiert nach: www.merkur.de/politik/zahl-menschen-mit-migrationshintergrund-erreicht-hoechststand-in-bayern-10081693.html (Zugriff: 30.01.2020)

[1] Eine Person hat einen Migrationshintergrund, wenn sie selbst oder mindestens ein Elternteil nicht mit deutscher Staatsangehörigkeit geboren wurde.

M5 Und immer wieder: Integration

Der Passauer Politikwissenschaftler Heinrich Oberreuter zieht ein vorläufiges Fazit zum politisch-kulturellen Wandel Bayerns nach 1945:

Die Bevölkerung erfuhr zunächst einen Zustrom von zwei Millionen entwurzelten Heimatvertriebenen, allein die Hälfte davon aus dem Sudetengau. Das bedeutete zusammen mit 576 000 Evakuierten und Ausländern ein plötzliches Wachstum von 26,5 Prozent. Die Zuwanderung hielt an. Heute hat Bayern 1,8 Millionen ausländische Mitbürgerinnen und Mitbürger. Oft übersehen wird dabei die innerdeutsche Nord-Süd-Migration, die über die Jahrzehnte in mehrfacher Millionenhöhe liegt, bei einem Bilanzgewinn von zum Beispiel 2016 rund 100 000 Menschen. Bei dieser von neun Millionen Einwohnerinnen und Einwohnern 1950 auf 13 Millionen 2018 gewachsenen Bevölkerung haben Staat und Gesellschaft in Bayern eine bemerkenswerte Integrationsleistung vollbracht, wobei die Nachkriegsflüchtlinge wie die später Zugewanderten deutlich zum wirtschaftlichen Aufschwung des Freistaats beigetragen haben.

Heinrich Oberreuter, Neujustierung? Spurenelemente politisch-kulturellen Wandels in Bayern – Essay, in: Aus Politik und Zeitgeschichte vom 14. Dezember 2018, S. 35-38, hier S. 36

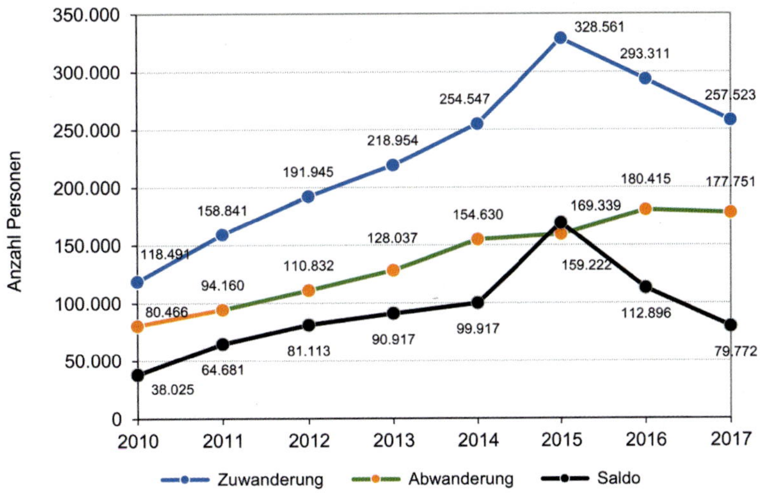

M6 Zuwanderung und Abwanderung aus dem Ausland nach Bayern von Personen ohne deutsche Staatsangehörigkeit in den Jahren 2010 bis 2017

Medientipp:

Im „Virtuellen Migrationsmuseum" kannst du an Einzelbeispielen nachvollziehen, wie Migration den Alltag in Deutschland bzw. in Bayern während der letzten 100 Jahre prägte – und immer noch prägt, siehe **31063-32**.

Welche Folgen haben politische Veränderungen und Migrationsbewegungen für eine „bayerische Identität"?

1. *Diskutiert, wie sich der Wandel von der Monarchie* zur Republik* für die Identität der Bayern ausgewirkt haben könnte (M1 und INFO 1).*
2. *Beschreibe das Ausmaß der Migration* nach Bayern (INFO 2, M4 bis M6).* (H)
3. *Diskutiert, was die Angaben (M4) für die Frage nach einer bayerischen „Identität" bedeuten können. Berücksichtigt auch M3 und INFO 2.*

Ein Erbe, das verpflichtet

M1 Wohnhaus – vor der Restaurierung
Foto aus Bamberg von 1989

M2 Wohnhaus – nach der Restaurierung
Foto aus Bamberg von 2010

Medientipp:
Im bayerischen Denkmal-Atlas kannst du die Baudenkmäler Bayerns recherchieren, siehe **31063-33**.

INFO Ein reiches kulturelles Erbe

Bayern hat ein reiches kulturelles und historisches Erbe, das uns überall im Land umgibt. Schlösser, Burgen, Klöster*, Kirchen, Festungsanlagen, Stadtmauern, Plätze, einzelne Gebäude, ganze Straßenzüge oder gar Stadtteile sind architektonische oder städtebauliche Hinterlassenschaften der bayerischen Geschichte. Sie zu schützen und zu erhalten sind Aufgaben des Denkmalschutzes. Das schreibt seit 1984 auch ein Zusatz des Artikels 3 der bayerischen Verfassung* fest; er lautet: „Der Staat schützt die natürlichen Lebensgrundlagen und die kulturelle Überlieferung."

Dieter Brückner

M3 Alles, was Recht ist

Das 1973 verabschiedete Bayerische Denkmalschutzgesetz (DSchG) hält fest:

Artikel 1: Begriffsbestimmung

Denkmäler sind von Menschen geschaffene Sachen oder Teile davon aus vergangener Zeit, deren Erhaltung wegen ihrer geschichtlichen, künstlerischen, städtebaulichen, wissenschaftlichen oder volkskundlichen Bedeutung im Interesse der Allgemeinheit liegt. [...]

Artikel. 2: Denkmalliste

(1) Die Baudenkmäler und die Bodendenkmäler sollen nachrichtlich in ein Verzeichnis (Denkmalliste) aufgenommen werden. [...]

Artikel 6: Maßnahmen an Baudenkmälern

(1) Wer [...] Baudenkmäler beseitigen, verändern oder an einen anderen Ort verbringen [...] will, bedarf der Erlaubnis. [...]

(2) Die Erlaubnis kann [...] versagt werden, soweit gewichtige Gründe des Denkmalschutzes für die unveränderte Beibehaltung des bisherigen Zustands sprechen.

Zitiert nach: www.geodaten.bayern.de/bayernatlas/custom/content/denkmal/BayDSchG.pdf (Zugriff: 31. 08. 2019)

M4 Denkmalschutz geht vor

Ein Verwaltungsgericht entscheidet über den Einspruch einer Frau, die dagegen Klage erhoben hat, dass das Landesamt für Denkmalschutz ihr verboten hat, eine Voltaikanlage auf ihrem Dach zu installieren.

Bei dem Gebäude [...] handelt es sich [...] um ein Denkmal i. S. von Art. 1 DSchG. [...] Die Erteilung der denkmalschutzrechtlichen Erlaubnis konnte vorliegend auch versagt werden, weil gewichtige Gründe des Denkmalschutzes für die unveränderte Beibehaltung des bisherigen Zustands sprechen (Art. 6 Abs. 2 Satz 1 DSchG). [...]

Zitiert nach: www.gesetze-bayern.de/Content/Document/Y-300-Z-BECKRS-B-2014-N-56017?hl=true (Zugriff: 28. 08. 2019)

Was macht einen „Kulturstaat" aus?

1. *Beschreibe die Fotos (M1 und M2). Inwiefern sind sie Belege für den Denkmalschutz?*
2. *Begründe die in M4 angeführte Entscheidung mithilfe von M3.*
3. *Untersuche, welche Baudenkmäler deiner Heimat- oder Schulstadt im Bayerischen Denkmal-Atlas genannt werden (siehe Medientipp). Welche Rolle spielen sie im kulturellen Erbe deiner Heimatregion?*
4. *In Artikel 3 der Bayerischen Verfassung von 1946 wird festgehalten, dass Bayern ein „Kulturstaat" ist. Diskutiert die Rolle des Denkmalschutzes in einem „Kulturstaat".*

Ein Wappen für alle Bayern?

M1 Das Wappen des Königreiches Bayern von 1806

M2 Das Wappen des Königreiches Bayern von 1835-1918/23

M3 Das Wappen des Freistaates Bayern seit 1950

M4 Zur Bedeutung des Bayerischen Staatswappens

Staatswappen sind Symbole für einen Staat. Wappen kennzeichnen den jeweiligen Staat und seine durch Gesetze festgelegte öffentliche Gewalt. Darüber hinaus sind sie Mittel der staatlichen Selbstdarstellung und nationalen Identifikation. Das heute verwendete „große bayerische Staatswappen" (M3) wurde am 5. Juni 1950 per Gesetz eingeführt. Seine Elemente haben folgende historische Bedeutung:

- Das schwarze Feld oben links zeigt einen goldenen Löwen. Er war ursprünglich das Symbol der Pfalzgrafen bei Rhein und steht heute für den Regierungsbezirk Oberpfalz.
- Das zweite Feld zeigt in Rot drei weiße (silberne) Spitzen. Dieser „Fränkische Rechen" erschien um 1350 als Wappen einiger Orte des Hochstifts Würzburg und seit 1410 auch in den Siegeln der Fürstbischöfe. Heute steht er für die fränkischen Regierungsbezirke Oberfranken, Mittelfranken und Unterfranken.
- Vorne unten zeigt sich ein aufgerichteter, blauer, goldbewehrter Panther auf silbernem (weißem) Grund. Ursprünglich wurde er im Wappen der in Niederbayern ansässigen Pfalzgrafen von Ortenburg geführt. Später übernahmen ihn die Wittelsbacher. Das Feld vertritt die altbayerischen Regierungsbezirke Niederbayern und Oberbayern.
- Im vierten Feld sind auf Gold drei schwarze, rotbewehrte Löwen (eigentlich Leoparden) dargestellt. Sie sind dem alten Wappen der Staufer, der einstigen Herzöge von Schwaben, entnommen. Im Staatswappen repräsentieren diese drei Löwen den Regierungsbezirk Schwaben.
- Der weiß-blaue Herzschild ist in Weiß (Silber) und Blau schräg gerautet. Früher war es das Wappen der Grafen von Bogen. Nach deren Aussterben im Jahr 1242 behielten die Wittelsbacher ihr Lehen ein und übernahmen ihr Wappen. Der weiß-blaue Herzschild wird auch als kleines Staatswappen und Flagge des Freistaates Bayern verwendet.
- Auf dem Schild liegt ein mit Steinen geschmückter Reif. Er bezeichnet nach dem Ende der Monarchie die Volkssouveränität.
- Die beiden Löwen rechts und links sind sogenannte „Schildhalter". Der Löwe als Wappentier symbolisiert Mut und Macht (Löwe = „König der Tiere").

Klaus Dieter Hein-Mooren

Medientipp:
Für weitere Informationen über die bayerischen Wappen siehe **31063-34**.

Welches Staatswappen passt zum Freistaat Bayern?

1. *Arbeite heraus, nach welchen Gesichtspunkten und mit welcher Absicht die drei bayerischen Wappen gestaltet wurden (M1 bis M4).* (H)
2. *Diskutiert, ob das aktuelle Bayerische Staatswappen (M3) die heutige Bevölkerung Bayerns widerspiegelt.*
3. *Bildet Gruppen und überlegt, wie ein Staatswappen aussehen könnte, das die größten Bevölkerungsgruppen, die in Bayern leben, repräsentiert. Bezieht M4 in eure Überlegungen ein. Gestaltet einen eigenen Entwurf.*

Das weiß ich – das kann ich!

M 1 Das Kulturkabinett „Heimat im Kleinformat“
Foto mit Schülerinnen und Schülern des Robert-Koch-Gymnasiums aus Deggendorf im „Kulturkabinett“ des neu eröffneten „Hauses der Bayerischen Geschichte – Museum“ in Regensburg, Mai 2019
Das Museum behandelt auf 2 500 m² schwerpunktmäßig die Geschichte Bayerns seit der Gründung des Königreiches. Es thematisiert auch die Geschichte der Demokratie des Landes bis heute. Im Mittelpunkt stehen „die Menschen in Bayern, alle Stämme und auch die Zugezogenen von weit her, die ihre Heimat hier gefunden haben“.
In dem „Kulturkabinett“ können die Schülerinnen und Schüler auf Tablets den großen „Bayerntisch“ abscannen, um nach Ortschaften zu suchen (z. B. ihrem Geburts- oder Heimatort). Durch Antippen tauchen sie in die Geschichte ihrer Heimat ein – vorhanden sind Informationen über alle 2 056 bayerischen Gemeinden. Sie finden Erläuterungen zum Gemeindewappen, historisches Kartenmaterial, frühe Schwarzweißfotografien, Luftbilder sowie Statistiken zur Einwohnerschaft. Einige der eingespeisten Materialien stammen aus Schülerprojekten, die in Zusammenarbeit mit dem Haus der Bayerischen Geschichte durchgeführt wurden. Auch künftig können Schulen dieses „Kulturkabinett“ mitgestalten. Unter dem Motto „Heimat im Kleinformat“ wird darüber hinaus ein umfangreiches Online-Portal umgesetzt.

Medientipp:
Informationen über das „Haus der Bayerischen Geschichte – Museum“ in Regensburg findest du unter **31063-35**.

Auf einen Blick: Bayern – Identität, Staatsgebiet und kulturelles Erbe

1806 wurde das **Ende des Heiligen Römischen Reiches** durch **Napoleon** eingeleitet und die **Gründung des Königreiches Bayern** verkündet. Aus dem einstigen Stammesherzogtum des frühen **Mittelalters**, welches im Laufe des **Dreißigjährigen Krieges 1618-1648** zum Kurfürstentum geworden war, wurde ein souveräner Staat der Altbayern, Franken, Schwaben und Pfälzer mit einer gemeinsamen Identität. Die **Säkularisation** und der **Wiener Kongress** von **1815** bestimmten Bayerns territoriale Entwicklung. 1946 wurde die Pfalz gegen heftigen Widerstand Bayerns in das Bundesland Rheinland-Pfalz eingegliedert.

Durch die Arbeit mit dem Geschichtsatlas kannst du erkennen, seit wann und aufgrund welcher Entwicklungen dein Heimatort zum heutigen Freistaat gehört. Dies mag schon zu Zeiten der **Kaiserkrönung Karls des Großen** um **800** der Fall gewesen sein, vielleicht aber auch erst seit 1920, als sich zuletzt der Freistaat Coburg dem Freistaat Bayern anschloss.

Den Zusammenhalt der Bevölkerung versuchte das Königshaus der Wittelsbacher durch die Einführung einer einheitlichen Verfassung*, eines vereinheitlichten Verkehrsnetzes und nicht zuletzt durch eine staatlich verordnete Geschichtspolitik zu gewährleisten. König Ludwig I. strebte eine engere Bindung der Alt- und Neubayern an die Krone durch eine „historische Rückbenennung“ der Kreise und ein neues Staatswappen an.

Als bedeutend für das kulturelle Erbe Bayerns erweisen sich seit Ludwig I. auch der historische sowie der zeitgenössische Städtebau und die Architektur. Der König hat bedeutende Gebäude in Auftrag gegeben und gilt als Pionier der Denkmalpflege. Denkmalschutz und Denkmalpflege bilden bis heute einen wesentlichen Bestandteil der Verfassung des Freistaates Bayern, der sich unter anderem als „Kulturstaat“ definiert (*Art. 3*).

Bayerns Staatswappen soll die Bevölkerungsstruktur widerspiegeln, doch hat sich diese seit dem Ende des Zweiten Weltkrieges (1945) nachhaltig weiterentwickelt. Neben den Sudetendeutschen als neuer „vierter Stamm“ haben sich viele „Gastarbeiter“, Spätaussiedler, Zugezogene aus anderen Teilen Deutschlands und der Welt dazugesellt und bilden heute einen wesentlichen Teil unserer Gesellschaft.

Ernst Schütz

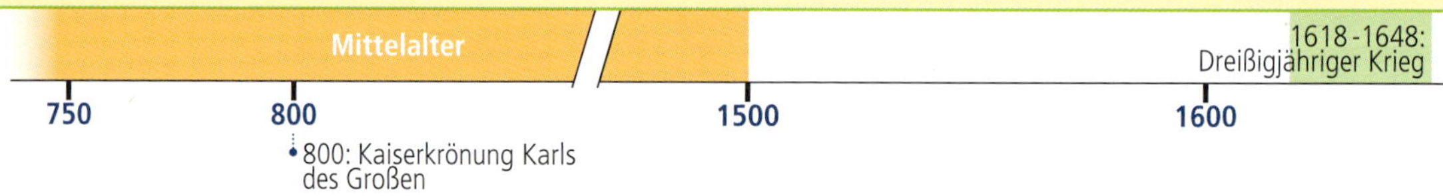

M2 Aus der Verfassung des Freistaates Bayern von 1946

Über den Aufbau und die Aufgaben des Staates heißt es:

Artikel 1

(1) Bayern ist ein Freistaat.

(2) Die Landesfarben sind Weiß und Blau.

(3) Das Landeswappen wird durch Gesetz bestimmt.

Artikel 2

(1) Bayern ist ein Volksstaat. Träger der Staatsgewalt ist das Volk.

(2) Das Volk tut seinen Willen durch Wahlen und Abstimmung kund. Mehrheit entscheidet.

Artikel 3

(1) Bayern ist ein Rechts-, Kultur- und Sozialstaat. Er dient dem Gemeinwohl.

Zitiert nach: www.verfassungen.de/by/verf46-i.htm (Zugriff: 29. 01. 2019)

INTEGRATIONSBEAUFTRAGTE
DER BAYERISCHEN STAATSREGIERUNG

M4 Logo der Integrationsbeauftragten der Bayerischen Landesregierung
Das 2009 eingerichtete Amt unterstützt die Staatsregierung in Fragen der Integrations-, Asyl- und Migrationspolitik.

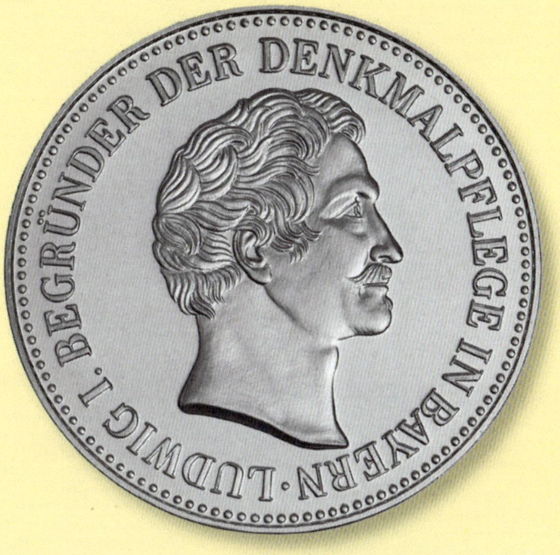

M5 Denkmalschutzmedaille von 2019
Auf der Vorderseite der Kopf König Ludwigs I. Mit der Denkmalschutzmedaille würdigt der Freistaat Bayern seit 1978 jährlich herausragende Leistungen im Bereich der Denkmalpflege. Die Preisträger haben Gebäude instand gesetzt und engagieren sich ehrenamtlich für die Erhaltung und Pflege von Bau- und Bodendenkmälern.

M3 „Bayern, deine Stämme"

In einem Zeitungsartikel vom 10. Februar 2010 werden Gedanken von Martin Neumeyer, Integrationsbeauftragter der bayerischen Staatsregierung von 2009 bis 2017, vorgestellt:

Was den Sudetendeutschen zugestanden worden ist, muss auch für andere Migranten gelten, sagt der bayerische Integrationsbeauftragte Martin Neumeyer und fordert, diese zum fünften bajuwarischen Stamm zu erheben, sofern sie die deutsche Staatsbürgerschaft annehmen. „Wenn ihr zu uns gehören wollt", verlautet aus Neumeyers Büro, „müssen wir auch die Hand ausstrecken." Die Willkommenskultur sei „gerade auch in Bayern" ausbaufähig. Schließlich kann sich nur integrieren, wer von den eingesessenen Stammesangehörigen mit offenen Armen aufgenommen wird. „So verschieden sie sein mögen", eine diese Menschen doch die Erfahrung einer fremden Herkunft. „Wer sich in dieser emotional schwierigen Lage für Deutschland und Bayern entscheidet, verdient unsere Anerkennung", sagt der Integrationsbeauftragte. Schließlich prägen diese Menschen das Land unterm weißblauen Himmel heute mehr oder weniger genauso wie die Alteingesessenen – in München oder Nürnberg mehr, in Huglfing oder Truchtlaching eher weniger. Gleichwohl: Diese Menschen verbinde der Wille, sagt Neumeyer, „durch ihr Bekenntnis zu unserem Staat und unserer Gesellschaft Bayern zu werden".

Zitiert nach: www.tagblatt.de/Nachrichten/Bayern-deine-Staemme-71313.html (Zugriff: 12. 08. 2019)

1. *Erarbeitet in Gruppenarbeit Informationen über euren Schulort, der in dem Kulturkabinett (M1) berücksichtigt werden sollte.*
2. *Erkläre folgende Begriffe aus den zitierten Stellen der Verfassung (M2): „Freistaat", „Landeswappen" und „Kulturstaat".*
3. *Interpretiere das Logo (M4). Berücksichtige dazu M3.*
4. *Nimm Stellung zur Funktion der Denkmalschutzmedaille (M5).*

1700 – 1800 – 1900 – 2000

- 1806: Ende des Heiligen Römischen Reiches
- 1806: Gründung des Königreiches Bayern
- 1815: Wiener Kongress
- 1914-1918: Erster Weltkrieg
- 1918: Bayern wird Freistaat (Republik)
- 1939-1945: Zweiter Weltkrieg

4

Industrialisierung und Soziale Frage

Noch vor 50 Jahren lebten in der Bundesrepublik Deutschland etwa zwei Millionen Menschen von der Steinkohle. 600 000 Bergleute fuhren Ende der 1960er-Jahre täglich hinab ins Erdreich, um Kohle zu fördern und ihren Lebensunterhalt zu verdienen. Am 21. Dezember 2018 schloss die letzte Zeche im Ruhrgebiet. Der Strukturwandel betraf nicht nur den Bergbau. Er veränderte die ganze Region – und betraf Millionen Menschen. Mit dem Bergbau ging zugleich ein bedeutender Abschnitt des Industriezeitalters zu Ende. Alte Zechen- und Industrieanlagen wurden abgerissen oder zu Gewerbe- und Freizeitparks oder Museen umgestaltet.

1 *Diskutiert über den Umgang mit bedeutenden Zeugnissen des Industriezeitalters an dem Beispiel der Zeche Zollverein (M1). Recherchiert weitere Beispiele der Industriekultur.*

M 1 „ExtraSchicht. Die Nacht der Industriekultur“
Foto von Jochen Tack vom 21. Juni 2015
Zu sehen ist die Zeche Zollverein in Essen in der „Nacht der Industriekultur“. Das Steinkohlebergwerk war von 1851 bis 1986 aktiv, seit 2001 ist es Welterbe der UNESCO. Heute ist die Zeche Zollverein ein zentraler Ort der „Europäischen Route der Industriekultur“ und Standort verschiedener Kultureinrichtungen.

Orientierung in Raum und Zeit

M 1 Die Zeche Vollmond
Foto aus Bochum (Langendreer/Werne), um 1900
Zu sehen sind Förderturm, Maschinenhalle, Werkshallen und Arbeiterwohnhäuser.
Im Jahre 1907 erreichte man eine Förderung von 290 000 Tonnen Steinkohle bei 1 260 Beschäftigten.

Ein grundlegender Wandel

Seit 2001 findet jährlich in zahlreichen Städten des Ruhrgebietes ein Kulturfestival unter dem Motto „ExtraSchicht" statt. Es will das industrielle Erbe der Region deutlich machen – und kann doch kaum zeigen, was die industrielle Welt des 19. Jhs. für die betroffenen Männer, Frauen und Kinder bedeutete.

In der vorindustriellen Zeit lebten die meisten Menschen in Europa auf dem Land und arbeiteten in der Landwirtschaft. In den noch kleinen Städten überwogen Handwerk und Handel. Erst mit der in England einsetzenden **Industrialisierung** kam es zu tief greifenden Veränderungen der Arbeitsverhältnisse durch den Einsatz von neu erfundenen Maschinen. Immer mehr Menschen zogen vom Land in die Industrieregionen. Sie arbeiteten nicht mehr zu Hause oder in Werkstätten, sondern in Fabriken. Die mit Dampf angetriebenen Maschinen ersetzten mehr und mehr die Handarbeit. Eisenbahnen, Dampfschiffe und Telegrafenleitungen verbanden die Welt. Die Wirtschaftsleistung wuchs enorm, aber nicht alle profitierten davon. Neue Belastungen für Mensch und Umwelt entstanden.

Die Entwicklung stand seitdem nicht mehr still. Seit Anfang des 20. Jhs. veränderten Elektrizität, Motoren und Fließbandarbeit die Arbeits- und Lebenswelt erneut umfassend. In den 1970er-Jahren begann mit der Einführung von Computern ein weiterer großer Wandel der Arbeitswelt. Und heute sind es computergestützte Roboter und die Digitalisierung, die tief greifende Auswirkungen auf unsere Arbeits- und Lebenswelt haben.

Marcus Gerber

Am Ende dieses Großkapitels kannst du beurteilen, warum die Industrialisierung als grundlegender Einschnitt in der Menschheitsgeschichte gilt. Du bist in der Lage, Statistiken und Diagramme auszuwerten oder selbst zu erstellen. Die INFO-Texte und Bild- und Textquellen der folgenden Teilkapitel geben dir Antworten auf folgende Fragen:

- *Warum ging die Industrialisierung* von England aus? Was waren ihre Merkmale?*
- *Warum begann die Industrialisierung in Deutschland erst später? Wie verlief sie in Bayern?*
- *Wie veränderten sich die Lebens- und Arbeitsbedingungen der Menschen?*
- *Warum entstand mit der Industrialisierung die Soziale Frage*? Welche Lösungen wurden gefunden?*
- *Kann uns die Beschäftigung mit der Geschichte der Industrialisierung helfen, die aktuellen Veränderungen durch die Digitalisierung besser zu verstehen und zu gestalten?*

Französische Revolution | Zeitalter Napoleons | Deutscher Bund

1760 | 1770 | 1780 | 1790 | 1800 | 1810 | 1820 | 1830

Beginn der Industrialisierung in England

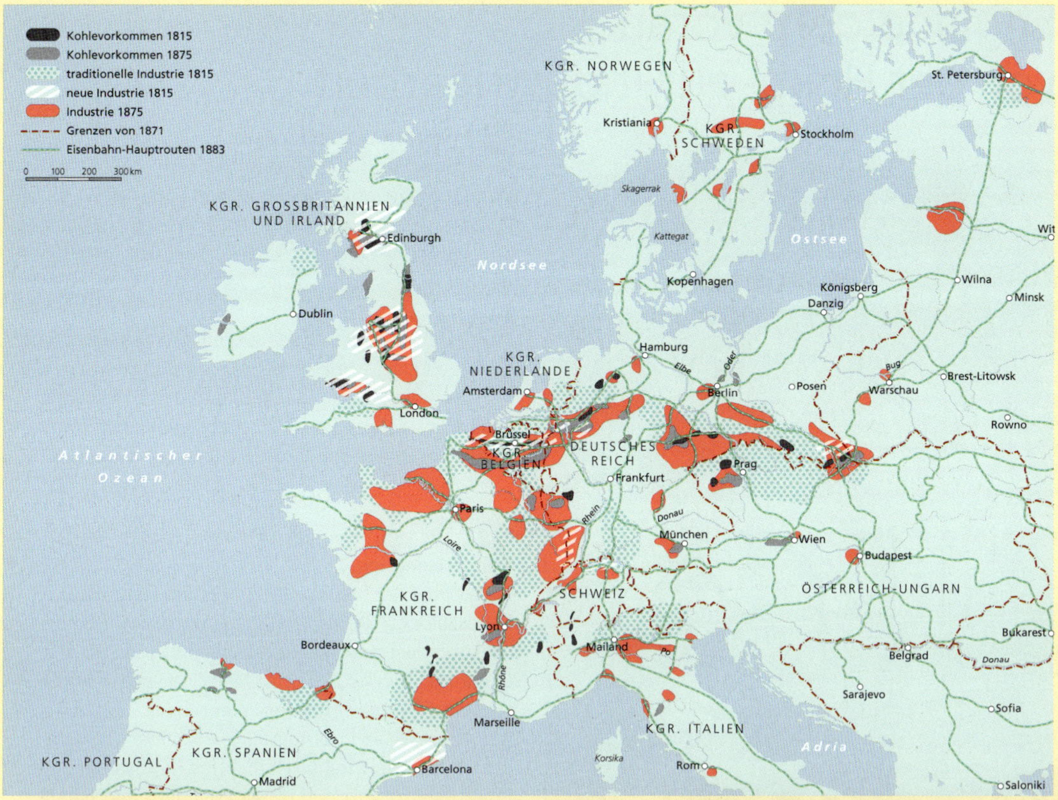

M 2 Wirtschaft Europas 1815-1875
Karte mit Kohle, Industrie und Eisenbahnlinien

M 3 Fabrikhalle zur Zeit der Hochindustrialisierung
Foto aus Augsburg, 1915

M 4 Industrieroboter in der Automontage
Foto von 2019

1 *Erarbeite mithilfe der Karte (M2), welche Regionen West- und Mitteleuropas um 1875 industrialisiert waren. Stelle Vermutungen an, warum gerade in diesen Regionen Industriebetriebe entstanden.*

2 *Untersuche das Streckennetz der Eisenbahn und nenne Gründe für den Linienverlauf dieses im 19. Jh. noch neuen Verkehrsmittels (M2).*

3 *Stelle mithilfe der Abbildungen M3 und M4 den Wandel der industriellen Arbeitswelt dar.*

4 *Im 19. Jh. sprach man von einer „industriellen Revolution", heute sprechen wir davon, eine „digitale Revolution" zu erleben. Diskutiert, ob euch die Verwendung des Revolutionsbegriffs treffend erscheint.*

1840 | 1850 | 1860 | 1870 | 1880 | 1890 | 1900 | 1910

Beginn der Industrialisierung in einzelnen deutschen Regionen — Hochindustrialisierung

England geht voran – von der Heim- zur Industriearbeit

M 1 Spinnräder im Einsatz
Illustration aus einem Jugendbuch von 1991
Handbetriebene Spinnräder kamen Ende des 12. Jhs. aus Asien nach Europa. Mit ihrer Hilfe wurden aus Flachs- und Hanffasern sowie aus Schur- oder Baumwolle Garne zum Weben von Textilien gesponnen. Spinnräder befanden sich im 19. Jh. in Haushalten und Manufakturen. Der Mann mit Zylinder soll einen Unternehmer („Verleger") darstellen. Verleger vergaben Aufträge, lieferten z. B. die Rohwolle, stellten Spinnräder zur Verfügung, zahlten festgelegte Preise für die gesponnenen Garne und übernahmen den Verkauf auf eigene Rechnung.

M 2 Die „Spinning Jenny"
Kolorierter Stich, 19. Jh.
1764 erfand der Baumwollweber James Hargreaves in Lancashire im Nordwesten Englands eine Maschine, die acht Spindeln gleichzeitig betreiben konnte. Die Herkunft des Namens „Spinning Jenny" ist unklar. Wahrscheinlich wurde er von „Spinning engine" abgeleitet. *Nebenbei*: Als die Leistungsfähigkeit seiner Maschine bekannt wurde, fürchteten mehrere Handspinner um ihre Existenz, stürmten Hargreaves Haus und schlugen die „Spinning Jenny" kurz und klein.

M 3 Saal einer Baumwollspinnerei in England
Stich nach einer Zeichnung (12 x 19 cm) von Thomas Allom, um 1834
Die Spindelwagen der zwei gegenübergestellten doppelten Spinnmaschinen liefen auf Schienen und bewegten sich während eines Arbeitstages rund 5000-mal hin und her. Spindeln und Laufwägen wurden anfangs mit Wasserkraft und später mit Dampfmaschinen angetrieben. Ein Spinnmeister steuert den Bewegungsablauf. Rechts im Vordergrund knüpft eine Frau die gerissenen Fäden zusammen, vorne rechts unter den Fäden werden Baumwollreste vom Boden weggefegt.

INFO 1 England geht voran

Ende des 18. Jhs. setzte in ganz Europa ein umfassender Wandel ein. Die Bevölkerung wuchs schneller als zuvor[1], Wirtschaft, Technik und Verkehr veränderten alle Bereiche des Zusammenlebens so grundlegend und – gemessen am früheren Wandel – so schnell, dass die Zeitgenossen diese Entwicklung als „Industrielle Revolution" bezeichneten. Eine Vorreiterrolle übernahm England bzw. das „Vereinigte Königreich". Hier war das Bürgertum* seit dem Ende des 17. Jhs. im Parlament* vertreten und bestimmte die Politik mit. Adlige und Bürger waren als Landwirte, Unternehmer, Händler und Bankiers tätig. Grundherrschaft* und Zunftzwang waren gelockert oder abgeschafft worden. Zollschranken und Binnenzölle behinderten den Handel im Lande nicht. Darüber hinaus besaß das „Vereinigte Königreich" zahlreiche Kolonien, aus denen Rohstoffe billig eingeführt und Fertigwaren teuer ausgeführt werden konnten.

Marcus Gerber

[1] Siehe S. 100, M4.

INFO 2 Aus Heimarbeit wird Fabrikarbeit

Ausgangspunkt für die **Industrialisierung** Englands wurde das Textilgewerbe. Mit dem Bevölkerungswachstum war die Nachfrage nach billigen Textilien gestiegen. Die traditionellen Spinnräder und Webstühle konnten aber nicht genug Garne und Textilien herstellen. Das änderte sich mit der Erfindung größerer Spinnmaschinen und mechanischer Webstühle. Die Produktion von Garnen und Textilien wurde in Fabriken verlagert, in denen hunderte Frauen, Männer und Kinder arbeiteten. Aus Heimarbeit wurde Fabrikarbeit.

Marcus Gerber

INFO 3 Träger des Wandels

Windmühlen und Wasserräder reichten bald nicht mehr aus, um die vielen Riemen, Zahnräder, Hebel und Spindeln der neuen Spinnmaschinen und Webstühle anzutreiben. Das Problem wurde durch die Dampfmaschine gelöst. Als ihr Erfinder gilt der an der Universität Glasgow arbeitende Feinmechaniker *James Watt*. Er hatte aus verschiedenen Vorläufermodellen, die vor allem im Bergbau Grundwasser abpumpten, eine vielseitig verwendbare Dampfmaschine entwickelt. Sie wurde 1785 erstmals in einer Baumwollfabrik eingesetzt. Die Einfuhr von Baumwolle aus den Kolonien und den Vereinigten Staaten, in denen zigtausende Sklaven arbeiteten, stieg damit ebenso sprunghaft an wie die Ausfuhr von Textilien. „King Cotton" verwandelte Großbritannien in den ersten Industriestaat der Welt.

Marcus Gerber

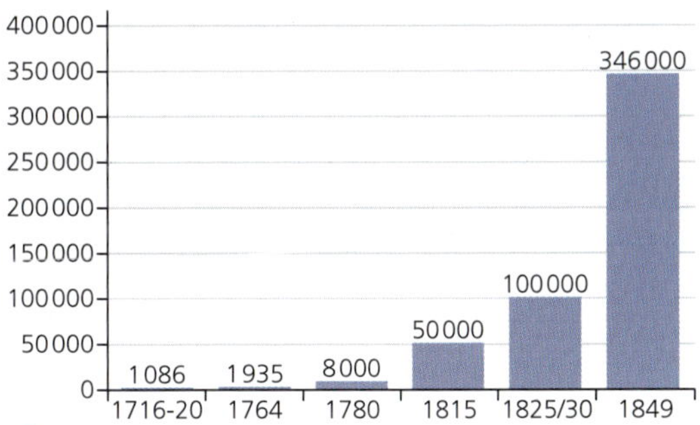

M4 Einfuhr von Rohbaumwolle nach Großbritannien
in Tonnen

Nach: Wilhelm Treue und Karl-Heinz Manegold, Quellen zur Geschichte der industriellen Revolution, Göttingen [2]1979, S. 108

INFO 4 Der Wandel geht weiter

Mit der Dampfmaschine nahm auch der Bedarf an Kohle und Eisen zu. Es entstanden neue Bergwerke und Hütten. 1784 gelang es dem Engländer *Henry Cort*, Eisen zu Stahl weiterzuverarbeiten. Er wurde im Maschinen-, Schiffs- und Kanonenbau ebenso wie in der Architektur bald unentbehrlich. Anfang des 19. Jhs. trat ein neues, kostengünstiges Transportmittel seinen Siegeszug an: die Dampfeisenbahn. Dies alles veränderte Großbritannien, Europa und die Welt.

Marcus Gerber

M5 Lokomotive „Rocket" mit Tender von 1829
Modell
Diese von George und Robert Stephenson zwischen 1814 und 1829 entwickelte Dampfeisenbahn war der „Urahn" aller Lokomotiven. Sie wurde in der 1823 von George Stephenson in Newcastle gegründeten ersten Lokomotivfabrik der Welt gebaut. Die „Rocket" erreichte 46,5 km/h.

Wie entwickelt sich die Industrialisierung in England?*

1. *Beschreibe, wie sich die Herstellung von Garn mit der Industrialisierung veränderte (M1 bis M3).* (F)
2. *Verfasse ein Gespräch zwischen einer der Frauen an den Handspinnmaschine (M1 oder M2) und der Arbeiterin in der Baumwollspinnerei über ihre Tätigkeit (M3, INFO 1).* (H)
3. *Fasse die Bedeutung der Textilindustrie für die Industrialisierung Englands zusammen. Berücksichtige M2 und INFO 3.*
4. *Stellt in Partnerarbeit die Voraussetzungen der Industrialisierung in einem Schaubild dar (INFO 1).* (H)
5. *Beurteilt, welche Faktoren für die Industrialisierung Englands besonders wichtig waren (INFO 1 bis 4).*

1762-1782: James Watt verbessert die Dampfmaschine
1764: „Spinning Jenny"
1814-1829: George und Robert Stephenson entwickeln die Dampfeisenbahn
1780 bis 1900: Industrialisierung in England
1750 | 1800 | 1850 | 1900

Lern-aufgabe

Neue Arbeits- und Lebensbedingungen

M 1 Baumwollspinnerei in Manchester
Skizze aus dem Reisetagebuch des preußischen Architekten und Malers Karl Friedrich von Schinkel, 1826
In den Fabriken arbeiteten Männer, Frauen und Kinder. Die Maschinen wurden statt mit Wind- und Wasserkraft mit Dampfmaschinen angetrieben.

M 2 Besuch einer Spinnerei in Manchester

Die Schriftstellerin Johanna Schopenhauer bereist zwischen 1803 und 1805 Großbritannien. Sie schildert die Arbeit in einer Baumwollspinnerei in Manchester:

Eine im Souterrain[1] angebrachte Dampfmaschine setzte alle die fast unzähligen, in vielen übereinandergetürmten Stockwerken angebrachten Räder und Spindeln in Bewegung. Uns schwindelte in diesen großen Sälen bei dem Anblick des mechanischen Lebens ohne Ende. [...] Alles wird hier auf die leichteste Weise durch Maschinen bewirkt, deren jede uns ein Wunder der Industrie erschien. [...] Alles in der Fabrik, auch das Geringste, [...] geschieht mit bewunderungswerter Genauigkeit und Zierlichkeit, dabei mit Blitzesschnelle. Am Ende schien es uns, als wären alle diese Räder das eigentlich Lebendige und die darum beschäftigten Menschen die Maschinen.

Johanna Schopenhauer, Reise durch England und Schottland, Stuttgart 1965, S. 52f.

INFO Blick in die veränderte Welt

Die **Industrialisierung** Englands brachte den erfolgreichen Unternehmern Gewinne, dem Staat größere Steuereinnahmen und der wachsenden Bevölkerung neue Verdienstmöglichkeiten. Daran waren auch die Regierungen und Geschäftsleute der übrigen europäischen Staaten interessiert. Sie schickten ihre Experten in die Regionen des industriellen Umbruchs. Auch Privatleute, Wissenschaftler und Unternehmer kamen nach England, um sich ein Bild von den technischen und gesellschaftlichen Veränderungen zu machen. Einige der Englandreisenden versuchten, die Funktionsweise neuer Maschinen und Produktionsverfahren auszuspähen. Die Reiseberichte liefern einen Einblick in den tief greifenden Wandel der Arbeits- und Lebensbedingungen in England. Die von Statistikern erhobenen Daten zeigen Ausschnitte über das Ausmaß der beginnenden Industrialisierung Englands.[2]

Marcus Gerber

M 3 Bevölkerungsentwicklung in England/Wales

1780	8 Mio.
1800	9 Mio.
1825	14 Mio.
1850	18 Mio.

Nach: Bundeszentrale für politische Bildung (Hrsg.) 1848-1949. Ein Jahrhundert der deutschen Geschichte, Mannheim 1997 (CD-ROM)

Geschichte erzählt:
Die Erzählung „Erschöpft und todmüde" findest du unter **31063-36**.

M 4 Wachstum britischer Industriestädte

	1801	1861
in Tausend		
Birmingham	74	296
Liverpool	80	444
London	959	2804
Manchester	90	338

Nach: https://en.wikipedia.org/wiki/List_of_towns_and_cities_in_England_by_historical_population#Rankings_by_year_2 (Zugriff: 28.09.2019)

M 5 Beschäftigte in Großbritannien

	um 1800	um 1850
Angaben in Prozent		
Landwirtschaft	40	22
Industrie/Handwerk	30	48
Dienstleistungen	30	30

Nach: Christoph Buchheim, Industrielle Revolutionen, München 1994, S. 33

[1] **Souterrain**: Untergeschoss
[2] Zum Umgang mit Statistiken siehe S. 103.

M6 Über Manchester in den 1840er-Jahren

Friedrich Engels kommt mit 22 Jahren nach Manchester und arbeitet dort zwischen 1842 und 1844 in der Baumwollspinnerei seines Vaters. Zu diesem Zeitpunkt interessiert er sich bereits sehr für die Situation der Arbeiterschaft in den neuen Industriebetrieben. Über die Altstadt von Manchester schreibt er in einem erstmals 1845 in Leipzig veröffentlichten Buch:

Wenn man sehen will, wie wenig Raum der Mensch zum Bewegen, wie wenig Luft – und welche Luft! – er zum Atmen im Notfall zu haben braucht, mit wie wenig Zivilisation er existieren kann, dann hat man nur hierher zu kommen. Es ist freilich die Altstadt – und darauf berufen sich die Leute hier, wenn man ihnen von dem scheußlichen Zustande dieser Hölle auf Erden spricht –, aber was will das sagen? Alles, was unsren Abscheu und unsre Indignation[1] hier am heftigsten erregt, ist neueren Ursprungs, gehört der industriellen Epoche an. Die paar hundert Häuser, die dem alten Manchester angehören, sind von ihren ursprünglichen Bewohnern längst verlassen; nur die Industrie hat sie mit den Scharen von Arbeitern vollgepfropft, die jetzt in ihnen beherbergt werden; nur die Industrie hat jedes Fleckchen zwischen diesen alten Häusern verbaut, um Obdach zu gewinnen für die Massen, die sie sich aus den Ackerbaugegenden und aus Irland verschrieb; nur die Industrie gestattet es den Besitzern dieser Viehställe, sie an Menschen für hohe Miete zur Wohnung zu überlassen, die Armut der Arbeiter auszubeuten, die Gesundheit von Tausenden zu untergraben, damit nur sie sich bereichern; nur die Industrie hat es möglich gemacht, dass der kaum aus der Leibeigenschaft befreite Arbeiter wieder als ein bloßes Material, als Sache gebraucht werden konnte […]. Das hat nur die Industrie getan, die ohne diese Arbeiter, ohne die Armut und Knechtschaft dieser Arbeiter nicht hätte leben können.

Zitiert nach: Friedrich Engels, Die Lage der arbeitenden Klasse in England, http://gutenberg.spiegel.de/buch/die-lage-der-arbeitenden-klasse-in-england-5095/5 (Zugriff: 10. 03. 2019)

[1] **Indignation**: Entrüstung

M7 Soziale Wirkungen der Dampfmaschine

Der Technikhistoriker Conrad Matschoss äußert sich Anfang des 20. Jhs. zu den Folgen des technologischen Umbruchs:

Die Dampfkraft trat ihren Siegeszug an, sie drang ein in alle Gebiete, sie vernichtete alte Gewerbe oder gestaltete sie von Grund auf um, sie riss die Menschen hinweg von der Arbeit, die sie erlernt, die ihre Väter und Großväter ausgeübt hatten, und führte sie zu einer neuen, ihnen ungewohnten Tätigkeit. Die mühsam erworbene Arbeitsgeschicklichkeit, ihr einziges Kapital, wurde wertlos. Gewaltig waren die Arbeitsverschiebungen, von denen oft ganze Bevölkerungsklassen betroffen wurden. Aus dem Zusammenhang der Familie trieb die neue Maschine die Menschen in große Fabriken, sie zerriss die Fäden, die jahrhundertelang den Menschen mit seiner Arbeit verbunden hatten, und überließ es ihnen, neue zu knüpfen.

Zitiert nach: Wilhelm Treue und Karl-Heinz Manegold, Quellen zur Geschichte der industriellen Revolution, Göttingen [2]1979, S. 146

Die Lage der arbeitenden Klasse in England.

Nach eigner Anschauung und authentischen Quellen von Friedrich Engels.

Leipzig, Druck und Verlag von Otto Wigand. 1845.

M8 Friedrich Engels, Die Lage der arbeitenden Klasse in England. Nach eigner Anschauung und authentischen Quellen
Umschlag der Erstausgabe, Leipzig 1845

Die Industrialisierung – ein allgemeiner Fortschritt? Bereitet zu dieser Frage eine Podiumsdiskussion vor.*

1. *Bilder mit qualmenden Schornsteinen (M1) waren damals keine Anklage gegen die Umweltverschmutzung. Erklärt, was sie stattdessen zeigen sollten.*
2. *Untersucht, ob Johanna Schopenhauer bezüglich des technischen Fortschritts Faszination oder Kritik äußert (M2).*
3. *Beschreibt mithilfe der Statistiken M3 bis M5 die Veränderungen. Erklärt Zusammenhänge zwischen den Statistiken.* (H)
4. *Vergleicht, welche Eindrücke von der Industrialisierung in den beiden Berichten (M2 und M6) vermittelt werden.* (H)
5. *Erarbeitet weitere Auswirkungen der Industrialisierung (M7).*
6. *Stellt aus den beiden Kapiteln über England (S. 98-101) positive und negative Entwicklungen der Industrialisierung in England zusammen. Führt nun die Podiumsdiskussion zu der Leitfrage.*

1762-1782: James Watt verbessert die Dampfmaschine
1764: „Spinning Jenny“
1814-1829: George und Robert Stephenson entwickeln die Dampfeisenbahn
1780 bis 1900: Industrialisierung in England
1750 1800 1850 1900

Deutschland – ein rückständiges Land?

Lern-aufgabe

M1 Die erste Produktionsstätte der Firma Koenig & Bauer im Kloster Oberzell am Main
Stich von 1830
Das im 12. Jh. gegründet Kloster Oberzell wurde 1802 aufgelöst. 1817 erwarben die Unternehmer Friedrich Koenig und Andreas Bauer die Gebäude, um eine Fabrik für Schnelldruckmaschinen zu errichten. Es war die erste bayerische Maschinenfabrik und die älteste Druckmaschinenfabrik der Welt.

M2 Aller Anfang ist schwer

Der Unternehmer Friedrich Koenig (siehe M1) berichtet um 1820 in einem Brief an einen Kunden:

Hierzulande befinden sich die Geschäfte noch in einem Zustande, in welchem sie in England vor 70 oder 100 Jahren waren [...]. Die Gesellen [...] wandern im Land umher, von einem kleinen Meister zum anderen. Wir hatten im vorigen Jahr deren eine Anzahl zusammengebracht, aber nachdem wir zehnmal mehr Unverschämtheit, Einbildung, Verkehrtheit und Pfuscherei hatten über uns ergehen lassen, als sich irgendein englischer Meister gefallen lassen würde [...], haben wir zu Anfang dieses Jahres alle an die Luft gesetzt. Nur unser englischer Werkführer und ein Schmied sind geblieben. [...] In nächster Nähe [...] befindet sich ein großes Dorf mit 1200 Einwohnern, und aus diesem nehmen wir jetzt die jungen Leute, um ihnen unser Geschäft zu lehren [...]. Herr Bauer unterrichtet von früh bis spät in den Werkstätten gleich einem Schulmeister, wenn aber unsere Arbeit bei Ihnen eintreffen wird, werden Sie uns Ihren Beifall nicht versagen dafür, dass es möglich gewesen ist, mit solchen Leuten Derartiges zu schaffen – wir müssen Schlachten schlagen mit Rekruten[1]!

Zitiert nach: Bernward Deneke (Hrsg.), Geschichte Bayerns im Industriezeitalter in Texten und Bildern, Stuttgart 1987, S. 112 (bearbeitet)

[1] **Rekruten**: Soldaten in der Ausbildungszeit; hier Berufsanfänger

M3 Bevölkerungsentwicklung in Deutschland

1780	21 Mio.
1800	23 Mio.
1825	28 Mio.
1850	35 Mio.

Nach: Bundeszentrale für politische Bildung (Hrsg.), 1848 – 1949. Ein Jahrhundert der deutschen Geschichte, Mannheim 1997 (CD-ROM)

M4 Hindernisse

In einer Bittschrift wendet sich der Wirtschaftswissenschaftler, Politiker und Journalist Friedrich List am 20. April 1819 als Bevollmächtigter des „Allgemeinen Deutschen Handels- und Gewerbevereins“ an die Bundesversammlung des Deutschen Bundes in Frankfurt:

Achtunddreißig Zoll- und Mautlinien[1] in Deutschland lähmen den Verkehr im Innern und bringen ungefähr dieselbe Wirkung hervor, wie wenn jedes Glied des menschlichen Körpers unterbunden wird, damit das Blut ja nicht in ein anderes überfließe. Um von Hamburg nach Österreich, von Berlin in die Schweiz zu handeln, hat man zehn Staaten zu durchschneiden, zehn Zoll- und Mautordnungen zu studieren, zehn Mal Durchgangszoll zu bezahlen. Wer aber das Unglück hat, auf einer Grenze zu wohnen, wo drei oder vier Staaten zusammenstoßen, der verlebt sein ganzes Leben mitten unter feindlich gesinnten Zöllnern und Mautnern, der hat kein Vaterland. [...]

Die alleruntertänigst Unterzeichneten [...] wagen es demnach, einer hohen Bundesversammlung die alleruntertänigste Bitte vorzutragen:

1. dass die Zölle und Mauten im Innern Deutschlands aufgehoben, dagegen aber
2. ein auf dem Grundsatz der Retorsion[2] beruhendes Zollsystem gegen fremde Nationen aufgestellt werden möchte, bis auch sie den Grundsatz der europäischen Handelsfreiheit anerkennen.

Zitiert nach: Manfred Görtemaker, Deutschland im 19. Jahrhundert. Entwicklungslinien, Leverkusen [3]1989, S. 166

[1] Anspielung auf die Grenzen der 34 Fürstentümer und vier freien Städte, die 1815 den Deutschen Bund gründeten

[2] **Retorsion**: Vergeltung, Sanktion

M5 Industrialisierungsgrad Großbritanniens und Deutschlands

Die Statistik beruht auf Berechnungen von Statistikern. Zugrunde liegen Daten über alle industriell hergestellten und vertriebenen Produkte – vom Bettlaken bis zur Lokomotive. Um einen Vergleich zwischen den Staaten und in Bezug auf Europa zu ermöglichen, wurde hier der Wert der Industrieproduktion in Großbritannien für das Jahr 1900 mit 100 gleichgesetzt (Indexzahl).

	1750	1800	1830	1860	1880	1900
Großbritannien	10	16	25	64	87	[100]
Deutsche Staaten/Deutschland	8	8	9	15	25	52
Gesamteuropa	8	8	11	16	24	35

Daten nach: Peer Vries, Ursprünge des modernen Wirtschaftswachstums, Göttingen 2013, S. 21 (bearbeitet)

M6 Beschäftigte in Deutschland nach Wirtschaftsbereichen

	1800	1855
Angaben in Prozent		
Land-/Forstwirtschaft	61,8	53,9
Industrie/Gewerbe	21,3	25,4
Dienstleistungen	16,9	20,6

Nach: Toni Pierenkemper, Umstrittene Revolutionen. Die Industrialisierung im 19. Jahrhundert, Frankfurt am Main 1996, S. 95

INFO Deutschland im Rückstand

Um 1800 lebte die deutsche Bevölkerung vor allem von der Landwirtschaft. In den Städten stellten Handwerker ihre Produkte unter Aufsicht von Zünften für den lokalen Markt her. Textilien wurden oft in ländlicher Heimarbeit hergestellt. Auch in den Manufakturen überwog die Handarbeit. Maschinen wurden noch mit Wasser, Wind oder mit Tierkraft angetrieben. Allerdings bestanden in bestimmten Regionen Sachsens, Schlesiens, Badens, Westphalens und des Rheinlands gute Voraussetzungen für einen industriellen Aufbruch. Hier gab es Bodenschätze, natürliche Verkehrswege und handwerklich geschulte Arbeitskräfte.

Angeregt durch das englische Vorbild bemühten sich einzelne Unternehmer und Regierungen um die **Industrialisierung**: 1783 wurde in Ratingen im Rheinland eine mit Wasserkraft betriebene Baumwollspinnerei als erste Fabrik auf dem europäischen Festland errichtet. Zwei Jahre später nahm man in Sachsen die erste Dampfmaschine Watt'scher Bauart in Betrieb.

Marcus Gerber

Schritt für Schritt:

Statistiken auswerten

In der Darstellung wirtschaftlicher Themen finden sich häufig Diagramme, Statistiken und Tabellen. Sie stellen Zustände und Entwicklungen dar und lassen Vergleiche zu.[1] Folgende Fragen sind zu beachten:

1. Worüber informiert die Statistik (Thema)?
2. Auf welche Gebiete und Zeiträume beziehen sich die Angaben?
3. Wie entwickeln sich die Angaben? (Hilfreiche Begriffe sind z. B.: Zunahme, Abnahme, Verdoppelung, Verdreifachung, steigend, sinkend …)
4. In welchem Verhältnis stehen die Angaben zueinander? Was zeigt ein Vergleich der Entwicklungen? Wie verläuft er? (Skizziere dazu bei Bedarf auf der Grundlage der Daten ein Liniendiagramm.)
5. Lassen die Angaben begründete Vorhersagen (Prognosen) zur weiteren Entwicklung zu?
6. Welche Aussageabsicht lässt sich der Statistik entnehmen?

[1] Siehe auch „Schritt für Schritt: Diagramme erstellen und deuten" auf S. 208.

Erstellt in Gruppenarbeit eine Präsentation zum Thema „Warum begann die Industrialisierung in Deutschland später als in England?"*

1. *Beschreibt M1 und beurteilt, welchen Eindruck das Bild vom Stand der Industrialisierung vermittelt.*
2. *Prüft, inwiefern M3 und M6 Aussagen über den Stand der deutschen Industrialisierung liefern. Vergleicht sie mit den Daten M3 und M5 auf S. 100, indem ihr geeignete Diagramme erstellt.* (H)
3. *Vergleicht den Industrialisierungsgrad Deutschlands mit dem von Großbritannien (M5) mithilfe der Methode „Schritt für Schritt: Statistiken auswerten".* (H)
4. *Präsentiert die Ergebnisse eurer Untersuchung. Beurteilt abschließend den Stand der deutschen Industrialisierung Mitte des 19. Jh.* (H)

Mit Volldampf voran! – Die Industrialisierung in Deutschland

M 1 Eine Verkehrsrevolution
Gemälde (357 x 272 cm) von Paul Meyerheim, 1873/76 (Ausschnitt)
Das Bild zeigt eine in den Berliner Borsig-Werken hergestellte Lokomotive und die ebenfalls von Borsig gebaute Eisenbahnbrücke über den Rhein bei Ehrenbreitstein (heute ein Stadtteil von Koblenz).

Medientipp:
Zur Geschichte der Eisenbahn siehe **31063-37**.

M 2 Vorteile der Eisenbahn

Berichte über die Entwicklung von Eisenbahnen in England veranlassen 1825 den rheinischen Unternehmer Friedrich Harkort zu folgenden Überlegungen:

Durch die rasche und billige Fortschaffung der Güter wird der Wohlstand eines Landes bedeutend vermehrt, welches Kanäle, schiffbare Ströme und gute Landstraßen hinlänglich beweisen [...]. Größere Vorteile als die bisherigen Mittel scheinen Eisenbahnen zu bieten [...]. Alle Zechen an der Ruhr würden durch eine Eisenbahn den unschätzbaren Vorteil eines raschen, regelmäßigen Absatzes unter großen Frachtersparungen erhalten. Innerhalb von zehn Stunden könnten 1 000 Zentner von Duisburg nach Arnheim geschafft werden [...]. Die Eisenbahnen werden manche Revolutionen in der Handelswelt hervorbringen.

Zitiert nach: Wilhelm Treue und Karl-Heinz Manegold, Quellen zur Geschichte der industriellen Revolution, Göttingen ²1979, S. 69 (bearbeitet)

M 3 Folgen der Eisenbahnen

Der württembergische Staatsrechtler und Politiker Robert von Mohl meint in den 1840er-Jahren:

Die waagrechte Ebene der Bahn, die glatte Oberfläche der Schienen und die Anwendbarkeit der Dampfkraft erlauben eine Geschwindigkeit, welche auf den gewöhnlichen Straßen mit den größten Anstrengungen und Kosten lange nicht zu erringen ist. [...] Die Folgen der [...] Leistungen der Eisenbahnen sind [...] von der höchsten Bedeutung [...]. Es entstehen neue Verhältnisse aller Art, deren allseitige Entwicklung noch völlig unabsehbar ist [...]. Die arbeitende Klasse vermag ihre Dienste in weit größeren Kreisen anzubieten [...]. Die Versetzung großer Truppenmassen an bedrohte Punkte ist in wenigen Stunden möglich [...]. Die Märkte der großen Städte können aus großer Entfernung mit allen Lebensmitteln, namentlich auch mit Vieh, im besten Zustande versehen, leicht verderbliche Erzeugnisse an früher ganz unzugängliche Absatzorte befördert, mangelnde Waren in kürzester Zeit erlangt, somit die Zinsen großer Vorräte erspart werden. Es werden Kulturen und Gewerbe [...] auch an entfernten Plätzen bei billigen Arbeitslöhnen, Rohstoffen und bewegenden Kräften ausführbar.

Zitiert nach: Wilhelm Treue und Karl-Heinz Manegold, Quellen zur Geschichte der industriellen Revolution, a. a. O., S. 86 f.

INFO 1 Der industrielle Aufbruch beginnt

In den ersten Jahrzehnten des 19. Jhs. verbesserte zuerst Preußen die wirtschaftlichen Rahmenbedingungen: Die Zünfte wurden abgeschafft und alle Beschränkungen für eine freie Betätigung in Handwerk und Gewerbe fielen weg. Darüber hinaus verbesserte man das Straßennetz und baute Kanäle und Binnenhäfen an Rhein und Ruhr aus. Ab 1816 richtete die preußische Regierung ein technisches Ausbildungswesen ein und förderte den technischen Fortschritt. Dazu betrieb man Industriespionage in England, umging britische Ausfuhrverbote und warb englische Techniker an. Andere deutsche Staaten folgten dem preußischen Vorbild.

Marcus Gerber

M4 Entwicklung der Eisenbahn in Deutschland

	Streckenlänge (in km)	Beschäftigte (Eisenbahnbetrieb ohne Eisenbahnbau)	Zahl der Lokomotiven[1]	Personenverkehr (in Mio. pkm[2])	Güterverkehr (in Mio. tkm[3])
1840	469	1600	245[4]	62	3
1850	5856	26100	1084[5]	783	303
1860	11089	85600	keine Angaben	1733	1675
1870	18667	161000	5500	4447	5876
1880	30125	272800[6]	10900	6479	13039

[1] Etwa ein Drittel der Lokomotiven kam bis 1850 aus England und anderen Staaten, bis 1871 ging der Anteil der ausländischen Lokomotiven auf 3,8 Prozent zurück. [2] **pkm**: Personenkilometer [3] **tkm**: Tonnenkilometer
[4] Zahl für 1842/43 [5] Zahl für 1851 [6] Angabe für 1879

Zusammengestellt nach: Dieter Ziegler, Die Industrielle Revolution, Darmstadt ^{3}2012, S. 53, Hubert Kiesewetter, Industrielle Revolution in Deutschland, Stuttgart 2004, S. 205, und Christopher Kopper, Verkehr und Kommunikation, in: Thomas Rahlf (Hrsg.), Deutschland in Daten, Bonn 2015, S. 226

M5 Fahrzeiten

km	Strecke	Reisedauer in Stunden Schnellpost (1841)	Eisenbahn (1851)
290	Berlin-Hamburg	$31\frac{1}{2}$	8
320	Berlin-Hannover	32	6
174	Berlin-Dresden	17	$5\frac{1}{2}$
215	Berlin-Leipzig	$17\frac{1}{4}$	7
85	Halle-Magdeburg	6	$2\frac{1}{2}$
35	Halle-Leipzig	$6\frac{1}{2}$	1
175	Frankfurt-Kassel	20 (1845)	7 (1845)
75	Augsburg-München	$6\frac{1}{2}$ (1845)	$2\frac{1}{2}$ (1845)
26	Düsseldorf-Elberfeld	$3\frac{1}{2}$ (1845)	$1\frac{1}{8}$ (845)

Nach: Klaus Hermann, Die Personenbeförderung bei Post und Eisenbahn ..., in: Scripta Mercatura, 2/1977, S. 10 (ergänzt)

INFO 2 Die Eisenbahn stellt die Weichen

Die Lockerung von Regeln für den Handel und das Gewerbe sowie die Gründung des Deutschen Zollvereins[1] waren wichtige Voraussetzungen dafür, dass um 1840 die **Industrialisierung** in einigen deutschen Regionen begann.

Zur „Lokomotive" für den industriellen Aufbruch wurde der Eisenbahnbau. Das Startzeichen gab 1835 die erste deutsche Eisenbahnstrecke zwischen Nürnberg und Fürth.[2] Da sie sich als gewinnbringend erwies, setzte bald ein stürmischer Eisenbahnbau ein. Das deutsche Streckennetz wuchs rasant, wobei zunächst die Handelsstädte mit den alten Gewerberegionen verbunden wurden.

In der Anfangsphase waren es oft Privatunternehmer, die den Eisenbahnbau vorantrieben. Die von ihnen gegründeten Aktiengesellschaften[3] versprachen Anlegern hohe Gewinne. Nach und nach erkannten die deutschen Staaten die wirtschaftliche und militärische Bedeutung des neuen Verkehrsmittels. Sie investierten auch dort in das Streckennetz, wo es für private Unternehmer unrentabel war. Somit bestanden anfangs Privat- und Staatsbahnen nebeneinander. Eine gemeinsame Planung fand erst nach der Gründung des Deutschen Reiches 1871 statt.

Marcus Gerber

[1] Zum Zollverein siehe S. 106.
[2] Siehe S. 108.
[3] **Aktiengesellschaften**: Mehrere Kapitalgeber finanzieren durch den Kauf von Anteilsscheinen (Aktien) den Bau von Eisenbahnen, Zechen und Fabriken. Die Aktionäre sind am Gewinn und Verlust der Aktiengesellschaft beteiligt.

Welche Bedeutung hat die Eisenbahn für den industriellen Aufbruch in Deutschland?

1. *Nenne Rahmenbedingungen für die deutsche Industrialisierung* (INFO 1). Berücksichtige dabei die Begriffe Deutscher Bund*, Stände* und Bürgertum*.*
2. *Fasst in Gruppenarbeit die in M2, M3 und M5 genannten Vorteile und Folgen der Eisenbahn zusammen.*
3. *Untersucht in Partnerarbeit mithilfe der Statistik M4 die Auswirkungen des Eisenbahnbaus.* (H)
4. *Beschreibt das Gemälde M1 und diskutiert, ob die Bildüberschrift zum Thema passt.*

Wirtschaftsräume und Industriezentren

M 1 Der Deutsche Zollverein

Der Deutsche Zollverein war ein Zusammenschluss von Staaten des Deutschen Bundes für den Bereich der Zoll- und Handelspolitik. Der Zollvereinigungsvertrag wurde am 22. März 1833 unterzeichnet und trat am 1. Januar 1834 in Kraft. 1870 stellte das Gebiet des Deutschen Zollvereins nach Großbritannien und den Vereinigten Staaten die drittgrößte Industriemacht der Welt dar.

INFO 1 Ein neuer Wirtschaftsraum entsteht

Ein wichtiger Impuls für die deutsche **Industrialisierung** ging nach 1833 von der schrittweisen Bildung eines gemeinsamen Zoll- und Handelsraumes unter preußischer Führung durch den Deutschen Zollverein aus.

Durch den Eisenbahnbau erhöhte sich die Nachfrage auch in anderen Bereichen der Industrie: Für Lokomotiven, Eisenbahnwagen und Schienen benötigte man Stahl, Steinkohle und Dampfmaschinen. Die Erz- und Steinkohleförderung für die Produktion von Stahl erforderte Förderanlagen und Pumpen. Als billiges Transportmittel zwischen den einzelnen Branchen diente wiederum die Eisenbahn. Zudem glich sie die Standortnachteile marktferner Orte aus. Mit der Anbindung des Streckennetzes an die Nachbarländer erschloss man weitere Absatzgebiete für deutsche Waren.

Der ständig wachsende Bedarf an Kohle und Erz trug zur Industrialisierung Oberschlesiens, des Saarlandes und der Oberpfalz bei. Zum größten europäischen Wirtschaftsraum aber wurde im Laufe des 19. Jhs. das Ruhrgebiet.

Marcus Gerber

M 2 Steinkohleförderung und Roheisenproduktion in Deutschland

Jahr	Steinkohleförderung *(in Klammern = Ruhrgebiet)*	Roheisenproduktion
	Tonnen	*Tonnen*
1840	3200000 (956000)	173000
1850	5200000 (1960000)	212000
1860	12300000 (4300000)	545000
1870	26400000 (11600000)	1400000

Nach: Richard Tilly, Kapital, Staat und sozialer Protest in der deutschen Industrialisierung, Gesammelte Aufsätze, Göttingen 1980, S. 30 (gekürzt; die Angaben wurden ab- bzw. aufgerundet und beziehen sich in der Regel auf Deutschland in den Grenzen von 1871); Zahlen für das Ruhrgebiet: Gerhard Gebhardt, Ruhrbergbau. Geschichte, Aufbau und Verflechtung seiner Gesellschaften und Organisationen, Essen 1957, S. 492

M 3 Die Gussstahlfabrik Friedrich Krupp in Essen aus der Vogelschau
Farbdruck nach einem Holzstich von Jakob Scheiner, 1879

M 4 Optimale Voraussetzungen

Der Industrielle Carl Overweg aus Lethmate (heute ein Stadtteil von Iserlohn) schreibt 1851 an die preußische Regierung:

Es ist der hohen Staats-Regierung bekannt geworden, dass in Bochum, neben den längst bekannten reichen Kohlelagern, kürzlich eine große Menge Eisenerz erschlossen wurde. Das gleichzeitige mächtige Vorkommen von Kohlen und Eisenerzen ist in Deutschland neu. In der Regel waren Steinkohlen 20 bis 30 Stunden von den Eisenerzen entfernt. Dagegen kennt England seit langer Zeit einen ungewöhnlichen Reichtum an nebeneinander lagernden Erzen und Kohlen – und an vorzüglichen Verkehrsmitteln.

Wir bezwecken eine Aktien-Gesellschaft ins Leben zu rufen, um eine großartige Hochofenanlage und ein großartiges Puddlingswerk[1] in einer Hand zu vereinen und so ein ebenso hohen Gewinn versprechendes, als national-ökonomisch bedeutendes industrielles Etablissement[2] zu gründen.

Zitiert nach Karl-Peter Ellerbrock, Aufbruch ins Revier. Die Familie Hoesch und ihre Unternehmungen, in: Praxis Geschichte 5/2000, S. 13-16, hier S. 15 (stark bearbeitet)

[1] **Puddlingswerk**: Werk zur Herstellung von hochwertigem Schmiedeeisen durch Luftzufuhr
[2] **Etablissement**: hier Fabrik

INFO 2 Die Hochindustrialisierungsphase

In einer zweiten Phase der **Industrialisierung** seit den 1870er-Jahren gewannen in Deutschland neben der Montanindustrie[1], dem Eisenbahn- und Schiffsbau die Chemie- und Elektroindustrie immer größere Bedeutung. Unternehmen wie BASF (Badische Anilin- & Soda-Fabrik) oder Siemens erlangten weltweite Geltung.

Wissenschaftliche Lehre und Forschung an neu errichteten Technischen Hochschulen sowie Erfindungen trugen zum Erfolg dieser Industrien bei. Die Weiterentwicklung von Verbrennungsmotoren durch *Gottfried Daimler* und *Carl Friedrich Benz* beschleunigte die Verkehrsrevolution. Die Herkunftsbezeichnung „Made in Germany" – ursprünglich ein britischer Hinweis auf minderwertige Produkte – wurde Ende des 19. Jhs. weltweit zum Gütesiegel für Qualitätswaren aus Deutschland.

Marcus Gerber

Medientipp:
Weitere Informationen zur Industrialisierung Deutschlands findest du unter **31063-38**.

[1] **Montanindustrie**: Bergbau und rohstoffverarbeitende Eisen- und Stahlindustrie

Was kennzeichnet den Erfolg der deutschen Industrialisierung*?

1. *Vergleiche den Wirtschaftsraum des Deutschen Zollvereins (M1) mit den deutschen Industrieregionen (siehe S. 97, M2).*
2. *Gestaltet in Partnerarbeit ein Schaubild, aus dem der Zusammenhang zwischen dem Eisenbahnbau und der Entwicklung in anderen Bereichen der Wirtschaft hervorgeht. Nutzt dafür INFO 1 und M2. Vergleicht anschließend eure Produkte.* (H)
3. *Nenne Gründe, weshalb das Ruhrgebiet für Unternehmer besonders attraktiv war und welche Veränderungen die Industrialisierung brachte (M3 und M4).*
4. *Recherchiert Erfindungen und Produkte aus der Hochphase der Industrialisierung am Ende des 19. Jhs. und stellt sie in der Klasse vor.*

1834: Deutscher Zollverein
1835: Erste Eisenbahn zwischen Nürnberg und Fürth
ab 1840: Die Industrialisierung einzelner deutscher Regionen beginnt
1800 – 1850 – 1900

Die Industrialisierung in Bayern – ein Sonderfall?

M 1 Der „Adler" kommt
Kolorierter Kupferstich nach einem Gemälde von Carl Alexander Heideloff, um 1835
Am 7. Dezember 1835 fuhr zwischen Nürnberg und Fürth auf einer Strecke von etwa sieben Kilometern Deutschlands erste Eisenbahn. Die Fahrt dauerte neun Minuten. Der Dampflokomotive hatte man den Namen „Adler" gegeben. Sie stammte aus der englischen Fabrik Stephenson und wurde von einem Briten mit einer Höchstgeschwindigkeit von 35 km/h gefahren.

M 2 Es geht los ...

Das Stuttgarter „Morgenblatt für gebildete Stände" berichtet am 8. Dezember 1835:

Ein Kanonenschuss verkündete den Abgang des ersten Zuges. Alle neun Wagen waren angefüllt und mochten etwa 200 Personen fassen. [...] Der Wagenlenker ließ nach und nach die Kraft des Dampfes in Wirksamkeit treten. Aus dem Schlot [der Lokomotive] fuhren nun die Dampfwolken in gewaltigen Stößen, die sich mit dem schnaubenden Ausatmen eines riesenhaften [...] Stieres vergleichen lassen. Die neun Wagen [...] fingen an, sich langsam zu bewegen ...

Zitiert nach: Wilhelm Treue und Karl-Heinz Manegold, Quellen zur Geschichte der industriellen Revolution, Göttingen ²1979, S. 72 f.

INFO 1 Hemmnisse

Trotz bedeutender alter Gewerbestandorte wie Nürnberg und Augsburg verlief die Industrialisierung in Bayern langsamer als im Ruhrgebiet oder in Sachsen. Da die Kohle- oder Eisenvorkommen gering waren, entwickelte sich keine nennenswerte Schwerindustrie. Die Entfernungen zu Industrieregionen und Märkten außerhalb Bayerns waren groß. Ein für den Gütertransport geeignetes Verkehrsnetz aus Straßen, Schienen und Kanälen entstand erst allmählich. Die Regierung und Teile der Bevölkerung blieben lange skeptisch gegenüber der Industrialisierung. Aus England kamen Berichte, wonach dort viele Fabrikarbeiter und ihre Familien in Not gerieten. Die eigene Bevölkerung sollte vor diesen negativen Folgen der Industrialisierung bewahrt werden, auch aus Sorge vor sozialen Unruhen. Handwerker und Händler forderten staatlichen Schutz vor der Fabrikkonkurrenz. Die schon von Anfang des 19. Jh. angeregte Gewerbefreiheit wurde erst 1868 eingeführt. Bayern blieb deshalb bis zum Ende des 19. Jh. stark landwirtschaftlich geprägt.

Marcus Gerber

M 3 Entwicklung des Eisenbahnnetzes in Preußen und Bayern – ein Vergleich

	1839	1850	1870	1900
in km				
Preußen	84	3550	10821	29967
Bayern	28	609	2756	6720
Deutschland	240	5856	18667	49878

Nach: Kurt Kiesewetter, Industrielle Revolution in Deutschland 1815-1914, Stuttgart 2004, S. 241 (Angaben auf- bzw. abgerundet)

M 4 Steinkohleförderung und Eisenerzproduktion in Preußen und Bayern

	1855/56		1895/96	
in 1 000 t	Preußen	Bayern	Preußen	Bayern
Steinkohle	7926	186	72622	973
Eisenerz	1181	87	4053	163

Nach: Kurt Kiesewetter, Industrielle Revolution in Deutschland 1815-1914, Stuttgart 2004, S. 192 und 218, und Dirk Götschmann, Wirtschaftsgeschichte Bayerns. 19. und 20. Jahrhundert, Regensburg 2010, S. 196 (Angaben auf- bzw. abgerundet)

Exkursionstipp:
DB-Museum in Nürnberg

M 5 Polytechnische Schule Augsburg

Radierung von 1840

1833 erließ König Ludwig I. eine Verordnung zur Einrichtung weiterführender Schulen. Eine dieser 22 neuen Gewerbeschulen wurde noch im selben Jahr im ehemaligen Katharinenkloster in Augsburg gegründet. An den Gewerbeschulen erwarben die Schüler berufsbezogene Kenntnisse. Unterrichtet wurden vor allem Mathematik, Physik, Chemie und technisches Zeichnen.

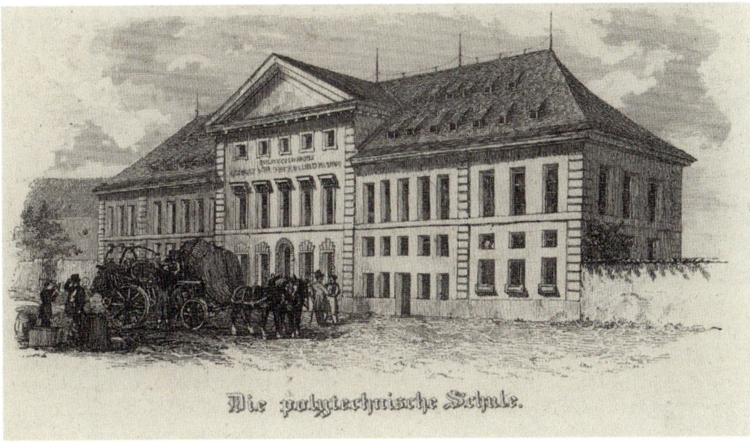

M 6 Ein nachdenklicher König

König Ludwig I. notiert vom 3. Februar 1847:

Geeignete Fürsorge soll [vom Staat] für die Betriebsamkeit [industrie] getroffen werden, Landbau aber die Hauptsache bleiben. England, und es nicht allein, zeigt abschreckendes Beispiel, wenn es anders gehalten wird.

Im selben Jahr bittet ein Augsburger Textilunternehmer, seine Fabrik erweitern zu dürfen. Ludwig I. vermerkt dazu:

Diesen Antrag genehmigen. Traurig aber zu sehen, dass Gewerbe, die früher viele Familien nährten, jetzt auf viel weniger sich beschränken, somit die Zahl der Proletarier sich vergrößert […].

Zitiert nach: Andreas Kraus (Hrsg.), Signate König Ludwig I., Bd. 6: 1845-1848, München 1994, S. 380

M 7 Beispiele für frühe Industriebetriebe in Bayern

1809	Feinmechanisches Institut Joseph von Utzschneider und Josef von Fraunhofer (Spezialgläser, Präzisionsmessgeräte)
1817	Maschinenfabrik Koenig & Bauer in Kloster Oberzell bei Würzburg (siehe S. 102, M1)
1836/37	Augsburger-Kammgarn-Spinnerei / Mechanische Baumwoll-Spinnerei und Weberei in Augsburg Maschinenfabrik Klett in Nürnberg
1839	Maschinenfabrik Maffei in München (Dampfmaschinen, Lokomotiven) …

Zusammengestellt nach: Gerhard Bott (Hrsg.), Leben und Arbeiten im Industriezeitalter. Eine Ausstellung zur Wirtschafts- und Sozialgeschichte Bayerns seit 1850, Stuttgart 1985, S. 3ff., sowie Hans-Liudger Dienel und Helmut Hilz, Bayerns Weg in das technische Zeitalter, München 1993, S. 19-30 (ergänzt)

INFO 2 Antriebskräfte

Die bayerische Regierung beschränkte sich anfangs auf einige Maßnahmen zur Verbesserung der Rahmenbedingungen für die Industrie: 1834 erfolgte der Beitritt zum Deutschen Zollverein[1]. Die Verwaltung und Justiz wurden verbessert, die Gründung von Banken und Versicherungen unterstützt, das Bildungswesen ausgebaut und modernisiert. Bedeutender aber waren die Initiativen von risikobereiten Unternehmern und fortschrittlichen Handwerkern. Der zollfreie Binnenmarkt und die verbesserten Transportwege erhöhten ihre Bereitschaft, Geld zu investieren. Dem Mangel an Rohstoffen und der Marktferne begegneten sie durch die Spezialisierung auf technisch anspruchsvollere Produkte. Der Aufschwung der deutschen Wirtschaft seit den 1880er-Jahren führte schließlich auch in Bayern zu einer deutlichen Beschleunigung der **Industrialisierung**. Sie blieb aber punktuell auf bestimmte Städte und Regionen begrenzt.

Marcus Gerber

[1] Siehe S. 106, M1.

Welche Besonderheiten gibt es bei der Industrialisierung in Bayern?*

1. *Beschreibt, was den Zeichner und den Zeitungsreporter an der Eröffnungsfahrt beeindruckte.*
2. *Das Ereignis vom 7. Dezember 1835 (M1) legt die Vermutung nah, dass die Industrialisierung in Bayern besonders erfolgreich verlief. Überprüft diese Vermutung anhand von M3 und M4.*
3. *Erarbeitet Gründe für den verzögerten Beginn der Industrialisierung in Bayern (INFO 1, M6).*
4. *Erklärt, welche Bedeutung Gewerbeschulen für die Beschleunigung der Industrialisierung in Bayern hatten (M5, INFO 2). Was müsste an solchen Schulen heute unterrichtet werden, um die Wirtschaft zu fördern?*
5. *Nennt Gründe, warum einige bayerische Unternehmen besonders erfolgreich waren (INFO 2). Ergänzt die Tabelle M7 um eigene Beispiele, die ihr recherchiert, z. B. Lorenz Hutschenreuther AG – Rosenthal-Porzellan – Carl von Linde – Schuckertwerke.*
6. *Nehmt Stellung zu der Überschrift „Die Industrialisierung in Bayern – ein Sonderfall?“ (H)*

1835: Erste Eisenbahn zwischen Nürnberg und Fürth
1834: Deutscher Zollverein
ab 1840: Die Industrialisierung einzelner deutscher Regionen beginnt
1800 1850 1900

Fabrik und Stadt verändern den Alltag

M1 Heimarbeit in einer Web- und Spinnstube
Radierung von Georg Michael Kirn, um 1835

M2 Arbeiter in der Berliner Kleinmotorenfabrik der „Allgemeinen Elektricitäts-Gesellschaft" (AEG)
Foto, um 1900 (Ausschnitt)

INFO 1 Industriearbeit

In vorindustrieller Zeit wurden die Arbeitsabläufe in Heimwerkstätten oder auf Bauernhöfen von Faktoren wie Jahreszeiten oder privaten Lebensumständen mitbestimmt. Die **Industrialisierung** veränderte den Alltag: In den Fabriken gaben Maschinen die Arbeitsschritte und das Tempo vor. Da die Fabrikanlagen Investitionen erforderten, die Unternehmer miteinander konkurrierten und Gewinne machen wollten, galten für die Arbeitenden strenge Regeln, die von Vorgesetzten kontrolliert wurden. Das Überangebot an Arbeitskräften hielt dazu den Lohn niedrig. Die Fabrikarbeiter bildeten eine neue Unterschicht: das *Proletariat*[1].

Weil das Einkommen des Mannes in den Arbeiterfamilien für Ernährung, Miete und Kleidung nicht ausreichte, mussten Kinder und Frauen mitarbeiten. Das galt zwar auch für die traditionelle Arbeit in Landwirtschaft, Handwerk und Heimgewerbe. Neu an der Fabrikarbeit war aber die Trennung von Wohnen und Arbeiten.

Marcus Gerber

[1] **Proletariat**: Im alten Rom nannte man die Armen, deren einziger Reichtum ihre Kinder waren, Proletarier (lat. proles: Nachkommen). Seit dem 19. Jh. wird die besitzlose Masse der Industriearbeiterschaft so bezeichnet.

M3 Fabrikordnung

Der Direktor der Augsburger Kammgarn-Spinnerei erlässt 1846 eine Fabrikordnung in 26 Punkten; hier ein Auszug:

1. Jeder Arbeiter, welcher in der Fabrik aufgenommen wird, ist nach einer Probezeit von 14 Tagen […] verpflichtet, sechs Monate, vom Tage seiner Ankunft an gerechnet, in der Fabrik zu arbeiten. […]

Dagegen bleibt es den Fabrikherrn unbenommen, den Arbeiter wegen schlechter Aufführung […] jederzeit zu verabschieden. […]

2. Außer an den Sonntagen und hohen Festtagen, wird alle Tage gearbeitet. Jede Abwesenheit an einem andern Tag […] wird mit einer Geldbuße bestraft […].

3. Die Arbeitsstunden sind im Sommer von 5 Uhr morgens bis abends 7 Uhr, im Winter von 6 Uhr bis abends 8 Uhr. […]

4. Eine Glocke wird des Morgens, eine halbe Stunde vor dem Anfange der Arbeit, die Öffnung der Fabrik ankündigen, das zweite eine halbe Stunde später erfolgende Läuten […] verkündet das Beginnen der Geschäfte. Eine viertel Stunde später wird der Pförtner das Tor verschließen […]. Diejenigen, welche später kommen, werden nicht mehr eingelassen […]. →

9. Jeder Arbeiter ist für die ihm anvertrauten Gegenstände verantwortlich; wenn er dieselben bei Nachfrage nicht gleich vorweisen kann, werden sie auf seine Kosten durch neue ersetzt. [...]
11. Der Arbeiter, welcher schlechte Arbeit liefert, verfällt in eine dem Fehler angemessene Strafe.

Zitiert nach: Bernward Deneke (Hrsg.), Geschichte Bayerns im Industriezeitalter in Texten und Bildern, Stuttgart 1987, S. 115 f.

M 4 Wie lange arbeiten?

Tägliche Arbeitszeit in Handwerk und Industrie im 19. Jh.

1800-1820	10-13 Stunden
1820-1840	11-15 Stunden
1840-1860	12-16 Stunden
1860-1870	12-14 Stunden
1870-1890	11-13 Stunden
1890-1910	10-11 Stunden

Nach: Jürgen Kocka, Arbeitsverhältnisse und Arbeiterexistenzen, Bonn 1990, S. 486

M 5 Morgen einer Arbeiterin

Der Tagesablauf einer Arbeiterin beginnt um 1900 etwa so:

Je nach der Entfernung der Wohnung von der Fabrik, nach dem Beginn der Fabrikarbeit und je nach dem Arbeitsbeginn des Mannes steht die Frau um 3 ½, 4, 4 ½ oder 5 Uhr auf [...]. Dann wird das Frühstück für Mann, Frau und Kinder zubereitet und genossen, das abends vorher schon vorbereitete und angekochte Essen aufs Feuer gebracht und – wenn Mann und Frau oder eines von ihnen mittags nicht heimkehren kann – für diese in Blechtöpfe gefüllt, für die Kinder zum Wärmen hergerichtet. Die Kinder werden dann angekleidet, wenn sie größer sind, schulfertig gemacht, wenn kleiner und der Aufsicht [...] bedürftig, genährt und zur Hütfrau getragen; wo eine Krippe vorhanden ist oder eine Bewahrschule, werden die Kleinen und Kleinsten diesen viel billigeren Anstalten anvertraut. Von da geht es zur Fabrik. Entfernungen von 2 - 3 km gelten als nahe, es gibt aber zahlreiche Arbeiterinnen, welche täglich 10 - 12 km auf ihren Fabrikwegen zu Fuße zurücklegen müssen.

Zitiert nach: Ingeborg Weber-Kellermann, Frauenleben im 19. Jahrhundert, München 1983, S. 165

INFO 2 Wohnungselend und soziale Not

Bevölkerungswachstum und **Industrialisierung** trugen zum schnellen Wachstum der Städte bei.[1] Da billige Wohnungen fehlten, hauste das Proletariat in menschenunwürdigen Behelfsbauten, feuchten Kellerwohnungen oder „Mietskasernen" mit dunklen Hinterhöfen und schlechten sanitären Einrichtungen. Mehrere Familien teilten sich eine Toilette und einen Wasserhahn auf dem Flur. In Berlin wohnten beispielsweise noch um 1910 etwa 600 000 Menschen in Wohnungen, in denen jedes Zimmer mit fünf und mehr Personen belegt war. Dazu kamen „Schlafgänger": Junge Arbeiter und Arbeiterinnen mit geringem Lohn mieteten sich eine Schlafstelle bei einer Familie und schliefen dann in den Betten der Personen, die gerade nicht anwesend waren. Diese Wohnverhältnisse führten zu Krankheiten und zerstörten häufig das Familienleben. Viele Männer zogen das Wirtshaus den engen Wohnungen vor. Alkoholismus vergrößerte die Not und Ausweglosigkeit in den Familien. Gewalt gegen Frauen und Kinder war eine häufige Folge.

Marcus Gerber

M 6 Berliner „Mietskaserne"
Foto von 1910

[1] Siehe dazu die Statistiken auf S. 102, M3 und S. 146, M2.

Wie verändern Fabrikarbeit und Stadtleben die Arbeits- und Lebensbedingungen der Arbeiter?

1. *Stelle mithilfe von M1 und M2 Unterschiede vorindustrieller und industrieller Arbeitswelten in einer Tabelle gegenüber.* (H)
2. *Erarbeitet in Gruppenarbeit wesentliche Bestimmungen der Fabrikordnung (M3). Verfasst ein Streitgespräch zwischen einem Arbeiter und einem Unternehmer über die Notwendigkeit bzw. Gerechtigkeit der Bestimmungen zur Anwesenheit und Pünktlichkeit (M3 und INFO 1).*
3. *Untersuche den Einfluss der Industrie auf die Entwicklung der Arbeitszeit (M4).*
4. *Setze die Beschreibung des Tagesablaufs fort (M5). Du kannst davon ausgehen, dass der Arbeitstag der Arbeiterin nicht vor 21:00 Uhr endete.*
5. *Beurteile mögliche Auswirkungen der Wohnverhältnisse der Industriearbeiter auf das Familienleben und die Situation von Kindern und Jugendlichen (M6 und INFO 2).*

1815: 25 Mio. Einwohner in den Grenzen des Deutschen Reiches von 1871
ab 1840: Die Industrialisierung einzelner deutscher Regionen beginnt
ab 1880: Hochindustrialisierung und Verstädterung (Urbanisierung)
1895: 52 Mio. Einwohner im Deutschen Reich

1800 — 1850 — 1900

Umweltkonflikte – damals und heute

M 1 „Pfui Deifel"
Skizze von Heinrich Kley, um 1905
Der Zeichner und Maler Heinrich Kley illustrierte auch Firmenfestschriften für die Friedrich Krupp AG in Essen.

M 2 Der erste große deutsche Umweltkonflikt

Der Bamberger Unternehmer Joseph Ernst Strüpf will 1802 unmittelbar vor der Stadt eine „modern" mit Kohle gefeuerte Glashütte betreiben. Sein Antrag findet Widerspruch und führt zum ersten großen deutschen Umweltkonflikt. Die zuständige Regierung genehmigt zwar die Fabrik, verfügt aber die Verlagerung an einen anderen Ort. Zu der Entscheidung beigetragen hat die Streitschrift „Das Schädliche der projektierten Glas-Hütte in der Weiden zu Bamberg" des Bamberger Medizinprofessors Anton Dorn vom Sommer 1802; darin heißt es:

Überall, wo man Glashütten antrifft, sie mögen mit Holz oder mit Steinkohlen gefeuert werden, findet man solche isoliert, von Städten und Dörfern entfernt – in waldige oder sonst öde und unfruchtbare Gegenden verwiesen. – Nur bei uns soll das Gegenteil geschehen – nur bei uns soll eine Glashütte und zwar mit hiesigen Steinkohlen gefeuert, in einer unserer schönsten Gegenden, in der Nähe der Stadt selbst rauchen? [...] Die Steinkohlen verzehren durch den Prozess des Verbrennens die Lebensluft der Atmosphäre, und entwickeln dagegen andere Gasarten wie Stickgas, kohlensaures Gas, brennbares oder Wasserstoffgas, und wenn die Steinkohlen Schwefelsäure enthalten, auch schweflichsaures Gas. [...]
Das Erste, was einem jeden sogleich dabei in die Augen, oder vielmehr in die Nase fallen muss, ist das Unangenehme dieses immerwährenden stinkenden Rauchwerks für die Stadt und die Weiden. [...] Nicht so auffallend ist freilich der Nachteil für das Leben und die Gesundheit [...]. Aber doch entstehen [...] bei Ungewöhnten und Schwächlingen auf der Brust allerlei Übelbefinden von größerer oder geringerer Bedeutung, als Kopfwehe, Schwindel, Betäubung, allgemeine Ermattung, Schläfrigkeit, Zittern, Übelkeit und Erbrechen, Brustbeklemmung, Heiserkeit, ein lästig kitzelnder Husten, Blutspeien und dergleichen. [...] Wie man nun unter diesen Umständen die Gesundheit der nahen Bewohner von allem Nachteile freisprechen könnte, dies begreife ich nicht. [...] Sollte es wohl eine hohe Landesregierung billig und gerecht finden, dass eine ganze Gegend zugrunde gerichtet werde, damit sich ein einziger Spekulant bereichere?

Zitiert nach: Franz-Josef Brüggemeier und Michael Toyka-Seid (Hrsg.), Industrie-Natur. Lesebuch zur Geschichte der Umwelt im 19. Jahrhundert, Frankfurt am Main 1995, S. 29 ff.

INFO Mensch und Umwelt leiden

Industrialisierung, Verstädterung, das immer dichter werdende Eisenbahnnetz und der zunehmende Einsatz von Kunstdünger veränderten die Lebensbedingungen der Menschen sowie die Tier- und Pflanzenwelt.
Es gab von Anfang an Klagen über die Belästigung durch Dämpfe, Gerüche, Rauch, Ruß, Wärme, Geräusche und giftige Abwässer. Die betroffenen Menschen beschwerten sich über Beeinträchtigungen, Schädigungen und Gefährdungen, die von den Dampfmaschinen, der Verbrennung von Kohle, der Bearbeitung von Stahl, der Verhüttung von Erzen und der Herstellung von Chemikalien ausgingen. Aber ein ökologisches Bewusstsein, wie wir es heute kennen, gab es noch nicht.
Behörden und Unternehmer reagierten daher auf die Umweltprobleme kaum. Für viele waren Rauch und Gestank notwendige „Culturübel". Für die Fabrikanten war die Verminderung der Umweltbelastungen vor allem eine Kostenfrage. Sie verlagerten ihre Unternehmen in andere Regionen, wenn die Auflagen der Behörden zu teuer wurden. Der Versuch, durch höhere Schornsteine die Abgase zu mindern, half wenig: Die Schadstoffe wurden dadurch nur über ein größeres Gebiet verteilt.

Klaus Dieter Hein-Mooren

M 3 „Fridays For Future"-Demonstration in München
Foto vom 20. September 2019
Am Anfang der Protestbewegung stand die schwedische Schülerin Greta Thunberg (geb. 2003). Sie demonstriert seit August 2018 unter dem Motto „Schulstreik für das Klima" in Stockholm. Aus ihrem Protest entwickelte sich die weltweite „Fridays For Future"-Bewegung. Seit Anfang 2019 gehen Schülerinnen und Schüler jeden Freitag auf die Straße, um für einen besseren und vor allem raschen Klimaschutz zu demonstrieren. In München waren es am 20. September 2019 etwa 40 000.

M 4 „Unsere Forderungen an die Politik"
Die Homepage der Bewegung nennt im November 2019 folgende Forderungen:

Die Klimakrise stellt [...] für Millionen von Menschen eine existenzielle Bedrohung dar. Eine ungebremste Erderwärmung ist eine enorme Gefahr für Frieden und Wohlstand weltweit.
Seit Beginn der Industrialisierung hat sich die Erde [...] bereits um circa ein Grad Celsius erwärmt. Es bleibt daher wenig Zeit, den Klimawandel aufzuhalten und so zu verhindern, dass die Kipppunkte[1] im Klimasystem überschritten werden.
Tun wir das nicht, werden die verursachten Schäden weit höhere Kosten mit sich bringen als alle Investitionen in konkrete Maßnahmen zur Vermeidung der Klimakatastrophe.
[...]
Fridays For Future Deutschland fordert die Regierungen auf Kommunal-, Landes- und Bundesebene auf, die Klimakrise als solche zu benennen und sofortige Handlungsinitiative auf allen Ebenen zu ergreifen. Noch haben wir die Chance und damit die Verantwortung, eine Klimakatastrophe abzuwenden. Für den notwendigen Wandel müssen sektorübergreifend grundlegende Veränderungen stattfinden. Vor allem in den Sektoren Energieerzeugung, Wohnen und Bauen, Industrie, Transport und Verkehr sowie Landwirtschaft sind enorme Anstrengungen nötig. Das wirtschaftliche Handeln darf nicht weiterhin planetare Grenzen überschreiten.
Die Verwirklichung dieser Forderungen [...] darf keinesfalls einseitig zulasten von Menschen mit geringem Einkommen gehen. [...]
Es darf nicht die alleinige Aufgabe der Jugend sein, Verantwortung für die Priorisierung[2] des Klimaschutzes zu übernehmen. Da die Politik diese kaum wahrnimmt, sehen wir uns gezwungen, weiter zu streiken, bis gehandelt wird!

Zitiert nach: https://fridaysforfuture.de/forderungen/ (Zugriff: 12. 11. 2019)

[1] **Kipppunkte**: Klimaforscher verwenden den Begriff, um auf unumkehrbare Folgen des Klimawandels für die Menschheit zu verweisen, die u. a. durch das Abschmelzens des arktischen Meereises, das Auftauen der Dauerfrostböden und die Zerstörung des Amazonas-Regenwaldes entstehen können. Für sie ist die Gefahr einer Katastrophe real, doch wo und wann es dazu kommt, lässt sich nicht genau vorhersagen.
[2] **Priorisierung**: Gewichtung, Bewertung

Welche Folgen hat die Industrialisierung für Mensch und Umwelt im 19. Jh. und heute?*

1. *Beschreibe den Zusammenhang von M1 und M2.*
2. *Stelle die Kritikpunkte Anton Dorns an der geplanten Glashütte zusammen (M2).*
3. *Bewerte die Reaktionen auf die Umweltbelastungen aus damaliger und heutiger Sicht.*
4. *Vergleiche die damaligen Umweltprobleme mit den heutigen (M4).*
5. *Diskutiert, warum die Menschen im 19. Jh. nicht wie heute auf die Straße gingen (M3).*

Wer löst die Soziale Frage?

M 1 Am Eingang einer Berliner Suppenküche
Holzstich von I. G. Füllhaas, 1863
Öffentliche Einrichtungen zur Armenspeisung gab es in europäischen Großstädten seit dem Ende des 18. Jhs. Arme erhielten hier ein nahrhaftes, warmes Eintopfgericht aus einfachen Zutaten. Suppenküchen öffneten anfangs im Winter und bei Hungersnot nach Missernten, später gab es sie ganzjährig.

INFO 1 Soziales Elend

In der Ständegesellschaft besaßen die Menschen kaum persönliche Freiheiten. Auf dem Lande ergab sich aus der Grundherrschaft* ein gewisser Schutz vor Armut und Not. Mit der Auflösung der alten Gesellschafts- und Wirtschaftsordnung im ersten Drittel des 19. Jhs. fiel dieser Schutz weg. Das starke Bevölkerungswachstum vergrößerte das Risiko, in Not zu geraten. Gleichzeitig begann die **Industrialisierung** die Lebensbedingungen erheblich zu verändern, ohne schon genügend Arbeitsplätze und Wohnungen zu schaffen. Auch das Handwerk geriet durch die industrielle Konkurrenz unter Druck. Materielle Not, stark belastende Arbeitsbedingungen, Krankheit und Armut im Alter prägten das Leben vieler Menschen. Zeitgenossen bezeichneten das soziale Elend auf dem Land und in den neu entstandenen Industriegebieten als Pauperismus (lat. *pauper*: arm) und die Suche nach Lösungen der Probleme als **Soziale Frage**.

Marcus Gerber

INFO 2 Christliches Engagement

Die Kirchen reagierten auf die neuen Formen des sozialen Elends zunächst zurückhaltend. Manche Seelsorger sahen die Ursachen für die Armut in der Abkehr der Arbeiter und Unternehmer vom Glauben. Konkrete Hilfe kam von einzelnen Geistlichen: Der protestantische Pfarrer *Johann Hinrich Wichern* regte 1833 das „Rauhe Haus" in Hamburg an. Hier wurden Waisenkinder erzogen und ausgebildet. Der katholische Priester *Adolph Kolping* gründete Gesellenvereine, die jungen Handwerkern Unterkunft sowie Freizeit- und Weiterbildungsmöglichkeiten boten. Der erste Kolping-Verein entstand 1846 in Elberfeld, 1879 gab es rund 420 Vereine mit etwa 70 000 Mitgliedern. Bischof *Wilhelm Emmanuel Freiherr von Ketteler* aus Mainz förderte katholische Arbeitervereine, befürwortete Genossenschaften und billigte Streiks, um soziale Forderungen durchzusetzen. In einem Schreiben forderte der Papst 1891 vom Staat und den Unternehmern, die Lage der Schwächeren zu verbessern.

Marcus Gerber

M 2 Forderungen Kettelers

1869 hält Bischof Wilhelm Emmanuel von Ketteler auf der Liebfrauenheide bei Offenbach eine Rede, die seither als das „Grundgesetz" der christlichen Arbeiterbewegung gilt; darin sagt er:

Die erste Forderung des Arbeiterstandes ist eine dem wahren Wert der Arbeit entsprechende Erhöhung des Arbeiterlohnes. Diese Forderung ist [...] höchst billig[1]; auch die Religion fordert, dass die menschliche Arbeit nicht wie eine Ware behandelt und lediglich durch An- und Abgebot abgeschätzt werde. [...] Die zweite Forderung des Arbeiterstands ist die Verkürzung der Arbeitszeit. Die dritte Forderung [...] ist die Gewährung von Ruhetagen. Die vierte Forderung [...] ist das Verbot der Arbeit der Kinder in den Fabriken für die Zeit, in der sie noch schulpflichtig sind.

Zitiert nach: Geschichte der christlich-demokratischen und christlich-sozialen Bewegungen in Deutschland. Im Auftrag der Konrad-Adenauer-Stiftung hrsg. von Günther Rüther, Bonn 1984, Teil II, S. 206

[1] **billig**: angemessen, berechtigt

INFO 3 Was tun Unternehmer?

Auch einige Fabrikanten bemühten sich, die sozialen Probleme ihrer Arbeiter zu lindern. Unternehmer wie *Friedrich Krupp* oder *Werner von Siemens* ließen für ihre Arbeiter Werkswohnungen bauen. Dazu gründeten sie Unterstützungskassen für Krankheit und Invalidität für ihre Beschäftigten. Wie das kirchliche brachte auch das unternehmerische Engagement einige Erfolge, doch zur Lösung der **Sozialen Frage** reichte es nicht.

Marcus Gerber

M3 Vorteile einer Pensionskasse

Der Unternehmer und Erfinder Werner von Siemens in einem Brief vom 1. Dezember 1872:

Es ist aber […] von höchster Wichtigkeit, einen festen Arbeiterstamm zu schaffen, und zwar umso mehr, je weiter die Arbeitsteilung und die Maschinenarbeit entwickelt werden. Dies soll nun wesentlich durch unsere Pensionskasse bewirkt werden. […] Die Arbeiter rechnen sich infolgedessen schon jetzt aus, dass für jeden ca. 100 Taler Kapital vorhanden sind, die derjenige aufgibt, welcher fortgeht. Steht bei ihnen erst die Überzeugung unwandelbar fest, dass denen, die bei uns bleiben, die Sorge für ihr Alter und ihre Familien genommen ist, so werden sie dadurch fest an das Geschäft geknüpft, sie […] werden sich Streiks widersetzen und haben eigenes Interesse am Gedeihen des Geschäftes. Namentlich die Frauen werden in diesem Sinne auf sie einwirken.

Werner von Siemens, Briefe. Aus einem reichen Leben, hrsg. von Friedrich Heintzenberg, Stuttgart 1953, S. 248ff.

M4 Krupp'sche Arbeiterkolonie Alt-Westend in Essen
Foto, um 1870
Die Wohnhäuser wurden ab 1863 gebaut. Die Wohnungen bestanden aus einer Wohnküche und einem Schlafraum, die Familien im Ober- und Untergeschoss teilten sich eine Toilette.

INFO 4 Was tut der Staat?

Mit dem sozialen Elend stieg die Eigentumskriminalität. Heimarbeiter wehrten sich gegen die schlechte Bezahlung ihrer Arbeit. Besonders bekannt wurde der Aufstand der schlesischen Weber von 1844, an dem sich Tausende Männer und Frauen beteiligten. Die preußische Regierung griff zur Gewalt: Soldaten schlugen die Aufstände nieder.

Unter dem Druck der Öffentlichkeit und aus Sorge vor sozialen Unruhen versuchten die Regierungen, große Missstände durch Gesetze und staatliche Kontrollen zu beseitigen. In Krisenzeiten linderten sie die Not durch Arbeitsbeschaffungsmaßnahmen im Schienen- und Straßenbau. Bis in die 1880er-Jahre sah der Staat in der Sozialpolitik keine seiner dauerhaften Aufgaben.[1] Die Fürsorge für Notleidende lag bei Städten und Gemeinden, die dafür jedoch nur geringe Mittel besaßen.

Marcus Gerber

[1] Zur Sozialpolitik Bismarcks und die Einführung der Kranken-, Unfall-, Invaliden- und Altersversicherung siehe S. 142f.

Was versteht man unter der Sozialen Frage und wer versucht sie wie zu lösen?*

1. *Beschreibe die verschiedenen Gruppen der Wartenden am Eingang der Berliner Suppenküche (M1) und informiere dich über die Gründe ihrer Not (INFO 1).*
2. *Nenne die Motive, weshalb sich Ketteler und Kolping in der Sozialen Frage engagierten (INFO 2 und M2).*
3. *Begründe, warum Unternehmer Pensionskassen (M3) einrichteten und Wohnungen (M4) für ihre Mitarbeiter bauten (INFO 3).*
4. *Vergleiche die Ansätze zur Lösung der Sozialen Frage von Kirchen und Unternehmern. Formuliere ein Gesamturteil.* (H)
5. *Beurteile, wie der Staat anfangs auf die Soziale Frage reagierte (INFO 4).*
6. *Recherchiere, was der Staat heute bei sozialen Problemen tut. Berichte in der Klasse.* (H)

Lern-aufgabe

Die Arbeiter helfen sich selbst

M1 „Der Streik“
Ölgemälde (181 x 275 cm) von Robert Koehler, vor 1886
Im Streik, also der gemeinsamen Arbeitsniederlegung, sahen viele Arbeiter eine Möglichkeit, ihre Forderungen gegenüber den Unternehmern durchzusetzen.

INFO 1 „Proletarier aller Länder, vereinigt euch!“

Unter dem Eindruck der ausweglos erscheinenden Verhältnisse der Arbeiter zu Beginn der **Industrialisierung** veröffentlichten *Karl Marx* und *Friedrich Engels* 1848 ihr politisches Programm: das „Kommunistische Manifest“. Sie beschrieben die „Geschichte aller bisherigen Gesellschaften“ als eine „Geschichte von Klassenkämpfen“. Immer schon gab es einen Kampf zwischen der Klasse (lat. *classis*: Gruppe) der „Ausgebeuteten“ und der Klasse der „Ausbeuter“. Aktuell sahen Marx und Engels einen sich verschärfenden „Klassenkampf“ zwischen den Kapitalisten[1] und dem Proletariat, der besitzlosen Masse der Bevölkerung, in vollem Gang. Sie behaupteten, dass eine im Verlauf der Geschichte vorherbestimmte Revolution mit dem Sieg des Proletariats enden würde. Zusammen könne man die Klassengesellschaft überwinden und eine gleichmäßige Besitzverteilung im **Sozialismus** erreichen. Das gesellschaftliche Ziel sei der **Kommunismus**: eine klassenlose Gesellschaft, in der alle Produktionsmittel staatlich sind. Erst dann würde es keine Ausbeutung mehr geben und Frieden und Gerechtigkeit herrschen.

Marcus Gerber

INFO 2 Interessen gemeinsam vertreten

Um ihre Lebens- und Arbeitsbedingungen zu verbessern und sich gegen Ausbeutung zu wehren, schlossen sich Fabrikarbeiter in den deutschen Staaten schon in der ersten Hälfte des 19. Jhs. zu Arbeiterbildungs- und Unterstützungsvereinen zusammen. Wegen der Vereins- und Versammlungsverbote hatten ihre Zusammenschlüsse nach 1849 kaum Bestand. Erst als Liberale, Demokraten und Kirchenvertreter in den 1860er-Jahren Arbeitervereine wegen der **Sozialen Frage** förderten, entstanden nach britischem Vorbild einzelne Berufsverbände der Drucker, Zigarrenarbeiter oder der Metall-, Holz- und Bergarbeiter. Sie forderten gerechte Löhne, den Zehn-Stunden-Arbeitstag und Versicherungsschutz bei Krankheit, Unfall und Arbeitslosigkeit. Aus diesen Anfängen entstanden Gewerkschaften, die sich Ende der 1860er-Jahre als überregionale Verbände organisierten. Wichtigstes Mittel, um ihren Forderungen gegenüber den Fabrikherren durchzusetzen, waren Streiks. Obwohl die Gewerkschaften zeitweise verboten waren, hatten die freien, sozialistischen Gewerkschaften die meisten Mitglieder, daneben gab es aber auch christliche und liberale Gewerkschaften. In unmittelbarer Auseinandersetzung mit den Unternehmern erreichten die Gewerkschaften nach und nach eine Verbesserung der sozialen Lage der Arbeiter.

Marcus Gerber

[1] **Kapitalisten**: Unternehmer, die Kapital (Maschinen, Fabrikhallen, Geld, Fahrzeuge etc.) besitzen; sie wurden auch „Bourgeoisie“ bezeichnet (siehe S. 70, M2, Anm. 1). Im Kapitalismus bestimmen sie nicht nur Angebot und Nachfrage von Produkten, sondern die gesamte Wirtschafts- und Gesellschaftsordnung.

Lesetipp:
Hans-Christoph Liess, Karl Marx und der Fluch des Geldes, Würzburg 2017

Industrialisierung **Kommunismus** **Soziale Frage** **Sozialismus**

M2 „Organisieren Sie sich …“

Ferdinand Lasalle fordert am 1. März 1863:

Der Arbeiterstand muss sich als selbständige politische Partei konstituieren[1] […]. […] Organisieren Sie sich als ein Allgemeiner deutscher Arbeiterverein zu dem Zweck einer gesetzlichen und friedlichen, aber unermüdlichen, unablässigen Agitation[2] für die Einführung des allgemeinen und direkten Wahlrechts in allen deutschen Ländern. Von dem Augenblicke an, wo dieser Verein auch nur 100 000 deutsche Arbeiter umfasst, wird er bereits eine Macht sein, mit welcher jeder rechnen muss.

Zitiert nach: www.gewerkschaftsgeschichte.de/downloads/e_01_dok_12_antwort.pdf (Zugriff: 03. 11. 2019)

[1] **konstituieren**: gründen, ins Leben rufen
[2] **Agitation**: politische Aufklärungsarbeit

INFO 3 Von den Arbeitervereinen zur SPD

Innerhalb der Arbeiterbewegung gab es Stimmen, die den **Sozialismus** auf revolutionäre und/oder demokratische Weise durchsetzen wollten. Der Journalist *Ferdinand Lassalle* sorgte dafür, dass die sozialistische Arbeiterbewegung in den 1860er-Jahren in Deutschland zu einer Partei wurde. Er setzte sich für Demokratie* und für den Aufbau staatlich organisierter Genossenschaften ein. Unter seiner Führung entstand 1863 in Leipzig der *Allgemeine Deutsche Arbeiterverein* (ADAV). Sechs Jahre später gründeten der Drechsler *August Bebel* und der Journalist *Wilhelm Liebknecht* in Eisenach die *Sozialdemokratische Arbeiterpartei* (SDAP). 1875 schlossen sich ADAV und SDAP in Gotha zur *Sozialistischen Arbeiterpartei Deutschlands* zusammen, die seit 1890 *Sozialdemokratische Partei Deutschlands* (SPD) heißt. Die Arbeiterbewegung wurde von Teilen des Bürgertums* verachtet und gefürchtet und vom Staat zwischen 1878 und 1890 verfolgt und unterdrückt.[1] Marx und Engels kritisierten die Sozialdemokraten als zu wenig klassenbewusst und kämpferisch.

Marcus Gerber

[1] Lies dazu S. 138 f.

M3 Das Gothaer Programm

Auf dem Gründungsparteitag der Sozialistischen Arbeiterpartei Deutschlands von 1875 werden u. a. folgende Forderungen beschlossen:

I. Die Arbeit ist die Quelle allen Reichtums und aller Kultur, und da allgemein nutzbringende Arbeit nur durch die Gesellschaft möglich ist, so gehört der Gesellschaft, das heißt allen ihren Gliedern, das gesamte Arbeitsprodukt, bei allgemeiner Arbeitspflicht, nach gleichem Recht, jedem nach seinen vernunftgemäßen Bedürfnissen.
In der heutigen Gesellschaft sind die Arbeitsmittel Monopol der Kapitalistenklasse […]. Die Befreiung der Arbeit erfordert die Verwandlung der Arbeitsmittel in Gemeineigentum der Gesellschaft. […]

Die sozialistische Arbeiterpartei Deutschlands fordert als Grundlagen des Staates:
1. Allgemeines, gleiches, direktes Wahl- und Stimmrecht […]
2. Direkte Gesetzgebung durch das Volk. […]
5. Verbot der Kinderarbeit und aller die Gesundheit und Sittlichkeit schädigenden Frauenarbeit.
[…]
6. Schutzgesetze für Leben und Gesundheit der Arbeiter.

Zitiert nach: www.spd-trier-mitte.de/dl/Das_Gothaer_Programm.pdf (Zugriff: 03. 11. 2019)

Was unternimmt die Industriearbeiterschaft, um ihre Lage zu verbessern? Verfasst unterschiedliche Artikel für eine Arbeiterzeitung und eine konservative Zeitung.

1. *Beschreibt die dargestellte Stimmung auf dem Bild (M1). Nennt mögliche Ursachen für den Streik.* (H)
2. *Erarbeitet die wesentlichen Schritte, die nach Marx und Engels zum Kommunismus* führen (INFO 1), und stellt sie in einem Schaubild dar.*
3. *Erklärt, wie Lasalle die Macht der Arbeiter im Unterschied zu den Gewerkschaften stärken will (M2 und INFO 3).*
4. *Diskutiert, inwieweit die Sorge des Bürgertums* und der Regierungen vor der Sozialdemokratie begründet erschien (M3 und INFO 3). Welche Rolle spielten dabei der Sozialismus* und der Kommunismus*?* (H)
5. *Verfasst nun einen Artikel für eine Arbeiterzeitung mit dem Titel „Arbeiter, helft euch selbst!“ oder für eine konservative Zeitung mit dem Titel „Die Gefahr durch die Arbeiter wächst!“. Vergleicht eure Texte und prüft, ob sie sich für die jeweiligen Leser eignen.* (H)

1840er-Jahre: Anfänge der deutschen Arbeiterbewegung
1863: Allgemeiner Deutscher Arbeiterverein
1869: Sozialdemokratische Arbeiterpartei
1875: Sozialistische Arbeiterpartei Deutschlands
1890: Sozialdemokratische Partei Deutschlands
1800 | 1850 | 1900

Kinderarbeit – damals und heute

M 1 In einer Baumwollspinnerei
Stich von 1840

M 2 Kinderarbeit: In der Fabrik …

Der Direktor des öffentlichen Unterrichts am Niederrhein, Karl August Friedrich Grashoff, berichtet 1815 über die Lage von Fabrikkindern in Preußen:

Kinder von sechs Jahren werden bereits hinter die Maschinen gestellt, um dort selbst zur Maschine zu werden. Sechs Tage lang in jeder Woche, wenn nicht ein eintretender Feiertag eine Ausnahme macht, und auch wohl bei dringender Arbeit – sieben Tage, und jeden Tag von früh morgens bis spät abends bewegt der Knabe in derselben Stellung dieselben Maschinen unaufhörlich zu demselben Geschäft. […] Dass diese […] Kinder keine Schule besuchen, liegt in der Natur der Sache. Wann sollen sie die Zeit dazu gewinnen?

Zitiert nach: Siegfried Quandt (Hrsg.), Kinderarbeit und Kinderschutz in Deutschland 1783 - 1976. Quellen und Anmerkungen, Paderborn 1978, S. 21

M 3 … und auf dem Land

Der württembergische Wirtschaftspolitiker Moritz Mohl schreibt 1828 über die Situation von Kindern in armen ländlichen Gebieten:

Bei dem kleinen Grundbesitz ihrer Eltern […] müssen sie Sommers mühselig Futter für Vieh an Straßen und Hecken, Winters Brennmaterial in Feld und Wald sammeln, vielleicht stehlen und wehe ihnen, wenn sie mit leeren Händen zurückkehrten! Noch unerwachsen müssen Knaben in Weingegenden Bütten voll Erde den Berg hinan, […] kleine Mädchen schon Futterbündel und andere Lasten schleppen und häufig zeigen ein verkrüppelter Körperbau und bleibende körperliche Verletzungen die schädlichen Folgen einer solchen der Entwicklung der Kräfte unangemessenen Anstrengung.

Zitiert nach: Siegfried Quandt (Hrsg.), a.a.O., S. 34f.

INFO Wo bleibt der Kinderschutz?

Heute dürfen Kinder in Deutschland unter 16 Jahren mit wenigen Ausnahmen nicht arbeiten. In vorindustrieller Zeit galt ein Kind nur etwa bis zum siebten Lebensjahr als besonders hilfebedürftig. Erst in der Aufklärung* verbreitete sich der Gedanke, dass die Kindheit eine längere Phase ist, in der sich Kinder besonders geschützt entwickeln sollen. Allerdings setzte sich diese Idee nur langsam durch – und fand im Verlauf der **Industrialisierung** kaum Beachtung.

Die Beschäftigung von Kindern brachte Unternehmern große Vorteile: Sie waren billiger und geschickter als Erwachsene. 1819 wurde in England die Anstellung von Kindern unter neun Jahren in Baumwollfabriken verboten und die Arbeitszeit von unter Sechzehnjährigen auf zehn Stunden täglich begrenzt. In Deutschland ging Preußen 1839 mit einem Fabrikgesetz zum Schutz von Kindern voran. Bayern folgte mit ähnlichen Bestimmungen ein Jahr später. So durften Kinder erst nach dem 9. Lebensjahr in Fabriken arbeiten und bis zum 12. Lebensjahr sollte die tägliche Arbeitszeit maximal zehn Stunden betragen. Unternehmer und Betroffene verstießen gegen die Bestimmungen. Die einen, um Gewinne zu machen, die anderen, um ihr Überleben zu sichern.

1891 verbot im Deutschen Reich das Arbeitsschutzgesetz die Beschäftigung von Kindern unter 13 Jahren in Fabriken. In anderen Bereichen blieb die Beschäftigung von Kindern aber noch lange üblich.

Marcus Gerber

Lesetipp:
Manfred Mai, Das verkaufte Glück. Der lange Weg der Schwabenkinder, Ravensburg [4]2015

Medientipps:
Informationen über Kinderarbeit heute findest du unter **31063-39**.

M4 Warum arbeiten Kinder heute?

Das Kinderhilfswerk „terres des hommes" nennt u. a. folgende Ursachen:

Materielle Armut ist eine Ursache für ausbeuterische Kinderarbeit.[1] Kinderarbeit ist allerdings auch eine Ursache für Armut: Wer von klein auf schuftet und niemals zur Schule geht, wird sein Leben als Tagelöhner fristen. Hinter dem Begriff der Armut verbergen sich politische, soziale und ökonomische Faktoren, die auch Kinderarbeit verursachen:

- Regierungen vernachlässigen Bildungssysteme. Es gibt keine Grundschule in erreichbarer Nähe. […] Schulgebühren oder Kosten für Bücher oder Uniformen schließen Kinder aus armen Familien aus.
- […] [D]ie Elterngeneration erkrankt und stirbt. Staatliche oder private Hilfe ist nicht vorhanden oder unzureichend. Kinder sind auf sich allein gestellt. […]
- Erwachsene sind arbeitslos. Arbeitgeber zahlen keine Existenz sichernden Löhne.
- Frauen und Mädchen werden als minderwertig angesehen. Als Folge wird dem Schulbesuch von Mädchen kein Wert beigemessen, sie gelten von klein auf als Arbeitskraft ohne Rechte und ohne Stimme.

Zitiert nach: www.tdh.de/was-wir-tun/arbeitsfelder/kinderarbeit/warum-arbeiten-kinder (Zugriff: 04. 11. 2019)

[1] Unter ausbeuterischer Kinderarbeit wird verstanden: Arbeit von Kindern unter 13 Jahren, illegale Tätigkeiten, die die Gesundheit, die Sicherheit oder Sittlichkeit gefährden, Sklaverei, Zwangsarbeit, Kinderprostitution und Einsatz von Kindern als Soldaten.

M5 Was ist Kinderarbeit, was ist Ausbeutung?

Auf der Homepage des Kinderhilfswerks „terres des hommes" heißt es dazu:

Kinderarbeit ist nicht grundsätzlich ausbeuterisch: Mädchen und Jungen arbeiten mit und lernen dabei zum Beispiel durch Mithilfe im elterlichen Haushalt, auf dem Hof oder im Handwerksbetrieb. Durch Mithilfe und Arbeit werden wichtige gesellschaftliche Werte vermittelt wie zum Beispiel Zusammenarbeit und Einsatz für die Gemeinschaft. […] Ausbeuterische Kinderarbeit hingegen verletzt die Rechte eines Kindes. Viele Kinder verlieren sogar ihr Leben durch Arbeit: Nach Angaben der IAO[1] sterben jedes Jahr etwa 22 000 Kinder und Jugendliche bei Arbeitsunfällen. Nach der Erfahrung von *terre des hommes* gilt: Je weniger Rechte ein einzelnes Kind in seiner Familie oder Bevölkerungsgruppe hat, desto größer ist die Gefahr, dass es ausgebeutet wird.

Zitiert nach: www.tdh.de/was-wir-tun/arbeitsfelder/kinderarbeit/was-ist-ausbeutung (Zugriff: 04. 11. 2019)

[1] IAO: Internationale Arbeitsorganisation

Wo Kinder und Jugendliche zwischen fünf und 17 Jahren als KinderarbeiterInnen tätig sind

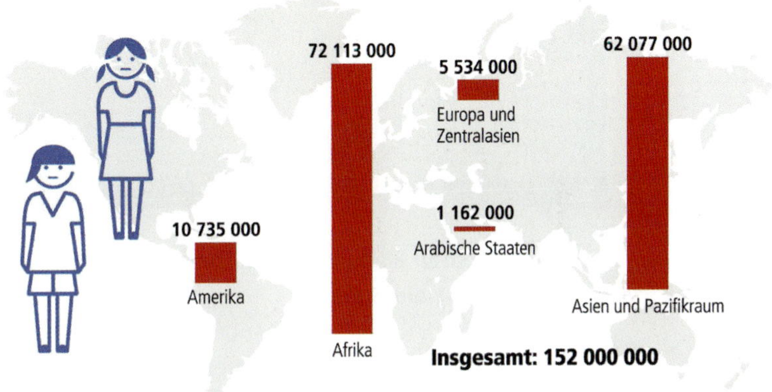

Quelle: Internationale Arbeitsorganisation 2017

M6 Kinderarbeit heute – weltweit

218 Millionen Kinder sind in Beschäftigung; darunter sind 152 Millionen Opfer von Kinderarbeit. Fast die Hälfte, 73 Millionen, arbeiten unter gefährlichen Bedingungen. Kinderarbeit wird hauptsächlich dem landwirtschaftlichen Sektor zugeschrieben (71 Prozent), 17 Prozent dem Dienstleistungssektor und 12 Prozent dem industriellen Sektor. Fast die Hälfte der 152 Millionen Kinder in Kinderarbeit sind im Alter von 5 bis 11.

Nach: www.humanium.org/de/kinderarbeit-definition (Zugriff: 04. 11. 2019)

Welche Ursachen und Folgen hatte die Fabrikarbeit von Kindern früher, welche hat sie heute? Bedeutete die Industrialisierung eine Verschlechterung der Lage der Kinder?*

1. *Beschreibe die in M1 dargestellte Situation und verfasse ein Gespräch zwischen den beiden Kindern im Vordergrund.* (H)
2. *Vergleiche die Situation von Kindern, die in der Fabrik oder in der Landwirtschaft arbeiten mussten (M2 und M3).*
3. *Beurteile die staatlichen Regelungen zur Kinderfabrikarbeit (INFO).*
4. *Zeige auf, welche Gründe es für die Arbeit von Kindern im 19. Jh. gab (INFO). Vergleiche mit der Kinderarbeit heute (M4 bis M6).*
5. *Diskutiert, was heute gegen ausbeuterische Kinderarbeit unternommen werden kann. Welche Bedeutung kommt dabei dem internationalen Gedenktag gegen Kinderarbeit am 12. Juni zu?*

Das weiß ich! – Gelerntes sichern

M1 Fahne der Sozialdemokraten
Die Traditionsfahne der Sozialdemokraten entstand um 1870 und misst 185 x 169 cm.

Auf einen Blick: Industrialisierung und Soziale Frage

Die von England ausgehende **Industrialisierung** brachte im 19. Jh. tief greifende Veränderungen der Arbeitsverhältnisse und der Gesellschaft durch den Einsatz von Maschinen. Die Gründe für den Beginn der Industrialisierung in England waren vielfältig: Persönliche Freiheitsrechte, Rechtssicherheit und ein großer Binnenmarkt ohne Zollschranken erleichterten es Unternehmern, wirtschaftlich aktiv zu werden. Der Ausbau von Häfen, Kanälen und Straßen sowie die Erfindungen beschleunigten und verbilligten die Produktion und den Transport von Waren. Dazu besaß England Eisenerz- und Steinkohlevorkommen für die Herstellung von Industriegütern sowie Kolonien für den Bezug von Rohstoffen (z. B. Baumwolle) und den Absatz von Fertigwaren (z. B. Textilien). Eine wachsende Bevölkerung stellte Arbeitskräfte für die neuen Fabriken zur Verfügung und beförderte die Nachfrage nach Konsumgütern. Davon profitierte zunächst vor allem die Textilindustrie, in der es viele technische Neuerungen gab. Zur Schlüsseltechnologie der Industrialisierung wurde die Dampfmaschine, die Maschinen und Werkzeuge antrieb. Das Zusammenwirken der Faktoren führte zu einem enormen Wirtschaftswachstum.

In den meisten deutschen Staaten setzte die Industrialisierung erst um die Mitte des 19. Jh. ein. Das lag an den zum Teil rückständigen politischen, wirtschaftlichen und sozialen Verhältnissen. Auslöser für den wirtschaftlichen Aufbruch waren hier Reformen wie die Abschaffung der Zünfte und die Gewährung der Gewerbefreiheit. Eine zentrale Rolle spielte der Eisenbahnbau. Wie in England blieb die Industrialisierung zunächst auf die Regionen mit reichhaltigen Kohle- und Eisenerzvorkommen beschränkt. Das waren neben dem Ruhrgebiet Gebiete in Oberschlesien und an der Saar. Der Mangel an Rohstoffen und die Zurückhaltung der Regierung gegenüber schnellen Veränderungen trugen dazu bei, dass in Bayern die Industrialisierung zunächst zurückblieb. Ausnahmen waren Städte wie Nürnberg, Augsburg oder München, in denen große Industriebetriebe entstanden.

Lange Arbeitszeiten, Hitze, Lärm, Schmutz und die Gefahren durch die Maschinen bestimmten die Fabrikarbeit. Die Löhne waren niedrig. Vor allem Frauen und Kinder galten als billige Arbeitskräfte. Durch die Industrialisierung entstanden soziale Probleme wie Wohnungsnot. Kinderarbeit und mangelnde soziale Absicherung bei Krankheit und im Alter führten zur **Sozialen Frage**. Die Regierungen griffen kaum in die Arbeitswelt ein. Sie schränkten lediglich die Kinderarbeit und die tägliche Arbeitszeit ein. In den Kirchen boten Geistliche wie Kolping und Wichern jungen Arbeitern Hilfe an. Unternehmer wie Krupp oder Siemens richteten Unterstützungskassen ein und bauten Wohnungen für ihre Arbeiter. Für die Mehrheit der Fabrikarbeiter änderte sich dadurch kaum etwas. Sie begannen, sich selbst zu organisieren, gründeten Gewerkschaften und Arbeitervereine, aus denen die Sozialdemokratische Partei Deutschlands hervorging. Führende Vertreter der Arbeiterbewegung wie Karl Marx und Friedrich Engels erwarteten eine Revolution, die zum **Sozialismus** und **Kommunismus** führen sollte.

Marcus Gerber

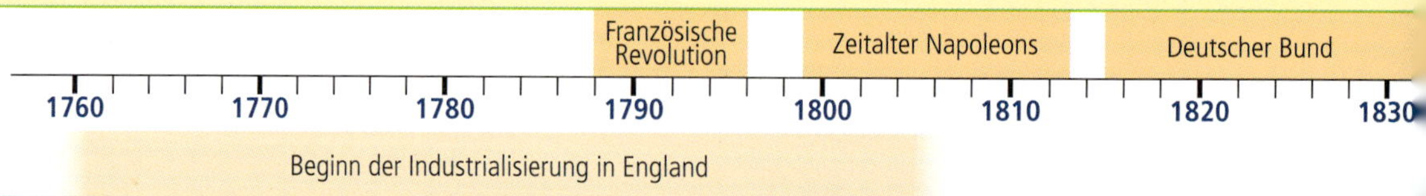

M2 Merkmale der Industrialisierung in England – Aussagen kombinieren

Technische Neuerungen wie die „Spinning Jenny" oder der mechanische Webstuhl ...	... weil sie dauerhaft und gleichmäßig Antriebskraft liefern konnten.
In Fabriken kamen Dampfmaschinen zum Einsatz, ...	... versorgte die Industrie mit billigen Arbeitskräften.
Die Industriebetriebe ließen sich dort nieder, ...	... erhöhte die Nachfrage nach Eisenerz und Kohle.
Die neuen Transportmittel Eisenbahn und Dampfschiff ...	... verbreiteten sich schnell und führten zu einer Erhöhung der Produktion.
Die wachsende Bevölkerung ...	... wo es Eisenerze und Kohlevorkommen gab.
Der Bau von Maschinen, Fabrikgebäuden, Brücken und Schienenstrecken ...	... verbilligten und beschleunigten den Transport von Rohstoffen und Waren.

M3 Soziale und politische Folgen der Industrialisierung erklären – Gruppenarbeit

Fabrik

Kinderarbeit

Gewerkschaft

Verstädterung

Kolpingverein

Streik

Soziale Frage*

Werkswohnung

Sozialismus*

Arbeiterbewegung

Bourgeoisie[1] und Proletariat

[1] **Bourgeoisie**: Siehe S. 70, M2, Anm. 1.

1. *In der Mitte der Fahne (M1) sind Hände zu sehen. Informiere dich über die symbolische Bedeutung des Händedrucks und berichte, was sie mit der Arbeiterbewegung zu tun haben.*
2. *Die Aussagen zu den Merkmalen der Industrialisierung* in England in der linken Tabellenhälfte von M2 sind unvollständig. Bestimme die passenden Ergänzungen rechts.*
3. *Bildet Gruppen mit vier bis fünf Schülern. Jede Gruppe notiert die Begriffe aus M3 auf Karteikarten. Formuliert in eurer Gruppe Erklärungen zu den Begriffen. Sucht euch eine zweite Gruppe und befragt euch nun gegenseitig. Dazu zieht jedes Mitglied aus einer Gruppe verdeckt einen Begriff aus dem Stapel der anderen Gruppe und versucht ihn zu erklären. Gelingt das, erhält die Gruppe einen Punkt. Kann der Schüler oder die Schülerin den Begriff nicht richtig erklären, darf er oder sie jemanden aus der anderen Gruppe bestimmen, der ihn erklären muss. Erst wenn das gelingt, erhält diese Gruppe den Punkt.*

Das kann ich! – Gelerntes anwenden

M1 „Ein Gespenst geht um …"

Karl Marx und Friedrich Engels veröffentlichen 1848 das „Manifest der Kommunistischen Partei". Es wird aber erst seit den 1870er-Jahren durch die Sozialdemokraten stark verbreitet; hier einige Auszüge:

Ein Gespenst geht um in Europa – das Gespenst des Kommunismus […].

Unsere Epoche, die Epoche der Bourgeoisie[1], zeichnet sich […] dadurch aus, dass sie die Klassengegensätze vereinfacht hat. Die ganze Gesellschaft spaltet sich mehr und mehr in zwei große feindliche Lager […]: Bourgeoisie und Proletariat […].

Die Arbeiter beginnen damit, Koalitionen gegen die Bourgeoisie zu bilden; sie treten zusammen zur Behauptung ihres Arbeitslohns. Sie stiften selbst dauernde Assoziationen[2], um sich für diese gelegentlichen Empörungen zu verproviantieren[3] […].

[Der] erste Schritt in der Arbeiterrevolution [ist] die Erhebung des Proletariats zur herrschenden Klasse, die Erkämpfung der Demokratie […]. Das Proletariat wird seine politische Herrschaft dazu benutzen, der Bourgeoisie nach und nach alles Kapital zu entreißen […]. Es kann dies natürlich zunächst nur geschehen vermittels despotischer[4] Eingriffe in das Eigentumsrecht und in die bürgerlichen Produktionsverhältnisse […].

Mögen die herrschenden Klassen vor einer kommunistischen Revolution zittern. Die Proletarier haben nichts in ihr zu verlieren als ihre Ketten. Sie haben eine Welt zu gewinnen. Proletarier aller Länder, vereinigt euch!

Zitiert nach: Theo Stammen und Alexander Classen (Hrsg.), Karl Marx. Das Manifest der kommunistischen Partei, Paderborn 2009, S. 66 f., 74, 84 und 96

[1] **Bourgeoisie**: Siehe S. 70, M2, Anm. 1.
[2] **Assoziation**: Vereinigung
[3] **verproviantieren**: mit Proviant (Vorräten etc.) versorgen
[4] **despotisch**: rücksichtslos

M2 Die Firma Krupp und Essen

Die Firma Krupp war führend in der Stahlindustrie, sie stellte Schienen, Achsen, Walzen, nahtlose Eisenbahnreifen, Kanonen, Geschützrohre und andere Rüstungsgüter her.

Jahr	Belegschaft der Firma	Einwohner der Stadt
1830	8	5457
1840	60	6325
1850	241	8734
1860	1785	18435
1870	7172	43528
1915	69447	ca. 360000

Ulrich Borsdorf/Sigrid Schneider, Ein gewaltiger Betrieb: Fabrik und Stadt auf den Krupp'schen Fotografien, in: Klaus Tenfelde (Hrsg.), Bilder von Krupp. Fotografie und Geschichte im Industriezeitalter, München 1994, S. 123 (Auszug)

M3 Ausgaben einer Berliner Facharbeiterfamilie um 1889

Das Einkommen der Facharbeiterfamilie (Ehepaar und zwei Kinder) betrug 1 700 Mark im Jahr. Sie wohnte zur Miete in einem Zimmer mit Küche.

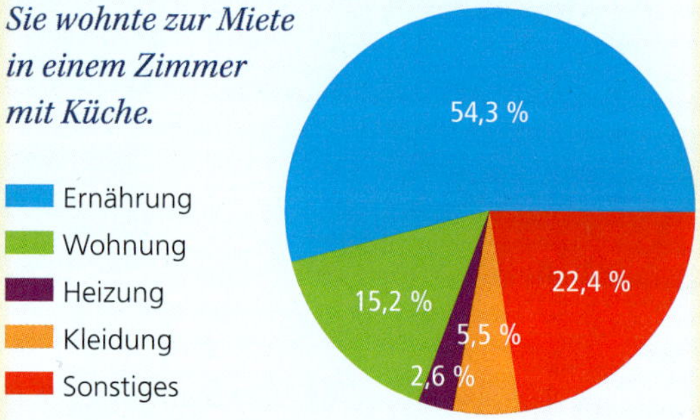

Nach: Hans J. Teuteberg und Clemens Wischermann, Wohnalltag in Deutschland, 1850-1914, Münster 1985, S. 150

M4 Konsumausgaben privater Haushalte 2017

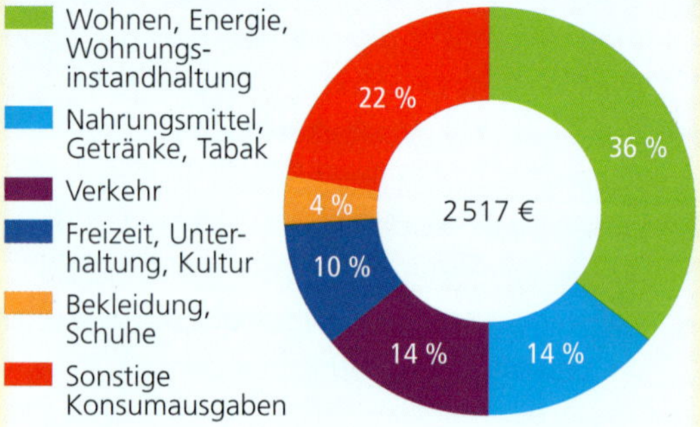

Statistisches Bundesamt (Destatis), 2018

M5 Gibt es eine „Neue Soziale Frage"?

In einem aktuellen Politik-Lexikon heißt es dazu:

In den letzten Jahren hört man öfters den Begriff „Neue Soziale Frage". Damit sind die sozialen Probleme gemeint, die unsere heutige Gesellschaft kennzeichnen. Dazu zählen neue Formen der Armut, die Ausgrenzung bestimmter Gruppen der Gesellschaft oder auch die Schwierigkeiten, die alte Menschen oder alleinstehende Mütter haben.

Zitiert nach: https://www.hanisauland.de/lexikon/s/soziale_frage.html (Zugriff: 18. 11. 2019)

M6 Was geschieht, wenn die Roboter kommen?

In einem Artikel der Wochenzeitung „DIE ZEIT" vom 26. April 2018 heißt es:

Jack Ma, Chef des chinesischen E-Commerce-Konzerns Alibaba, erwartet, dass Computermaschinen in den nächsten drei Jahrzehnten bis zu 800 Millionen Jobs weltweit überflüssig machen. Und das Global Institute von McKinsey sagt, bis zu einem Drittel der deutschen Berufstätigen müsse bald eine neue Beschäftigung finden. Zu einem noch radikaleren Ergebnis kam ein viel gelesener Wirtschaftstheoretiker: Karl Marx. Im Maschinenfragment sagte der Vater des Kommunismus voraus, die unausweichliche Automation werde alle menschliche Arbeitskraft ersetzen – und damit zum Zusammenbruch des Kapitalismus[1] führen. Niemand weiß, welche Prognose zutrifft. Bislang hat die Digitalisierung […] noch alle Gewissheiten aufgelöst. Das führt zu Unruhe, zu Sorgen und Skepsis, die bis ins Politische reicht. Der Umbruch aber läuft.

Zitiert nach: Uwe Jean Heuser u. a., Was machen wir morgen?, in: Die Zeit vom 26. April 2018

[1] **Kapitalismus**: Siehe S. 116, Anm. 1

M7 Warteschlange vor der Ausgabestelle einer „Tafel"
Foto aus Augsburg von 2015
„Tafeln" sind gemeinnützige Hilfsorganisationen, die Lebensmittel, welche im Wirtschaftskreislauf nicht mehr verwendet und ansonsten vernichtet werden würden, an Bedürftige verteilen oder gegen geringes Entgelt abgeben. Die erste „Tafel" wurde 1993 in Berlin gegründet. Im Jahr 2019 betrug ihre Zahl ca. 1000. Etwa 1,65 Mio. Menschen in Deutschland holten sich dort regelmäßig Lebensmittel.

M8 Roboter mit künstlicher Intelligenz – ein Partner des Menschen?
Foto von 2018

1. *Arbeitet aus dem „Manifest" (M1) heraus, warum und wie die Arbeiter nach Marx und Engels die politische und gesellschaftliche Macht erringen werden.*
2. *Erstelle zu M2 ein Liniendiagramm. Begründe, warum die Grafik sich eignet, den Zusammenhang zwischen der Industrialisierung* und der Verstädterung aufzuzeigen.* (H)
3. *Untersucht die Angaben in den Kreisdiagrammen M3 und M4 nach Gemeinsamkeiten und Unterschieden. Welche Rückschlüsse können auf den Lebensstandard damals und heute gezogen werden?*
4. *Diskutiert die Frage, ob es in Deutschland eine „Neue Soziale Frage" gibt (M5 und M7).*
5. *Zeitungsartikel (M6) und die Fotos (M8 und S. 97, M4) thematisieren aktuelle Herausforderungen der Digitalisierung. Nehmt dazu Stellung. Inwiefern sind sie mit der Industrialisierung vergleichbar?*

5

Das Deutsche Kaiserreich

Das 1883 fertiggestellte Niederwald-Denkmal war um 1900 ein sehr beliebter „Wallfahrtsort" für Vereins- und Familienausflüge aus allen Teilen Deutschlands. Das änderte sich nach den zwei Weltkriegen. Erst seitdem das Denkmal 2002 von der UNESCO als Welterbe geführt wird, lockt es wieder alljährlich zigtausend Touristen an. Was veranlasst Reisende heute, dieses monumentale Denkmal zu besuchen? Woran erinnert es überhaupt? Was bedeuten Lage, Figuren und Inschriften? Erst wer sich die Mühe macht, diesen Fragen nachzugehen, wird das Denkmal historisch einordnen, es verstehen und dazu die Aussicht auf den Landschaftspark Niederwald genießen können.[1]

1. *Beschreibe das Niederwald-Denkmal. Welchen Eindruck macht es auf dich? Es handelt sich um ein Nationaldenkmal aus dem Deutschen Kaiserreich. Gib dazu eine mögliche Erklärung ab.*
2. *Recherchiert in Partnerarbeit weitere deutsche und französische Nationaldenkmäler. Stellt sie in kurzen Beiträgen vor.*
3. *Diskutiert über Wirkung und Zweck von Nationaldenkmälern.*

[1] Siehe dazu S. 141.

M 1 Das Niederwald-Denkmal bei Rüdesheim am Rhein
Foto vom 16. Mai 2019
Das insgesamt 38,2 m hohe Denkmal steht auf einer Aussichtsplattform. Die Front ist dem Rhein zugewandt.

Orientierung in Raum und Zeit

M1 Der Abschied der Krieger
Seitenrelief des Niederwald-Denkmals, um 1883 (Ausschnitt)

M2 Zur Zukunft Deutschlands

In einem Lexikonartikel über „Deutschland" aus dem Jahre 1854 heißt es:

Kein besonnener Mann erwartet wohl je in aller Zukunft einen einheitlichen deutschen Staat, das verbietet die Gegenwirkung des Auslandes, der Gegensatz der Katholiken und Protestanten, die Macht Preußens, die noch vorhandene Eigentümlichkeit der süddeutschen und norddeutschen Stämme, aber ein stärkerer deutscher Bund ist recht wohl denkbar, ein Bund, der die nationalen Lebensbedürfnisse (nationales Recht, nationale Ökonomie, nationale Politik) befriedigt und dem Spotte der Fremden über Deutschland ein Ende macht.

Artikel „Deutschland", in: Herders Conversations-Lexikon, Bd. 2, Freiburg i. Br. 1854, S. 364

Das Kaiserreich: Deutschland unter preußischer Führung

Nach der gescheiterten Revolution von 1848/49* hatte keiner – nicht einmal der spätere preußische Ministerpräsident und Reichskanzler **Otto von Bismarck** – an ein Deutsches Reich unter einer Krone geglaubt. Als dann die Soldaten der mit Preußen verbündeten Staaten gegen Frankreich in den Krieg zogen, ahnten sie nicht, dass am 18. Januar **1871** das **Deutsche Kaiserreich** in Versailles ausgerufen würde, an dessen Spitze der preußische König Wilhelm als Kaiser Wilhelm I. stehen sollte. Wie war das möglich? Was war das für ein Reich, dem 25 Bundesländer angehörten und das in den folgenden Jahrzehnten zu einer europäischen Großmacht, einem führenden Industriestandort und einer beeindruckenden Kulturnation wurde? Wie passte es zusammen, dass die Gesellschaft des Kaiserreichs relative soziale Sicherheit und sogar parlamentarische Mitbestimmungsrechte genoss, dieser Staat aber andererseits zunehmend militaristisch, nationalistisch und obrigkeitsstaatlich geprägt wurde?

Andreas Weindl

Filmtipp:
Deutschland auf dem Weg zum Nationalstaat 1815-1871. Ein Film von Carola Hoffmann und Anne Roerkohl, 2010

Auf die gestellten sowie auf die folgenden Fragen wirst du am Ende dieses Großkapitels Antworten geben können:

- *Warum wird im Zusammenhang mit der Gründung des Deutschen Kaiserreiches 1871* von einer Reichsgründung „von oben" gesprochen?*
- *Weswegen haderte Bayern mit dem Beitritt zum Kaiserreich?*
- *Welche Möglichkeiten der politischen Mitbestimmung enthielt die Reichsverfassung?*
- *Wie und warum bediente sich Bismarck* bei der Lösung der Sozialen Frage* einer Doppelstrategie?*
- *Inwiefern stand das Deutsche Kaiserreich vor 1914 im Spannungsfeld von Obrigkeitsstaat und moderner Massengesellschaft?*
- *Wie sahen einzelne Bereiche des gesellschaftlichen Lebens um die Jahrhundertwende aus?*

1806: Ende des Heiligen Römischen Reiches Deutscher Nation

1750 — 1800

1815: Wiener Kongress

M 3 Deutsches Reich 1815 bis 1871
Abkürzungen: Kgr. = Königreich; **Erzhzm.** = Erzherzogtum; **Ghzm.** = Großherzogtum; **Hzm.** = Herzogtum

M 4 „Muttersprachen" im Deutschen Reich um 1900

	in Millionen
Deutsch	51,883
Polnisch	3,086
Französisch	0,212
Masurisch[1]	0,142
Dänisch	0,141
Litauisch	0,106
Kassubisch[2]	0,100
Sorbisch[3]	0,093
Holländisch	0,080
Mährisch[4]	0,064
Sonstige	0,460

Nach: Statistisches Jahrbuch für das Deutsche Reich, Berlin 1906, S. 5

[1] **Masuren**: slawische Volksgruppe im südlichen Ostpreußen
[2] **Kassuben**: slawische Volksgruppe in Pommern und Westpreußen
[3] **Sorben** (auch Wenden genannt): slawische Volksgruppe an der Elbe, in der Niederlausitz und in Sachsen
[4] **Mähren**: aus dem heutigen Tschechien stammende Sprachgruppe

1. *Interpretiere die gezeigte Szene (M1), indem du sie in Bezug zum Denkmal (siehe S. 124 f., M1) setzt.* (F)
2. *Erläutere, warum Mitte des 19. Jhs. niemand so recht an die Gründung eines deutschen Nationalstaates glaubte (M2).*
3. *Arbeite aus der Karte M3 heraus, in welchen Schritten sich die Gründung des deutschen Nationalstaates vollzog. Trage deine Ergebnisse in eine Tabelle ein.*
4. *Untersuche M4. Was sagt die Tabelle über die kulturellen Hintergründe der deutschen Nation* aus? Vor welchen Herausforderungen stand die Politik, eine nationale Identität zu schaffen?*

1832: Hambacher Fest
1848/49: Revolution in Deutschland und Europa
1871: Deutsche Reichsgründung
1850 — 1900

Die Reichsgründung von 1871

M 1 Jugendporträt Kaiser Wilhelms I.
Kreidelithografie (47 x 35 cm) von Franz Krüger (1797-1857), vor 1857
Der 1797 geboren Wilhelm aus dem Hause Hohenzollern wurde 1861 König von Preußen und 1871 Deutscher Kaiser. Im März 1848 hatte er sich für die Niederschlagung der Revolution in Berlin eingesetzt. Nachdem sein Bruder Friedrich Wilhelm IV. 1857 abdanken musste, begann mit ihm eine „Neue Ära". Als er 1888 verstarb, genoss er große Popularität.

M 2 Otto von Bismarck
Porträt eines unbekannten Fotografen, 1862
Otto von Bismarck (1815 - 1898) wurde nach seinem Jurastudium und einer wilden Studienzeit in Göttingen Diplomat und Politiker. 1862 berief der preußische König Wilhelm I. ihn zum preußischen Ministerpräsidenten und Außenminister. Als treibende Kraft bei der Gründung des Deutschen Kaiserreiches von 1870/71 und als erster Kanzler des Deutschen Reiches erwarb er sich den Ruf des „Eisernen Kanzlers". Bis 1890 prägte Bismarck die deutsche Innen- und Außenpolitik maßgeblich.

INFO Drei Kriege, drei Siege – ein Reich

1862 berief der preußische König *Wilhelm I.* Otto von **Bismarck** zum preußischer Ministerpräsidenten und Außenminister. Bismarck wollte, ganz im Sinne der auf Einheit zielenden deutschen Nationalbewegung, Preußens Vormacht im Deutschen Bund* ausbauen und Österreichs Einfluss zurückdrängen. 1864 siegten beide Staaten noch gemeinsam gegen Dänemark. Aber schon 1866 besiegte das militärisch und technisch überlegene Preußen Österreich im Deutsch-Deutschen Krieg. Bismarck kündigte den 1815 entstandenen Deutschen Bund auf und gründete den Norddeutschen Bund. Gleichzeitig schürte er die Angst der süddeutschen Staaten vor Gebietsansprüchen Frankreichs, sodass diese „Schutz- und Trutzbündnisse" mit Preußen schlossen.

1870 gelang es Bismarck, den französischen Kaiser so zu provozieren, dass er Preußen den Krieg erklärte. Gemeinsam mit den verbündeten deutschen Staaten siegte Preußen am 2. September 1870 in der kriegsentscheidenden Schlacht bei Sedan in der Nähe der belgischen Grenze. Die europäischen Großmächte blieben neutral. Frankreich musste das Elsass und Lothringen abtreten und eine hohe Kriegsentschädigung zahlen. Die während der napoleonischen Kriege entstandene Feindschaft zwischen Deutschen und Franzosen wurde nun endgültig zur „Erbfeindschaft" erklärt. Schon vor dem Kriegsende war es Bismarck gelungen, die süddeutschen Staaten für die Gründung eines konstitutionell-monarchischen Nationalstaates zu gewinnen. Mit ihrem Beitritt zum Norddeutschen Bund fand am 1. Januar **1871** die **Reichsgründung** statt. Mit der Krönung König Wilhelms I. von Preußen am 18. Januar 1871 im Spiegelsaal von Versailles zum Kaiser entstand das **Deutsche Kaiserreich**.

Andreas Weindl

Medientipp:
Mehr über Bismarck findest du unter **31063-41**.

Kartentipp:
Eine animierte Karte zum Thema „Gründung des Deutschen Reiches findest du unter **31063-42**.

M3 „Welch glorreiche Zeit!“

Der Republikaner Friedrich Kapp geht nach 1848 in die Vereinigten Staaten. Im April 1870 kehrt er nach Deutschland zurück und wird Mitglied der Nationalliberalen Partei. Am 13. August 1870 schreibt er seinem Studienfreund Eduard Cohen:

Welch glorreiche Zeit! Ich freue mich, dass ich gerade jetzt zurückgekehrt bin. Es ist eine Lust zu leben und eine doppelte Lust, in Berlin zu leben. Ich werde versuchen, dass ich in das erste deutsche Parlament gewählt werde. Norddeutschland hat schon ausgespielt, es lebe das einige Deutschland!

Am 24. August 1870 teilt er seinem Onkel mit:

Da alle gebildeten und ungebildeten Deutschen über diesen Krieg gleich fühlen und denken, so ist es kaum nötig, sich seine Gedanken darüber mitzuteilen. Das einzige, was ich fürchte, ist die furchtbare Verschwendung an Menschenleben […].

Zitiert nach: Friedrich Kapp, Vom radikalen Frühsozialisten des Vormärz zum liberalen Parteipolitiker des Bismarckreichs. Briefe 1843-1884, hrsg. von Hans-Ulrich Wehler, Frankfurt am Main 1969, S. 95

M5 „Selbsterhaltung“

Karikatur aus der Berliner Satirezeitschrift „Kladderadatsch“ vom 4. September 1870

Text: „Man muss der Bestie die Klauen abschneiden, damit man künftig Ruhe vor ihr hat.“ Bismarck schneidet die Klauen eines Bären, auf dessen Tatze „Elsass“ und „Lothringen“ steht. König Wilhelm I. von Preußen und der Kronprinz Friedrich assistieren ihm dabei.

M4 „Pickelhaube“ eines preußischen Offiziers

Auf dem Helm steht die Inschrift „Mit Gott für König und Vaterland“.
Dieser „Helm mit Spitze“, so die amtliche Bezeichnung, wurde vom preußischen Militär um 1843 eingeführt. Er wurde nach 1871 zum Symbol für den preußisch-deutschen Militarismus.

M6 Das Gleichgewicht der Macht ist zerstört

Der britische Oppositionsführer Benjamin Disraeli äußert sich am 9. Februar 1871 so über die Entwicklung:

Dieser Krieg bedeutet die deutsche Revolution, ein größeres politisches Ereignis als die französische des vergangenen Jahrhunderts. […] Nicht ein einziger der Grundsätze der Handhabung unserer auswärtigen Angelegenheiten, welche noch vor einem halben Jahr von allen Politikern als selbstverständliche Richtlinien anerkannt wurden, steht noch heute in Geltung. […] Wir stehen vor einer neuen Welt, neue Einflüsse sind am Werk; […] das Gleichgewicht der Macht ist völlig zerstört; und das Land, welches am meisten darunter leidet und welches die Wirkungen dieses großen Wechsels am meisten zu spüren bekommt, ist England.

Zitiert nach: Günter Schönbrunn (Bearb.), Das bürgerliche Zeitalter 1815-1914, München 1980, S. 376 f.

Wie ist die Deutsche Reichsgründung 1871 möglich gewesen?*

1. *Gib wieder, was viele Deutsche sich vom Krieg gegen Frankreich erhofften (M3).*
2. *Bismarck* stellte sich später gerne als „Vater der Reichsgründung“ dar. Diskutiere, ob mit Recht (INFO).*
3. *Interpretiere die Karikatur (M5). Berücksichtige den INFO-Text.* (H)
4. *Arbeite aus M6 heraus, wie die Reichsgründung in Großbritannien wahrgenommen wurde.*
5. *Erkläre, warum die „Pickelhaube“ zum Zeichen für den deutschen Militarismus wurde (M4). Berücksichtige M6.*

Lern-aufgabe

Die Proklamation des Deutschen Reiches im Bild

M 1 „Die Proklamation des Deutschen Kaiserreiches im Spiegelsaal des Schlosses Versailles"
Ölgemälde (202 x 167 cm) von Anton von Werner mit Prunkrahmen von 1885

Die hier gezeigte „Friedrichsruher Fassung" entstand im Auftrag Kaiser Wilhelms I. zum 70. Geburtstag Bismarcks. Sie ist die einzige von insgesamt vier Fassungen, die erhalten geblieben ist. Die älteste Version maß 732 x 434 cm und stammte von 1877. Sie war ein Geschenk der deutschen Fürsten und Hansestädte an den Kaiser aus Anlass seines 80. Geburtstages. Dieses Gemälde hing im Weißen Saal des Berliner Schlosses, dem Ort, an dem auch die Sitzungsperioden des Reichstages eröffnet wurden. Die Fassung wurde im Zweiten Weltkrieg (1939 - 1945) zerstört.

In allen Fassungen dieses Historienbildes ging es – wie der Kunsthistoriker Thomas W. Gaethgens 1990 betont – weniger um die Darstellung des historischen Ereignisses als um die „Legitimation der Gegenwart mithilfe eines vergangenen Geschehens".

M2 Skizze nach dem Historiengemälde M1, S. 130

Schritt für Schritt:
Historiengemälde beurteilen

Historienbilder sind Kunstwerke wie Gemälde, Kupferstiche, Lithografien, Reliefs oder Mosaike. Sie machen auf bedeutende Ereignisse, Leistungen und Personen aufmerksam. Die Künstler stellen historische Sachverhalte dar und deuten sie. Um Historienbilder verstehen zu können, musst du – wie bei anderen Kunstwerken – drei Schritte zu beachten: a) *beschreiben*, b) *untersuchen* (*analysieren*) und c) *beurteilen* (*interpretieren*). Bei der Beschäftigung mit Historiengemälden gilt es, folgenden Fragen nachzugehen:

1. Welche „Geschichte" ist dargestellt und wann fand sie statt?
2. Von wann ist das Gemälde? Wer malte es?
3. Wer gab den Auftrag? Wer sollte es bekommen?
4. Was ist im Vorder-, im Hintergrund und in der Bildmitte platziert?
5. Sollte das Gemälde bei den Zeitgenossen eine bestimmte Wirkung erzielen?
6. Wie wirkt es auf den heutigen Betrachter?

M3 Eine Kurzbeschreibung

Die Historikerin Charlotte Bühl-Gramer hält u. a. fest:

In der linken Bildhälfte stehen auf der oberen Stufe der Kronprinz Friedrich (4), König Wilhelm I. von Preußen (2) und der Großherzog Friedrich von Baden (3), der mit erhobener Hand ein „Hoch" ausruft. Links vom Großherzog (vor den Stufen) befindet sich Kriegsminister Albrecht von Roon (6), der an der Proklamation gar nicht teilnahm. Im Zentrum des Bildes steht Otto von Bismarck (1). Er trägt eine weiße Uniform, obwohl er an dem Tag eine blaue trug. Links von ihm ist Generalfeldmarschall Helmuth von Moltke (5) zu sehen. Im Hintergrund der rechten Bildhälfte sind Offiziere mit gezogenen Säbeln, Kappen und Helmen zu erkennen.

Nach: Charlotte Bühl-Gramer, Anton von Werner: Die Proklamierung des deutschen Kaiserreichs 1871, in: Michael Wobring und Susanne Popp (Hrsg.), Der europäische Bildersaal, Schwalbach/Ts. 2013, S. 91 (Ziffern hinzugefügt)

M4 Ein würdiger Vorgang

Der Maler Anton von Werner schreibt 1913 über die Proklamation des Kaiserreichs, zu der er vom Kronprinzen nach Versailles eingeladen worden war:

Das also war es, was der Kronprinz Friedrich Wilhelm als etwas meines Pinsels Würdiges in seinem Telegramm bezeichnet hatte! Der Vorgang war gewiss historisch würdig, und ich wandte ihm meine gespannteste Aufmerksamkeit zu, zunächst natürlich seiner äußeren malerischen Erscheinung, notierte in aller Eile das Nötigste, sah, dass König Wilhelm etwas sprach und Graf Bismarck mit hölzerner Stimme etwas Längeres verlas, hörte aber nicht, was es bedeutete, und erwachte aus meiner Vertiefung erst, als der Großherzog von Baden neben König Wilhelm trat und mit lauter Stimme in den Saal hineinrief: „Seine Majestät, Kaiser Wilhelm der Siegreiche. Er lebe hoch!"

Zitiert nach: Charlotte Bühl-Gramer, Anton von Werner: Die Proklamation des deutschen Kaiserreichs 1871, a. a. O., S. 90

Das Historiengemälde Anton von Werners befindet sich in vielen Darstellungen zur Reichsgründung. Beurteile in einem Referat die Aussagekraft des Bildes.

1. *Analysiere das Gemälde mithilfe der Methode „Schritt für Schritt" (M1 bis M4).*
2. *Beurteile das Gemälde aus Sicht deutscher und französischer Zeitgenossen (Fürsten, Militärs, Bürger).*
3. *Beurteile in deinem Referat die Aussagekraft des Gemäldes für die Reichsgründung.*

1843 - 1915: Anton von Werner
seit 1871: Er lebt in Berlin und hat Kontakte zum Kaiser, zum Kronprinzen und zu Bismarck
18. 1. 1871: Er ist Zeuge der Kaiserproklamation
1877: Erste Version der „Kaiserproklamation"; ein Geschenk
1850
1900

Die Reichsgründung aus bayerischer Sicht

M1 Etappen und Ergebnisse

16. Juli 1870	Die Mobilisierung preußischer und bayerischer Truppen beginnt.
19. Juli 1870	Kriegserklärung Frankreichs an Preußen
2. September 1870	Frankreich kapituliert nach der verlorenen Schlacht bei Sedan.
8. September 1870	Bismarck fordert Bayern auf, sich an der Reichseinigung zu beteiligen.
23. Oktober 1870	In Versailles beginnen die Verhandlungen über die Gründung eines Kaiserreiches.
23. November 1870	Das Königreich Bayern tritt dem Norddeutschen Bund bei.
27. November 1870	Ludwig II. soll auf Bismarcks Wunsch dem preußischen König in einem Brief an die Bundesfürsten die Kaiserkrone anbieten.
3. Dezember 1870	Ludwigs Onkel, Prinz Luitpold von Bayern, überreicht dem preußischen König in Versailles den „Kaiserbrief".
30. Dezember 1870	Die Erste Kammer des Bayerischen Landtages entscheidet sich mit nur einer Gegenstimme für die neue Bundesverfassung.
1. Januar 1871	Mit der Verkündung der Verträge zwischen dem Norddeutschen Bund und den süddeutschen Staaten entsteht das Deutsche Reich – allerdings noch ohne Bayern.
18. Januar 1871	König Wilhelm I. von Preußen wird in Versailles zum Kaiser ausgerufen.
21. Januar 1871	Von 150 Abgeordneten der Zweiten Kammer des Bayerischen Landtages stimmen 102 für und 48 gegen die Annahme der neuen Bundesverfassung. Bayern sichert sich folgende Sonderrechte: • eigenständige Regelung des Eisenbahnwesens • Oberbefehl des Königs über die Bayerische Armee im Frieden • Steuerhoheit auf Bier- und Branntwein • eigenes Post- und Telegrafenwesen Außerdem erhält Ludwig II. zwischen 1871 und 1884 etwa sechs Millionen Mark zur persönlichen Verfügung aus dem Welfenfonds (Vermögen des ehemaligen Königshauses Hannover).

Nach: www.hdbg.de/ludwig/pdf/lehrerinfos_unterichtsmaterial_Gruendung-des-Deutschen-Kaiserreich.pdf (erweitert; Zugriff: 16.04.2019)

M2 Der bayerische Regierungschef erklärt

Der Ministerratsvorsitzende und Außenminister Otto Graf von Bray-Steinburg führt für Bayern die Verhandlungen in Versailles. Er erklärt am 14. Dezember 1870 in der Sitzung des Landtages, dass Bayern bei einer Reichsgründung Opfer zu bringen habe, und betont zugleich:

Aber auf der anderen Seite begründen wir, indem wir den Verträgen unsere Zustimmung geben, ein deutsches föderatives[1] Bündnis, eine mächtige Gemeinschaft, ausgestattet mit allen Attributen einer Großmacht ersten Ranges. In diesem Deutschland aber erhält Bayern durch Verträge eine bevorzugte Stellung, welche seiner historischen und seiner geografischen Bedeutung entspricht und welche ihm die Möglichkeit gibt, Einfluss zu üben auf den Bund [...]. Wir begründen damit das, was fortan heißen wird „das deutsche Reich".

Verhandlungen der Kammer der Abgeordneten des Bayerischen Landtages. Stenographische Berichte, 1870/71, Bd. 3, S. 20

[1] **föderativ** (von lat. *foedus, foedera:* Bund, Bündnis): Zusammenschluss von Einzelstaaten zu einem Gesamtstaat (Bund); die Einzelstaaten behalten ihre Eigenstaatlichkeit, geben aber bestimmte Rechte wie zum Beispiel die Außen- und Sicherheitspolitik an den Gesamtstaat (Bund) ab.

M3 Pro und Kontra im Landtag

Der Führer der Fortschrittspartei, Dr. Marquard Barth aus Mittelfranken, sagt in der Sitzung am 11. Januar 1871:

Meine Herren! Ich bin in Mittelfranken gewählt und soweit ich die Verhältnisse nicht bloß meines Wahlkreises, sondern des ganzen mittelfränkischen Regierungsbezirkes, mit sehr geringen Ausnahmen vielleicht kenne, kann ich Ihnen bestätigen, dass man dort ebenso durchdrungen ist von dem Verlangen, in das Reich zu kommen, als das in der Pfalz der Fall ist. Meine Herren! Sie halten es für so fürchterlich, dass wir in das Reich treten sollen. Nun ich will denjenigen, denen es gegen alle ihre Anschauungen und Wünsche geht, das nicht verdenken, aber ich darf Sie doch wohl fragen, ob denn wirklich das etwas so ganz Fürchterliches →

sein kann, nachdem doch alle anderen Staaten samt und sonders diese Furcht nicht geteilt haben und dieselbe nur in Bayern besteht. [...]

In der Sitzung vom 12. Januar 1871 betont Nepomuk Sepp von der Bayerischen Patriotenpartei:

In diesem Augenblicke stehen wir an dem Wendepunkte der bayerischen Politik und der deutschen Geschichte. Mit raschem Entschlusse haben Fürsten und Volk für den nationalen Krieg gegen den Erbfeind sich entschieden, unter Mithilfe der Süddeutschen ist Elsass und Lothringen zurückerobert. [...] [H]ätten wir nicht mitgetan, wir wären vertragsbrüchig befunden, die glänzenden Erfolge nicht erreicht, und der Frieden auf unsere Kosten geschlossen worden [...]. [...] Die ganze Nation hat sich wie ein Riese erhoben und den Franzmann niedergeschlagen, dass er für die kommenden Jahrhunderte [...] uns nicht mehr gefährlich wird. Wir stehen am Ende der alten Zeit, am Anfange einer neuen deutschen, vielleicht europäischen Geschichte, in dem ein deutscher Zentralstaat in der Mitte Europas sich bildet und die Geschicke des Weltteils zu lenken in die Hand nimmt. [...] Bayern ist keine Großmacht, aber es macht durch seinen Anschluss an die übrigen Stämme Deutschland zu einer Weltmacht.

Edmund Jörg, der Führer der Patriotenpartei, ist gegen die neue Bundesverfassung. Er hält am 21. Januar 1871 die Schlussrede; sie endet mit den Worten:

Je nachdem die Würfel fallen, habe ich die traurige Aufgabe, eine fünfzigjährige Periode des bayerischen Staatslebens in diesem Hause abzuschließen [...]. Die bayerische Landesvertretung [...] wird hinabsteigen in die Gruft und eine bayerische Provinzialvertretung wird an ihrer Stelle treten. [...] Ich sage, meine Herren, entweder bekommt die europäische Menschheit wieder eine neue Ordnung der internationalen Verhältnisse, entweder bekommt sie wieder völkerrechtliche Rechtszustände oder nicht. Im ersten Falle, meine Herren, würde Bayern, das ich meine, ohne allen Zweifel von dieser Rechtswohltat auch profitieren; es würde dann, wie es ja lange gewesen ist, unter dem Schutze des internationalen europäischen Rechts stehen. [...] Bekommen wir eine solche europäische Rechtsordnung nicht, was wird die Folge sein? Soll ich Ihnen das sagen: Die Völker Europas müssen dann Jahr aus Jahr ein, bis an die Zähne bewaffnet, Gewehr bei Fuß, gegeneinander stehen, zum Sprung bereit. Der Militarismus müsste die höchsten Interessen der Nationen und Völker überfluten [...]. [...] [In] wenigen Jahre würden wir wieder einen Krieg haben, den Rachekrieg mit Frankreich, das dann nicht mehr ohne Alliierte[1] sein wird [...].

Ja, dieses unser bayerische Volk und das ganze süddeutsche Volk hat nicht eine militärische Vergangenheit hinter sich, wie das norddeutsche, das preußische schon seit hundert Jahren. Dieses Volk ist für den Frieden geboren, es ist den Frieden gewohnt, und es wird unendlich bitter fühlen, was es heißt, das dienende Glied eines großen Militärnationalstaates zu sein. [...] Stimmen Sie gegen die Verträge, ich bitte sie darum.

Verhandlungen der Kammer der Abgeordneten des Bayerischen Landtages. Stenographische Berichte, 1870/71, Bd. 4, S. 120, 143 f., 356, 359 und 364

[1] **Alliierte**: Bündnispartner, Verbündete

M4 „Preußens idealer Reichsgedanke – und sein Verhältnis zu Bayern“
Karikatur aus dem satirisch-humoristischen Wochenblatt „Die Bremse“ vom 4. April 1874
Text: „Das Häslein (Bayern, Reservatrecht) wird vielleicht zuletzt gefressen, aber gefressen wird es.“

Warum zögert Bayern, dem Deutschen Kaiserreich beizutreten?*

1. *Arbeitet in Gruppen aus den Etappen des Beitrittsprozesses die Haltung der bayerischen Politiker zur Reichsgründung heraus (M1).*
2. *Untersucht in vier Gruppen die Argumente für und gegen den bayerischen Beitritt zum Reich und stellt sie euch gegenseitig vor (M2 und M3).*
3. *Interpretiert die Karikatur (M4). Ordnet sie in Partnerarbeit einer der in M3 vertretenen Positionen zu.* (H)

Die politische Ordnung

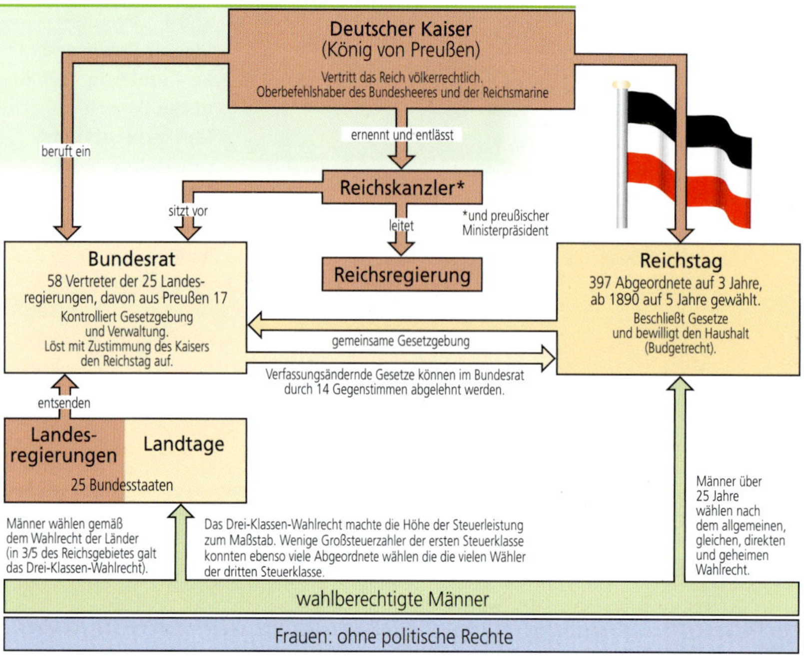

M 1 Die Reichsverfassung von 1871

Die Verfassung ging aus der 1867 ausgearbeiteten Norddeutschen Bundesverfassung hervor und wurde am 1. Januar 1871 im Gesetzblatt des Norddeutschen Bundes verkündet. Die „Verfassung des Deutschen Reiches“ wurde erst am 16. April 1871 verkündet; sie blieb bis 1919 in Kraft.

Zur Stimmenverteilung im Bundesrat: Preußen 17, Bayern 6, Sachsen 4, Württemberg 4, Baden 3, Hessen 3, Braunschweig 2, Mecklenburg-Schwerin 2; die übrigen 14 Herzogtümer und Fürstentümer sowie die drei Freien Städte jeweils nur 1 Stimme. Prinzipiell war es damit möglich, Preußen im Bundesrat zu überstimmen, aber in Verfassungs- und Militärfragen hatte Preußen eine Sonderregelung durchgesetzt.

Die Nationalflagge des Reiches bestand aus den Farben Preußens (schwarz-weiß) und der alten Reichsstädte (rot).

INFO 1 Die Reichsverfassung

Das **Deutsche Kaiserreich** war eine konstitutionelle Monarchie*. Die Reichsverfassung legte u. a. das Bundesgebiet (22 Fürstentümer und drei freie Hansestädte), die Reichsgesetzgebung, die Rechte des Kaisers (Präsidium), des Bundesrates und des **Reichstages** fest. Grundrechte – wie sie 1848* vorgesehen waren – enthielt die Reichsverfassung nicht.

Staatsoberhaupt war der Kaiser. Der Reichskanzler, zugleich preußischer Ministerpräsident, und seine Staatssekretäre (Minister) waren nicht dem Parlament* gegenüber verantwortlich, sondern allein dem Kaiser. Als Leiter der Reichsregierung kam dem Kanzler enorme Macht zu, obgleich er sich bei neuen Gesetzesvorhaben und bei der Bewilligung des Haushaltes um Mehrheiten im Reichstag bemühen musste.

In der Gesetzgebung waren Bundesrat und Reichstag gleichberechtigt. Beide konnten Gesetze einbringen. Ein Verfassungsgericht, das unabhängig über Entscheidungen der Reichsregierung, des Bundesrates oder des Reichstages gewacht hätte, gab es nicht.

Andreas Weindl

INFO 2 Das Wahlrecht

Im **Deutschen Kaiserreich** war jeder Mann ab 25 Jahren wahlberechtigt. Frauen hatten – wie in allen anderen Staaten – noch kein Wahlrecht. Trotzdem war das Wahlrecht fortschrittlich: Erstmals war es nicht an Besitz oder an die Höhe der geleisteten Steuern gebunden. In jedem der fast 400 Wahlkreise wurde je ein Reichstagsabgeordneter in allgemeiner, gleicher, direkter und geheimer Wahl gewählt. Es galt das Mehrheitswahlrecht: Erreichte keiner der Kandidaten im ersten Wahlgang in seinem Wahlkreis mehr als 50 Prozent der Stimmen, gab es eine Stichwahl zwischen den beiden erfolgreichsten Bewerbern. Die Wahlkreiseinteilung benachteiligte auf Dauer Parteien wie die Sozialdemokraten, da sie das Bevölkerungswachstum in den Städten nicht berücksichtigte. So wählten im Wahlkreis Potsdam 1912 etwa 1,2 Millionen Bürger einen Abgeordneten, während in zwölf Wahlkreisen des Reiches weniger als 75000 Wahlberechtigte dasselbe taten.

Andreas Weindl

INFO 3 Die wichtigsten Parteien

Im Kaiserreich bildete sich ein System von politischen Richtungen bzw. Parteien heraus:

Die Konservativen (Deutschkonservative, Freikonservative) kamen aus der ländlichen Welt. Sie waren monarchistisch ausgerichtet und vertraten die Interessen der Großagrarier.

Die *Nationalliberalen* wurzelten im städtischen Bürgertum*, sie unterstützten **Bismarck** und setzen sich für die außenpolitische und wirtschaftliche Macht des Reiches ein.

Die *Linksliberalen* stammten ebenfalls aus dem Bürgertum, sie waren aber regierungskritisch, pochten auf eine Stärkung des Parlaments*.

Das *Zentrum* – so benannt nach den mittleren, zentralen Sitzplätzen seiner Abgeordneten im Parlament – war die Partei der katholischen Wählerschaft. Diese reichte vom Adel* bis zur Arbeiterschaft.

Die *Sozialdemokratie* vertrat vor allem die Interessen der Arbeiterschaft und der Verbraucher. Die SPD war zunächst grundsätzlich gegen die bestehende Staats- und Gesellschaftsordnung. In den 1890er-Jahren entstand – vor allem in Bayern – ein Flügel in der Partei, der statt auf Revolution auf Reformen setzte.

Klaus Dieter Hein-Mooren

M 2 Über den Reichstag

Der Historiker und Reichstagsabgeordnete Heinrich von Sybel urteilt 1871:

Auch wenn eine Volksvertretung [...] nicht die Kraft besitzt, Minister ein- und abzusetzen, so ist schon ihr Dasein und ihre Debatte, ihre Kritik des Budgets und ihre Befugnis, misslungene Gesetzentwürfe zu vernichten, eine höchst bedeutende Schranke gegen jeden willkürlichen Absolutismus der Regierung. Diese Regierung aber in fester Hand und den Wogen des unberechenbaren Volkes entzogen zu wissen, erscheint uns [...] als unschätzbarer Segen.

Der Gutsbesitzer und Reichstagsabgeordnete Elard von Oldenburg-Januschau sagte am 29. Januar 1910 im Reichstag:

Der König von Preußen und der Deutsche Kaiser muss jeden Moment imstande sein, zu einem Leutnant zu sagen: „Nehmen Sie zehn Mann und schließen Sie den Reichstag."

Zitiert nach: Michael Epkenhans/Andreas von Seggern, Leben im Kaiserreich – Deutschland um 1900, Stuttgart 2007, S. 26

M 3 Eine besondere Schwäche des Systems

Der Historiker Christoph Nonn über eine besondere Schwäche der politischen Verhältnisse im Kaiserreich:

Im Lauf der Zeit arrangierten sich die meisten Parteien mit diesem System, das für sie manche Vorteile hatte. Denn es bot die Möglichkeit, Einfluss auszuüben und politisch mitzugestalten, ohne für die Resultate voll verantwortlich gemacht zu werden. Parteiführer, Aktivisten und Wähler gewöhnten sich an eine politische Praxis, die von Demagogie[1] geprägt war. Im engeren Sinne demokratische Tugenden, wie die Bereitschaft zum Interessenausgleich durch Kompromiss, erlernten sie dagegen nicht. Die politischen Eliten kamen selten in die Verlegenheit, unpopuläre Entscheidungen gegenüber ihrer Klientel[2] zu begründen. Und den Wählern wurde entsprechend selten zugemutet, Unvermeidliches zu akzeptieren oder selbst Verantwortung für ihr Gemeinwesen zu übernehmen. Eine verantwortungsvolle Zivilgesellschaft konnte so kaum entstehen.

Christoph Nonn, Das Deutsche Kaiserreich. Von der Gründung bis zum Untergang, München 2017, S. 123

[1] **Demagogie**: Volksverführung, Volksaufwiegelung, politische Hetze

[2] **Klientel**: hier Wähler, Anhänger

Wie funktioniert die Regierung im Deutschen Kaiserreich*? Welche Macht hat das Volk?

1. *Untersucht in Partnerarbeit das Verfassungsschema (M1 und INFO 1). Welches Verfassungsorgan hat die größte Macht.* (H)
2. *Arbeite heraus, wo und wie das Volk seinen Einfluss geltend machen kann (INFO 2 und M2).*
3. *Ordne die Reichstagsabgeordneten Sybel und von Oldenburg-Januschau (M2) dem Parteienspektrum (INFO 3) zu.*
4. *„Die Verfassung von 1871 zeigt, dass das Deutsche Reich ein Obrigkeitsstaat war." Diskutiert diese Behauptung mithilfe der Ergebnisse aus den Aufgaben 2 und 3 und M3.* (H)

Die gesellschaftlichen Verhältnisse – ein Überblick

M 1 „Der – Die – Das …“
Karikatur von Bruno Paul aus der in München erscheinenden Satirezeitschrift „Simplicissimus“ vom 8. Mai 1897

M 2 Die Bevölkerung wächst

1871	41 Mio.	76 Einwohner/km²
1895	52 Mio.	97 Einwohner/km²
1910	65 Mio.	120 Einwohner/km²

Nach: https://de.wikipedia.org/wiki/Liste_der_Volksz%C3%A4hlungen_in_Deutschland (Zugriff: 22.04.2019)

M 3 Religionsbekenntnisse (Auswahl)
Unter 10 000 ortsanwesenden Personen sind am 1. Dezember 1871 bzw. 1910:

	Protestanten		Katholiken		Juden	
	1871	1910	1871	1910	1871	1910
Preußen	6 497	6 182	3 349	3 631	132	104
Bayern	2 761	2 821	7 123	7 061	104	80
Deutsches Reich	6 231	6 159	3 621	3 669	125	95

Nach: Gerd Hohorst u. a., Sozialgeschichtliches Arbeitsbuch, Bd. 2: 1870-1914, München ²1978, S. 54 f.

INFO 1 Ein Reich – eine Nation?

Die Bundesländer des **Deutschen Kaiserreiches** unterschieden sich nicht nur hinsichtlich ihrer Größe, Einwohnerzahl und Wirtschaftskraft sehr stark, sondern auch kulturell. Dazu war die Gesellschaft in vielerlei Hinsicht gespalten: Während der Gegensatz zwischen Stadt und Land sowie die Unterschiede zwischen Adel*, Bürgertum* und Industriearbeiterschaft aus heutiger Sicht leicht nachvollziehbar sind, war zur Zeit des Kaiserreiches kaum ein Graben tiefer als der zwischen Katholiken und Protestanten. Eine ausgegrenzte Minderheit blieben ferner die jüdischen Mitbürger, obwohl sie gemäß der Verfassung* die gleichen Rechte wie alle Bürger besaßen.

Auch wenn viele Bürger die Gründung des deutschen Nationalstaates begrüßt hatten, fühlten sich die meisten zunächst als Preußen, Bayern, Württemberger usw. und erst dann als Deutsche. Die Einstellung änderte sich erst langsam durch die Arbeit des **Reichstages**, der seit 1895 in dem Reichstagsgebäude in Berlin tagte, das heute Sitz unseres Deutschen Bundestages ist.

Andreas Weindl

INFO 2 **Ein Nationalstaat?**

Im **Deutschen Kaiserreich** gab es neben der deutschen Mehrheit nationale Minderheiten. Im Osten lebten Bürger polnischer Herkunft, im Westen gab es französischsprachige Elsässer und Lothringer und im Norden Einwohner dänischer und holländischer Abstammung. Gegen die Minderheiten im Reich ging der Staat nach 1871 zum Teil mit Gewalt vor. Ihre Kulturen und Sprachen wurden unterdrückt. Das bekamen vor allem die im Reich lebenden Menschen polnischer Herkunft zu spüren.

Andreas Weindl

INFO 3 **Gesellschaftliche Gegensätze**

Die Elite des Kaiserreiches bildete nach wie vor der Adel*. Auch wenn innerhalb des Standes große Unterschiede existierten, so besaß er die größten Güter und hatte die höchsten Ämter in Diplomatie[1], Militär und Verwaltung inne.

Neben dem Adel stand das Bürgertum*. Das Großbürgertum, die reichen Unternehmer und Bankiers, hatten mit dem Wirtschaftswachstum an gesellschaftlicher Bedeutung und politischem Einfluss gewonnen. Dazu hatte das Bildungsbürgertum durch die zunehmenden Anforderungen der Verwaltung, Wirtschaft und Wissenschaft zugenommen. Zum „alten" städtischen Mittelstand, den Händlern und Handwerkern, trat um 1900 ein „neuer": die Angestellten. Als Aufsteiger grenzten sie sich scharf von der Mehrheit ab: den Arbeitern. Ein sozialer Aufstieg aus dem Angestelltenmilieu war kaum, aus dem Arbeitermilieu fast unmöglich. Der Besuch von Gymnasien und Universitäten setzte ein gutes Einkommen der Eltern voraus. Auch wenn sich die soziale Lage der Arbeiterschaft im Laufe des Kaiserreichs insgesamt verbesserte: Rund drei Viertel der Gesellschaft hatten kaum genug zum Leben und konnten keine Rücklagen für Notfälle bilden.

Andreas Weindl

INFO 4 **Binnen- und Auswanderung**

Der gesellschaftliche Wandel des Kaiserreiches wurde durch die bis heute größte Wanderungsbewegung (Migration*) der deutschen Geschichte geprägt. Zwischen 1860 und 1914 zogen 16 Millionen Menschen aus den Ostgebieten des Reiches (vor allem aus Ost- und Westpreußen, Posen) in den industrialisierten Westen, viele davon ins Ruhrgebiet. 1907 lebten 48 Prozent der Einwohner des Reiches (rund 30 Mio. Menschen) nicht da, wo sie geboren worden waren.

Zur Binnenwanderung kam die Auswanderung. Obwohl die Zahl der deutschen Auswanderer nach 1871 fiel, wanderten zwischen 1880 und 1893 immer noch über 1,7 Millionen Menschen aus, die meisten in die Vereinigten Staaten. Erst am Ende des 19. Jhs. wurde das Deutsche Reich von einem Auswanderungs- zu einem Einwanderungsland. Unternehmer warben Arbeiter aus Ost- und Mitteleuropa an. Um 1913 gab es 1,2 Millionen „ausländische Wanderarbeiter" im Reich, vor allem Polen und Italiener.

Andreas Weindl

M4 Türschilder
Foto aus Berlin, um 1900

[1] **Diplomatie**: Siehe S. 48, Anm. 1.

Wie sieht die Gesellschaft des Deutschen Kaiserreiches* aus?

1. *Interpretiere die Karikatur M1.* (H)
2. *Skizziere die gesellschaftlichen Verhältnisse des Kaiserreiches (M2 bis M3, INFO 1 und 2).*
3. *Arbeite die gesellschaftlichen Gegensätze heraus (INFO 3). Berücksichtige auch M1 und M4.*
4. *Diskutiert die Folgen der Binnenmigration für die Gesellschaft des Kaiserreiches (INFO 4).*

Bismarck und die „Reichsfeinde"

M 1 „The Great German Ringmaster"
Karikatur aus dem in New York erscheinenden Satiremagazin „Puck" vom 29. Januar 1879
Bismarck schreibt mit seiner Peitsche das Wort „Disziplin" in die Luft. Auf dem Zettel steht übersetzt: „Deutsches Parlament – Gesetz über Zucht und Ordnung".

M 2 „Notwehr des Staates"?

Am 24. April 1873 erklärt Bismarck vor dem Preußischen Herrenhaus:

Ich verweise darauf, dass die Regierung und Seine Majestät der König [...] die Überzeugung haben, dass der Staat in seinen Fundamenten bedroht und gefährdet ist von zwei Parteien[1], die beide das Gemeinsame haben, dass sie ihre Gegnerschaft gegen die nationale Entwicklung in internationaler Weise betätigen, dass sie Nation und nationale Staatenbildung bekämpfen. Gegen diese beiden Parteien müssen [...] sich alle Elemente zusammenscharen, die ein Interesse haben an der Erhaltung des Staates und an seiner Verteidigung teils gegen diejenigen, welche offen sagen, was sie an die Stelle des Staates setzen wollen, teils gegen diejenigen, welche einstweilen den Staat untergraben, sich aber noch vorbehalten, was sie an seine Stelle setzen wollen. Gegen diese Gegner müssen sich alle treuen Anhänger des Königs, müssen sich alle treuen Anhänger des preußischen Staates, in dem wir leben, zusammenscharen.

Provinzial-Correspondenz Nr. 18 (11. Jg.) vom 30. April 1873; zitiert nach: http://zefys.staatsbibliothek-berlin.de/amtspresse/ansicht/issue/9838247/1852/?no_cache=1&type=102&tx_ zefysdigibibo_pil%5Bdruck%5D=1 (Zugriff: 20.04.2019)

[1] Gemeint sind das Zentrum und die Sozialdemokraten.

M 3 Ergebnisse der Reichstagswahlen von 1871, 1890 und 1912 (Auszüge)

Anteile an den abgegebenen Stimmen in Prozent, Zahl der Mandate in Klammern

	1871	1890	1912
Nationalliberale	30,1 (125)	16,3 (42)	13,6 (45)
Linksliberale	9,3 (47)	18,0 (76)	12,3 (42)
Konservative	23,0 (94)	19,1 (93)	12,2 (57)
Zentrum	18,6 (63)	18,6 (106)	16,4 (91)
Sozialdemokraten	3,2 (2)	19,8 (35)	34,8 (110)

Nach: Gerd Hohorst u. a., Sozialgeschichtliches Arbeitsbuch, Bd. 2: 1870-1914, München ²1978, S. 173-175

INFO Bismarcks Gegner

Reichskanzler **Bismarck** hielt nicht viel von Parteien, Wahlen und dem **Reichstag**. Das Parlament* sah er als notwendiges Übel an.

Der katholischen Zentrumspartei unterstellte Bismarck, dass sie Kirche und Papst wichtiger nehmen würde als die Gesetze des Staates. Die Sozialdemokraten waren für ihn und die Anhänger der bürgerlichen Parteien die gefährlichsten Feinde, da sie Staat und Besitzverhältnisse verändern wollten – und dabei zwischen einem parlamentarischen und revolutionären Weg schwankten.

Als im Mai und im Juni 1878 zwei Attentate auf Kaiser Wilhelm I. verübt worden waren, wurde von der bürgerlichen Presse die Gefahr von Revolution, Sozialismus* und Kommunismus* beschworen, obgleich keine Verbindung zwischen den Sozialdemokraten und den Tätern bestand. Bismarck nutzte die aufgeheizte Stimmung, um noch im selben Jahr im Reichstag das „Sozialistengesetz" durchzusetzen. Es sollte eigentlich nur drei Jahre gelten, blieb dann aber mit Billigung der bürgerlichen Parteien bis 1890 in Kraft. Das Gesetz führte unter anderem zur Verhaftung von rund 1 500 Sozialdemokraten, etwa 900 wurden außer Landes verwiesen. Sie blieben trotzdem in den Parlamenten* vertreten, da laut Wahlrecht eine einzelne Person, nicht aber eine Parteienliste gewählt wurde. Außerdem genossen alle Abgeordneten – so wie noch heute – Immunität: Sie durften wegen angeblicher Straftaten nicht einfach verfolgt werden.

Andreas Weindl

M 4 Aus dem „Sozialistengesetz"

Am 21. Oktober 1878 beschließt der Reichstag das „Gesetz gegen die gemeingefährlichen Bestrebungen der Sozialdemokratie", es bestimmt u. a.:

§ 1. Vereine, welche durch sozialdemokratische, sozialistische und kommunistische Bestrebungen den Umsturz der bestehenden Staats- oder Gesellschaftsordnung bezwecken, sind zu verbieten. [...]

§. 17. Wer an einem verbotenen Vereine als Mitglied sich beteiligt oder eine Tätigkeit im Interesse eines solchen Vereins ausübt, wird mit Geldstrafe bis zu fünfhundert Mark oder mit Gefängnis bis zu drei Monaten bestraft. Eine gleiche Strafe trifft denjenigen, welcher an einer verbotenen Versammlung sich beteiligt oder welcher nach polizeilicher Auflösung einer Versammlung sich nicht sofort entfernt. Gegen diejenigen, welche sich an dem Vereine oder an der Versammlung als Vorsteher, Leiter, Ordner, Agenten, Redner oder Kassierer beteiligen oder welche zu der Versammlung auffordern, ist auf Gefängnis von einem Monat bis zu einem Jahre zu erkennen.

§. 18. Wer für einen verbotenen Verein oder für eine verbotene Versammlung Räumlichkeiten hergibt, wird mit Gefängnis von einem Monat bis zu einem Jahre bestraft.

Zitiert nach: Gerhard A. Ritter (Hrsg.), Das Deutsche Kaiserreich 1871-1914. Ein historisches Lesebuch, Göttingen ⁵1992, S. 232-234

M 5 Bebel – der „am meisten verfolgte Mensch"

Über sein Leben während der Zeit der Sozialistengesetze schreibt der Sozialdemokrat August Bebel im Dritten Teil seiner 1914 veröffentlichten Autobiografie:

Während der zwölfjährigen Dauer des Sozialistengesetzes war ich – ich darf das ohne Übertreibung sagen – der in Deutschland polizeilich am meisten verfolgte Mensch. Die Polizei hatte die vorgefasste Meinung, ich sei ein gefährlicher Mensch, den man nicht aus den Augen lassen dürfe. Und Herr v. Puttkamer, der vom Frühjahr 1881 ab bis [...] 1888 preußischer Minister des Innern war, bestätigte diese Ansicht, indem er mich gelegentlich einer Sozialistendebatte im Reichstag im Jahre 1886 den „Allergefährlichsten" nannte. Dass ich mich unter dieser polizeilichen Schutzwache wohl gefühlt, wird man nicht annehmen. [...] Ich kam allmählich in eine Stimmung, wonach es mein sehnlichster Wunsch war, es möchte zu einer inneren Katastrophe kommen, die uns in die Lage setzte, Vergeltung zu üben für all die Frevel, die man von jener Seite sich gegen uns hatte zuschulden kommen lassen. Noch heute steigt mir das Blut zu Kopfe, gedenke ich jener Zeiten.

August Bebel, Aus meinem Leben. Dritter Teil, Berlin [9]1930, S. 108

M 6 „Der rote Siegfried ..."
„Aus der Tiefe stieg das Volk empor und rechnete ab."
Postkarte von 1912
Mit dieser Postkarte bedankte sich die SPD bei ihren Wählern. Sie war erstmals stärkste Fraktion geworden. Im zu Beginn des 13. Jhs. entstandenen Nibelungenlied tötet Siegfried den schier unbezwingbaren Drachen Fafnir.

Welche Auswirkungen hat Bismarcks Politik gegen die „Reichsfeinde"?*

1. *Arbeite aus der Karikatur M1 heraus, wie Bismarck im Ausland wahrgenommen wurde. Leite daraus eine Fragestellung bezüglich Bismarcks Verhältnis zum Reichstag* ab.*
2. *Gib wieder, was laut Bismarck einen angeblichen Staatsfeind ausmachte (M2).*
3. *Analysiere die Maßnahmen gegen die Sozialdemokraten (INFO, M4 und M5).*
4. *Erkläre die folgende These: „Die Entwicklung der Sozialdemokraten im Kaiserreich zeigt, dass der Obrigkeitsstaat an seine Grenzen geriet." Berücksichtige INFO, M3 und M5.*
5. *Beurteile Bismarcks Verhalten gegenüber den Sozialdemokraten.*

Sedan wird gefeiert*

Die vereinigten
Krieger-, Kampfgen.- & Veter.-Vereine
Rosenheim.

Fest-Programm
zur
25jähr. Sedan-Jubiläums-Feier
der
Veteranen-Vereine des Bezirkes Rosenheim
am
Samstag den 31. August, Sonntag den 1. September und Montag den 2. September 1895
IN DER STADT ROSENHEIM.

M1 Festprogramm aus Rosenheim
Titelblatt von 1895
Oben rechts ist das „Eiserne Kreuz" zu sehen. Es handelt sich ursprünglich um eine Auszeichnung, die der preußische König Friedrich Wilhelm III. zu Beginn der „Befreiungskriege" 1813 stiftete. Nach 1870 wurde das „Eiserne Kreuz" zu einer nationalen Kriegsauszeichnung für alle Dienstgrade. Noch heute wird das „Eiserne Kreuz" als Hoheitszeichen der Bundeswehr verwendet.

INFO Der Sedantag wird Feiertag

Bereits im Frühjahr 1871 forderten liberal-protestantische Kreise in Berlin und Leipzig, aber auch in Süddeutschland, einen Feiertag zum Gedenken an den Sieg über Frankreich. Mit der feierlichen Einweihung der Berliner Siegessäule[1] durch Kaiser Wilhelm I. und **Bismarck** am 2. September 1873, dem dritten Jahrestag der Sedanschlacht, bekam das Gedenken einen offiziellen Charakter. Kinder erhielten schulfrei und überall im Lande fanden öffentliche Feiern statt.

Doch die Sedanfeiern waren nicht unumstritten: Sozialdemokraten lehnten sie ab, weil sie an die „Reichsgründung von oben" erinnerten, und manche Katholiken kritisierten sie, da sich an dem Tag eine Regierung feiere, die gegen das Christentum* handele.

Unter Kaiser Wilhelm II., der ab 1888 regierte, fanden die Sedanfeiern immer während der jährlichen Kaisermanöver[2] statt. Aus den Gedenkfeiern wurden Demonstrationen militärischer Macht.

Andreas Weindl

[1] Siehe S. 156, M2.
[2] **Kaisermanöver**: alljährlich vor dem Kaiser abgehaltenes Manöver.

** Das Kapitel ist nicht verbindlich.*

M2 „Heil und Segen Dir ..."

In Rosenheim wird das 25-jährige Sedan-Jubiläum vom 31. August bis zum 2. September 1895 gefeiert. Nach der Festpredigt spricht Stabsarzt Dr. Dirr; Einleitung und Schluss der Rede lauten:

Eine Jubelfeier [...] ist angebrochen, und allüberall in deutschen Landen und weit über die Grenzen desselben hinaus rüstet man sich, sie würdig zu begehen. Ganz Deutschland hat sich insbesondere heute in einen großen Festsaal verwandelt und jubelnd ertönt es allerorten: Heil und Segen Dir, Du geeintes, herrliches deutsches Vaterland! [...]

Nie und nimmermehr darf vergessen werden, mit wie viel Blut und Tränen das kostbare Gut der deutschen Einheit erkauft worden. [...] – Heilig sei uns die Erinnerung an jene große Zeit, heilig aber auch die Pflicht, würdige Söhne dieser großen Zeit zu sein! Es gibt keinen Stillstand im menschlichen Leben, wie im Leben der Völker. Niemand sieht in die Zukunft. Keiner weiß, wann und wie sie auf's Neue an uns herantritt mit neuen Prüfungen, vielleicht noch größeren, als die, welche die Männer vor uns bestanden, der Welt zur Bewunderung. Möge dann die deutsche Nation ebenso groß, ebenso einig und ebenso reich an kriegerischer Tüchtigkeit, an sittlicher Kraft und an Gottesfurcht ihre Aufgabe bestehen. [...] Heil unserm Regenten![1] Heil unserm Kaiser!

Fest-Zeitung zur 25-jährigen Sedan-Jubiläums-Feier der Veteranen-Vereine des Bezirkes Rosenheim vom 1. August 1895 (Fundort: Stadtarchiv Rosenheim. Bestand: Akten II A 08 008)

[1] Gemeint ist der bayerische Prinzregent Luitpold.

Warum und wie ist an die Sedanschlacht erinnert worden?

1. *Führt ein Streitgespräch, in dem 1895 der Stabsarzt Dr. Dirr (M2), ein katholischer Geistlicher und ein Sozialdemokrat darüber diskutieren, ob eine Sedanfeier stattfinden soll. Berücksichtigt dabei M1, M2 und den INFO-Text.*

2. *Findet heraus, ob in eurem Wohn- oder Schulort der Sedantag gefeiert wurde. Geht dabei folgenden Fragen nach: Wer organisierte die Feiern? Welche Gruppen waren beteiligt, welche nicht? Wer waren die Festredner? Gab es Kritiker? Als Quellen* könnt ihr zeitgenössische Presseberichte und Festschriften heranziehen, die im Stadt- oder Gemeindearchiv zu finden sind.*

2.9.1870: Sieg der verbündeten deutschen Truppen über Frankreich bei Sedan
1.1.1871: Ausrufung des Deutschen Kaiserreiches
Gründung des Deutschen Reiches
1873 bis 1918: der 2. September ist nationaler Gedenktag
1850
1900

Denk-mal! – Das Niederwald-Denkmal*

Schritt für Schritt:
Denkmäler untersuchen

Denkmäler erinnern an besondere Ereignisse oder an bedeutende Personen. Sie wenden sich an gegenwärtige und zukünftige Betrachter. Immer liefern sie uns Hinweise über die Zeit ihrer Entstehung und die Vorstellung der Menschen, die sie errichten ließen. Um etwas darüber herauszufinden, gilt es, folgenden Fragen nachzugehen:

1. Wann, wo und aus welchem Anlass wurde das Denkmal errichtet?
2. An wen oder woran soll es erinnern?
3. Wer gab den Auftrag? Wer bezahlte das Denkmal?
4. Mit welcher Absicht wurde es errichtet?
5. Wie sind die dargestellten Symbole und Figuren zu verstehen?
6. Welche Wirkung sollte es erzielen?
7. Wie gehen wir heute mit ihm um?

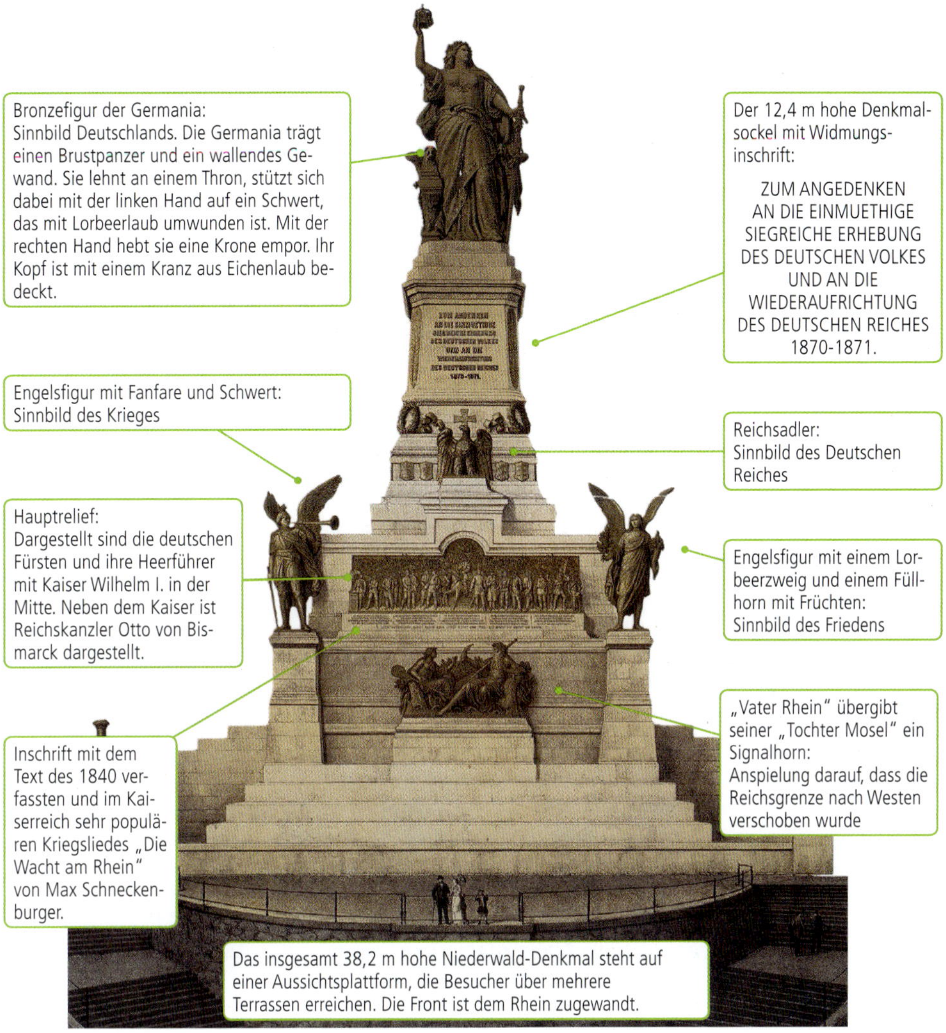

M1 Das Niederwald-Denkmal bei Rüdesheim am Rhein
Schulwandbild von 1890

Die Arbeiten an dem Denkmal begannen 1877. Sechs Jahre später wurde das Denkmal eingeweiht. Es kostete 1,2 Millionen (statt der geplanten 250 000) Goldmark. Aus Spenden kamen rund 500 000 Goldmark zusammen, der Rest musste aus der Staatskasse bezahlt werden. Das Denkmal steht auf einem Höhenzug 230 m über dem Rhein. Siehe auch das Cover des Buches und S. 124 f., M1.

Medientipp:
Informationen über das Niederwald-Denkmal findest du unter 31063-44.

Was verrät das Denkmal über die Menschen, die es erbauen ließen?

1. *Untersucht das Niederwald-Denkmal (M1) mithilfe der Methode „Schritt für Schritt". Nutzt dazu auch den Medientipp.*
2. *Nach dem Sieg über Frankreich wurden in Deutschland zahlreiche Gedenksteine und Erinnerungstafeln aufgestellt. Erkundigt euch, ob auch in eurem Schul- oder Wohnort ein solches Denkmal steht. Analysiert es mithilfe der Methode „Schritt für Schritt".*

** Das Kapitel ist nicht verbindlich.*

1871: Erste Anregung für den Bau des Niederwald-Denkmals
1877: Baubeginn des Niederwald-Denkmals
1883: Einweihung des Niederwald-Denkmals
seit 2002: Das Niederwald-Denkmal ist Teil des UNESCO-Welterbes Oberes Mittelrheintal

1850 | 1900 | 1950 | 2000

Bismarcks Sozialpolitik

Lern-aufgabe

M 1 „Unfall in einer Maschinenfabrik“
Nachträglich kolorierter Holzstich (32,4 x 47 cm) nach einer Zeichnung von Johann Bahr, 1889
Das Bild wurde in der Presse veröffentlicht und auf der „Deutschen Allgemeinen Ausstellung für Unfallverhütung“ 1889 in Berlin gezeigt. Mehr als eine Millionen Menschen, darunter 300 000 Arbeiter, sollen die Ausstellung besucht haben.

Medientipp:
Mehr zur Sozialgesetzgebung findest du unter **31063-45**.

M 2 Bismarcks sozialpolitisches Ziel

Otto von Bismarck nennt am 2. April 1881 im Reichstag seine Motive für das von ihm eingebrachte Unfallversicherungsgesetz:

Seit fünfzig Jahren sprechen wir von einer Sozialen Frage. Seit dem Sozialistengesetz ist immer an mich die Mahnung herangetreten von amtlicher, hochstehender Seite und aus dem Volke: Es sei damals versprochen, es müsse auch positiv etwas geschehen, um die Ursachen des Sozialismus, insoweit ihnen eine Berechtigung beiwohnt, zu beseitigen […].

Ich bin nicht der Meinung, dass das „laisser faire, laisser aller“[1], „das reine Manchestertum[2] in der Politik“, „Jeder sehe, wie er's treibe, jeder sehe, wo er bleibe“, „Wer nicht stark genug ist, zu stehen, wird niedergerannt und zu Boden getreten“, „Wer da hat, dem wird gegeben, wer nicht hat, dem wird genommen“ – , dass das im Staat, namentlich im monarchischen, landesväterlich regierten Staat Anwendung finden könne […].

Zitiert nach: www.reichstagsprotokolle.de/Blatt3_k4_bsb 00018413_00766.html (Zugriff: 10. 04. 2019)

INFO Versöhnung durch Sozialpolitik?

Bismarck sah die Notwendigkeit, die Soziale Frage* zu entschärfen, er lehnte aber eine umfassende Arbeiterschutzgesetzgebung ab. Um die bestehende Staats- und Gesellschaftsordnung des **Deutschen Kaiserreiches** zu stabilisieren und den Wählerzuwachs der Sozialdemokraten zu stoppen, schuf Bismarck eine **Sozialgesetzgebung**. 1883 verabschiedete der **Reichstag** das Gesetz über die Krankenversicherung, ein Jahr später das Unfallversicherungsgesetz und 1889 die Invaliden- und Altersversicherung. Wer erkrankte, am Arbeitsplatz verunfallte oder erwerbsunfähig wurde, erhielt Krankengeld oder Invalidenrente. Darüber hinaus wurde eine Altersrente eingeführt. Das war der Anfang moderner staatlicher Sozialpolitik – und hatte Vorbildcharakter für andere Länder.

Die Leistungen waren aber noch bescheiden. Angesichts der Tatsache, dass das Durchschnittsalter der Bevölkerung damals bei 47 Jahren lag, gingen die Reformen für die Sozialdemokraten und die Gewerkschaften nicht weit genug.

Bismarck erreichte sein politisches Ziel nicht. Der Stimmenanteil der Sozialdemokraten wuchs von Wahl zu Wahl. Als der Reichskanzler die Verlängerung des Sozialistengesetzes nicht mehr durchsetzen konnte, schied er 1890 verbittert aus dem Amt.

Andreas Weindl

[1] **„laisser faire, laisser aller“**: tun, gehen lassen; hier etwas: Treibenlassen aller Dinge

[2] **Manchestertum**: Verweis auf den Wirtschaftsliberalismus Englands zu Beginn der Industrialisierung, der keine staatlichen Eingriffe kannte.

M3 Die Sozialversicherung im Kaiserreich

Im Jahr 1891 zahlte die Rentenversicherung eine durchschnittliche monatliche Altersrente von 10,33 Mark. Das durchschnittliche Jahreseinkommen eines Arbeiters lag bei etwa 1 000 Mark jährlich!

Versicherungsart	Beiträge	Leistungen
Krankenversicherung 1883 für gewerbliche Arbeiter und (freiwillig ab 1892) Angehörige	2-3 % des Lohns, davon ²/₃ vom Versicherten, ¹/₃ vom Arbeitgeber	ärztliche Behandlung und Medizin, Krankenhauskosten; nach zweitägiger Wartezeit Krankengeld (50% des Durchschnittslohns, max. 2 Mark/Tag)
Unfallversicherung 1884 für gewerbliche Arbeiter	als Haftpflicht vom Arbeitgeber zu zahlen	Heilungskosten; bei Erwerbsunfähigkeit ²/₃ des Einkommens, 20 % für Witwen
Invaliden- und Altersversicherung 1889 für gewerbliche Arbeiter und Landarbeiter (ab 1911 auch für Familienangehörige)	1% (ab 1900 1,5-3 %) des Lohns; je zur Hälfte von Arbeitnehmer und Arbeitgeber	Invalidenrente bei Erwerbsunfähigkeit; Altersrente ab dem 70. Lebensjahr und nach 30 (ab 1900: 24) Beitragsjahren

Nach: Rainer Bölling und Johann Henseler (Hrsg.), Das deutsche Kaiserreich 1871-1918, Freiburg 1986, S. 47 f.

M4 Die Sozialversicherung heute

	Beiträge	Leistungen
Krankenversicherung	Beiträge von Arbeitnehmern und Arbeitgebern zu gleichen Teilen	Krankenhauskosten Krankengeld Mutterschaftsgeld
Unfallversicherung	Arbeitgeber	Entschädigungen bei Arbeitsunfällen und Berufskrankheiten
Rentenversicherung	Beiträge von Arbeitnehmern und Arbeitgebern zu gleichen Teilen, Bundeszuschuss	Altersrenten (67. Lebensjahr für alle die nach 1964 geboren sind)
Pflegeversicherung (seit 1995)	Beiträge von Arbeitnehmern und Arbeitgebern zu gleichen Teilen	Sachleistungen und Pflegegeld

Nach: www.sozialpolitik.com/artikel/schaubild-sozialversicherung-im-ueberblick (Zugriff: 11. 10. 2019)

M5 „Der Segen der Alters- und Invalidenversicherung“
Kolorierter Holzstich, um 1890
Rentenauszahlung am Postschalter.

M6 Über die Wirkung

Ein ehemaliges Mitglied des Vorstandes der Landesversicherungsanstalt schreibt:

Man muss zugeben, dass die Renten in der Regel die Kosten des Lebensunterhaltes nicht deckten. Namentlich war das in den Städten der Fall. Dagegen zeigte sich aber auf dem Lande, wo in erheblichem Umfang Naturalwirtschaft herrschte und es an barem Gelde oft fehlte, dass die Renten im Lebensunterhalt eine große Rolle spielten. Die Alten und Invaliden, die höchstens durch kleine Handreichungen und die Aufsicht über die Kinder ihren Angehörigen noch nützlich sein konnten und deshalb für ihre Angehörigen oft eine unerwünschte Last bildeten, gewannen gewaltig an Ansehen und Liebe, wenn sie allmonatlich einen nicht unerheblichen Barbetrag in die Haushaltskasse legen konnten.

Zentralblatt für Reichsversicherung und Reichsversorgung, Nr. 19/20, Oktober 1940, S. 181

Erstellt in Partnerarbeit eine Präsentation zum Thema: „Die Einführung der Sozialgesetzgebung* und die Notwendigkeit staatlicher Sozialpolitik – damals und heute“

1. *Erklärt, warum M1 ein guter „Aufhänger“ für das Thema ist.*
2. *Erarbeitet aus M2 Bismarcks* Motive für eine aktive Sozialpolitik.*
3. *Begründet, dass Bismarck* mit Sozialgesetzgebung und Sozialistengesetz ein politisches Ziel erreichen wollte und beurteilt, ob er dieses Ziel erreicht hat. Siehe dazu auch S. 138 f.*
4. *Beschreibt die Abbildung (M5) mithilfe von M3 und M6.*
5. *Vergleicht die Sozialgesetzgebung von damals (M3) mit heute (M4).*
6. *Besprecht eure Arbeitsergebnisse und nehmt in der Präsentation Stellung zur Bedeutung der Sozialgesetzgebung – damals und heute.* Ⓗ

1878-1890: „Sozialistengesetz“
1883: Einführung der Krankenversicherung
1884: Einführung der Unfallversicherung
1889: Einführung der Invaliden- und Altersversicherung
1890: Bismarcks Rücktritt
1850 1900

Militarismus und Nationalismus im Obrigkeitsstaat

M 1 Kaiser Wilhelm II.

Gemälde von Max Koner, 1890 (Original verschollen; das Bild hing in der Deutschen Botschaft in Paris; es ist verschollen)

Wilhelm II. wurde 1888 mit 29 Jahren Kaiser und herrschte bis 1918. Er hielt am Gottesgnadentum der Monarchen fest, lehnte die Demokratie strikt ab, verherrlichte alles Militärische und förderte Technik und Industrie.

INFO Ein Obrigkeitsstaat

Im **Deutschen Kaiserreich** genossen vor allem die Militärs in der Gesellschaft höchstes Ansehen. Die Offiziere wurden insbesondere vom Bürgertum* bewundert. In ihren Augen hatte das Heer ja die deutsche Einheit in den drei Einigungskriegen zwischen 1864 und 1871 errungen. Zahllose Kriegervereine hielten die Erinnerung daran lebendig. Wer etwas gelten wollte, musste zumindest Reserveoffizier sein. Militärische Disziplin, absoluter Gehorsam gegenüber jedem Vorgesetzten und aufopferungsvoller Dienst für das Vaterland galten als vorbildlich. Militarismus und ein übersteigerter Nationalismus*, der die eigene Nation* vor andere stellte, waren weit verbreitet. Wer diese Wertvorstellungen missachtete, wurde gesellschaftlich isoliert und bestraft.

Andreas Weindl

M 2 „Fortschritt im Schulwesen"

Karikatur von Thomas Theodor Heine aus dem „Simplicissimus" vom 13. März 1911

Der Text lautet: „Fortschritt im Schulwesen: An den preußischen Schulen soll jetzt als neues Unterrichtsfach Staatsbürgerkunde eingeführt werden. Es ist wohl selbstverständlich, dass der Unterricht von Schutzleuten erteilt wird."

Lesetipps:

- Klaus Kordon, Im Spinnennetz. Die Geschichte von David und Anne, Weinheim [2]2017
- Waltraud Lewin, Ein Haus in Berlin 1890. Luise, Hinterhof Nord, Ravensburg 2015

Filmtipps:

- „Wilhelm und die Welt", ZDF-Reihe „Die Deutschen", Folge 10, 2008
- „Der Untertan", Verfilmung des Romans von Heinrich Mann; Regie: Wolfgang Staudte, 1951

M 3 „Der Stolz jedes Deutschen …“

In einem 1889 veröffentlichten Artikel des Militär-Wochenblattes heißt es:

Der Stolz jedes Deutschen ist die Armee, die Blüte des Volkes. Deutschlands Heer – Deutschlands Ehr! Der ausgezeichnetste Teil aber, die Elite des Heeres, ist das Offizierskorps[1]. […]
In keinem anderen Lande der Welt steht der Offiziersstand auf einer so hohen Stufe, nimmt er auf der Skala der menschlichen Gesellschaft einen so hohen Rang, eine so angesehene und geachtete Stellung ein als in Deutschland […].
Die dem Urgedanken des Offiziersstandes entstammenden Gesinnungen sind: dynastischer Sinn, unbedingte Treue gegen die Person des Monarchen, erhöhter Patriotismus, Erhaltung des Bestehenden, Verteidigung der seinem Schutze anvertrauten Rechte seines Königs und Bekämpfung vaterlandsloser, königsfeindlicher Gesinnung etc. Die erste Pflicht, die schönste Tugend im Strahlenkranze des Offiziers, zugleich die Grundbedingung seiner Existenz, ist die Treue.

Zitiert nach: Gerhard A. Ritter (Hrsg.), Das Deutsche Kaiserreich 1871 - 1914. Ein historisches Lesebuch, Göttingen [5]1992, S. 92

[1] **Korps**: größerer Truppenverband

M 4 Soldatenmisshandlungen

In Zeitungsartikeln und Reichstagsdebatten klagen Sozialdemokraten seit den 1890er-Jahren Misshandlungen von Soldaten an. Wie berechtigt die Anklagen waren belegt folgende Quelle von 1891:*

Der Obergefreite Hoffmann […] ließ dem Kanonier Döbert fast täglich mit dem Stiefelschaft oder mit dem Säbelkoppel, und zwar stets in Gemeinschaft mit einem anderen Gefreiten, Hiebe, öfters bis zu 100 und 150, verabfolgen und wiederholt langdauernde Gewehrübungen machen. Als er einmal eine solche Übung unter lautem Zählen 1889mal hatte wiederholen lassen, fiel Döbert in Ohnmacht und musste vom Lazarettgehilfen in Behandlung genommen werden.

Zitiert nach: Bernd Ulrich u. a. (Hrsg.), Untertan in Uniform. Militär und Militarismus im Kaiserreich 1871 - 1914, Frankfurt am Main 2001, S. 73 f.

M 5 „Abschied“

Karikatur von Olaf Gulbrannsson aus dem „Simplicissimus“ vom 12. September 1910
Die Bildunterschrift lautet: „… und dann müsst ihr bedenken, als Zivilisten seid ihr hergekommen und als Menschen geht ihr hier fort!“

M 6 Der verderbliche Einfluss des Militarismus

Der Historiker und Politiker Ludwig Quidde ist im Kaiserreich ein Außenseiter; er schreibt 1893:

Besonders verderblich ist der Einfluss des Militarismus in dem eigentlichen Bürgertum, das seine Selbstständigkeit doch verhältnismäßig leicht bewahren könnte […]. Für die allgemeine Entwicklung unserer Zustände kann dieser fortschreitende Verfall unseres Bürgerstandes die bedenklichsten Folgen haben; denn es bleiben dann nur die beiden hasserfüllten Gegner übrig, auf der einen Seite der Militarismus mit seinem Gefolge, auf der anderen Seite der aufstrebende vierte Stand, als der allein ungebrochene Vertreter aller, die noch Freiheit schätzen […].
Die ganze Auffassung von Disziplin, von dem Unterordnungsverhältnis, das vom Befehlenden keine Rechenschaft fordert und dem Gehorchenden das Recht zur Kritik verweigert, diese ganze Auffassung, die für das bürgerliche und öffentliche Leben nicht zu brauchen ist, wird durch dieses Soldatenspielen in den Kriegervereinen genährt.

Ludwig Quidde, Caligula. Schriften über Militarismus und Pazifismus. Mit einer Einleitung hrsg. von Hans-Ulrich Wehler, Frankfurt am Main 1977, S. 102 f.

Was kennzeichnet den Obrigkeitsstaat?

1. *Beschreibe M1 und interpretiere die Körperhaltung des Kaisers.* (H)
2. *Erläutere mithilfe M2 die Kritik am Obrigkeitsstaat am Beispiel Schule (M2 und INFO).*
3. *Interpretiere M5. Vergleiche davon ausgehend, welche Rolle die Bundeswehr in unserem öffentlichen Leben spielt.* (H)
4. *Stelle die Auswirkungen von Militarismus und Nationalismus* dar. Beurteile die Folgen für die Gesellschaft (INFO, M3, M4 und M6).*

Anfänge der modernen Massengesellschaft

M1 Münchner Karlsplatz
Nachträglich kolorierte Fotografie, um 1900
Zu Ende des 19. Jhs. wurde der Karlsplatz (Stachus) zum verkehrsreichsten Platz der bayerischen Landeshauptstadt, die um 1910 fast 600 000 Einwohner zählte.

M2 Deutsche Großstädte

Einwohnerzahl *in Tausend*	1875	1910
Berlin	967	2 071
Dortmund	58	214
Dresden	197	548
Duisburg	37	229
Essen	55	295
Frankfurt am Main	103	415
Hamburg	324	931
Kiel	37	212
Leipzig	127	590
München	193	596
Nürnberg	91	333
Stuttgart	107	286

Nach: Gerd Hohorst u. a., Sozialgeschichtliches Arbeitsbuch, Bd. 2, 1870-1914, München ²1978, S. 45

M3 Häusermeere und Steinfluten

Der liberale Politiker Friedrich Naumann schreibt 1900 über die Folgen des Städtewachstums:

Man lässt Riesenstädte sich weiter ansammeln, Häusermeere, Steinfluten, Ameisenhaufen von Millionen, wo Menschen wie Vögel in Käfigen nebeneinander, übereinander sitzen, wo hunderttausend Kinder keinen anderen Spielplatz haben als Straßen und Promenaden.

Der Schriftsteller Stefan Zweig hielt 1942 in seinen Lebenserinnerungen fest:

Die Städte wurden schöner und volkreicher von Jahr zu Jahr, das Berlin von 1905 glich nicht mehr jenem, das ich 1901 gekannt, aus der Residenzstadt war eine Weltstadt geworden und war schon wieder großartig überholt von dem Berlin um 1910.

Zitiert nach: Siegfried Müller, Kultur in Deutschland. Vom Kaiserreich bis zur Wiedervereinigung, Stuttgart 2017, S. 107

INFO 1 Industrialisierung, Landflucht und Verstädterung

Zwischen 1871 und 1914 war die Bevölkerung des **Deutschen Kaiserreiches** von 41 auf 65 Millionen Menschen angewachsen. Die Industrialisierung* hatte eine Massenwanderungsbewegung ausgelöst, und immer mehr Menschen waren vom Land in die Stadt gezogen.[1] Die Einwohnerzahlen der Städte wuchsen und neben den Arbeitsverhältnissen änderten sich Wohn- und Lebensbedingungen. Auch der Verkehr wandelte sich. Zu den zahllosen Kutschen und Pferdefuhrwerken in den Großstädten kamen in den 1890er-Jahren die ersten Straßenbahnlinien mit elektrischen Oberleitungen und Autos.

Andreas Weindl

INFO 2 Leben in der modernen Massengesellschaft

In den Großstädten drohte der Einzelne in der Masse unterzugehen. Über Ohnmacht und Verlorenheit berichten zahlreiche Zeitgenossen. Der Wohnungsbau kam dem Bedarf an billigem Wohnraum nicht hinterher. Die Mieten stiegen ständig und oft stand nicht mehr als ein Zimmer für eine Großfamilie zur Verfügung. Gleichzeitig pulsierte das öffentliche Leben in den Städten. Literaten, Künstler, Musiker und Intellektuelle fanden hier ihr Auskommen. Museen, Opern, Theater, Kinos und Sportstätten boten vor allem dem Bürgertum* sowie der wachsenden Anzahl der Angestellten eine abwechslungsreiche Freizeitgestaltung.

Andreas Weindl

[1] Siehe dazu nochmals S. 137.

M4 Einzimmerwohnung in Berlin
Foto vom 27. Juli 1910
Um 1900 wurden in Berlin rund 2 000 Haushaltungen gezählt, die aus einem einzigen Raum bestanden.
Das Foto gehört zu einer Bilddokumentation, die im Auftrag der Berliner Ortskrankenkasse der Kaufleute, Handelsleute und Apotheker gemacht wurde. Es wurde wie folgt beschriftet: „B.-SW, Kreuzbergstraße 49. Küche und gleichzeitig Arbeitsraum zur Anfertigung von Cigarren. Auch die Kinder arbeiten mit, die Ehefrau ist augenblicklich krank. Raummaße: 3,70 m lang, 2,60 m breit, 3,00 m hoch."

Schritt für Schritt:
Fotos analysieren

Um 1900 entstand der Fotojournalismus. Seitdem prägen Fotos unser „Bild" von der Vergangenheit. Sie erwecken den Eindruck, als würden sie die Wirklichkeit unmittelbar abbildeten. Das ist aber nicht so. Wenn wir Fotos als historische Quellen* auswerten wollen, müssen wir sie analysieren, dabei helfen folgende Fragen:

1. Wann ist das Foto entstanden und wer hat es gemacht?
2. Mit welcher Absicht oder in wessen Auftrag wurde es gemacht?
3. Zu welchem Thema sagt es etwas aus?
4. Welche Personen oder welche Szene wurden fotografiert, von welchem Standpunkt und aus welcher Perspektive?
5. Ist es ein Schnappschuss oder eine gestellte Aufnahme?
6. Zeigt es eine komplette Szene oder einen Ausschnitt?
7. Wie aussagekräftig ist es?
8. Wie zuverlässig ist es? Bildinhalte können verändert, entfernt oder hinzugefügt werden.
9. Wie wirkt das Foto auf den Betrachter?

Schnappschuss für das Familienalbum oder gestellte Szene?

Wie groß ist die Küche?

Wer hat fotografiert?

Gibt es weitere Räume in der Wohnung?

Haupterwerbstätigkeit oder zusätzliche Heimarbeit?

Mit welcher Absicht wurde das Foto gemacht?

Arbeiten die Kinder den ganzen Tag mit oder gehen sie auch zur Schule?

Wo ist die Mutter der Kinder?

Was kennzeichnet die moderne Massengesellschaft im Deutschen Kaiserreich?*

1. *Beschreibe die Fotografie (M1). Was kennzeichnet auf dem Bild die Zeit um 1900?*
2. *Arbeite die Stadt mit der größten Bevölkerungszunahme heraus (M2). Nenne Gründe für die Entwicklung.* (H)
3. *Erkläre, was unter „Massengesellschaft" verstanden wird (INFO 1, 2 und M3).*
4. *Diskutiert sowohl die Vor- als auch die Nachteile der Verstädterung (INFO 2).*
5. *Analysiere das Foto M4 mithilfe von „Schritt für Schritt". Beschreibe die Lebensverhältnisse und begründe, warum eine Krankenkasse solche Wohnungen fotografieren ließ.*
6. *Diskutiert auf der Grundlage der Materialien und INFO-Texte die Gleichzeitigkeit von „alter" und „moderner Zeit".*

Das technisch-wissenschaftliche Zeitalter beginnt

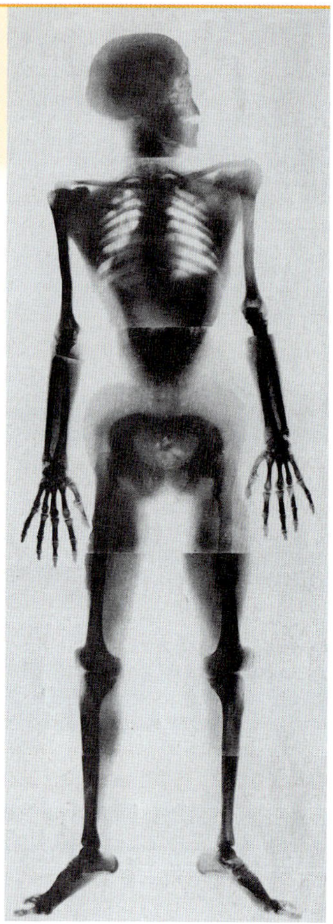

M 1 Röntgenaufnahme von 1896
Der Physiker Wilhelm C. Röntgen entdeckte 1895 am Physikalischen Institut der Universität Würzburg die X-Strahlen. Sie machten Dinge sichtbar, die dem Auge bisher verschlossen waren. Röntgens Forschungen ermöglichten es, Krankheiten zu erkennen. Die Beschäftigung mit den Röntgenstrahlen schuf auch die Grundlagen der Atomphysik.

INFO 1 Der Fortschritt der Wissenschaften

Die Wissenschaften schritten Ende des 19. Jhs. schnell voran. *Albert Einstein* revolutionierte mit seiner Relativitätstheorie (1905/15) die bisherigen Vorstellungen von Raum und Zeit. Bahnbrechend waren die Ergebnisse der Atom- und Kernphysik, die wiederum auf andere Bereiche ausstrahlten. Mathematik, Physik, Chemie, Biologie, Pharmazie und Medizin beeinflussten sich wechselseitig.

Um 1900 war das **Deutsche Kaiserreich** eine führende Wissenschaftsnation. Wirtschaft und Staat profitierten davon. Sie engagierten sich gemeinsam in Lehre und Forschung. 1887 wurde beispielsweise in Berlin die *Physikalisch-Technische Reichsanstalt* eingerichtet. 1901 gründete man aus Angst, das Deutsche Reich könne im internationalen Wettbewerb ins Hintertreffen geraten, die *Kaiser-Wilhelm-Gesellschaft* (KWG). Die wissenschaftlichen Institute und Universitäten regten nicht nur Erfindungen zum allgemeinen Nutzen an, sondern förderten auch die Rüstungsanstrengungen des Staates.

Andreas Weindl

M 2 Erfindungen und Innovationen pro Land
(in Prozent an der Gesamtzahl)

	1876-1900	1901-1914
GB	14,2 %	16,1 %
F	17,2 %	8,0 %
D	19,1 %	17,2 %
USA	37,7 %	46,0 %
Andere	11,8 %	12,7 %
Gesamt	100 % = 204	100 % = 87

Nach: Peer Vries, Ursprünge des modernen Wirtschaftswachstums, Göttingen 2013, S. 23

INFO 2 Die moderne Medizin entsteht

In den 1880er-Jahren wurde die Medizin zu einer naturwissenschaftlich orientierten Heiltechnik. Dank immer leistungsstärkerer Mikroskope entdeckte beispielsweise *Robert Koch* 1882 die Tuberkelbakterien und 1883 den Cholerabazillus. Damit wurde der gezielte Kampf gegen Infektionskrankheiten möglich. Damit einher ging auch die Erkenntnis, wie wichtig hygienische Maßnahmen waren, um Seuchen wie Pest, Cholera und Typhus zu verhindern. Durch den technischen Fortschritt veränderten sich die Diagnosemöglichkeiten: Die vorher üblichen Methoden des Abhörens und Abklopfens wurden durch Röntgenstrahlen und das elektrische Aufzeichnen der Herz- und Hirnströme erweitert.

Andreas Weindl

INFO 3 Neue Kommunikations- und Verkehrsmittel

Zum Durchbruch der technisch-wissenschaftlichen Moderne um 1900 zählten auch neue Kommunikations- und Verkehrsmittel. Telegrafen und Telefone wurden technisch perfekter und in immer größerer Zahl hergestellt. Auf der Grundlage mathematischer Forschungen entstanden bereits erste Datenverarbeitungsmaschinen, die Vorläufer der Computer. Für die Zeitgenossen war die Weiterentwicklung von Grammophonen, Foto- und Filmkameras sensationell. Sie konnten Töne, Bilder und Bewegungsabläufe festhalten und wiedergeben.
Eisenbahn und Schiffe nutzte man bei großen Entfernungen. Immer größere Passagier- und Kriegsschiffe wurden seit den 1890er-Jahren gebaut. Im öffentlichen Personennahverkehr der Großstädte wie London, Paris und Berlin begann man elektrische Straßen-, Hoch- und Untergrundbahnen einzusetzen. Fahrräder und Motorräder gab es seit Mitte der 1880er-Jahre, die ersten mit Benzinmotoren betriebenen Autos fuhren ab 1892. Die „Deutsche Luftschifffahrt-Aktiengesellschaft" wurde 1909 gegründet. Sie bot Passagierfahrten mit Zeppelin-Luftschiffen an. Der Durchbruch der Flugzeugindustrie kam erst nach 1918.

Andreas Weindl

M3 „Berlin in der Zukunft – Am Halleschen Tor“
Postkarte von 1905
Mit der Hochbahn nach Kamerun und mit dem Zeppelin zum Grunewald.

M4 Über den Fortschritt

Die „Frankfurter Zeitung“ bietet ihren Lesern am Sonntag, den 31. Dezember 1899, folgenden Rückblick auf das Jahrhundert:

Unendlich groß sind die Errungenschaften der Wissenschaft und der Technik im neunzehnten Jahrhundert! Dampfschiffe, Eisenbahnen, Telegraf, Telefon, Elektrizität als Licht- und Kraftquelle, Spektral-Analyse, Übertragung der Kraft, Entdeckung des Äthers, Röntgen-Strahlen, die erstaunlichen Fortschritte der Chemie und des Maschinenwesens, Phonograf, Kinematograf, drahtlose Telegrafie und wie die Erfindungen und Entdeckungen alle heißen mögen, – es sind für ein Jahrhundert so viele, um mehrere Jahrhunderte damit versehen zu können! Es ist nicht auffallend, dass diese riesige Entwicklung der Wissenschaft, die den Weltraum verkleinert, die Zeit verkürzt und die Völker miteinander in die engste Berührung bringt, dem Weltverkehr nicht bloß, sondern auch der Weltpolitik den nachhaltigen Vorschub leistet, sodass im allgemeinen Wettbewerb kein Volk zurückbleiben kann, wenn es nicht Gefahr laufen will, für immer übergangen und aus der Reihe der maßgebenden Kulturmächte gestrichen zu werden. So hat die Wissenschaft des neunzehnten Jahrhunderts das Gesetz des Fortschritts in wunderbarer Weise befruchtet.

Ingrid Gräfin Lynar (Hrsg.), Facsimile. Querschnitt durch die Frankfurter Zeitung, Bern / München / Wien 1964, S. 70 f.

Wie verändern Wissenschaft und Technik das Leben der Menschen im Deutschen Kaiserreich?*

1 *Stellt in Gruppenarbeit die genannten Erkenntnisse, Erfindungen und Fortschritte in einer Tabelle zusammen (INFO 1 bis 3).*

2 *Arbeite den Zusammenhang von Wissenschaft und Wirtschaft heraus. Berücksichtige dabei M2.*

3 *Erkläre, wieso erst um 1900 von den Anfängen der modernen Medizin gesprochen werden kann (INFO 2 und M1).*

4 *Diskutiert Folgen der neuen Kommunikations- und Verkehrsmittel (INFO 3 und M4).*

5 *Nehmt Stellung zu der These, dass die Ende des 19. Jhs. entwickelten Verkehrsmittel das Leben revolutioniert hätten (INFO 3 und M3).*

6 *Beschreibe die Zukunftsfantasien der Postkarte (M3).* (F)

7 *Entwirf – analog zu M3 – ähnliche Zukunftsfantasien für 2050.*

Massenmedien und -kultur

M 1 Zeitungsverkäufer am Potsdamer Platz
Berliner Postkarte des Weltpostvereins, um 1900 (Ausschnitt)

INFO 1 Mehr Informationen

Als Rundfunk, Fernsehen und Internet noch nicht erfunden waren, prägten Zeitungen die öffentliche Meinung. Die Pressefreiheit durfte nur in besonderen Fällen sowie bei Kriegsgefahr oder im Krieg eingeschränkt werden. Ende des 19. Jhs. erschienen im **Deutschen Kaiserreich** täglich über 4200 Zeitungen. Zum Vergleich: 2019 gab es in der Bundesrepublik Deutschland nur noch rund 350 Tageszeitungen.[1] Zur Tagespresse kamen Illustrierte sowie Wochen- und Monatsschriften für bestimmte Kundenkreise wie Hausfrauen, Modeinteressierte oder Gartenlaubenbesitzer.

Andreas Weindl

[1] Die Gesamtauflage der Tageszeitungen betrug vor 1914 rund 17,8 Mio. und 2019 rund 16,8 Mio. Exemplare. Eine Bewertung hat die Bevölkerungszahlen zu beachten: Im Deutschen Kaiserreich lebten 65 Mio. (1910) und in der Bundesrepublik Deutschland 83 Mio. (2019) Menschen.

INFO 2 Kinos locken

Die erste öffentliche Vorführung eines Stummfilms in Deutschland fand am 1. November 1895 im „Wintergarten" in Berlin statt. Der Berliner *Oskar Messter* machte dann den Film mit seinem 1896 gebauten Filmprojektor populär. Außerdem filmte er Kaiser Wilhelm II. bei öffentlichen Auftritten, im Kreise seiner Familie oder auf Reisen. Der Film wurde zum Mittel der Propaganda. 1910 gab es im Kaiserreich bereits rund 1500 Kinos, die vor allem von den sogenannten „kleinen Leuten", den Angestellten und Arbeitern, besucht wurden.

Andreas Weindl

M 2 Das Kino lockt und beunruhigt

Der Schriftsteller Alfred Döblin schreibt 1909 über die ersten Berliner Kinos:

Im Norden, Süden, Osten, Westen der Stadt liegen sie; in verräucherten Stuben, Ställen, unbrauchbaren Läden; in großen Sälen, weiten Theatern […]. Drin in dem stockdunklen, niedrigen Raum glänzt ein mannshohes Leinwandviereck über ein Monstrum von Publikum, über eine Masse, welche dieses weiße Auge mit seinem stieren Blick zusammenbannt.

1913 macht die Kinokommission des Westfälischen Gemeindetages folgende Programmvorschläge:

Die Landbevölkerung zieht in großen Scharen, besonders am Sonntag, vom Lande in die benachbarten Städte, um sich die Kinos anzusehen. Es gibt schon jetzt Tausende und Abertausende, die regelmäßig die Stadtkinos besuchen, auch wenn diese weiter entfernt liegen. Diese moderne Völkerwanderung vom Lande in die städtischen Schundkinos ist in wirtschaftlicher und sittlicher Beziehung nicht wünschenswert. Es sind Filme herzustellen […], in denen landwirtschaftliche Musterbetriebe und überhaupt landwirtschaftliche Arbeit und ländliches Leben vorgeführt werden.

Zitiert nach: Siegfried Müller, Kultur in Deutschland. Vom Kaiserreich bis zur Wiedervereinigung, Stuttgart 2017, S. 238

M 3 Nordkino in Berlin
Foto um 1910

M 4 „Wie freiwillige Koteletts“

Der Schriftsteller Erich Kästner schreibt über einen Urlaub, den er als 15-Jähriger im Sommer 1914 an der Ostsee verbracht hat:

Man war den Städten entflohen und hockte jetzt [...] noch viel enger nebeneinander als in Hamburg, Dresden und Berlin. Man quetschte sich auf einem Eckchen Strand laut und schwitzend zusammen wie in einem Viehwagen. [...] Während der Ferien lagen die Mietskasernen am Ozean. Sie hatten keine Dächer, das war gut. Sie hatten keine Türen, das war peinlich. [...]

Wir borgten uns Räder und fuhren durch die Rostocker Heide nach Warnemünde, wo die Menschenherde auf der Ferienweide noch viel, viel größer war als in Müritz. Sie schmorten zu Tausenden in der Sonne, als sei die Herde schon geschlachtet und läge in einer riesigen Bratpfanne. Manchmal drehten sie sich um. Wie freiwillige Koteletts. Es roch, zwei Kilometer lang, nach Menschenbraten.

Erich Kästner, Als ich ein kleiner Junge war, Hamburg/Zürich [24]1993, S. 210 f.

M 5 Der erste deutsche Fußballplatz

Undatierte Fotografie

In Ermangelung einer Spielfläche fand auf dem „kleinen Exerzierplatz“ in Braunschweig 1874 das erste deutsche Fußballspiel statt. Die Lehrer Konrad Koch und August Hermann warfen ohne weitere Anweisungen einen Ball zwischen die Schülergruppe. Hermann hatte den Ball aus Großbritannien, dem Mutterland des Fußballs, mitgebracht. 1914 wurde Fußball sogar in die militärische Ausbildung integriert – da er, wie Major Walter Kortegarn es 1913 im Jahrbuch des DFB formulierte, „zur Wehrhaftmachung der Nation beitragen“ könne.

INFO 3 Neue Formen der Freizeit

Adel* und Bürgertum* verbrachten ihre Freizeit oft im Theater oder in der Oper. Im Laufe des Jahres fuhr man entweder in Kurorte wie Bad Ems, Marienbad oder Karlsbad oder an die Nord- oder Ostsee.

Erst der Übergang vom Zwölf- zum Zehn-Stunden-Arbeitstag und die langsam steigende Kaufkraft ermöglichten es Arbeitern und Angestellten, ihre Freizeit zu gestalten. Ausflüge ins Grüne oder Wanderungen waren beliebt. Dazu entstanden in den Großstädten neben den Kneipen und Gaststätten neue Tanzlokale, Kabaretts, Kleinkunstbühnen und erste Vergnügungsparks mit Gebirgsbahnen und riesigen Wasserrutschen.

In der Freizeit spielte der Sport eine immer größere Rolle. 1874 fand in Braunschweig das erste Fußballspiel in Deutschland statt. Vier Jahre später entstand in Hannover der erste deutsche Fußballverein. Anders als in England, dem Herkunftsland des Fußballs, machten hier nicht Arbeiter das Spiel beliebt, sondern Gymnasiasten, Studenten und Angestellte. 1900 wurden beispielsweise der *FC Bayern München* und der *1. FC Nürnberg* gegründet. Im selben Jahr entstand in Leipzig der *Deutsche Fußballbund* (DFB). Fußballspiele, Radrennen und Boxkämpfe zogen Massen an. Die seit 1896 wieder eingeführten *Olympischen Spiele* hatten außerdem die Sportbegeisterung gefördert.

Klaus Dieter Hein-Mooren

Wie prägen die entstehenden Massenmedien die Massenkultur?

1. *Beschreibe die Medienlandschaft um die Jahrhundertwende (M1-M3, INFO 1 und 2).*
2. *Untersuche, wie die neu entstandenen Kinos in der Öffentlichkeit wahrgenommen wurden (M2).*
3. *Begründe, warum Freizeit im Kaiserreich erstmals zu etwas Erstrebenswertem wurde (INFO 3, M4 und M5).*
4. *Informiert euch – ausgehend von M5 –, welche Möglichkeiten der Freizeitgestaltung sich Bewohnern eures Schul- oder Wohnortes um 1900 boten.*

Frauen fordern Rechte

M1 Gegen das Frauenstudium

1895 werden über 100 deutsche Professoren gefragt, was sie von einem Frauenstudium halten. Auszüge aus den Zuschriften:

„Unsere Universitäten sind Männeruniversitäten und in ihrem ganzen inneren Leben dem männlichen Geiste angepasst." *(Otto von Gierke, Jurist)*

„Amazonen[1] sind auch auf geistigem Gebiet naturwidrig." *(Max Planck, Physiker)*

„Dass das weibliche Geschlecht in Bezug auf geistige Produktivität durchschnittlich weniger gut veranlagt ist als das männliche, darüber kann kaum ein Zweifel bestehen." *(Emanuel Mendel, Psychiater)*

„Frauenstudium auf den Universitäten scheint mir ein entbehrlicher Luxus von fraglichem Wert zu sein." *(Georg Busolt, Historiker)*

Zitiert nach: Brigitte Löhr (Hrsg.), Frauen in der Geschichte. Grundlagen – Anregungen – Materialien für den Unterricht, Bd. 1, Tübingen 1993, S. 158 ff.

[1] **Amazone**: Kriegerin

Lesetipp
Gabriele Beyerlein. Es war in Berlin, Stuttgart 2009

M2 „Die Frau"
Titelblatt der von Helene Lange herausgegebenen „Monatsschrift für das gesamte Frauenleben unserer Zeit" von Oktober 1893

INFO 1 Neue Verhältnisse – veraltete Haltungen

Der wirtschaftliche Wandel des 19. Jhs. veränderte auch die Rolle der Frauen. Das betraf nicht nur die Arbeiterschaft. Immer häufiger mussten nun auch unverheiratete oder verwitwete Frauen aus dem Bürgertum* für ihren Lebensunterhalt sorgen. Da es kaum qualifizierte Frauenberufe gab, blieb Frauen oft nur der Beruf als Lehrerin, um ein finanziell unabhängiges Leben zu führen. Der Preis dafür war Ehelosigkeit – Lehrerinnen, die heirateten, wurden aus dem Staatsdienst entlassen.

Die Gründe für die Benachteiligung der Frauen waren Vorurteile und Ausbildungsbeschränkungen. Erst 1893 wurde in Karlsruhe das erste Mädchengymnasium als Privatschule eröffnet. Drei Jahre später durften in Berlin die ersten sechs Frauen in einer externen Prüfung ihr Abitur ablegen, ohne ein Gymnasium besucht zu haben. Auch ein Studium blieb Frauen in den Staaten des **Deutschen Kaiserreiches** lange verwehrt. In Bayern erhielten Frauen ab 1903, in Preußen erst ab 1908 die Erlaubnis zu studieren.

Andreas Weindl

INFO 2 Ziele der Frauenbewegung

Die Frauenrechtlerin *Louise Otto-Peters* hatte schon 1848/49* die Erziehung der Frau zu selbstständiger wirtschaftlicher Arbeit gefordert. Sie beteiligte sich 1865 an der Gründung des *Allgemeinen Deutschen Frauenvereins* (ADF), dessen Ziel es war, „alle der weiblichen Arbeit im Weg stehenden Hindernisse" auszuräumen. Weitere bürgerliche Frauenvereine entstanden, die sich vorrangig für eine bessere Bildung der Mädchen einsetzten. 1894 schlossen sie sich zum *Bund Deutscher Frauenvereine* (BDF) zusammen, um die rechtliche, berufliche und wirtschaftliche Stellung der Frauen zu verbessern.

Einen konservativen Zweig der Frauenbewegung bildete der *Vaterländische Frauenverein*. Er war 1866 als Kriegshilfsverein gegründet worden und hatte sich zum mitgliederstarken Wohltätigkeitsverein entwickelt. Seine bürgerlichen Mitglieder wollten helfen, aber nicht die gesellschaftliche Lage der Frauen verändern.

Ganz anders agierten die Sozialdemokraten. Die sozialistische Frauenbewegung, an deren Spitze *Clara Zetkin* stand, forderte u.a. den Schutz der Arbeiterinnen, die Abschaffung der Kinderarbeit, mehr Mitbestimmung und – wie der BDF – gleiche Löhne für Frauen und Männer.

Politisch einflussreich konnte die Frauenbewegung erst werden, nachdem 1908 das Verbot politischer Frauenvereine weitgehend aufgehoben worden war und sich die Frauen international organisierten. Während die Sozialdemokraten das Frauenwahlrecht schon 1891 in ihr Programm aufgenommen hatten, schwankten die liberalen und christlichen Parteien in der Frage lange. Die Konservativen lehnten es ab. Erst nachdem 1918 eine Revolution das Kaiserreich beseitigt hatte, erreichten die deutschen Frauen das Wahlrecht.

Andreas Weindl

Medientipp:
Mehr über die deutsche Frauenbewegung findest du unter **31063-47**.

M3 „Organisiert Euch!"

Die Schriftstellerin und Frauenrechtlerin Hedwig Dohm schreibt in ihrem 1876 veröffentlichten Buch „Der Frauen Natur und Recht":

Die Frauen fordern das Stimmrecht als ihr Recht. Warum soll ich erst beweisen, dass ich ein Recht dazu habe? Ich bin ein Mensch, ich denke, ich fühle, ich bin Bürgerin des Staates, ich gehöre nicht zur Kaste der Verbrecher, ich lebe nicht von Almosen, das sind die Beweise, die ich für meinen Anspruch beizubringen habe. Der Mann bedarf, um das Stimmrecht zu üben, eines Besitzes, warum braucht die Frau noch mehr? Warum ist die Frau Idioten und Verbrechern gleichgestellt? Nein, nicht den Verbrechern. Der Verbrecher wird nur zeitweise seiner politischen Rechte beraubt, nur die Frau und der Idiot gehören in dieselbe politische Kategorie. […]

Erwachet, Deutschlands Frauen […]. Erwacht, wenn Ihr Grimm genug habt, Eure Erniedrigung zu fühlen, und Verstand genug, um die Quellen Eures Elends zu erkennen. Fordert das Stimmrecht, denn nur über das Stimmrecht geht der Weg zur Selbstständigkeit und Ebenbürtigkeit, zur Freiheit und zum Glück der Frau. Ohne politische Rechte seid Ihr […] machtlos. Rafft Euch empor! Organisiert Euch!

Zitiert nach: Anne Conrad und Kerstin Michalik (Hrsg.), Quellen zur Geschichte der Frauen, Bd. 3, Stuttgart 1999, S. 318 und 325

M4 Zur rechtlichen Stellung der Frau

Im Bürgerlichen Gesetzbuch (BGB), das 1900 in Kraft tritt, heißt es:

§ 1354. Dem Manne steht die Entscheidung in allen das gemeinschaftliche eheliche Leben betreffenden Angelegenheiten zu; er bestimmt insbesondere Wohnort und Wohnung. […]

§ 1356. Die Frau ist, unbeschadet der Vorschriften des § 1354, berechtigt und verpflichtet, das gemeinschaftliche Hauswesen zu leiten. Zu Arbeiten im Hauswesen und im Geschäfte des Mannes ist die Frau verpflichtet, soweit eine solche Tätigkeit, nach den Verhältnissen, in denen die Ehegatten leben, üblich ist. […]

Erst nach Jahrzehnten wird der § 1356 im BGB geändert:

1958: Die Frau führt den Haushalt in eigener Verantwortung. Sie ist berechtigt, erwerbstätig zu sein, soweit dies mit ihren Pflichten in Ehe und Familie vereinbar ist.

1977: Die Ehegatten regeln die Haushaltsführung im gegenseitigen Einvernehmen. Ist die Haushaltsführung einem der Ehegatten überlassen, so leitet dieser den Haushalt in eigener Verantwortung. Beide Ehegatten sind berechtigt, erwerbstätig zu sein. Bei der Wahl und Ausübung einer Erwerbstätigkeit haben sie auf die Belange des anderen Ehegatten und der Familie die gebotene Rücksicht zu nehmen.

Erster Text zitiert nach: Anne Conrad und Kerstin Michalik (Hrsg.), Quellen zur Geschichte der Frauen, Bd. 3, Stuttgart 1999, S. 136 f.; zweiter Text zitiert nach: http://lexetius.com/BGB/1356 und www.buergerliches-gesetzbuch.info/bgb/1356.html (Zugriff: 14.06.2019)

M5 „Heraus mit dem Frauenwahlrecht …"

Plakat (83 x 60 cm) von Erich Maria Stadler, 1914

Der Berliner Polizeipräsident hielt die Schlagzeile für eine Beleidigung der Obrigkeit und verbot die Plakatierung.

Was sind die Ziele und Mittel der Frauenbewegung?

1. *Zeige auf, welches Frauenbild noch Ende des 19. Jhs. vorherrschte (M1). Nimm Stellung zu den Aussagen.*
2. *Arbeite die Motive der Frauenbewegung heraus (INFO 1 und M3).*
3. *Recherchiert in Gruppenarbeit Informationen über die in M2, M3 und INFO 2 genannten Frauenrechtlerinnen. Erstellt dazu ein Lernplakat.* (H)
4. *Benenne die unterschiedlichen Ziele der Frauenbewegung (INFO 2).*
5. *Begründe die Forderung des Plakates (M5) und informiere dich, in welchen Staaten das Frauenwahlrecht vor 1918 eingeführt wurde.*
6. *Erläutere die Veränderungen der rechtlichen Stellung der Frau (M4).*
7. *Diskutiert die Frage, ob die Frauenbewegung ihre Ziele inzwischen erreicht hat.*

1865: Gründung des Allgemeinen Deutschen Frauenvereins
1893: Die SPD fordert in ihrem „Erfurter Programm" das Frauenwahlrecht
1908: Das Verbot von politischen Aktivitäten für Frauen wird aufgehoben
1911: Erster internationaler Frauentag
1850
1900

Das weiß ich! – Gelerntes sichern

M1 Germania
Briefmarke der Reichspost von 1900

Auf einen Blick: Das Deutsche Kaiserreich

In drei Kriegen wurden die Voraussetzungen für die Gründung des **Deutschen Kaiserreiches** geschaffen. Politisch verantwortlich dafür war der konservative preußische Ministerpräsident und spätere Reichskanzler **Otto von Bismarck**. Er erreichte **1871** die **Reichsgründung**.

Nach dem Sieg über Frankreich war am 18. Januar 1871 im Versailler Schloss der preußische König Wilhelm I. zum Kaiser der Deutschen ausgerufen worden. Fürsten und Militärs schufen, was die gewählten Abgeordneten der Frankfurter Nationalversammlung 1849 nicht erreicht hatten: die Einheit Deutschland unter preußischer Führung. Die Bürger des neuen Reiches fühlten sich zunächst noch nicht als Deutsche. Die Zugehörigkeit zu den jeweiligen Bundesstaaten blieb zunächst für die eigene Identität wichtiger. Dass aus Sachsen, Hessen, Bayern und Preußen schließlich Deutsche wurden, lag nicht zuletzt an den gewählten Abgeordneten des **Reichstages**. Ohne das Parlament*, das seit 1895 in dem Reichstagsgebäude in Berlin tagte, in dem heute der Deutsche Bundestag seinen Sitz hat, waren Gesetzgebung und Haushaltsbewilligung des Kaiserreiches nicht möglich. Was im Reichstag debattiert wurde, bestimmte das Tagesgespräch im Reich. Das allgemeine Wahlrecht bot zumindest den Männern die Möglichkeit, an der Politik aktiv teilzunehmen. Die Vertreter der 25 Bundesländer im Bundesrat wirkten an der Gesetzgebung mit.

Kaiser und Reichskanzler hatten die größte Macht im Reich. Trotzdem scheiterte Bismarck in seinem Kampf gegen sogenannte „Reichsfeinde“. Aus der Auseinandersetzung mit den Sozialdemokraten ging eine wichtige Errungenschaft der Moderne hervor: die Einführung der Kranken-, Renten- und Unfallversicherung. Bismarcks **Sozialgesetzgebung** markiert den Beginn der modernen staatlichen Sozialpolitik und hatte Vorbildcharakter für andere Länder.

1888 wurde Wilhelm II. Kaiser. Während seiner Regierungszeit nahmen Nationalismus* und Militarismus zu. Wer im Obrigkeitsstaat etwas gelten wollte, versuchte zumindest Offizier der Reserve zu werden.

Die Gesellschaft war von Spannungen geprägt. Der Adel* bildete immer noch die Elite der Gesellschaft, auch wenn ihm im Laufe der Zeit einige Bankiers und Fabrikanten den Rang abzulaufen drohten. Das Bildungsbürgertum hatte zugenommen, doch sein Anteil blieb begrenzt, da der Besuch weiterführender Schulen oder gar Universitäten viel Geld kostete. An einen sozialen Aufstieg war für den größten Teil der Gesellschaft, die Arbeiterklasse, nicht zu denken: 75 Prozent der Menschen lebten im Kaiserreich am Rande des Existenzminimums.

Im Zuge der fortschreitenden Industrialisierung* wanderten circa 30 Millionen Menschen vom Land in die Städte und Industriezentren. Wohnungsnot war die Folge. Am Ende des 19. Jhs. lebten rund zwei Drittel der Bevölkerung in den Städten.

Der rasante Fortschritt und die Anonymität der Großstädte machten vielen Menschen Angst. Sie ermöglichten aber auch individuellere Lebensentwürfe. Künstler, Wissenschaftler und Philosophen vernetzten sich: die Städte wurden zum Nährboden intellektuellen Austauschs.

In der modernen Arbeitswelt regelte die Stechuhr den Takt des Tages. Allmählich nahm jedoch die Freizeit zu. Kinos und Vergnügungsparks schossen aus dem Boden. Neben der Presse wurden Film und Rundfunk zu Massenmedien. Auch der Tourismus entwickelte sich. Waren es vorher vor allem Adlige, die an die Luftkurorte fuhren, tat das Bürgertum* es ihnen nun gleich.

Weil Frauen bildungsmäßig, rechtlich und politisch stark benachteiligt waren, setzten sie sich für bessere Ausbildungsmöglichkeiten von Mädchen, faire Löhne und ein Frauenwahlrecht ein.

Andreas Weindl

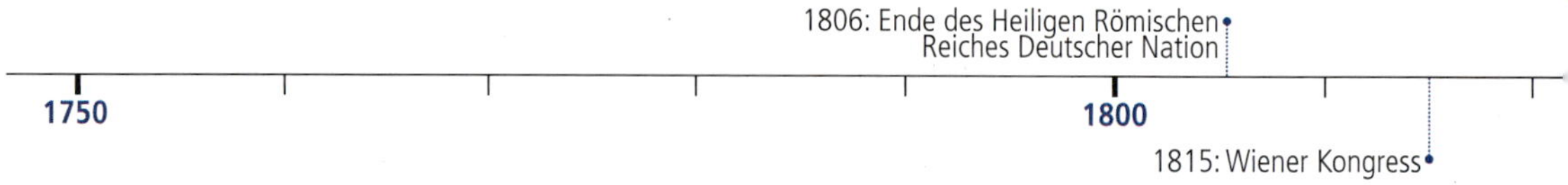

M 2 Fünf Thesen zum Deutschen Kaiserreich

- *Das Deutsche Reich war ein autoritärer Obrigkeitsstaat.*
- *Der im Wesentlichen von den alten Eliten – Adel, Militär und Beamtentum – getragene Staat war unfähig zu jeder Art von Reformen.*
- *Die Gesellschaft war geprägt durch himmelschreiende soziale Ungerechtigkeit.*
- *Das Kaiserreich war rückständig und von radikalem Militarismus und Nationalismus getragen.*

M 3 Geschichte kontrovers – Otto von Bismarck, der Reichsgründer?

Bis ins 20. Jh. herrschte ein personalistisches Geschichtsbild – unter Historikern ebenso wie in der breiten Öffentlichkeit: „Große Männer" würden Geschichte machen. Sie seien es, die den Lauf der Welt verändern. Seit den 1970er-Jahren versucht man sich von dieser Auffassung allmählich freizumachen. Und doch lädt gerade ein Politiker wie Bismarck dazu ein, sich darüber Gedanken zu machen. Hat er Geschichte gemacht?

Der Historiker Thomas Nipperdey veröffentlicht 1983 - 1992 drei Bände zur „Deutschen Geschichte 1800 -1918", die heute als Standardwerke gelten. Band II (1990) beginnt wie folgt:

Am Anfang war Bismarck.

Vor zehn Jahren habe ich meine Geschichte des 19. Jahrhunderts mit dem Satz begonnen: Am Anfang war Napoleon. Das hat mir viel Kritik und wohl auch Spott eingetragen. [...] Es ist nicht die Selbstverliebtheit des Autors[1] in eine Stilfigur [...] und schon gar nicht das Bekenntnis zu einer allgemeinen und wirklich unhaltbar personalistischen Geschichtsansicht, wenn ich trotzdem noch einmal so anfange. Es gibt Zeiten, in denen Personen, wie immer sie wiederum Produkt ihrer Zeit sind, den Lauf der Dinge prägen, ja in denen *eine*[2] Person diesen Lauf der Dinge prägt, an die Spitze der Zeittendenzen und -prozesse tritt, sodass es ganz unmöglich ist, sie wegzudenken oder für auswechselbar zu halten. [...]

Die Gründung [...] des Deutschen Reiches [...] steht in einem Geflecht von Strukturbedingungen und überindividuellen Prozessen [...]. Aber es lässt sich nicht bestreiten: Bismarck hat diese Reichsgründung bestimmt; er hat die Zeittendenzen, die ihn getragen haben, auch gelenkt. Ohne ihn wäre alles anders gewesen.

Der Historiker Christoph Nonn, Professor für Neueste Geschichte an der Universität Düsseldorf, beginnt das zweite Kapitel seines Buches „Das Deutsche Kaiserreich" auf folgende Weise:

Warum kam es überhaupt zur Gründung des deutschen Kaiserreiches? Dem nationalen Mythos zufolge, der sich seit 1871 entwickelte, war das vor allem das Werk eines einzelnen Mannes, nämlich Otto von Bismarcks. An der Mythenbildung um Bismarck den „Reichsgründer" waren gerade Historiker in vorderster Linie beteiligt. Selbst eine spätere Neubewertung der Person [...], die ihn in Teilen der Geschichtsschreibung vom strahlenden Nationalhelden zum finsteren „Dämon der Deutschen" werden ließ, änderte daran lange wenig.

Gegenüber solchen personalisierenden Erklärungen ist Skepsis angebracht. Gegen sie spricht allein schon, dass die deutsche Reichsgründung kein isoliertes Ereignis, sondern Teil einer Welle von Staatsbildungen in Europa war [...]. Diese Neugründungen waren weniger das Werk einzelner Politiker, auch wenn diese überall zu nationalen Helden und Genies verklärt wurden. Vielmehr handelte es sich um komplexe Prozesse, an denen sehr viele Menschen beteiligt waren.

Wichtigste Antriebsfeder war die Ideologie des Nationalismus.

Erster Text: Thomas Nipperdey, Deutsche Geschichte 1866 -1918, Bd. II: Machtstaat vor der Demokratie, München 1983, S. 11; zweiter Text: Christoph Nonn, Das deutsche Kaiserreich – Von der Gründung bis zum Untergang, München 2017, S. 29

[1] Nipperdey meint sich hier selbst.
[2] Hervorhebung im Original

1. *Erläutere das nationale Motiv der Briefmarke (M1).*
2. *Nimm Stellung zu den fünf Thesen (M2). Sind sie haltbar?*
3. *Untersucht in Gruppenarbeit die beiden Historikertexte (M3). Wie beurteilen sie die Bedeutung Bismarcks* für das Deutsche Kaiserreich*? Fällt abschließend ein begründetes Urteil darüber, wer eurer Meinung nach die überzeugenderen Argumente hat.*

1832: Hambacher Fest
1848/49: Revolution in Deutschland und Europa
1871: Deutsche Reichsgründung
1850
1900

Das kann ich! – Gelerntes anwenden

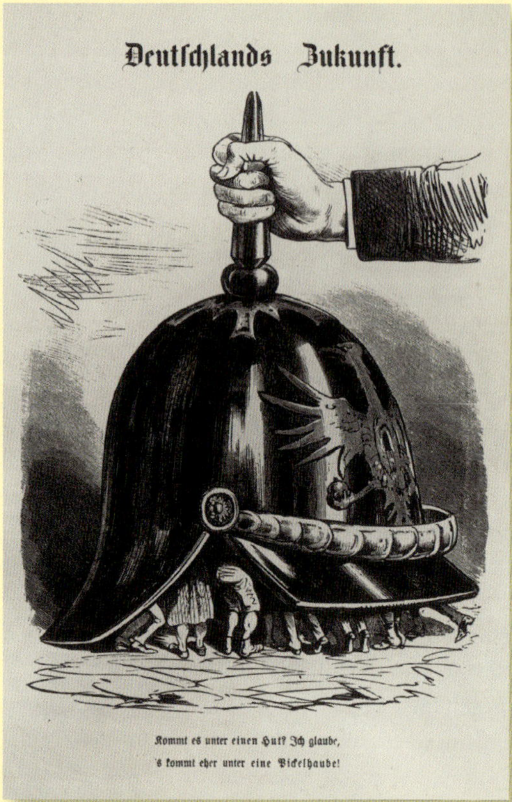

M 1 „Deutschlands Zukunft“
Karikatur aus der in Wien erscheinenden Satirezeitschrift „Kikeriki“ vom 22. August 1870
Die Bildunterschrift lautet: „Kommt es unter einen Hut? Ich glaube, 's kommt eher unter eine Pickelhaube!“

M 2 Die Siegessäule in Berlin
Foto, um 2000
Das Denkmal wurde am 2. September 1873 eingeweiht. Erbeutete Geschütz- und Kanonenrohre verzieren die rund 67 Meter hohe Säule mit der römischen Siegesgöttin Victoria.

M 3 Wem nützt die Reichsgründung?

Der Mitbegründer der „Sozialdemokratischen Arbeiterpartei“ und Reichstagsabgeordnete August Bebel kommentiert 1874 die Reichsgründung von 1871 so:

Das durch „Blut und Eisen“ mühsam zusammengeschweißte „Reich“ ist kein Boden für die bürgerliche Freiheit, geschweige für die soziale Gleichheit. Staaten werden mit den Mitteln erhalten, durch die sie gegründet wurden. Der Säbel stand als Geburtshelfer dem „Reich“ zur Seite, der Säbel wird es ins Grab begleiten. Toren[1] sind, die von Schöpfungen der monarchischen Gewalt die „Freiheit“ erwarten, noch größere Toren sind die, welche von der auf der Klassenherrschaft und dem Säbelregiment beruhenden Staatsgewalt die Pflege wirklicher Volkswohlfahrt erwarten. Es gibt in Deutschland nur eine Klasse, der die neue Reichsschöpfung zusagte und die sie auch mit berechtigtem Jubel begrüßte – die deutsche Bourgeoisie[2].

Zitiert nach: Siegfried Ziegler, Das Deutsche Kaiserreich, München 1989, S. 35

[1] **Tor**: törichter Dummkopf, Idiot
[2] **Bourgeoisie**: Siehe S. 70, M2, Anm. 1.

1806: Ende des Heiligen Römischen Reiches Deutscher Nation
1750 — 1800
1815: Wiener Kongress

M4 Was für eine Zeit?

Der Historiker Christoph Nonn schreibt 2017 über die sich ändernden Einstellungen zum Kaiserreich:

1951 stellte das Allensbacher Institut für Demoskopie[1] einem repräsentativen Querschnitt der deutschen Bevölkerung die Frage, wann es den Deutschen im 20. Jahrhundert am besten gegangen sei. Die meisten Befragten antworteten: vor 1914. Ein Jahr später fragte das Institut danach, welcher Deutsche am meisten für sein Land getan habe. Mit weitem Abstand wurde [...] Bismarck [...] am häufigsten genannt.

Das Ergebnis war symptomatisch[2] für das Bild des Kaiserreiches in der frühen Bundesrepublik. Das Ende des Zweiten Weltkrieges hatte das vorläufige Ende des deutschen Nationalstaates gebracht. Nach zwei verheerenden Kriegen [...] erschienen das Kaiserreich und Bismarck als Inbegriff der „guten alten Zeit".

Doch von den beiden 1949 [...] gebildeten Nachfolgestaaten gewann zumindest die Bundesrepublik schnell an Selbstbewusstsein. Und mit dem außerordentlichen Boom des „Wirtschaftswunders"[3] nahm das Bedürfnis nach Orientierung an einer „guten alten Zeit" ab. Gegenüber der schönen bunten Welt der Werbung und des Konsums verblasste der Glanz des Kaiserreiches. Statt das Paradies in die Vergangenheit zu projizieren, fanden die Bundesbürger es zunehmend in der Gegenwart [...]. [In den 1960er-Jahren sahen nur noch fünf Prozent der Westdeutschen] die Zeit vor 1914 als diejenige an, in der es Deutschland am besten gegangen sei [...]. Das markierte kein Ende des öffentlichen Interesses an der Zeit des Kaiserreiches, wohl aber eine Umwertung. Die Jahre zwischen 1871 und 1918 erschienen jetzt vielfach als „schlechte alte Zeit".

Christoph Nonn, Das deutsche Kaiserreich – Von der Gründung bis zum Untergang, München 2017, S. 7 f.

[1] **Demoskopie**: Wahlforschung
[2] **symptomatisch**: bezeichnend für etwas
[3] **Wirtschaftswunder**: bezeichnet die Phase des beträchtlichen wirtschaftlichen Erfolgs nach dem Ende des Zweiten Weltkrieges

M5 Die Verfassung – ein Feigenblatt für ein autoritäres Regime?

Der Journalist und Historiker Volker Ullrich urteilt 1997 über die Stellung des Reichstages im Kaiserreich:

Die Verfassung wies ihm eine Reihe wichtiger Kompetenzen zu. Erstens war er maßgeblich an der Gesetzgebung beteiligt. Ohne seine Zustimmung gab es keine Gesetze (gegen den Bundesrat, das heißt gegen den Kanzler und die preußische Ministerialbürokratie konnte er allerdings auch keine Gesetze durchbringen).

Zweitens verfügte der Reichstag über das Budgetrecht, also über die jährliche Bewilligung der Einnahmen und Ausgaben. Der Militäretat war von der strengen Budgetkontrolle insofern ausgenommen, als er die Ausgaben jeweils für mehrere Jahre festlegte [...].

Schließlich hatte der Reichstag die Möglichkeit, alle Bereiche der Regierungstätigkeit zum Gegenstand öffentlicher parlamentarischer Debatten zu machen. Die Immunität[1] der Abgeordneten garantierte dabei ein hohes Maß an Freiheit und Offenheit der Kritik.

Doch ein Recht besaß der Reichstag nicht: Zwar konnte er die Politik des Reichskanzlers missbilligen – ihn durch ein Misstrauensvotum[2] zum Rücktritt zwingen, das konnte er aber nicht. Damit fehlte ihm das entscheidende Qualitätsmerkmal einer parlamentarischen Verfassung.

Volker Ullrich, Die nervöse Großmacht – Aufstieg und Untergang des deutschen Kaiserreichs 1871-1918, Frankfurt am Main 1997, S. 36 f.

[1] **Immunität**: Straffreiheit der Abgeordneten zum Schutz vor willkürlicher Verfolgung durch die Behörden
[2] **Misstrauensvotum**: Die Parlamentsmehrheit entzieht dem Regierungschef das Vertrauen und zwingt ihn so zum Rücktritt.

1. *Ordne die Karikatur M1 in den historischen Kontext ein und interpretiere sie.* (H)
2. *Erläutere die gesellschaftliche Funktion des Denkmals (M2). Berücksichtige das Einweihungsdatum. Warum sprach es nicht alle Teile der Gesellschaft an (M3)?* (H)
3. *Überprüfe, wie sich das Geschichtsbild über das Deutsche Kaiserreich* im Laufe der Geschichte verändert hat (M4). Welche Haltung nimmst du dazu ein? Verfasse eine kurze Stellungnahme.*
4. *Arbeitet die Schwächen und Stärken der Reichsverfassung heraus (M5).*
5. *Beurteilt in Partnerarbeit, inwiefern das Deutsche Kaiserreich* eine Epoche der Gegensätze und Widersprüche darstellte. Erstellt dazu in Gruppen jeweils zwei konträre Plakate.*

6

Imperialismus und Erster Weltkrieg

Die Kriegsgräberstätte an der Tischlerstraße in München wurde 1965 fertig gestellt und ist eine der größten in Deutschland. Hier sind 3540 Gefallene und Opfer der beiden Weltkriege aus 18 Nationen begraben. Jeder Soldat erhielt ein eigenes Grab. Die Namen aller Soldaten des Ersten Weltkrieges (1988 Gefallene) sind bekannt.

1 *Nennt mögliche Motive, warum Jugendliche heute die Gräber von Soldaten pflegen, die vor mehr als hundert Jahren im Krieg fielen.*

M 1 Kriegsgräberstätte an der Tischlerstraße in München
Foto vom 2. August 2017

Orientierung in Raum und Zeit

M 1 „Von München über Metz nach Paris“
Foto vom August 1914
Bayerische Soldaten ziehen in den Krieg.

M 2 „A Berlin“
Foto von Anfang August 1914
Abfahrt von Soldaten vom Pariser Ostbahnhof.

Ein grundlegender Wandel

Als die auf den Fotos winkenden Männer im August 1914 begeistert in den Krieg zogen, ahnten sie nicht, dass dieser Krieg sich zum Weltkrieg ausweiten und später als „Urkatastrophe des 20. Jahrhunderts“ empfunden und bezeichnet werden würde.[1]

Sie waren in der Zeit des sogenannten **Imperialismus** aufgewachsen und erzogen worden, in der die mächtigsten Staaten miteinander nicht nur wirtschaftlich konkurrierten, sondern auch möglichst große Teile Afrikas und Asiens als Kolonien für sich beanspruchten und eroberten. In einer Welt, in der die Spannungen und Konflikte zwischen den europäischen Großmächten immer stärker wurden, in der das Militär und Waffen höchstes Ansehen genossen und der Krieg immer noch als Mittel der Politik galt. Die Konflikte, die sich **1914** im Krieg entluden, hatten sich über Jahre und Jahrzehnte angestaut. Und so genügte ein auf den ersten Blick geringer Anlass, um ihn auszulösen. Was die jungen Männer nicht ahnten, war auch, dass die meisten von ihnen und Millionen andere im Krieg fallen oder schwer verwundet und traumatisiert zurückkommen würden.

Weder sie noch die verantwortlichen Politiker machten sich vorher darüber Gedanken, dass die Welt nach dem **Ersten Weltkrieg**, der bis **1918** dauerte, verändert sein würde und dass es sehr schwierig werden würde, einen tragfähigen Frieden zu schließen. Sie hatten auch nicht den **Kriegseintritt der Vereinigten Staaten** sowie die **Russische Revolution im Jahre 1917** vorausgesehen. Alle diese Ereignisse prägten das 20. Jh.

Dieter Brückner

Am Ende dieses Kapitels kannst du begründen, warum der Erste Weltkrieg als „Urkatastrophe des 20. Jahrhunderts“ bezeichnet wird, und folgende Fragen beantworten:

- *Was entstand der Imperialismus*?*
- *Welche Ziele hatte imperialistische Politik und welche Methoden wandte sie an?*
- *Welche Auswirkungen hatte die koloniale Aufteilung der Welt auf die betroffenen Völker?*
- *Welche langfristigen und kurzfristigen Ursachen und welchen Anlass hatte der Erste Weltkrieg*?*
- *Welche kurz- und langfristigen Folgen hatte er?*
- *Wie erlebten Soldaten und Zivilbevölkerung die völlig neue Kriegsführung im Ersten Weltkrieg?*
- *Warum gilt das Jahr 1917 als „Epochenjahr“?*
- *Ist es richtig, dass die Wurzeln mancher gegenwärtige Konflikte bis in die Zeit des Imperialismus und des Ersten Weltkrieges zurückreichen?*

[1] Zur Kriegsbegeisterung im August 1914 siehe S. 179, M6 und M7.

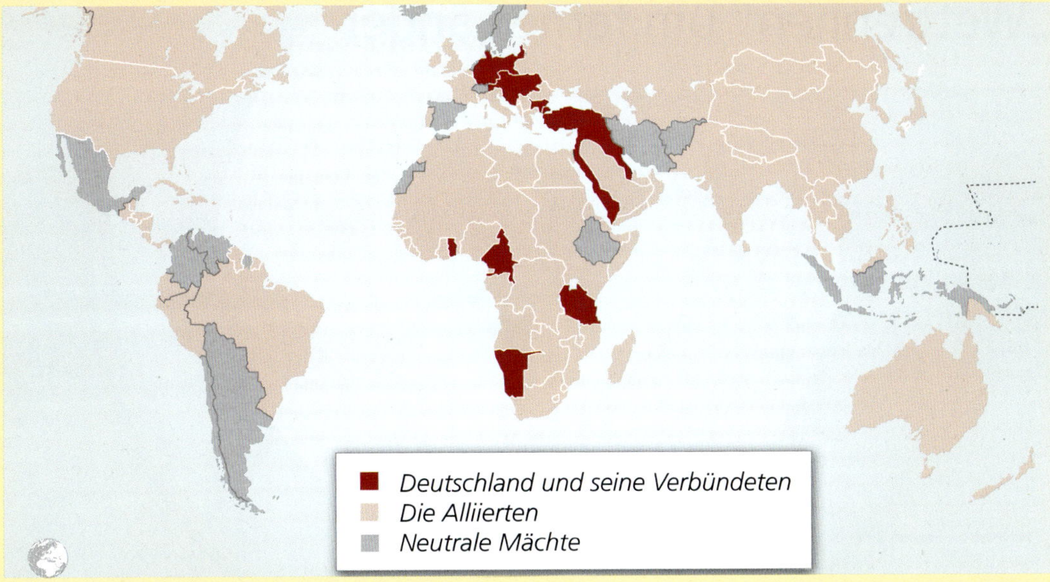

M 3 Mächtegruppierung im Ersten Weltkrieg (1914-1918)

M 4 Die „Urkatastrophe"

Der Historiker Wolfgang J. Mommsen leitet sein Buch über den Ersten Weltkrieg wie folgt ein:

In der Geschichtswissenschaft besteht heute weithin Einigkeit darüber, dass der Erste Weltkrieg, wie George Kennan[1] dies formuliert hat, die „Urkatastrophe" des 20. Jahrhunderts gewesen ist. Der Erste Weltkrieg steht am Anfang einer Epoche gewaltiger Umwälzungen [...]. Die politischen und sozialen Erschütterungen des Ersten Weltkrieges [...] setzten neue politische Kräfte frei, welche Europa und die Welt bis zur Unkenntlichkeit veränderten, einerseits den Nationalsozialismus und die faschistischen Bewegungen[2], andererseits das sowjetische Experiment der Errichtung eines marxistisch-leninistischen Herrschaftssystems [...].[3]
Der Erste Weltkrieg brachte in der Zwischenkriegszeit die Kulmination[4] westlicher imperialer Herrschaft über weite Teile des Erdballs. Gleichzeitig wurden in diesen Jahren die Ansätze gelegt, die dann nach dem Zweiten Weltkrieg in einen weltweiten Prozess der Dekolonisation[5] einmündeten.Vor allem aber wurden die europäischen und namentlich die deutsche Gesellschaft durch die politischen, wirtschaftlichen, sozialen und moralischen Auswirkungen des Ersten Weltkrieges tief greifend verändert und destabilisiert[6]; überdies war er die Inkubationsphase[7] der extremen völkischen Nationalismen und des rassischen Antisemitismus[8].

Wolfgang J. Mommsen, Die Urkatastrophe Deutschlands. Der Erste Weltkrieg 1914-1918. Gebhardt Handbuch der deutschen Geschichte, Bd. 17, Stuttgart [10]2002, S. 14

[1] **George F. Kennan** (1904-2005) war ein US-amerikanischer Historiker und Diplomat. Er charakterisierte den Ersten Weltkrieg 1979 als „the great seminal catastrophe of this century".
[2] **Nationalsozialismus** und **Faschismus** sind extremistische Weltanschauungen und Bewegungen, die nach 1918 in fast allen europäischen Ländern Anhänger fanden. Über sie erfährst du mehr im kommenden Schuljahr.
[3] Hinweis auf die Oktoberrevolution in Russland von 1917; siehe hier S. 182 f.
[4] **Kulmination**: Höhepunkt der Entwicklung
[5] **Dekolonisation**: Ende der Kolonialherrschaft
[6] **destabilisieren**: die Lage eines Staates unbeständig (instabil) machen
[7] **Inkubationsphase**: hier die Zeit, in der etwas ausgebrütet wird
[8] **Antisemitismus**: Judenfeindschaft

1. *Tragt zusammen, was euch spontan einfällt, wenn ihr den Begriff „Urkatastrophe" hört. Berücksichtigt M1, M2 sowie S. 159 f., M1.*
2. *Erkläre das Schaubild (M3). Recherchiere dazu die notwendigen Informationen.*
3. *Arbeitet heraus und notiert euch übersichtlich, welche Belege der Historiker Mommsen dafür anführt, dass man den Ersten Weltkrieg als „Urkatastrophe des 20. Jahrhunderts" bezeichnen kann (M4).*
4. *Vergleicht seine Belege mit euren Assoziationen.*

1914-1918: Erster Weltkrieg

1910 — 1920 — 1930

1917: Kriegseintritt der USA und Russische Revolution

Lern-aufgabe

„Wettrennen" um ferne Länder

M 1 Kolonialreiche um 1830

M 2 Kolonialreiche um 1914

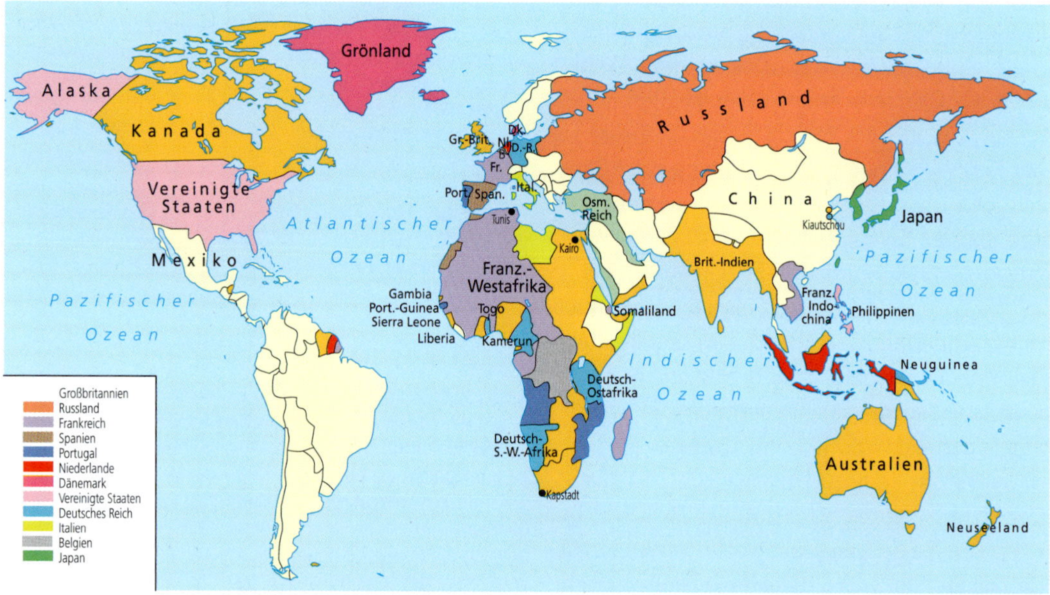

Kartentipp:
Eine animierte Karte zum Thema „Europas Kolonialreiche im Jahr 1914" siehe unter 31063-50.

[1] **Kolonialismus**: Spätestens mit der „Entdeckung" Amerikas 1492 begann das europäische Kolonialzeitalter. Es wurden Handelsstützpunkte in Übersee errichtet, Länder erobert und in Besitz genommen. Aber erst das gezielte Streben von Staaten nach weltweiter politischer Machtausdehnung und wirtschaftlichem Einfluss durch die gezielte Gründung von Kolonien im ausgehenden 19. Und beginnenden 20. Jh. führte zum Imperialismus.

INFO 1 Das „Zeitalter des Imperialismus"

Im 19. Jh. wandelte sich der Kolonialismus[1] der Frühen Neuzeit zum **Imperialismus** (lat. *imperare*: herrschen; *imperium*: Weltreich). Nun ging es den Staaten nicht mehr nur darum, einzelne (Handels- oder Missions-)Stützpunkte zu errichten, sondern möglichst große Gebiete in Übersee dauerhaft unter ihre Kontrolle und Herrschaft zu bringen. Diese Gebiete sollten durch wirtschaftlichen und politischen Einfluss und durch militärische Überlegenheit unterworfen, in den eigenen Machtbereich eingegliedert und vom „Mutterland" aus regiert werden. Die Jahre zwischen 1881 und 1914 werden auch „Zeitalter des Imperialismus" genannt, da es sich um eine besonders intensive Phase des Kolonialerwerbs handelt.

Sven Pflefka

Schritt für Schritt:
Geschichtskarten vergleichen

Um geschichtliche Entwicklungen nachvollziehen zu können, musst du zwei oder mehrere Karten miteinander vergleichen.

1. Orientiere dich auf den Karten mithilfe des Kartentitels, des Maßstabs und der Zeichenerklärung.
2. Welcher räumliche bzw. zeitliche Ausschnitt ist auf der jeweiligen Karte dargestellt?
3. Beachte die Frage- oder Aufgabenstellung. Was genau sollst du durch Vergleichen herausfinden?
4. Welche Gemeinsamkeiten, welche Unterschiede sind auf den Karten zu erkennen?
5. Welche historischen Schlussfolgerungen lassen sich aus diesen Ergebnissen ziehen?

Britischer Besitz	22,3 %
Russischer Besitz	11,0 %
Französischer Besitz	7,0 %
Deutscher Besitz	2,0 %
Belgischer Besitz	1,6 %
Portugiesischer Besitz	1,5 %
Niederländischer Besitz	1,4 %
Italienischer Besitz	1,0 %
Sonstiger Besitz	0,7 %

Zahlen geben den Prozentsatz des Besitzes im Vergleich zur Weltlandfläche an.

M 3 Aufteilung der Welt 1914

M 4 „Honni soit, qui mal y pense“
Nachträglich kolorierte Karikatur des Franzosen J. Laurian, 1899
Oben links das Wappen der englischen Könige, darunter der Schriftzug „Dieu et mon droit“ („Gott und mein Recht“). Auf dem Spruchband das Motto der höchsten englischen Auszeichnung, des Hosenbandordens: „Hon[n]i soit qui mal y pense“ („Verachtet sei, wer Schlechtes dabei denkt“).

INFO 2 Motive der Kolonialpolitik

- Sicherer Zugang zu Rohstoffen und Absatzmärkten
- Land, Arbeitsplätze und Wohnraum für die wachsende Bevölkerung
- Wunsch nach Ausbreitung der eigenen Zivilisation
- Missionierung
- Festigung der Stellung als Seemacht und Großmacht
- Wunsch der eigenen Bevölkerung, das nationale Ansehen zu steigern (Prestigedenken)
- Möglichkeit für Regierungen, von innenpolitischen Problemen abzulenken
- Gebietszuwächse, ohne einen Krieg in Europa zu riskieren

Dieter Brückner

Bereite einen Kurzvortrag vor zum Thema: „Der Imperialismus. Wie und warum verändern sich die Kolonialreiche zwischen 1830 und 1914“?*

1. *Fasse den ersten Eindruck, den ein Vergleich der beiden Karten (M1 und M2) hinterlässt, in einem Satz zusammen.*
2. *Vergleiche die beiden Karten (M1 und M2) nach den W-Fragen „Wer?“, „Wo?“. Beachte „Schritt für Schritt“.* (H)
3. *Gib mithilfe der Tabelle M3 an, wie viel Prozent der Erdoberfläche 1914 Kolonien waren.*
4. *Historiker behaupten, dass es ein „Wettrennen um Afrika“ gegeben hat. Erkläre die Aussage anhand des Kartenbildes (M2).*
5. *Stellte die in INFO 2 genannten Motive vor und begründet, warum diese zum Erwerb von neuen Kolonien führten.*
6. *Deute die Karikatur (M4). Verfasse eine andere Bildunterschrift.* (H)
7. *Gliedere deine Arbeitsergebnisse und bereite den Kurzvortrag vor.* (H)

Europäer in Afrika

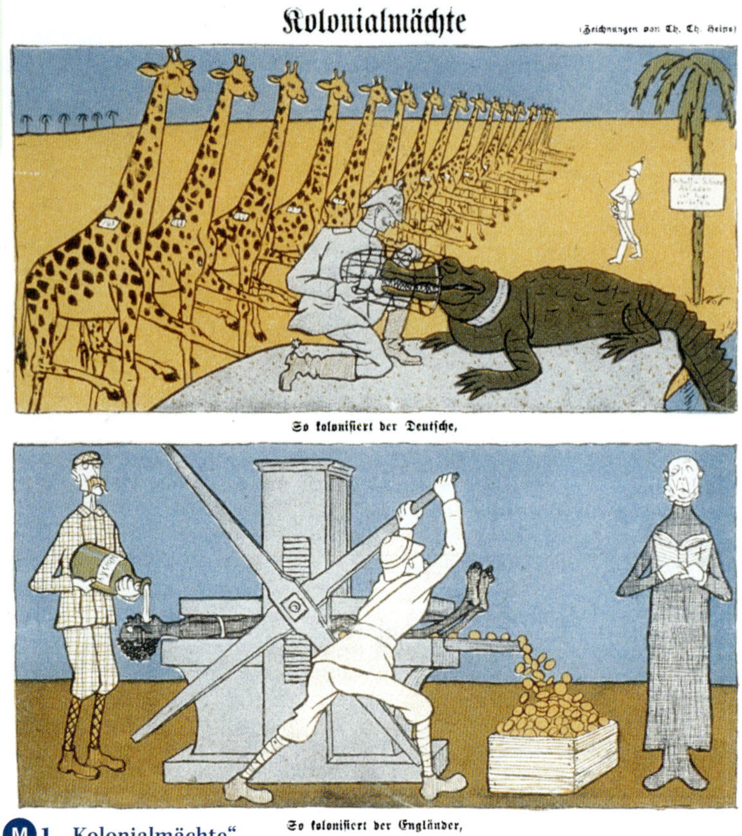

M 1 „Kolonialmächte“
Karikatur von Thomas Theodor Heine aus der in München erscheinenden Satirezeitschrift „Simplicissimus“ vom 3. Mai 1904 (Ausschnitt)
Bildunterschriften: „So kolonisiert der Deutsche“ (oben), „So kolonisiert der Engländer“ (unten)

[1] **Rassismus**: Anhänger dieser Weltanschauung behaupten beispielsweise, dass Menschen mit weißer Hautfarbe besser und leistungsfähiger seien als andere Menschen. Sie werten die Angehörigen anderer Hautfarbe oder Herkunft ab. Diese Anschauung verletzt die Menschenwürde.

[2] **Monokultur**: Bodennutzung, bei der nur eine Nutzpflanze angebaut wird

INFO 1 Afrika wird aufgeteilt

In Afrika waren um 1830 lediglich Algerien französisches und Südafrika britisches Kolonialgebiet. Nachdem 1854 in Ägypten mit dem Bau des Suezkanals begonnen wurde, der den Seeweg von Europa nach Indien und Südostasien verkürzte, begann ein „Wettlauf“ der europäischen Industrienationen um Kolonien. Auf die bestehenden sozialen, wirtschaftlichen und kulturellen Verhältnisse der Einwohner, die vor allem von Vieh- und Weidewirtschaft lebten, wurde keine Rücksicht genommen.

Die Kolonialmächte einigten sich auf ein Verfahren für den Erwerb von Kolonien: Gebietsansprüche sollten den anderen Staaten vorab mitgeteilt werden, bei einem Widerspruch sollte dann eine gütliche Einigung versucht werden.

Für die Afrikaner bedeutete der europäische **Imperialismus** aber, dass der Kontinent innerhalb weniger Jahre aufgeteilt wurde.

Sven Pflefka

INFO 2 Neue Herren und Methoden

Die neuen Grenzen zerschnitten alte Wirtschaftsräume und zwangen die Bevölkerung, die seit Jahrhunderten mit ihren Herden von einer Wasserstelle zur nächsten gezogen war, sesshaft zu werden.

Zwar hielten sich die Kolonialmächte zugute, die Sklaverei beseitigt zu haben, aber ihren Rassismus[1] behielten sie bei. Sie zwangen den afrikanischen Völkern ihre Kultur und Religion auf, enteigneten die Menschen und nötigten sie zum Bau von Straßen, Eisenbahnstrecken und Hafenanlagen. Zum eigenen Vorteil trieben die Europäer die Erschließung der Kolonien voran. Sie ließen Erdnüsse, Kaffee, Kakao oder Baumwolle in großen Betrieben (Plantagen) anbauen. Dies brachte zwar den europäischen Besitzern Gewinn, aber die Monokulturen[2] verdrängten den Anbau einheimischer Nahrungsmittel und machten viele Afrikaner erwerbslos. Die neuen Anbaumethoden zerstörten darüber hinaus langfristig die Fruchtbarkeit des Bodens und machten den Einsatz von Kunstdünger und Pflanzenschutzmitteln nötig. Diese konnten nur von den Kolonialmächten bezogen werden. Damit wurde Afrika immer stärker vom Weltmarkt abhängig.

Die Plantagen, die Bodenschätze, der Auf- und Ausbau von Eisenbahnlinien und Häfen brachten den europäischen Geldanlegern meist Gewinn. Dagegen deckten die Einnahmen wie Steuern und Zölle in der Regel nicht die Ausgaben für Verwaltung und Unterdrückung der Einheimischen, sodass Kolonien den Staaten (und damit den Steuerzahlern) Verluste brachten.

Dieter Brückner

M 2 Europäisches Vordringen nach Afrika

Kartentipp:
Eine Karte, die die Vielfalt der Völker in Afrika zeigt, die vom Vordringen der Kolonialmächte betroffen waren, findest du unter **31063-48**.

Kartentipp:
Eine animierte Karte über die Eroberung Afrikas bzw. den „Wettlauf" um Kolonien siehe unter **31063-51**.

INFO 3 Folgen des Imperialismus

- Unterdrückung der Bevölkerung durch die fremde Kolonialregierung
- Verdrängung der einheimischen Kultur in den Kolonien
- hohe Kosten, z. B. für Verwaltungsbeamte, Soldaten, Häfen, Straßen, Eisenbahn
- Wettlauf unter den Großmächten um noch freie Gebiete
- aufgeheizte nationalistische Stimmung in den Heimatländern
- erhöhte Kriegsgefahr in Europa aufgrund der Grenzstreitigkeiten in den Kolonien

Dieter Brückner

Heiligt der Zweck alle Mittel?

1. *Erarbeite, wie der Karikaturist das Verhältnis zwischen einheimischer Bevölkerung und fremder Kolonialregierung charakterisiert (M1).*
2. *Beschreibe die Methoden der Kolonialpolitik (INFO 1 und 2).*
3. *Untersuche die Karte M2. Was sagt sie über den „Wettlauf um Afrika" und seine Folgen aus?* (H)
4. *Beurteile, wie die Kolonialmächte in Afrika auftraten (INFO 1 und 2).*
5. *Begründe, warum die Methoden der Kolonialpolitik zu den Folgen des Imperialismus* passen (INFO 3).*
6. *Verfasse ausgehend von M2 und INFO 3 einen Sachtext, in dem du dich kritisch damit auseinandersetzt, dass die imperialistische Politik in Europa von der Mehrheit der Bevölkerung wohlwollend aufgenommen wurde.* (H)

Kaiserliche Truppen wüten in Afrika

M 1 Gefangene Herero
Foto, um 1904 (Ausschnitt)

M 2 „Nach dem Kriege. Gruppe gefangener Hereros“
Foto aus der „Berliner Illustrirten Zeitung“ vom 21. Januar 1907 (Ausschnitt)

Medientipp:
„Der Krieg gegen die Herero 1904“, eine virtuelle Ausstellung des Bundesarchivs mit Dokumenten, siehe **31063-52**.

M 3 „Jeder Herero wird erschossen“

Am 2. Oktober 1904 befiehlt General Lothar von Trotha:

Das Volk der Herero muss [...] das Land verlassen. Wenn das Volk dies nicht tut, so werde ich es mit dem Groot Rohr[1] dazu zwingen.
Innerhalb der Deutschen Grenze wird jeder Herero mit oder ohne Gewehr, mit oder ohne Vieh erschossen, ich nehme keine Weiber und keine Kinder mehr auf, treibe sie zu ihrem Volke zurück oder lasse auch auf sie schießen. [...] Ich nehme mit Bestimmtheit an, dass dieser Erlass dazu führen wird, keine männlichen Gefangenen mehr zu machen, aber nicht zu Grausamkeiten gegen Weiber und Kinder ausartet. Diese werden schon fortlaufen, wenn zweimal über sie hinweggeschossen wird.

Zitiert nach: Horst Gründer (Hrsg.), „... da und dort ein junges Deutschland gründen“. Rassismus, Kolonien und kolonialer Gedanke vom 16. bis zum 20. Jahrhundert, München ³2006, S. 152f.

[1] **Groot Rohr**: Geschütz

M 4 „Der Krieg hätte nicht zu kommen brauchen“

Auf die Frage nach den Ursachen des Aufstandes antwortet ein zum Christentum bekehrter Herero nach dem Kolonialkrieg:*

Der Krieg ist von ganz kleinen Dingen gekommen und hätte nicht zu kommen brauchen. Einmal waren es die Stuurmann[1] mit ihrem schrecklichen Wucher und eigenmächtigen, gewaltsamen Eintreiben [der Schulden]. [...] Wer nicht zahlen wollte oder konnte, den verfolgten und plagten sie. Dann ist es der Branntwein gewesen, der die Leute schlecht und gewissenlos gemacht hat. Wenn jemand trinkt, dann ist es ihm gleich, was er tut. Aber das schlimmste Übel ist, was viel böses Blut und Streit hervorgerufen hat, die Vergewaltigung unserer Frauen durch Weiße. Manche Männer sind totgeschossen worden wie Hunde, wenn sie sich weigerten, ihre Frauen und Töchter preiszugeben, und drohten, sie mit der Waffe in der Hand zu verteidigen. Wären solche Dinge nicht geschehen, wäre kein Krieg gekommen, aber er ist bei solchen Vergewaltigungen ausgebrochen. Er war mit einem Male da, und da war kein Halten mehr, jeder rächte sich, und es war, als sei kein Verstand mehr unter den Massen.

Zitiert nach: Horst Gründer (Hrsg.), „... da und dort ein junges Deutschland gründen“. Rassismus, Kolonien und kolonialer Gedanke vom 16. bis zum 20. Jahrhundert, München ³2006, S. 153

[1] **Stuurmann**: Kaufleute

INFO Krieg gegen die Herero und Nama

Eine der deutschen Kolonien war Deutsch-Südwestafrika, das heutige Namibia. Es war anderthalb mal so groß wie das Deutsche Reich, doch waren nur wenige Gebiete fruchtbar. Dort lebten die *Herero* und *Nama* und betrieben Viehzucht. Schon vor 1883 befanden sich deutsche Missionare im Land. Konflikte entstanden, als deutsche Siedler die besten und fruchtbarsten Gebiete für sich beanspruchten und die einheimische Bevölkerung davon vertrieben. Im Januar 1904 brach für die Deutschen völlig überraschend ein Aufstand aus. Über 120 Siedler, Händler und Soldaten wurden getötet. Nur mithilfe ihrer überlegenen Militärtechnik konnten die deutschen Soldaten unter dem Oberbefehl von General *Lothar von Trotha* die Herero-Krieger, die größtenteils von ihren Familien begleitet wurden, besiegen und sie in die Wüste abdrängen. Da die Deutschen die wenigen Wasserstellen besetzt hielten, verdursteten dort zehntausende Herero. Überlebende wurden in Sammel- und Arbeitslagern, sogenannten Konzentrationslagern, interniert. Solche hatten erstmals zuvor die Briten während eines Aufstandes in der benachbarten Kolonie Südafrika eingerichtet.

Trotha war im Auftrag der Reichsregierung gegen die aufständischen Herero und Nama vorgegangen. Als aber sein Vernichtungsbefehl bekannt wurde, nahm sie ihn aufgrund der öffentlichen Proteste zurück. Sie entließ Trotha aber nicht. Wegen des langen Postweges dauerte es Wochen, bis Trotha die Weisung aus Berlin erhielt. Er setzte sie nur zögerlich um. Der Reichstagsabgeordnete und SPD-Vorsitzende *August Bebel* sagte dazu am 30. Januar 1905 im Reichstag*: „Eine solche Kriegsführung kann jeder Metzgerknecht treiben, dazu braucht man nicht General oder höherer Offizier zu sein." Nach Schätzungen kamen in Deutsch-Südwestafrika damals 50 bis 60 Prozent der Einheimischen ums Leben.[1]

Sven Pflefka

[1] Da es keine zuverlässigen Bevölkerungszahlen gibt, lässt sich nicht genau sagen, wie viele Herero und Nama Opfer des Krieges wurden. Die Angaben schwanken zwischen 20 000 und 85 000 getöteten Herero und 7 000 bis 11 000 getöteten Nama.

M5 Ein „Rassenkampf"

Am 4. Oktober 1904 schreibt General Lothar von Trotha seinem Vorgesetzten nach Berlin:

Meine genaue Kenntnis so vieler zentralafrikanischer Stämme [...] hat mir überall die überzeugende Notwendigkeit vor Augen geführt, dass sich der Neger[1] keinem Vertrag, sondern nur der rohen Gewalt beugt. [...] Dieser Aufstand ist und bleibt der Anfang eines Rassenkampfes [...].

Zitiert nach: www.gfbv.de/de/news/der-voelkermord-an-den-herero-127/ (Zugriff: 30.05.2020)

[1] Der Begriff ist diskriminierend und wird heute nicht mehr verwendet. Zum „Rassismus" siehe S. 164, Anm. 1.

M6 Völkermord – eine Definition

Als Reaktion auf die Gräueltaten der Nationalsozialisten verabschieden die Vereinten Nationen 1948 eine Konvention (Übereinkommen) über die Verhütung und Bestrafung des Völkermordes (Genozids). Sie enthält folgende Begriffsbestimmung:

Nach Artikel II versteht man darunter die an einer nationalen, ethnischen, rassischen oder religiösen Gruppe begangenen Handlungen:

a. Tötung von Mitgliedern der Gruppe;
b. Verursachung von schwerem körperlichen oder seelischen Schaden an Mitgliedern der Gruppe;
c. vorsätzliche Auferlegung von Lebensbedingungen für die Gruppe, die geeignet sind, ihre körperliche Zerstörung ganz oder teilweise herbeizuführen [...].

Diese Handlungen müssen in der Absicht begangen werden, die Gruppe als solche ganz oder teilweise zu zerstören. Es macht sich also schon jemand des Völkermordes schuldig, der lediglich beabsichtigt, also den Vorsatz hat, eine Menschengruppe zu vernichten.

Zitiert nach: www.voelkermordkonvention.de/voelkermord-eine-definition-9158 (Zugriff: 30. 04. 2019)

Medientipp:
Zum Völkermord an den Herero und Nama und dem Verhalten der Bundesregierung siehe **31063-53**.

Filmtipp:
Weiße Geister. Der Kolonialkrieg gegen die Herero; Regie: Martin Baer, 2004

Lesetipp:
Bartholomäus Grill, Wir Herrenmenschen. Unser rassistisches Erbe: Eine Reise in die deutsche Kolonialgeschichte, München 2019

Was macht den Krieg gegen die Herero und Nama zum Völkermord?

1. *Arbeitet die Ursachen des Aufstandes heraus (M4 und INFO).*
2. *Beschreibt in Partnerarbeit den Verlauf des Konflikts. Berücksichtigt dazu Text- und Bildquellen (M1 bis M4).*
3. *Diskutiert die Verantwortung für den Verlauf des Geschehens. Differenziert dabei zwischen Lothar von Trotha und der deutschen Regierung (INFO).*
4. *Erklärt, was den Krieg zum Völkermord machte (M3, M5 und M6).* H

Der „Wettlauf um Afrika" der europäischen Mächte beginnt
Ca. 13 000 Deutsche leben in der Kolonie Deutsch-Südwestafrika (Namibia)
Beginn des Aufstandes der Herero und des Völkermordes an den Herero und Nama

1870 | 1880 | 1890 | 1900 | 1910

Das Erbe des Imperialismus

Lern-aufgabe

M 1 „Fragile Staaten" in der Welt 2019
Fachleute nennen schwache und zerbrechliche Länder „fragile Staaten". Früher hießen sie „Failed States", also gescheiterte Staaten. Wissenschaftler untersuchen in dem Zusammenhang unter anderem folgende Fragen: Kann der Staat die Sicherheit seiner Bürger gewährleisten? Hat er die Kontrolle über sein Territorium? Wird er seinen öffentlichen Aufgaben gerecht? Gibt es Rechtssicherheit sowie Mitbestimmungsmöglichkeiten oder herrschen Korruption und Vetternwirtschaft vor? Zur heutigen Staatenwelt siehe auch die Karte hinten im Buch.

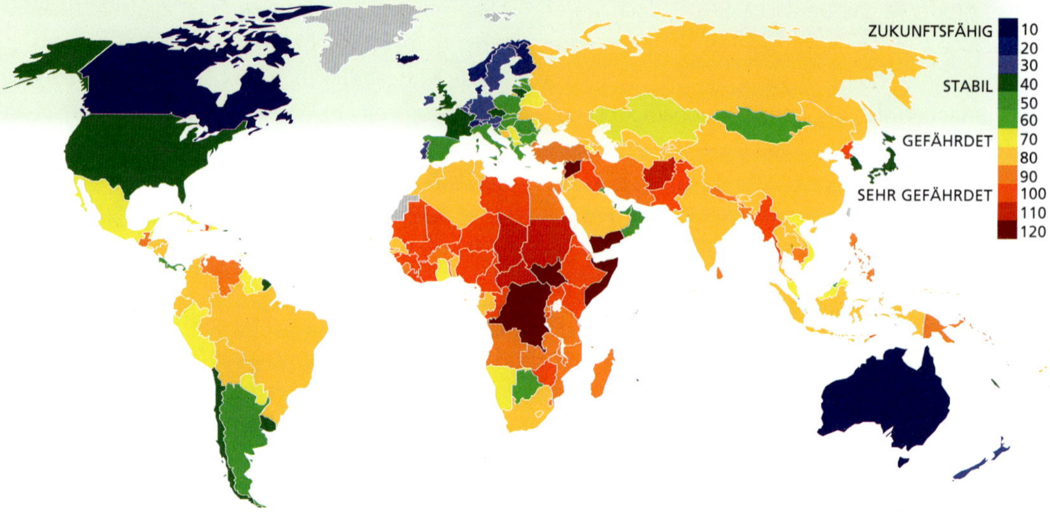

M 2 Über die Probleme Afrikas

Thomas Bierschenk, Professor für Afrikastudien an der Universität Mainz, erläutert 2010 in einem Interview:

Heute kann man natürlich den Kolonialismus nicht mehr ausschließlich für die Probleme Afrikas verantwortlich machen. Allerdings muss man ganz deutlich sagen, dass die afrikanischen Länder, als sie schließlich unabhängig wurden, ein schwieriges Erbe angetreten haben. Keine Kolonialmacht hat die zu ihr gehörenden Länder besonders gut auf die Unabhängigkeit vorbereitet. Das sieht man zum Beispiel an den Einschulungsraten. Der Kontinent hat heute erst Zahlen erreicht, die ein Land wie Korea in den 1950er-Jahren bereits hatte. De facto[1] wurden viele Länder auch bankrott in die Unabhängigkeit entlassen. Eine ganz wesentliche Überlegung der Kolonialherren war eben, dass die Kolonien einfach zu teuer geworden waren. Diese Probleme wurden durch den großen Optimismus der damaligen Zeit zunächst einfach nicht so wahrgenommen.

Zitiert nach: www.n-tv.de/politik/Afrika-und-der-Ressourcenfluch-article1265746.html (Zugriff: 5. 11. 2019)

[1] **De facto**: nach Lage der Dinge

INFO 1 Kolonialherrschaft …

Die heutige Grenzziehung in Afrika – wie mit dem Lineal gezogen – nahmen die europäischen Staaten vor. Dabei ging es um die Abgrenzung von Einflusssphären. Sie achteten wenig auf die Siedlungsgebiete von Völkern und Stämmen. Durch die neu gezogenen Grenzen wurden aber Siedlungsgebiete zerschnitten, Handelsrouten unterbrochen, Wege zu Weidegründen blockiert. Umgekehrt wurden Angehörige verschiedener Sprachen und Kulturen, sesshafte Ackerbauern und nomadisierende Viehzüchter oder traditionell verfeindete Bevölkerungsgruppen gezwungen, auf engem Raum zusammenzuleben. Das verhinderte, dass die einheimische Bevölkerung in den Kolonialgebieten ein Zusammengehörigkeitsgefühl und ein Nationalbewusstsein entwickelten. Obendrein stützte sich die Kolonialherrschaft auf Stammesführer oder ganze Bevölkerungsgruppen, die bereit waren, mit ihr zusammenzuarbeiten. Dafür erhielten diese Vorrechte wie eine bessere Ausbildung ihrer Kinder, einträglichere Arbeitsplätze oder Positionen in der Verwaltung der Kolonien.

Dieter Brückner

INFO 2 … und ihre Folgen

Nach dem Abzug der Kolonialmächte in der zweiten Hälfte des 20. Jhs. wurden die willkürlich gezogenen Grenzen beibehalten, da Veränderungen kaum ohne Krieg durchsetzbar waren. Die Bevölkerungsgruppen, die bislang mit der Kolonialmacht zusammengearbeitet hatten, nutzten den Vorsprung, den ihre Vorrechte ihnen verschafften. Sie besetzten alle wichtigen Stellen in den jetzt unabhängigen Staaten und sicherten sich den Zugriff auf die Rohstoffe, an denen viele afrikanische Staaten reich sind. Die anderen Bevölkerungsgruppen wurden benachteiligt, diskriminiert oder auch verfolgt. Die Folge waren lange und grausame Bürgerkriege.

Aber es gab auch Grenzkriege, wenn z.B. Stammesgruppen die sie bislang trennenden Grenzen abschaffen oder einen eigenen Staat gründen wollten. Manchmal ging es aber auch um rohstoffreiche oder fruchtbare Gebiete. All diese Kriege boten Militärführern die Gelegenheit, eine Diktatur zu errichten, die sie gewaltsam verteidigten.

Dieter Brückner

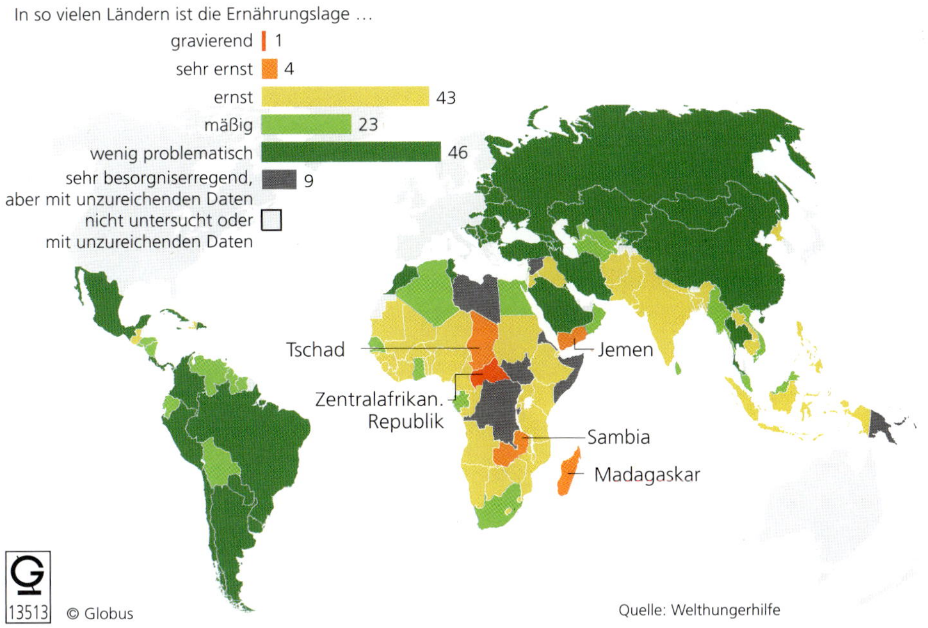

M3 Welthunger-Index 2019

Die vier statistisch verwertbaren Anzeichen des Welthungers sind:

- Der prozentuale Anteil der Unterernährten an der Bevölkerung
- Die prozentuale Verteilung von Auszehrung bei Kindern unter fünf Jahren, also zu niedriges Gewicht im Verhältnis zur Körpergröße als Hinweis auf herrschende Unterernährung
- Die prozentuale Verbreitung von Wachstumsverzögerung bei Kindern unter fünf Jahren, d.h. zu geringe Körpergröße im Verhältnis zum Alter als Hinweis auf ständige Unterernährung
- Sterblichkeitsrate von Kindern unter fünf Jahren

INFO 3 Das wirtschaftliche Erbe

Die früheren Kolonialmächte sicherten sich ihren Einfluss auf die Wirtschaft in den jetzt unabhängigen Staaten. Das gelang ihnen leicht, da sie ihnen technisch überlegen waren und da ihre Konzerne die Zugänge zum Weltmarkt kontrollierten. Damit fiel es den ehemaligen Kolonien schwer, ihre eigene Wirtschaft aufzubauen. Sie blieben Lieferanten billiger Rohstoffe und landwirtschaftlicher Produkte in die Industriestaaten. Diese diktieren die Preise und sorgen dafür, dass viele Länder Afrikas von europäischen Ländern abhängig sind.

Aber auch in den Ländern selbst ist der Besitz sehr ungleich verteilt: Ein Großteil des fruchtbaren Bodens und die meisten Bodenschätze sind im Besitz weniger vermögender Personen.

Dieter Brückner

Entwickle eine Strukturskizze unter der Überschrift: „Gegenwärtige Krisen und Konflikte als Erbe des Imperialismus"*

1. *Beschreibe, was man unter einem „fragilen Staat" versteht (M1).*
2. *Nenne langfristige Folgen des Imperialismus (INFO 1 und 2).*
3. *Fasse die Kernaussage des Interviews (M2) zusammen.*
4. *Vergleiche die Grafik mit den fragilen Staaten (S. 168, M1) mit dem Schaubild M3. Erkläre den möglichen Zusammenhang.*
5. *Begründe, warum die Folgen des Imperialismus mit der Entlassung der Kolonien in die Unabhängigkeit nicht beendet waren (INFO 2 und 3).*
6. *Entwickle aus deinen Arbeitsergebnissen die Strukturskizze, wie du sie von Tafelbildern her kennst.* (H)

Imperiale Politik – alte und neue Bündnisse

M 1 „Little Red Riding Hood“
Karikatur aus der Pariser Zeitung „Le Petit Journal“ vom 20. November 1898[1]

M 2 „L'Entente Cordiale“
Titelblatt der Pariser Zeitung „Le Petit Journal“ vom 20. August 1905
L'Entente Cordiale = herzliches Einvernehmen; der Untertitel lautet übersetzt: „Empfang von Admiral Caillard und französischen Offizieren durch Seine Majestät, König Edward VII. [von Großbritannien].“ Léonce Albert Caillard war Stabschef der französischen Marine.[2]

INFO 1 Eine verbreitete Haltung

Das Gefühl, anderen Völkern überlegen zu sein, beschränkte sich nicht auf das Verhältnis der europäischen Großmächte zu den Völkern ihrer Kolonien. Auch in Europa betrachtete man das eigene Volk, die eigene Nation* als überlegen und wertvoller als die anderen. Und schnell entstanden aus einem solchen übertriebenen Nationalismus* Konkurrenz und Abwertung der anderen Nationen und auch Vorurteile. Daraus wurden schließlich Feindbilder. Deutsche und Franzosen bezeichneten sich gegenseitig als „Erbfeinde“, und beide Nationen verachteten Großbritannien.

Sven Pflefka

INFO 2 Widerstreitende Interessen

Wenige Jahrzehnte nach dem Wiener Kongress* war von der Solidarität der europäischen Großmächte nicht mehr viel zu spüren. Nur noch Großbritannien war an der Erhaltung des Gleichgewichts der Mächte auf dem Kontinent interessiert. Das allerdings auch nur, um ungestört sein überseeisches Imperium ausbauen und erhalten zu können. Alle vier kontinentalen Großmächte waren aber bestrebt, ihre Machtposition nicht nur in Übersee, sondern auch in Europa zu stärken und eine Hegemonie* zu errichten. Frankreich wollte sich darüber hinaus am Deutschen Reich für die Niederlage von 1870/71 rächen und das Elsass und Lothringen zurückerobern.

Am allermeisten brachte allerdings das Deutsche Reich das Gleichgewicht der Mächte ins Wanken. *Wilhelm II.* meinte, dass aufgrund seiner wirtschaftlichen und militärischen Stärke „ohne Deutschland und ohne den deutschen Kaiser keine große Entscheidung fallen darf“. Als den größten Feind Deutschlands sah er Frankreich, als größten Rivalen die See- und Wirtschaftsmacht Großbritannien.

Sven Pflefka

[1] Zur Einordnung der Karikatur siehe S. 171, M4
[2] Zur Einordnung des Titelblattes siehe auch S. 171, M4

M3 Wir „verlangen auch unseren Platz an der Sonne“

Außenminister Bernhard Fürst von Bülow hält am 6. Dezember 1897 im Reichstag folgende Rede zur Politik in Ostasien:*

Wir empfinden auch durchaus nicht das Bedürfnis, unsere Finger in jeden Topf zu stecken. Aber allerdings sind wir der Ansicht, dass es sich nicht empfiehlt, Deutschland in zukunftsreichen Ländern von vornherein auszuschließen vom Mitbewerb anderer Völker. (*Bravo!*)

Die Zeiten, wo der Deutsche dem einen seiner Nachbarn die Erde überließ, dem anderen das Meer und sich selbst den Himmel reservierte, wo die reine Doktrin[1] thront (*Heiterkeit – Bravo!*) – diese Zeiten sind vorüber. Wir betrachten es als eine unserer vornehmsten Aufgaben, gerade in Ostasien die Interessen unserer Schifffahrt, unseres Handels und unserer Industrie zu fördern und zu pflegen. [...]

Wir müssen verlangen, dass der deutsche Missionar und der deutsche Unternehmer, die deutschen Waren, die deutsche Flagge und das deutsche Schiff in China geradeso geachtet werden, wie diejenigen anderer Mächte.

(*Lebhaftes Bravo.*) Wir sind endlich gern bereit, in Ostasien den Interessen anderer Großmächte Rechnung zu tragen, in der sicheren Voraussicht, dass unsere eigenen Interessen gleichfalls die ihnen gebührende Würdigung finden. (*Bravo!*)

Mit einem Worte: Wir wollen niemand in den Schatten stellen, aber wir verlangen auch unseren Platz an der Sonne. (*Bravo!*)

Zitiert nach: Rüdiger vom Bruch und Björn Hofmeister (Hrsg.), Kaiserreich und Erster Weltkrieg 1871-1918, Stuttgart 2000, S. 268 - 70

[1] **Doktrin**: Lehre, politisches Programm

M4 1890 bis 1911: Aktionen und Reaktionen

1890	D verlängert den Neutralitätsvertag mit R nicht
1892	R schließt Vertrag mit F über gegenseitige Beistandspflicht bei Angriff von D, Ö oder I; GB lehnt ein Bündnis mit D ab und bleibt in „splendid isolation“[1]; in D wächst der Neid auf die wachsende Welt- und Seemacht GB, in GB der Neid auf die erstarkende Industriemacht D
1896	Wilhelm II. gratuliert dem Anführer eines Aufstandes in Südafrika gegen GB; Empörung in GB über Einmischung aus D
1898	Zustimmung des Reichstages in Berlin zum Ausbau der Kriegsflotte; Beginn eines Wettrüstens; Wilhelm II. erklärt sich auf einer Orientreise zum Freund aller Muslime und Schutzherrn des OR; GB möchte ein Bündnis mit D, da es wegen der Kolonialpolitik in Afrika einen Krieg mit F erwartet (bei der Stadt Faschoda im Sudan stehen sich britische und französische Kolonialtruppen feindselig gegenüber); D lehnt ab
1903	GB und F nähern sich an und gestehen sich gegenseitig Einflussbereiche zu (GB: Ägypten; F: Marokko)
1904	D fördert den Bau einer Eisenbahnlinie im OR von Istanbul nach Bagdad; I schwächt den Dreibund durch geheimes Neutralitätsabkommen mit F für den Fall eines Krieges;
1905	GB und F vereinbaren „Herzliches Einvernehmen“ („Entente Cordiale“); D sieht die „Entente Cordiale“ als Versuch von GB und F, D am Erwerb von Kolonien zu hindern
1906	D beschließt Bau einer großen (gegen GB gerichteten) Kriegsflotte; D garantiert Marokko die Unabhängigkeit, um F seine Macht zu demonstrieren
1907	Eine internationale Konferenz bestätigt F als Kolonialmacht in Marokko; die „Entente Cordiale“ wird gefestigt; nur Ö unterstützt D
1908	GB und R legen ihren Streit um Einflussgebiete in Asien bei und schließen eine „Entente Cordiale“
1911	D sieht sich durch GB, F und R „eingekreist“; D will F zwingen, Marokko aufzugeben; GB unterstützt F; GB und F arbeiten militärisch noch enger zusammen

D = Deutsches Reich, F = Frankreich, GB = Großbritannien, I = Italien, Ö = Österreich-Ungarn, OR = Osmanisches Reich, R = Russland

[1] **splendid isolation**: wörtlich übersetzt: „wunderbare Isolation“; gemeint ist hier die politische Unabhängigkeit Großbritanniens von Europa

Wie verändert sich das Verhältnis der europäischen Großmächte?

1. *Verfasse auf der Grundlage der Informationen aus INFO 1 eine Kurzdefinition des Begriffs „übersteigerter Nationalismus“.*
2. *Beschreibe, wie die beiden Abbildungen M1 und M2 das Verhältnis zwischen Frankreich und Großbritannien in den Jahren von 1898 und 1905 darstellen.*
3. *Erkläre die Veränderung im Verhältnis zwischen Frankreich und Großbritannien (M1 und M2) mithilfe von INFO 2 und M3.*
4. *Beschreibe, wie sich das Verhältnis der europäischen Mächte zwischen 1890 und 1911 verändert hat (M4).* Ⓗ
5. *Beurteile, welche Rolle der übersteigerte Nationalismus* bei dieser Entwicklung gespielt hat.*

Der „Wettlauf um Afrika“ der europäischen Mächte beginnt

1888: Wilhelm II. wird Deutscher Kaiser und unterstützt Bestrebungen, deutsche Kolonien zu gründen

1897: Der deutsche Reichskanzler fordert für das Deutsche Reich einen „Platz an der Sonne“

Gründung der Entente Cordiale

1870 1880 1890 1900 1910

Der Rüstungswettlauf

M1 „Deutschland und England. Wie sollen wir uns da die Hand geben?"
Karikatur von Wilhelm Schulz aus dem „Simplicissimus" vom 26. Februar 1912

INFO 1 Deutsche Flottenpläne

Mit Ausnahme des Deutschen Kaiserreiches* verfügten alle Großmächte um 1890 über eine schlagkräftige Kriegsmarine. Die mit Abstand größte Seemacht war Großbritannien. Zunächst zur Abschreckung anderer Marinen und sodann mit dem Ziel, das Deutsche Reich zu einer Weltmacht zu machen, begann Kaiser Wilhelm II. eine Hochseeflotte aufzubauen. Damit setzte ein deutsch-britisches Wettrüsten ein. Die Regierung wurde dabei unterstützt vom 1898 gegründeten *Deutschen Flottenverein*. Er förderte die Marinebegeisterung im Volk und zählte 1913 über eine Millionen Mitglieder.

Sven Pflefka

M2 Großkampfschiffe 1905-1913

Nach: Hans Hallmann, Der Weg zum deutschen Schlachtflottenbau, Stuttgart 1933, S. 137

	1905	1907	1909	1911	1913
Großbritannien	4	10	22	32	42
Deutsches Reich	0	5	13	21	26
Frankreich	0	6	6	10	17
Russland	0	0	4	4	8

M3 Rüstungsausgaben

in Mio. Mark	1902	1913
Frankreich	954	1327
Russisches Reich	958	2050
Großbritannien	2002	1491
Deutsches Reich	965	2111
Österreich-Ungarn	378	721

Nach: Der Weltkrieg 1914 bis 1918. Die militärischen Operationen zu Land, bearb. im Reichsarchiv, Bd. 16,1,1: Kriegsrüstung und Kriegswirtschaft; Anlagen zu Bd. 1, Berlin 1930, S. 530

M4 Der Schlieffen-Plan

Generalfeldmarschall Alfred Graf von Schlieffen legt im Februar 1906 dem Chef des Generalstabs, Helmuth von Moltke, eine im Dezember 1905 verfasste Denkschrift vor. Sie enthält einen Plan, wie Frankreich innerhalb von vier bis sechs Wochen militärisch bezwungen werden kann, damit man sich anschließend Russland „zuwenden" könne.

In einem Kriege gegen Deutschland wird sich Frankreich, besonders solange es auf eine wirksame Unterstützung Russlands nicht rechnen kann, voraussichtlich zunächst auf die Verteidigung beschränken. [...]

Mehr versprechend als der Frontalangriff mit Umfassung des linken Flügels scheint ein von Nordwesten [...] gegen den Rücken der Stellung gerichteter Angriff zu sein. Um zu diesem zu gelangen, muss die belgisch-französische Grenze auf dem linken Maasufer [...] bewältigt und, um so weit zu kommen, die Neutralität von Luxemburg, Belgien und den Niederlanden verletzt werden.

Die Verletzung der Neutralität von Luxemburg wird abgesehen von Protesten keine Folge von Bedeutung haben. Die Niederlande erblicken in dem mit Frankreich verbundenen England nicht weniger einen Feind als Deutschland. Ein Abkommen mit ihnen wird sich erzielen lassen. [...] Belgien wird sich voraussichtlich widersetzen. [...]

Es ist anzunehmen, dass der deutsche Aufmarsch sich ungestört vollzieht.

Zitiert nach: www.1000dokumente.de/index.html?c=dokument_de&dokument=0097_spl&object=translation&st=&l=de (Zugriff: 05.11.2019)

INFO 2 Militarismus

Gefährlich wurde der in allen europäischen Staaten herrschende übersteigerte Nationalismus*, da er von einem starken Militarismus und **Imperialismus** begleitet wurde. Soldatentum und Militär genossen hohes Ansehen, Krieg galt allenthalben als übliches, wenn auch letztes Mittel, um politische Ziele durchzusetzen. Und in den Schulen wurde gelehrt, dass es ehrenvoll und erstrebenswert sei, sich heldenhaft im Krieg für die eigene Nation* aufzuopfern und notfalls zu sterben.

Schon um 1910 war die Mehrzahl der führenden Politiker und hohen Militärs in Europa davon überzeugt, dass ein Krieg so gut wie unvermeidbar sei. Sie bemühten sich weniger um friedliche Lösungen als darum, auf einen Krieg möglichst gut vorbereitet zu sein, und überlegten, wann der günstigste Zeitpunkt sei, ihn zu beginnen.

Sven Pflefka

INFO 3 Alles auf eine Karte!

Ein Plan Generalfeldmarschalls *Alfred Graf von Schlieffen* aus dem Jahr 1905 sollte das Problem des Zweifrontenkrieges lösen. Er ging davon aus, dass Russland relativ viel Zeit benötigen würde, um sein Heer gegen Deutschland in Stellung zu bringen. Diese Zeit sollte genutzt werden, um mit großem Truppeneinsatz im Westen Frankreich schnellstmöglich zu besiegen. Dazu war es notwendig, die französischen Festungen an der deutschen Grenze durch Belgien zu umgehen. Nach einem schnellen Sieg sollten alle Truppen nach Osten verlegt werden und Russland niederwerfen. Eine Alternative zu dem Plan wurde nicht entwickelt.

Sven Pflefka

M5 Wozu ein Rüstungswettlauf?

Der Historiker Jürgen Osterhammel schreibt über den Rüstungswettlauf ab 1890:

Lange Zeit betrieb keine einzige europäische Großmacht eine offensive Rüstung für einen innereuropäischen Krieg. [...] Dies änderte sich erst 1897 mit dem [...] deutschen Schlachtflottenbau, der [*nach Auffassung des Historikers W. Mommsen*] „von Anfang an eine klar gegen England gerichtete offensive Zielrichtung gehabt hat". Großbritannien nahm die Herausforderung an, und in beiden Ländern [...] stilisierte man nun die Marine zum Symbol nationaler Einigkeit, Größe und technologischer Potenz[1]. [...] Von da an machte die europäische Politik ihre ersten Erfahrungen mit einem industriell beschleunigten Rüstungswettlauf, an dem sich alle Großmächte beteiligten. In defensive Abschreckung wurde nun ein Angriffswille gleichsam systemisch[2] eingebaut.

Jürgen Osterhammel, Die Verwandlung der Welt. Eine Geschichte des 19. Jahrhunderts, München 2009, S. 676

[1] **Potenz**: Leistungsstärke
[2] **systemisch**: das ganze System der Großmachtpolitik betreffend

M6 Zukunftsaussichten

Der Staatssekretär des Auswärtigen Amtes, Gottlieb von Jagow, über ein Gespräch vom 19. Mai 1914 mit Helmuth J. L. Graf von Moltke, der seit 1906 Chef des Großen Generalstabs war:

Die Aussichten in die Zukunft bedrückten ihn [Moltke] schwer. In 2-3 Jahren würde Russland seine Rüstungen beendet haben. Die militärische Übermacht unserer Feinde wäre dann so groß, dass er nicht wüsste, wie wir ihrer Herr werden könnten. Jetzt wären wir ihnen noch einigermaßen gewachsen. Es bleibe seiner Ansicht nach nichts übrig, als einen Präventivkrieg[1] zu führen, um den Gegner zu schlagen, solange wir den Kampf noch einigermaßen bestehen könnten. Der Generalstabschef stellte mir demgemäß anheim, unsere Politik auf die baldige Herbeiführung eines Krieges einzustellen.

Erwin Hölzle (Hrsg.), Quellen zur Entstehung des Ersten Weltkrieges: Internationale Dokumente 1901-1914, Darmstadt [2]1995, S. 43

[1] **präventiv**: vorbeugend

Wieso kommt es zu einem Rüstungswettlauf?

1. *Erläutere, inwiefern die Statistiken einen Rüstungswettlauf darstellen (M2 und M3).*
2. *Erkläre die Ziele, die Wilhelm II. mit dem Bau einer deutschen Hochseeflotte verfolgte (INFO 1).*
3. *Prüfe mithilfe von M2 und M3 die These von J. Osterhammel, dass sich „alle Großmächte" Europas am Rüstungswettlauf beteiligten (M5).*
4. *Erkläre den Zusammenhang zwischen dem deutschen Flottenkonzept und dem Rüstungswettlauf (M6).*
5. *Bestimme das Ziel des Schlieffen-Plans (M4).*
6. *Interpretiere die Karikatur (M1). Berücksichtige dabei auch M5 und INFO 2.* (H)
7. *Nimm Stellung zu den „Zukunftsaussichten" (M6). Berücksichtige dabei INFO 3.*

Der „Wettlauf um Afrika" der europäischen Mächte beginnt
1888: Wilhelm II. wird Deutscher Kaiser und unterstützt Bestrebungen, deutsche Kolonien zu gründen
1897: Der deutsche Reichskanzler fordert für das Deutsche Reich einen „Platz an der Sonne"
Gründung der Entente Cordiale

1870 | 1880 | 1890 | 1900 | 1910

Die Lage wird kritisch

M 1 „Balkan Troubles“
Karikatur von Leonard Raven-Hill aus dem in London erscheinenden „Punch Magazine“ vom 2. Oktober 1912
Die hier nicht abgebildete Bildunterschrift lautet: „The Boiling Point“ (Der Siedepunkt).

INFO 1 Das „Pulverfass“ Europas

Als 1908 im Osmanischen Reich eine Revolution ausbrach, nutzte Österreich die günstige Gelegenheit und besetzte Bosnien-Herzegowina. Damit begann eine Reihe von Krisen auf dem Balkan. 1912/13 gab es zwei weitere Kriege, in denen das Osmanische Reich, Serbien, Bulgarien, Montenegro und Griechenland in unterschiedlichen Bündnissen um Gebiete auf dem Balkan kämpften. Damit wurde der Balkan endgültig zum „Pulverfass“ Europas.

Weder die europäischen Großmächte noch die auf dem Balkan neu entstandenen Staaten waren nämlich mit den Grenzen zufrieden. Tiefe Feindschaften prägten das Verhältnis der dort lebenden Völker. In Serbien entstand die Geheimorganisation „Schwarze Hand“, die sich das Ziel setzte, „alle Serben“, also auch die in Österreich-Ungarn lebenden, notfalls mit Gewalt in einem Staat zu vereinigen.

Sven Pflefka

INFO 2 Interessen auf dem Balkan

- Das Osmanische Reich erstreckte sich um 1900 noch weit in den Balkan hinein. Es war jedoch durch innere Krisen geschwächt. Es war bemüht, Gebietsverluste auf dem Balkan zu verhindern.
- Die auf dem Balkan noch unter osmanischer Herrschaft lebenden slawischen Völker – Serben, Kroaten, Slowenen, Bosnier, Montenegriner und Albaner – strebten nach Unabhängigkeit von der osmanischen Fremdherrschaft. Serbien erhob Anspruch auf Gebiete, für die sich auch Österreich-Ungarn interessierte.
- Österreich-Ungarn wollte ebenso wie die slawischen Völker von der Schwäche des Osmanischen Reiches auf dem Balkan profitieren.
- Russland wollte gemäß der Idee des „Panslawismus“ alle slawischen Völker auf dem Balkan unter seiner Führung einigen und bot sich insbesondere Serbien als „Schutzmacht“ gegen Österreich-Ungarn und gegen das Osmanische Reich an. Es strebte zudem nach einem freien Zugang zum Mittelmeer durch den Bosporus und über die Häfen an der östlichen Adriaküste. Nach einer Niederlage in einem Krieg gegen Japan 1904/05 versuchte es verstärkt, in Europa zu Erfolgen zu kommen.
- Großbritannien wollte sich den Seeweg nach Indien durch den Suez-Kanal sichern. Das russische Streben nach einem Zugang zum Mittelmeer empfand es deshalb als Bedrohung.
- Für Deutschland und Frankreich hatte der Balkan keine zentrale Bedeutung, doch waren sie durch ihre Bündnisse in diese Krisenregion verstrickt, da das Deutsche Reich mit Österreich und Frankreich mit Russland und Großbritannien Verteidigungs- und Beistandsverträge abgeschlossen hatten.
- Um 1912 standen sich somit folgende Bündnisse gegenüber:
  - Deutsches Reich – Österreich-Ungarn – Italien (Dreibund seit 1882)
  - Großbritannien, Frankreich und Russland (Triple Entente seit 1907)

Sven Pflefka

M2 „Kriegsrat“

Im Dezember 1912 findet auf Einladung Kaiser Wilhelms II. ein „Kriegsrat“ statt, zu dem er hohe Militärs, aber nicht die politische Führung des Reiches einlädt. Der Chef des Marinekabinetts, Alexander von Müller, notiert:

Seine Majestät habe sich folgendes Bild gemacht: Österreich müsse den auswärtigen Slawen (Serben) gegenüber kraftvoll auftreten, sonst verliere es die Macht über die Serben der österreichisch-ungarischen Monarchie. Wenn Russland die Serben stütze […], wäre der Krieg für uns unvermeidlich […]. Die Flotte müsste sich natürlich auf den Krieg gegen England einrichten.

General v. Moltke[1]: „Ich halte einen Krieg für unvermeidlich und: je eher, desto besser.“ Wir sollten aber durch die Presse die Volkstümlichkeit eines Krieges gegen Russland […] vorbereiten.

Zitiert nach: Erwin Hölzle (Hrsg.), Quellen zur Entstehung des Ersten Weltkrieges: Internationale Dokumente 1901-1914, Darmstadt ²1995, S. 111

[1] Helmuth J. L. Graf von Moltke (1848-1916) war von 1906 bis 1914 Chef des Großen Generalstabs; siehe S. 172, M4.

M3 Der russische Außenminister informiert

Als Ende 1913 auf Wunsch der osmanischen Regierung deutsche Militärberater in Konstantinopel (heute Istanbul) eintreffen, protestiert die russische Regierung scharf. Über die Hintergründe informiert ein Bericht des russischen Außenministers an den Zaren vom Dezember 1913:

Die Zweifel an der Dauer und Lebensfähigkeit des Osmanischen Reiches lassen für uns die historische Frage der Meerengen und der Bedeutung ihres Wertes für uns in politischer und wirtschaftlicher Beziehung wieder aufleben […]. Die Meerengen einem mächtigen Staat zu überlassen, wäre gleichbedeutend damit, die ganze wirtschaftliche Entwicklung des südlichen Russlands diesem Staat zu unterwerfen.

Zitiert nach: Erwin Hölzle (Hrsg.), Quellen zur Entstehung des Ersten Weltkrieges, a. a. O., S. 165

M4 Das multinationale Reich Österreich-Ungarn 1878-1916 (nach einer Sprachenübersicht)

Um 1910 zählten etwa 12,0 Mio. Menschen zur deutschen Sprachgruppe, 10,1 Mio. zur ungarischen (Magyaren), 6,4 Mio. zur tschechischen und 2,0 Mio. zur slowakischen, 5,0 Mio. zur polnischen, 4,4 Mio. zur serbischen und kroatischen (Serbo-Kroaten), 4,0 Mio. zu ukrainischen, 3,2 Mio. zur rumänischen, 1,3 Mio. zur slowenischen, 0,8 Mio. zur italienischen und 2,3 Mio. zu weiteren Sprachgruppen.

Warum wird der Balkan zum „Pulverfass Europas“?

1. *Suche im Geschichtsatlas die Kartenseite „Der Balkan im 19. Jahrhundert“ und vollziehe dort nach, wie sich die Grenzen des Osmanischen Reiches verändert haben und wer davon profitiert hat.* (H)
2. *Interpretiere die Karikatur (M1). Gehe besonders darauf ein, wie der Balkan dargestellt wird und wie sich die Politiker verhalten.*
3. *Stelle die Interessen der europäischen Staaten auf dem Balkan (INFO 2) mithilfe einer Skizze grafisch dar.*
4. *Untersuche, welche dieser Interessen (INFO 2) sich aus der Karte „Die Balkanländer 1878 bis 1915“ im Geschichtsatlas erkennen lassen.*
5. *Erkläre, warum man Österreich-Ungarn als „Vielvölkerstaat“ bezeichnet (M4), und erkläre, welche Befürchtungen die Ziele der slawischen Balkanstaaten und Russlands (INFO 2) in Österreich-Ungarn hervorriefen.*
6. *Begründet in Partnerarbeit, dass um 1912/14 vom Balkan als „Pulverfass“ gesprochen wurde (INFO 1, M2 und M3). Berücksichtigt auch M4.*
7. *Beurteile auf der Grundlage deiner in diesem Kapitel gewonnenen Erkenntnisse und mithilfe von M3 und M4, ob der Zeichner von M1 das Verhalten der europäischen Großmächte auf dem Balkan richtig darstellt.* (H)
8. *Europa im Sommer 1914 – Stelle zusammenfassend dar, wie sich die Krisen in Marokko (siehe S. 171, M4) und auf dem Balkan auf das Verhältnis der europäischen Staaten ausgewirkt haben.*

Von der Krise zum Krieg

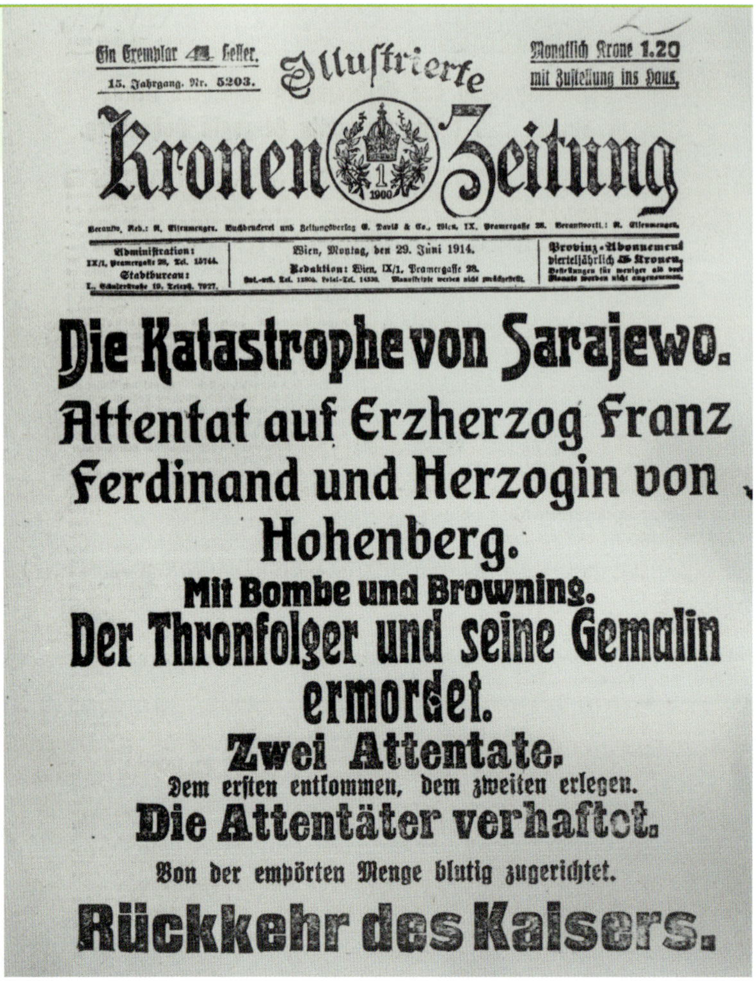
Ein Exemplar 4 Heller.
15. Jahrgang. Nr. 5203.
Illustrierte Kronen Zeitung
Monatlich Krone 1.20 mit Zustellung ins Haus.
Wien, Montag, den 29. Juni 1914.

Die Katastrophe von Sarajewo.
Attentat auf Erzherzog Franz Ferdinand und Herzogin von Hohenberg.
Mit Bombe und Browning.
Der Thronfolger und seine Gemalin ermordet.
Zwei Attentate.
Dem ersten entkommen, dem zweiten erlegen.
Die Attentäter verhaftet.
Von der empörten Menge blutig zugerichtet.
Rückkehr des Kaisers.

M 1 „Die Katastrophe von Sarajewo“
Titelblatt der Wiener „Kronen-Zeitung“ vom 29. Juni 1914

Kartentipp:
Eine animierte Karte zum Thema „Ausbruch des Ersten Weltkrieges“ siehe unter **31063-54**.

Medientipp:
Eine Reproduktion des Telegramms vom 6. Juli 1914 findest du unter **31063-55**.

INFO 1 Ein Attentat führt in den Krieg

Am 28. Juni 1914 erschoss ein 19-jähriger Bosnier serbischer Herkunft in der bosnischen Hauptstadt Sarajewo den österreichischen Thronfolger *Franz Ferdinand* und seine Frau *Sophie*. Die Waffen dazu hatten er und zwei Komplizen von der terroristischen Geheimorganisation „Schwarze Hand“ erhalten, deren Ziel es war, alle Südslawen in einem monarchischen Staat zu vereinigen.[1]

Die Regierung in Wien sah in dem Attentat den willkommenen Anlass, um gegen Serbien militärisch vorzugehen. Sie fragte in Berlin nach, wie Deutschland sich verhalten werde. Dort sicherte man dem österreichischen Gesandten die volle Unterstützung zu. Die Wiener Regierung stellte deshalb am 23. Juli 1914 ein absichtlich sehr hartes Ultimatum an Serbien. Als dieses nur in Teilen akzeptiert wurde, erklärte Österreich-Ungarn Serbien am 28. Juli den Krieg. Daraufhin mobilisierte Russland seine Armee, da es nicht bereit war, Serbien demütigen zu lassen. In Deutschland gewannen im politischen Entscheidungsprozess nun die Militärs mit dem Schlieffen-Plan[2] die Oberhand. Die Juli-Krise endete und der **Erste Weltkrieg** begann.

Sven Pflefka

[1] Am 28. Oktober 1918 wurden die drei Haupttäter verurteilt. Sicher ist, dass sie von Mitgliedern des serbischen Geheimdienstes unterstützt wurden. Dass sie im Auftrag der serbischen Regierung handelten, konnte weder die damalige österreichische Justiz noch die wissenschaftliche Forschung bis heute stichhaltig belegen.

[2] Schlieffen-Plan: Siehe S. 172, M4.

M 2 Ein „Blankoscheck“?

Der österreichisch-ungarische Botschafter in Berlin, Ladislaus von Szögyény-Marich, telegrafiert Außenminister Leopold Graf Berchtold am 6. Juli 1914:

Unser Verhältnis zu Serbien betreffend stehe deutsche Regierung auf dem Standpunkt, dass *wir* beurteilen müssten, was zu geschehen hätte, um dieses Verhältnis zu klären; wir könnten hiebei – wie auch immer unsere Entscheidung ausfallen möge – mit Sicherheit darauf rechnen, dass Deutschland als Bundesgenosse und Freund der Monarchie hinter ihr stehe.

Im weiteren Verlaufe der Konversation habe ich festgestellt, dass auch Reichskanzler, ebenso wie sein kaiserlicher Herr ein *sofortiges Einschreiten unsererseits* gegen Serbien als radikalste und beste Lösung unserer Schwierigkeiten am Balkan ansieht. Vom internationalen Standpunkt hält er den jetzigen Augenblick für günstiger, als einen späteren […].

Zitiert nach: Gerd Krumeich, Juli 1914. Eine Bilanz, Paderborn 2014, S. 224 (Hervorhebungen im Original)

M3 Gegen die Bedenken des Botschafters

Der deutsche Staatssekretär im Auswärtigen Amt schreibt am 18. Juli 1914 privat an den Botschafter in London:

Aber wir haben nun einmal ein Bündnis mit Österreich […]. Wir haben auch jetzt Austria[1] nicht zu seinem Entschluss getrieben.[2] Wir können und dürfen ihm nicht in den Arm fallen. Wenn wir das täten, könnte Österreich (und wir selbst) uns mit Recht vorwerfen, dass wir ihm seine letzte Möglichkeit politischer Rehabilitierung[3] verwehrt haben. Dann würde der Prozess seines Dahinsiechens und inneren Zerfalls noch beschleunigt. […] Österreichs Erhaltung, und zwar eines möglichst starken Österreichs, ist für uns aus inneren und äußeren Gründen eine Notwendigkeit. […] Wir müssen sehen, den Konflikt zwischen Österreich und Serbien zu lokalisieren. […] Je entschlossener sich Österreich zeigt, je energischer wir es stützen, umso eher wird Russland still bleiben.

Zitiert nach: Gerd Krumeich, Juli 1914. Eine Bilanz, Paderborn 2014, S. 252-255, hier S. 252-254

[1] **Austria**: Österreich
[2] dem Entschluss, gegen Serbien vorzugehen
[3] **Rehabilitierung**: Wiederherstellung seines Ansehens, seiner Ehre

M4 Das Ultimatum an Serbien

Am 23. Juli 1914 stellt die österreichisch-ungarische Regierung Serbien ein Ultimatum; es enthält u. a. folgende Forderungen:

Die königlich serbische Regierung verpflichtet sich […]:

1. jede Publikation zu unterdrücken, die zum Hass und zur Verachtung der [österreichischen] Monarchie aufreizt […];
2. […]
3. ohne Verzug aus dem öffentlichen Unterricht in Serbien […] alles zu beseitigen, was dazu dienen könnte, die Propaganda gegen Österreich-Ungarn zu nähren;
4. aus dem Militärdienst und der Verwaltung […] alle Offiziere und Beamten zu entfernen, die der Propaganda gegen Österreich-Ungarn schuldig sind […];
5. einzuwilligen, dass in Serbien Organe der k[aiserlichen] und k[öniglichen] Regierung bei der Unterdrückung der gegen die territoriale Integrität gerichteten subversiven[1] Bewegung mitwirken;
6. eine gerichtliche Untersuchung gegen jene Teilnehmer des Komplotts vom 28. Juni[2] einzuleiten, die sich auf serbischem Territorium befinden. […];
7. […]
8. durch wirksame Maßnahmen die Teilnahme der serbischen Behörden an dem Einschmuggeln von Waffen und Explosivkörpern über die Grenze zu verhindern […]. […]

Die […] Regierung erwartet die Antwort […] spätestens bis Sonnabend, den 25. d. M., um 6 Uhr nachmittags.

Zitiert nach: Gerd Krumeich, Juli 1914. Eine Bilanz, Paderborn 2014, S. 266f.

[1] **subversiv**: umstürzlerisch
[2] **Komplott vom 28. Juni**: Gemeint ist das Attentat auf den österreichisch-ungarischen Thronfolger Erzherzog Franz Ferdinand und seine Frau in Sarajewo.

INFO 2 Der Erste Weltkrieg beginnt

Am 31. Juli 1914 forderte die deutsche Regierung in einem auf zwölf Stunden befristeten Ultimatum von Russland, die Mobilmachung einzustellen. Ein 18-stündiges Ultimatum ging an Frankreich mit der Frage, wie es in den Krieg eingreifen werde. Da der Zar überhaupt nicht, Paris ausweichend antwortete, befahl Kaiser Wilhelm II. die Mobilmachung und erklärte am 1. August Russland, am 3. August Frankreich den Krieg. Belgien lehnte die Anfrage Deutschlands nach ungehindertem Durchmarsch ab, sodass Deutschland diesen gegen den Widerstand der belgischen Armee erzwang. Die Verletzung der belgischen Neutralität nahm Großbritannien zum Anlass, um Deutschland den Krieg zu erklären. Da auch die Menschen in den Kolonien der Großmächte zwangsweise am Krieg beteiligt wurden, kann man bereits ab diesem Zeitpunkt von einem Weltkrieg auf allen fünf Kontinenten sprechen.

Sven Pflefka

Wie kann ein Attentat 1914 den Ersten Weltkrieg auslösen?*

1. *Beschreibe die Art und Weise, wie die Zeitung über das Attentat berichtete (M1).*
2. *Kläre, was allgemein unter dem Begriff „Blankoscheck" verstanden wird. Beurteile, inwieweit er in Bezug auf das Telegramm (M2) gerechtfertigt ist.*
3. *Begründe mithilfe von M2, warum der Schlieffen-Plan (siehe S. 172) im Juli 1914 in den deutschen Überlegungen an Bedeutung gewann.*
4. *Erläutere die Haltung des Staatssekretärs im Auswärtigen Amt (M3). Wie begründet er seine Position? Für welches Vorgehen spricht er sich aus? Warum war dieser Weg gefährlich?*
5. *Die Bedingungen des Ultimatums an Serbien (M4) wurden von vielen Staaten als zu hart beurteilt. Finde hierfür Belege im Text.*

M 5 Wie konnte das passieren?

Der britische Historiker David Stevenson schreibt im Jahr 2006 über den Beginn des Ersten Weltkrieges:

[Hinter militärischen Plänen wie dem Schlieffen-Plan stand der Grundgedanke], dass ihre Anwendung völlig angemessen sei, wenn die Abschreckung [durch den Rüstungswettlauf] nicht wirken würde. Und in der Tat bröckelten die Grundlagen für eine Abschreckung in den Jahren zwischen 1905 und 1914 allmählich ab, da beide großen Blöcke militärisch gesehen einander immer ebenbürtiger wurden, während der Rüstungswettlauf zwischen ihnen immer mehr angeheizt wurde […]. 1914 fühlte sich Österreich-Ungarn in Südosteuropa eingekreist, und Deutschland ging es in Bezug auf das europäische Gleichgewicht als solches nicht anders. Regional begrenzte Konflikte spitzten sich zu. Aus ihrem Zusammenspiel entstand der Weltkrieg. […]

Um die Gründe dafür zu verstehen, muss man […] neben dem Rüstungswettlauf und der Angst vor einer Einkreisung ein drittes Element berücksichtigen: eine Reihe von diplomatischen Krisen, die in den Ereignissen vom Juli 1914 gipfelten. Bis 1904 waren solche Krisen […] meistens im Wettstreit um Kolonien entstanden, in die einzelne Mächte verwickelt waren. […] Aber im Jahrzehnt vor dem Kriegsausbruch kam es zu weiteren Krisen, die Europa näher berührten und bewirkten, dass die beiden großen Blöcke einander immer wieder bedrohten. […]

1914 hatten die Krisen, der Rüstungswettlauf und Berlins Einkreisungsphobie[1] eine Eigendynamik entwickelt, die zur Stärkung beider Blöcke führte, die nun enger zusammenrückten und im Ernstfall wahrscheinlich fest zusammenhalten würden: Russland und Frankreich hatten genügend aufgerüstet, um entschiedener auftreten zu können, während Deutschland und Österreich-Ungarn ahnten, dass die Waage sich immer mehr zu ihren Ungunsten neigen würde. […]

Die Chancen für eine friedliche Lösung eines weiteren Konflikts standen schlecht, obwohl dies nicht heißt, dass irgendeine der Mächte den vorbedachten Entschluss gefasst hätte, einen allgemeinen Krieg zu entfesseln. […] Alle Großmächte hatten das Potenzial, wenn auch nicht unbedingt die Absicht, einen großen Krieg zu führen, und angesichts dieses Potenzials waren sie immer in Gefahr, einen solchen in die Tat umzusetzen. […]

Das seit 1870 eingeführte Einberufungssystem und die gefüllten Waffenarsenale konnten innerhalb von Stunden Tausende von Opfern kosten. Im Vorkriegsjahrzehnt hatten die Generalstäbe aller Länder ihre Kriegspläne auf einen Sofortangriff abgestellt, und der Rüstungswettlauf hatte die Gefechtsbereitschaft ihrer Truppen erhöht. Die periodisch auftretenden Krisen im Mittelmeerraum und auf dem Balkan hatten die Regierungen daran gewöhnt, den Krieg als Möglichkeit ins Auge zu fassen und darüber zu diskutieren, ob die Stunde für den Beginn eines Krieges günstig sei. Diese Faktoren trugen zur Verbreitung der […] Ansicht bei, dass eine entscheidende Machtprobe zwischen den Blöcken unvermeidlich war.

David Stevenson, 1914-1918: Der Erste Weltkrieg. Aus dem Englischen von Harald Eckhardt und Ursula Vones-Liebenstein, Mannheim 2010, S. 21, 37, 39 und 59

[1] **Phobie**: extreme Angst

6 *Entwirf ein Schaubild, das die Aktionen und Reaktionen der verschiedenen Mächte während der Juli-Krise zeigt (INFO 1 und INFO 2).* (H)

7 *Ereignisse wie der Erste Weltkrieg haben mehrere Ursachen sowie einen Anlass. Sucht in Gruppenarbeit dafür aus den bisherigen Teilkapiteln entsprechende Belege. Gliedert diese in einer Tabelle nach lang-, mittel- und kurzfristigen Ursachen und nennt den Anlass des Krieges. Vergleicht eure Ergebnisse mit den Aussagen des Historikertextes (M5) und tragt sie in die Tabelle ein.*

M6 Kriegstaumel in Deutschland?

Die „Berliner Zeitung am Mittag“ stellt am 1. August 1914 fest:

Die Stimmung in der ganzen Bevölkerung ist begeistert.

Am 3. August 1914 schreibt die „Kieler Zeitung“:

Das Volk steht auf. In einer Einigkeit ohnegleichen, und in einer Entschlossenheit, die wenig sagt, aber alles will.

Die „Fürther Zeitung“ hält dagegen am 3. August fest:

Bange blickt man in die nächste Zukunft. [...] Viel Tränen sind schon geflossen, herzzerreißende Szenen spielen sich ab, wenn die Lieben einrücken.

In der „Nürnberger Stadtzeitung“ vom 4. August 1914 steht:

Der fieberhafte Lärm, der in den Tagen vor der Mobilisation die Straßen durchhallte, verstummt allmählich. Die meisten Menschen gehen ernst und bedrückt aneinander vorüber. [...] Ja, es gibt viele Tränen – trotz aller Vaterlandsliebe, aller Opferbereitschaft.

Zitiert nach: Jeffrey Verhey, Der „Geist von 1914“ und die Erfindung der Volksgemeinschaft, Hamburg 2000, S. 119, 120, 124 und 126

M7 Kriegstaumel in Frankreich?

Am 10. August 1914 schreibt der 22 Jahre alte Maurice Maréchal an seine Mutter:

Während der ganzen Fahrt gestern haben die Leute unterwegs oder auf den Bahnhöfen nicht aufgehört uns anzufeuern, die Frauen schickten uns Küsse, die Männer stimmten mit uns die Marseillaise [...] an ... Warum muss mir eine dumpfe Angst das Herz zuschnüren – wenn das eine Truppenübung wäre, dann wäre das sehr unterhaltsam; doch übermorgen oder in drei Tagen wird der Kugelhagel einsetzen und wer weiß?

Zitiert nach: www.dradio.de/dlf/sendungen/feldpost/981102.html (Zugriff: 08. 11. 2019)

M8 „Ich kenne keine Parteien mehr, kenne nur noch Deutsche“

Postkarte von 1914

Der Text geht auf Ansprachen Kaiser Wilhelms II. zurück. Bereits am 1. August hatte er vom Berliner Schloss aus vor 40 000 Menschen gesagt, „Es gibt unter uns nur noch Deutsche“ und am 4. August wiederholte er seine Aussage mit etwas anderen Worten im Reichstag. Im Großen Hauptquartier in Koblenz schrieb er am 26. August eine wiederum leicht abgeänderte Fassung des Ausrufes. Das Zitat ist unterschrieben mit „Wihelm IR“ (IR = Imperator Rex: Kaiser und König).

INFO 3 „Burgfrieden“

Mit dem Krieg sollte im Deutschen Kaiserreich* jeder politische Streit im Innern ruhen. Gemeinsam mit den anderen Parteien stimmten die Sozialdemokraten in der Reichstagssitzung vom 4. August für die Kriegskredite. Geschlossen wollte man in den Krieg ziehen und bis zum Frieden kämpfen. Die Folge des „Burgfriedens“ war eine Spaltung der Sozialdemokraten. Einer staatstragenden „Mehrheitssozialdemokratischen Partei Deutschlands“ (MSPD) stand seit 1917 eine radikale „Unabhängige Sozialdemokratische Partei“ (USPD) gegenüber, aus der Ende 1918 die „Kommunistische Partei Deutschlands“ (KPD) hervorging.

Klaus Dieter Hein-Mooren

Medientipp:
Die ZDF-Dokumentation „Der Erste Weltkrieg. Der Weg ins Verderben“ siehe unter **31063-56**.

---

8 *Politiker betonten nach dem Ende des Krieges die allgemeine Kriegsbegeisterung. Untersuche, ob M6 und M7 diese Einschätzung bestätigen. Berücksichtige auch S. 160, M1 und M2.*

9 *Bestimme die politische Absicht, die mit der Postkarte verfolgt wurde (M8 und INFO 3).*

10 *Recherchiert, wie die Bevölkerung eures Wohn- oder Schulortes auf den Kriegsausbruch reagierte.* (F)

28.6.1914: Attentat von Sarajewo
28.7.1914: Österreich-Ungarn erklärt Serbien den Krieg
1.8.1914: Das Deutsche Reich erklärt Russland den Krieg
3.8.1914: Das Deutsche Reich erklärt Frankreich den Krieg

1910 | 1920 | 1930

Ein Krieg wie keiner zuvor

M 1 Deutsche Soldaten und Maultier mit Gasmasken
Nachträglich koloriertes Foto von der Westfront, 1917
Neben einigen hunderttausend Eseln und Maultieren waren über 1,5 Millionen Pferde im Dienst der deutschen Armee. Rund 400 000 Pferde verendeten durch feindliche Geschosse, etwa 500 000 durch Krankheiten. In der französischen Armee dienten 3,5 Millionen Pferde.

Lesetipp:
Michael Morpurgo, Schicksalsgefährten, Hamburg 2004

Filmtipp:
Gefährten; Regie Steven Spielberg 2011 (Verfilmung des Romans „Schicksalsgefährten" von Michael Marpurgo)

Geschichte erzählt:
Einen Auszug aus dem Jugendbuch „Der Junge, der seinen Geburtstag vergaß" von Rudolf Frank siehe unter **31063-57**.

Medientipp:
Fotografien, Gemälde, Grafiken und Plakate aus dem Ersten Weltkrieg findest du unter **31063-58**.

INFO 1 Stellungskrieg und Materialschlachten

Schon im September 1914 scheiterte der Schlieffen-Plan[1]: Der deutsche Vormarsch in Frankreich wurde gestoppt. Die Westfront erstarrte in einem beinahe vierjährigen zermürbenden Stellungskrieg. In Materialschlachten kämpften hunderttausende Soldaten um wenige Quadratkilometer. Allein in Verdun starben rund 360 000 Franzosen und 335 000 Deutsche. Neue Waffen, Kampfmethoden und Vernichtungsmittel wurden mit verheerender Wirkung eingesetzt: gepanzerte Kettenfahrzeuge, Zeppeline, Flugzeuge, Unterseeboote und Schlachtschiffe, Maschinengewehre, Flammenwerfer, Granaten, Minen und Giftgas. Sie töteten, verletzten und verstümmelten Millionen. Zahllose Soldaten trieb der Krieg in den Wahnsinn. Ganze Landschaften wurden völlig verwüstet.

Klaus Dieter Hein-Mooren

[1] **Schlieffen-Plan**: Siehe S. 172, M4.

M 2 Militärpotenziale der europäischen Großmächte

	mobilisierte Soldaten (4.8.1914)	*Kriegsschiffe*
Mittelmächte		
Deutsches Reich	4,5 Mio.	120
Österreich-Ungarn	3,0 Mio.	34
Entente		
Frankreich	4,02 Mio.	135
Großbritannien	0,98 Mio.	249
Italien	1,25 Mio.	50
Russland	5,97 Mio.	59

Nach: Gustav Schmidt, Der europäische Imperialismus, München 1985, S. 231

INFO 2 Feldpost: Lebenszeichen

Etwa 29 Milliarden Feldpostkarten, -briefe und -päckchen beförderte die Deutsche Feldpost kostenlos oder stark verbilligt während des Krieges. Sie waren die einzige Verbindung zwischen den Soldaten an der Front mit ihrer Heimat. Feldpostbriefe sind neben Tagebüchern die einzigen Quellen*, die uns ganz nah an den Kriegsalltag heranführen. Feldpost wurde kontrolliert und bei Bedarf auch zensiert: Nicht erlaubt waren Kampfdarstellungen und für den Feind wichtige oder für das Reich schädigende Nachrichten wie offener Zweifel am militärischen Sieg.

Klaus Dieter Hein-Mooren

Wie prägen moderne Waffen die Kriegsführung und den Soldatenalltag?

1. *Der Erste Weltkrieg wird wegen des Einsatzes moderner Waffen auch als erster „industrieller Krieg" bezeichnet. Begründe diese Bezeichnung (M1 und INFO 1).*
2. *Untersucht die Militärpotenziale der gegnerischen Mittelmächte und der Entente bei Kriegsbeginn (M2).*
3. *Aus dem Ersten Weltkrieg gibt es zahlreiche Bildquellen (siehe z. B. den Medientipp). Sucht in Partnerarbeit Bildmaterial zu den Schlagworten „Stellungskrieg" und „Materialschlacht" und erläutert beide Begriffe in Form einer illustrierten Präsentation.*

M3 Das „Heldentum unserer Tage“

Der französische Soldat Maurice Maréchal schreibt am 27. September 1914 nach Hause:

Die Aufgabe der Infanterie lässt sich ziemlich leicht zusammenfassen: „Sich so gut wie möglich nicht von der Artillerie töten lassen.“ Deswegen marschieren wir nachts, die Truppenbewegungen vollziehen sich in der Morgendämmerung, und am Abend hat man immer den Eindruck, dass wir uns verstecken würden. Sind wir nun im Gefechtsgebiet angekommen, nimmt jeder den ihm angewiesenen Posten ein, hier die eine Kompanie, dort die andere. Dann gräbt man sich in die Schützengräben ein und wartet. Man sieht nichts, doch man hört etwas: Das ist zumindest etwas! Die Artillerie schlägt los, man zählt die Kracher, man riskiert für einen flüchtigen Blick seine Deckung, um die Entfernung abzumessen, in der die Geschosse einschlagen; man wirft sich Hals über Kopf zu Boden, wenn man das […] Zischen einer solchen „schwarzen Sau“ hört! Und das ist das Heldentum unserer Tage: Sich so gut wie möglich zu verstecken.

Zitiert nach: www.dradio.de/dlf/sendungen/feldpost/981103.html (Zugriff: 7. 11. 2019)

M4 „Die Gasmaske ist mein ständiger Begleiter“

Der Landsturmmann Harry Nathan schreibt am 3. März 1918 an seine Schwester Frida in Berlin:

Die Gasmaske ist mein ständiger Begleiter, selbst nachts. Es gibt überhaupt niemanden, der sie nicht hätte. […] Wir stehen vor der Offensive, die noch Mitte März beginnen wird. Unser Haupttrumpf wird wie in Italien ein äußerst scharf u. vernichtend wirkendes Gas sein, dem man nicht wiederstehen kann. Es wird in Granaten verschossen. Die Flüssigkeit, die sie enthalten, geht durch Kleider u. vergiftet ebenfalls u. erzeugt schlimme Wunden. Es ist grässlich. […] Das Gas kann, wie die anderen Gase, nicht gesehen noch gerochen werden. Mit Gasgranaten wird schon jetzt auf beiden Seiten geschossen, doch ist es sichtbar u. daher nicht so gefährlich. Man ist nirgends mehr sicher.

Zitiert nach: Jens Ebert (Hrsg.), Vom Augusterlebnis zur Novemberrevolution. Briefe aus dem Weltkrieg 1914-1918, Göttingen 2014, S. 260

M5 Europa im Ersten Weltkrieg 1914-1918

Eine weitere Karte zum Thema „Die Welt im Ersten Weltkrieg 1914-1918“ findest du auf Seite 231.

Lesetipps:

- Alexander Hogh und Jörg Mailliet, Tagebuch 14/18. Vier Geschichten aus Deutschland und Frankreich, Köln 2014 (Comic auf der Grundlage von Erinnerungen und Tagebüchern)
- Alexandra Rak, Mitten im Leben sind wir vom Tod umfangen. Erzählungen über den Ersten Weltkrieg, Frankfurt am Main ²2014

Medientipp:

Eine Sammlung von Feldpost aus dem Ersten Weltkrieg hat die „Museumsstiftung Post und Telekommunikation“ digital veröffentlicht, siehe **31063-59**.

4 *Arbeite aus M3 und M4 Informationen über die Kriegsführung heraus.*

5 *Recherchiert in Gruppenarbeit nach Feldpost, die ein einzelner Soldat zwischen 1914 und 1918 geschrieben hat oder die an ihn in der Zeit adressiert ist (siehe z. B. den Medientipp). Untersucht seine Haltung zum Krieg und seine Stimmung während des Kriegsverlaufs. Tauscht eure Arbeitsergebnisse aus und erläutert euch gegenseitig euer Vorgehen.* (H)

6 *Untersucht und beschreibt den Kriegsverlauf mithilfe der Karten M5 und M4 auf Seite 231. Fasst die Untersuchungsergebnisse in einer Übersicht zusammen.* (H)

1917 – ein Epochenjahr

M1 „I want you ...“
Plakat (96,5 x 63,5 cm) von James M. Flagg, 1917
Obwohl sich Hunderttausende freiwillig zum „Kreuzzug für Demokratie“ (Woodrow Wilson) meldeten, musste im Mai 1917 die Wehrpflicht in den Vereinigten Staaten eingeführt werden. Sie erfasste insgesamt 45 Millionen Amerikaner, von denen drei Millionen dienten.

M2 „Gen[osse] Lenin reinigt die Erde vom Unrat“
Plakat (68 x 44 cm) von Viktor Deni, 1920

INFO 1 Die USA greifen ein

Die USA hatten bis 1917 nicht aktiv in den Krieg eingegriffen. Nachdem aber das Deutsche Reich nicht nur Kriegsschiffe, sondern auch Handels- und Passagierschiffe versenkt hatte, forderte US-Präsident *Woodrow Wilson* seine Landsleute auf, sich für Demokratie* und für „Rechte und Freiheiten kleiner Nationen" einzusetzen. Am 6. April 1917 erklärten die USA dem Deutschen Reich den Krieg, aus dem damit endgültig ein Weltkrieg wurde.
Die USA waren bereits damals die größte Industrienation der Welt. Sie griffen nun erstmals militärisch in die europäische Politik ein. Ihre Unterstützung der Alliierten[1] mit Soldaten und Nachschub an Kriegsmaterial entschied letztlich den **Ersten Weltkrieg**. Ende September 1918 räumte die Oberste Heeresleitung des Deutschen Reiches ihre Niederlage ein und forderte ihre Regierung auf, Waffenstillstandsverhandlungen einzuleiten.

Dieter Brückner

INFO 2 Die Russische Revolution

Russland war nach drei Kriegsjahren militärisch und wirtschaftlich erschöpft. Die Unzufriedenheit der Bevölkerung führte zu Streiks und Straßenkämpfen. Im März 1917 dankte der Zar[2] ab. Eine vorläufige Regierung versuchte, eine parlamentarische Republik* zu errichten. Gleichzeitig führte sie den Krieg weiter. Unter Führung *Wladimir I. Lenins* stürzten die Bolschewiki[3] im Oktober 1917 die Regierung. Mit Unterstützung von Soldaten-, Arbeiter- und Bauernräten (Sowjets) wurden Fabriken, Banken sowie die Landgüter des Adels enteignet. Im März 1918 schloss Sowjetrussland mit den Mittelmächten[4] in Brest-Litowsk (Weißrussland) Frieden.
Im Verlauf der **Russischen Revolution** wurde erstmals eine Staats- und Wirtschaftsordnung nach den Lehren des Kommunismus* umgestaltet. Bürgerkrieg und Hungersnöte prägten den revolutionären Umbruch. Die Bolschewiki setzten sich durch und gründeten 1922 die Sowjetunion. Sie bestand bis 1991.

Dieter Brückner

[1] **Alliierte**: Bündnispartner, Verbündete; hier Großbritannien, Frankreich und Russland
[2] **Zar**: Titel des Monarchen im vorrevolutionären Russland; die Titel „Zar" und „Kaiser" kommen vom römischen Namen „Caesar".
[3] **Bolschewiki**: Kommunisten in Russland
[4] **Mittelmächte**: Siehe S. 181, M5.

INFO 3 Epoche und Epochenjahr – eine Klärung

Eine Epoche ist ein größerer Zeitabschnitt, der über gemeinsame Merkmale verfügt und sich so von anderen historischen Abschnitten unterscheidet. Die Epochengrenzen sind nicht immer klar zu bestimmen, hilfreich sind hier Ereignisse wie die „Entdeckung" Amerikas, der Beginn der Französischen Revolution oder eines großen Krieges. Solche Einschnitte, die einen tief greifenden Wandel einleiten, nennt man auch Zäsuren. Als Epochenjahr wird dann das Kalenderjahr bezeichnet, in welchem das Ereignis stattfand oder der Wandel einsetzte.
Welche Epochen es gibt und wo ihre Grenzen sind, wird oft nicht von den damals lebenden Menschen, sondern erst später von Historikerinnen oder Historikern bestimmt.

Sven Pflefka

M 4 „Der Krieg"
Ölgemälde (98,5 x 69,5 cm) von Otto Dix, 1914

M 3 „1917: Das unmögliche Jahr"

In einem Zeitungsbeitrag vom 5. Januar 2017 erläutert Jörn Leonhard, Professor für Europäische Geschichte an der Universität Freiburg, warum 1917 für ihn ein „Jahrhundertjahr" ist.

Im Rückblick sehen wir umso klarer: 1917 war tatsächlich [...] ein Jahrhundertjahr – und es wirkt bis in unsere Gegenwart hinein, denn viele der großen Konflikte und Hoffnungen des 20. und des noch jungen 21. Jahrhunderts liegen in ihm wie in einem Kern verdichtet. [...]
Mit dem Machtwechsel in Russland und dem Kriegseintritt der USA zeichnen sich gleich zwei neue Ordnungsmodelle mit globaler Strahlkraft ab.
Bereits im Januar 1917 entwickelt der amerikanische Präsident seine Vision einer neuen Weltordnung, gegründet auf das Ideal nationaler Selbstbestimmung. Die „kleinen Völker" sollen auf einer Stufe mit den etablierten Mächten stehen: „Keine Nation sollte danach streben, ihr politisches System auf eine andere Nation oder ein anderes Volk auszudehnen", verkündet er. Stattdessen solle jedes Volk „frei über sein politisches System, seine eigene Entwicklung bestimmen können, ungehindert, frei von Bedrohungen, unerschrocken, die kleinen Nationen an der Seite der großen und mächtigen". [...]
Im November des Jahres legen die Bolschewiki ihr Programm vor. [...] Und ähnlich wie der US-Präsident bekennen sich auch die Bolschewiki zum Prinzip der Selbstbestimmung der Völker. [...]
Augenfälliger als solche Gemeinsamkeiten sind freilich die Unterschiede zu Wilsons Ideen: Anstelle demokratischer Interventionen im Namen von Kapitalismus[1] und liberalem Internationalismus propagiert Lenin die Weltrevolution und den internationalisierten Bürgerkrieg [...].

Jörn Leonhard, 1917 – Das unmögliche Jahr, Die Zeit Nr. 2/2017 vom 5. Januar 2017; zitiert nach: www.zeit.de/2017/02/geschichte-1917-erster-weltkrieg-auswirkungen-politik [Zugriff: 28. 12. 2018]

Kartentipp:
Eine animierte Karte zum Thema „Das Jahr 1917" siehe unter **31063-61**.

[1] **Kapitalismus**: Siehe S. 116, Anm. 1.

Welche Ereignisse machen 1917* zum Epochenjahr?

1. *Nenne Gründe für den Kriegseintritt der USA (INFO 1).*
2. *Beschreibe, mit welchen Mitteln das Plakat (M1) für den Kriegsdienst wirbt.*
3. *Arbeite heraus, für welche epochalen Ziele das Plakat der Bolschewiki wirbt (M2 und INFO 2).*
4. *Arbeite die Gründe heraus, warum für den Historiker Jörn Leonhard 1917 ein „Jahrhundertjahr" ist (M3 und INFO 3).*
5. *Beurteilt in Partnerarbeit, welche Gründe dafür sprechen, 1917 zum Epochenjahr zu erklären.*
6. *Das Gemälde M4 ist von 1914. Für manche Betrachter symbolisiert es heute trotzdem das Epochenjahr 1917. Führt dazu eine Pro- und Kontradiskussion.*

28.7.1914 Beginn des Ersten Weltkrieges
6.4.1917: Kriegseintritt der Vereinigten Staaten
25./26.10.1917: Oktoberrevolution in Russland
1910 1920 1930

Die „Heimatfront“

M 1 „Helft uns siegen! zeichnet die Kriegsanleihe“
Plakat (58,1 x 43,7 cm) von Fritz Erler für die sechste Kriegsanleihe des Deutschen Reiches, Frühjahr 1917
Das Plakat wurde auch als Postkarte und in anderen Formaten verbreitet. Es brachte der Reichsbank mit 13,1 Milliarden Mark das zweithöchste Ergebnis aller neuen Anleihen.

Medientipp:
Zum Thema „Bayern und der Erste Weltkrieg: Heimatfront“ siehe **31063-60**.

INFO 1 „Helft uns siegen!“

Die deutsche Reichsleitung forderte, dass „das gesamte Volk sich in den Dienst des Vaterlandes stellt“. Ab Dezember 1916 sah ein Gesetz die Dienstpflicht für alle Männer von 17 bis 60 Jahren vor. Gleichzeitig mussten im Deutschen Reich etwa 900 000 Kriegsgefangene Zwangsarbeit leisten.
Um die ständig steigenden Kriegskosten aufbringen zu können, nahm die Regierung Anleihen bei der Bevölkerung auf und ließ immer mehr Papiergeld drucken. Da gleichzeitig alle Waren knapper wurden, stiegen die Preise. Das Geld wurde immer weniger wert. Diese Entwicklung nennen wir *Inflation* (Geldentwertung).

Dieter Brückner

INFO 2 Frauen müssen einspringen

Der Krieg veränderte auch den Alltag der Frauen. Da die Männer im Krieg waren, trugen sie nun allein die Verantwortung für ihre Familien. Dazu mussten sie überall dort einspringen, wo männliche Arbeitskräfte fehlten und Kriegsgefangene die Lücken nicht schließen konnten: in den Fabriken und Büros ebenso wie bei der Post oder Bahn.

Dieter Brückner

M 2 Das Vordringen der Frauenarbeit

Die Arbeiterschaft in den deutschen Industriebetrieben mit zehn und mehr Beschäftigten ändert sich im Krieg:

	1913	1918
Männer	*(in 1 000)*	*(in 1 000)*
Erwachsene	5 410	4 046
unter 16	384	421
insgesamt	5 794	4 467
Frauen		
Erwachsene	1 406	2 139
unter 16	187	181
insgesamt	1 593	2 320

Nach: Jürgen Kocka, Klassengesellschaft im Krieg. Deutsche Sozialgeschichte 1914 - 1918, Göttingen [2]1978, S. 12

INFO 3 Not und Hunger

Schon 1915 herrschte Mangel an Nahrung. Seit dem Winter 1915/16 gehörte vor allem für die Stadtbewohner Hunger zum Kriegsalltag. Im „Steckrübenwinter“ 1916/17 waren viele froh, wenn sie sich mit Rüben am Leben erhalten konnten. Über eine halbe Million Deutsche verhungerten während des Krieges.
Die katastrophalen Lebensbedingungen und die Inflation verschlechterten die Stimmung in der Bevölkerung. Die Kriegsmüdigkeit nahm zu. Nach der Oktoberrevolution in Russland kam es in den Städten der Industrieregionen zu Demonstrationen und Massenstreiks.

Dieter Brückner

M3 „Bitte lesen Sie!"

Der frühere Polizei-Sekretär von Erlangen, Ludwig Rhomberg, erinnert an folgenden Text eines Plakates, das um 1916/17 an allen Türen des Lebensmittelamtes hing:

Bitte lesen Sie!

Das Publikum wird gebeten, seinen Unmut über die durch den Krieg und dessen lange Dauer hervorgerufenen wirtschaftlichen Verhältnisse nicht an dem hier tätigen Personal auszulassen.

Letzteres hat die derzeitigen Verhältnisse nicht herbeigeführt, kann sie auch nicht ändern und hat lediglich seine vorgeschriebene Pflicht zu erfüllen.

Zitiert nach: Heinrich Hirschfelder, Der Erste Weltkrieg in Erlangen – Ein Lesebuch, Berlin 2018, S. 71; die Quelle ist ohne Datum.

M5 Vor einem Berliner Lebensmittelgeschäft
Foto von 1917

M4 „Jedes andere Volk dieser Erde würde …"

Eine Australierin, die während des Krieges in Leipzig lebt, berichtet im Dezember 1917 in einem Brief:

Wir haben eine seltsame Woche durchgestanden – die schlimmste Woche, die das deutsche Volk bis jetzt erleben musste. Keine Kohle, das elektrische Licht abgestellt, Gas heruntergedreht … und praktisch nichts zu essen – es scheint keine Kartoffeln mehr zu geben – jeder hat ein halbes Pfund sogenannter Kartoffelflocken bekommen […]. Sie scheinen mir getrocknete Kartoffelschalen zu sein […]. Wir hatten also dies halbe Pfund, 5 Pfund Rüben, 3 ½ Pfund Brot und das war alles […]. Es übersteigt mein Fassungsvermögen, wie die Armen hier zurechtkommen. Jedes andere Volk dieser Erde würde sich gegen eine Regierung erheben, die es in solches Elend geführt hat, aber diese Leute haben keinen Funken Unternehmensgeist mehr.

Decie Denholm, Eine Australierin in Leipzig. Die heimlichen Briefe der Ethel Cooper 1914-1919, in: Bernd Hüppauf (Hrsg.), Ansichten vom Krieg, Königstein/Ts. 1984, S. 141 (übersetzt von Barbara Hüppauf)

Bekanntmachung.

Auf Abschnitt 36 der Eierkarte kann vom 27. März bis 6. April

ein Ei

abgegeben und entnommen werden.

Berlin, den 23. März 1918.

Magistrat.
der Königlichen Haupt- und Residenzstadt.

M6 „Bekanntmachung"
Zeitungsanzeige aus Berlin vom März 1918
Bereits ab Januar 1915 wurde in Deutschland Brot rationiert und nur noch auf Brotkarten abgegeben. Später rationierten die Behörden auch andere Lebensmittel wie Milch, Fett und Eier.

Welche Auswirkungen hat der Erste Weltkrieg auf den deutschen Alltag?

1. *Nenne Gründe, warum während des Krieges von der „Heimatfront" gesprochen wurde (INFO 1 und 2).*
2. *Analysiere das Plakat M1. Wie versuchte es, die kriegsmüde Bevölkerung zum Kauf von Kriegsanleihen zu motivieren? Beschreibe dazu das Aussehen des Soldaten. Berücksichtige auch INFO 1.*
3. *Untersuche M2. Erkläre das Vordringen der Frauenarbeit (M2 und INFO 2). Inwiefern änderte sich damit die gesellschaftliche Rolle der Frau?*
4. *Beschreibt in Partnerarbeit die Auswirkungen des Krieges auf den Alltag einer Familie mit Kleinkindern (INFO 2 und 3 sowie M4 bis M6).*
5. *Diskutiert, warum sich die Bevölkerung Ende 1917 wohl noch nicht gegen die Regierung erhob (M4). Berücksichtigt INFO 3 und M3.*

28.7.1914 Beginn des Ersten Weltkrieges
1.8.1914: Deutschland erklärt Russland den Krieg
1917-1918: Hungerwinter an der „Heimatfront"

1910 1920 1930

Lern-aufgabe

Vom Krieg zum Frieden

M1 Der Vertrag von Versailles (Auszüge)

Am 18. Januar 1919 beginnen in Schloss Versailles die Friedensverhandlungen. Der deutschen Delegation wird am 7. Mai ein fertiger Vertrag übergeben. Verhandlungen über die Friedensbedingungen lehnen die Siegermächte ab. Die deutschen Gesandten unterschreiben unter Protest am 28. Juni den Vertrag von Versailles. Er tritt am 10. Januar 1920 in Kraft.

Art. 119. Deutschland verzichtet [...] auf alle seine Rechte und Ansprüche bezüglich seiner überseeischen Besitzungen. [...]

Art. 160. Spätestens am 31. März 1920 darf [...] die gesamte Iststärke des Heeres [...] nicht mehr als einhunderttausend Mann [...] betragen. Das Heer ist nur für die Erhaltung der Ordnung innerhalb des deutschen Gebietes und zur Grenzpolizei bestimmt. [...]

Art. 173. Die allgemeine Wehrpflicht wird in Deutschland abgeschafft.

[...]

Art. 181 [...] [D]ie deutschen Seestreitkräfte im Dienst [dürfen] höchstens betragen: 6 Schlachtschiffe [...], 6 kleine Kreuzer, 12 Zerstörer, 12 Torpedoboote [...]. Es darf kein Unterwasserfahrzeug darunter sein.

Art. 198. Deutschland darf Luftstreitkräfte weder zu Lande noch zu Wasser als Teil seines Heerwesens unterhalten.

Reichsgesetzblatt 1919, S. 701-747; zitiert nach: www.versailler-vertrag.de/vv.htm (Zugriff: 01.07.2019)

Kartentipp:
Eine animierte Karte zum Thema „Deutschland und der Vertrag von Versailles" siehe unter **31063-62**.

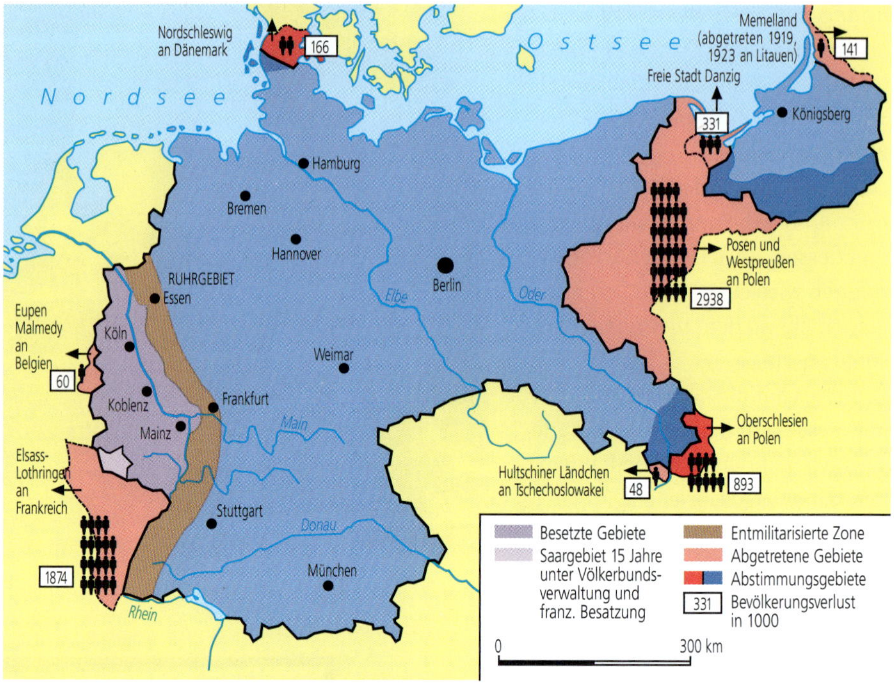

M2 Das Deutsche Reich nach dem Friedensvertrag von Versailles

Mit dem Inkrafttreten des Versailler Vertrages im Januar 1920 verlor das Deutsche Reich auch alle Kolonien; sie waren zum Teil schon vorher in die Hände der Entente gefallen.

M3 Tote und verwundete Soldaten im Ersten Weltkrieg

	Gefallene	Verwundete
Deutsches Reich	1808000	4247000
Frankreich	1385000	3044000[1]
Großbritannien	947000	2122000
Italien	460000	947000
Österreich-Ungarn	1200000	3620000
Russland	1700000	4950000
Türkei	325000	400000
USA	115000	206000

Nach: Der Große Ploetz. Auszug aus der Geschichte, hrsg. vom Verlag Ploetz, Würzburg [35]2008, S. 780

M4 Kriegskosten *in Milliarden US-Dollar*

Großbritannien	48,0
USA	32,0
Frankreich	25,8
Russland	22,6
Italien	12,3
Sonstige Alliierte	4,0
Deutsches Reich	40,2
Österreich-Ungarn	20,6

Nach: https://de.statista.com/statistik/daten/studie/416496/umfrage/kosten-des-ersten-weltkriegs-nach-staaten (Zugriff: 11.11.2019)

Schaffen die Verträge von 1919 einen stabilen Frieden? Präsentiert eure Ergebnisse auf Lernplakaten.

Erste Gruppe

1. *„Ort und Datum des Friedensvertrages mit Deutschland waren ganz bewusst gewählt worden." Begründet diese Behauptung.*
2. *Beschreibt, wie sich das Gebiet des Deutschen Reiches verändert hat (M2).*

INFO 1 Die Sieger bestimmen

Die erdrückende militärische und wirtschaftliche Überlegenheit der Alliierten nach dem Kriegseintritt der USA zwang Österreich-Ungarn und das Deutschen Reich sowie ihre Verbündeten Bulgarien und das Osmanische Reich zur Kapitulation. Am 3. Oktober 1918 wurde eine neue deutsche Regierung aus Vertretern der SPD, des Zentrums und der liberalen Fortschrittspartei gebildet. Am selben Tag erging ein Waffenstillstandsgesuch an die USA. Gleichzeitig begann der Übergang von der konstitutionellen Monarchie* zur parlamentarischen. Ende des Monats wurde die Verfassung* des Deutschen Kaiserreiches* geändert. Der Reichskanzler und die Reichsregierung waren nicht mehr dem Kaiser, sondern ausschließlich dem Reichstag* verantwortlich.

Am 9. November wurde Kaiser *Wilhelm II.* gestürzt und in Berlin die Republik* ausgerufen. Drei Tage später beendete der Waffenstillstand von Compiègne den Krieg zwischen dem Deutschen Reich und den beiden Westmächten (Frankreich und Großbritannien). Damit war der Krieg weder in Osteuropa noch in Teilen Afrikas zu Ende.

Am 18. Januar 1919 begannen die Friedensverhandlungen der Siegermächte. Sie fanden ohne Beteiligung der Verliererstaaten und Russlands in mehreren Pariser Vororten statt. Die dort geschlossenen Verträge veränderten die europäische Staatenwelt. Gab es vor dem Krieg 17 Staaten, so waren es nach den Friedensverhandlungen 26.

Klaus Dieter Hein-Mooren

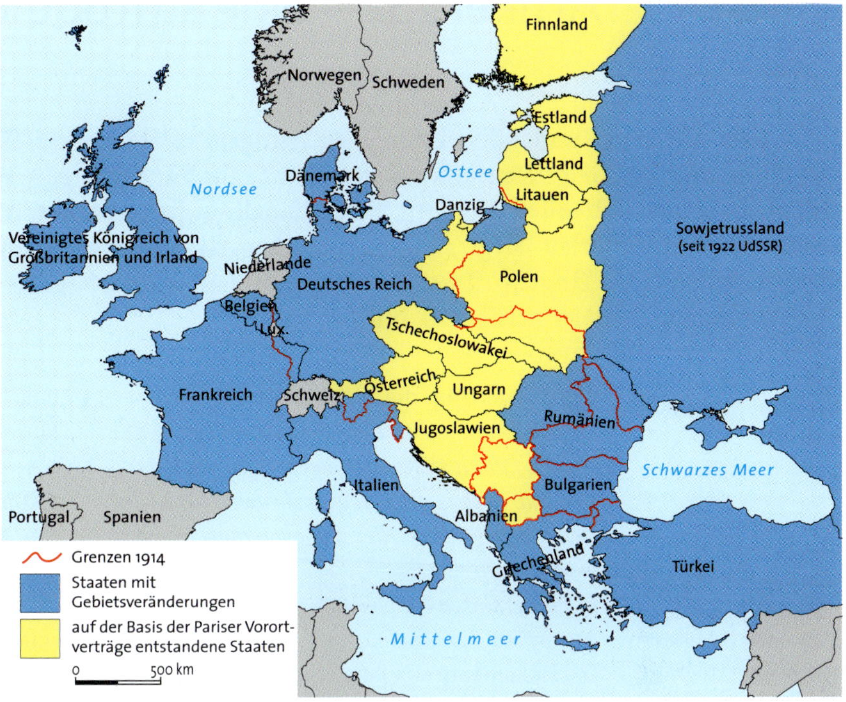

M 5 Die europäischen Staaten nach 1919
Jugoslawien (Südslawien) hieß bis 1929 „Königreich der Serben, Kroaten und Slowenen".

Kartentipp:
Eine Karte mit den territorialen Veränderungen in Mitteleuropa von 1917 bis 1923 siehe unter **31063-63**.

Medientipp:
Die Satzung des Völkerbundes findest du unter **31063-64**.

INFO 2 Der Völkerbund

Ein Hauptanliegen des US-Präsidenten Wilson war die Gründung des Völkerbundes. Er war anfangs ein Zusammenschluss der Siegermächte. Deutschland und seine Verbündeten sowie Russland blieben zunächst ausgeschlossen. Der Völkerbund blieb schwach, da der US-Senat den Beitritt verweigerte. Die USA sollten sich in Zukunft aus den europäischen Streitigkeiten heraushalten.

Sven Pflefka

Zweite Gruppe

1. *Arbeitet heraus, welche Verpflichtungen der Vertrag von Versailles* dem Deutschen Reich auferlegt hat (M1).*
2. *Beschreibt, wie sich die Staatenwelt Europas durch die Pariser Vorortverträge verändert hat (M5, INFO 1).*
3. *Untersucht M3 und M4 und erörtert die Bedeutung der Angaben für den beginnenden Frieden.*

Dritte Gruppe

1. *Benennt die Aufgaben des neu gegründeten Völkerbundes (INFO 2).*
2. *Schlagt im Geschichtsatlas die Karte „Krisenherde in Europa nach 1918" auf. Arbeitet heraus, wo die Krisenherde sich häufen, und beurteilt die Wirkung der Pariser Vorortverträge.*

Erstellt aus euren Arbeitsergebnissen anschauliche Lernplakate. Stellt sie der jeweils anderen Gruppen vor und diskutiert abschließend die eingangs gestellte Leitfrage. (H)

11.11.1918: Deutschland kapituliert
18.1.1919: Beginn der Friedenskonferenz in Versailles
18.4.1919: Annahme der Völkerbundsatzung
28.6.1919: Unterzeichnung des Friedensvertrages mit Deutschland
Sept. 1919 bis August 1920: Pariser Vorortverträge mit weiteren Staaten
1910 1920 1930

Artikel 231 – eine strittige Frage

Artikel 231.

Die alliierten und assoziierten Regierungen erklären und Deutschland erkennt an, daß Deutschland und seine Verbündeten als Urheber aller Verluste und aller Schäden verantwortlich sind, welche die alliierten und assoziierten Regierungen und ihre Angehörigen infolge des ihnen durch den Angriff Deutschlands und seiner Verbündeten aufgezwungenen Krieges erlitten haben.

M1 Artikel 231 des Versailler Vertrages von 1919

Diese Behauptung von der „Alleinschuld" wurde in Deutschland von Anfang an heftig zurückgewiesen. Sie war und ist seither aber auch unter Politikern und Historikern heftig umstritten. Die Höhe der Reparationen (Wiedergutmachungsleistungen) wurde zunächst nicht festgelegt, da sich die Siegermächte nicht darauf einigen konnten.

M2 Wer trägt die Verantwortung?

Die Diskussion über diese Frage führt seit den 1960er-Jahren zu Kontroversen. Anlässlich des 100. Jahrestages des Kriegsausbruchs wurde die Debatte fortgesetzt. Hier vier exemplarische Antworten:

a) 1951 erklären einige deutsche und französische Historiker:

Die Dokumente erlauben es nicht, im Jahre 1914 irgendeiner Regierung oder einem Volk den bewussten Willen zu einem europäischen Krieg zuzuschreiben. [...] Die deutsche Politik zielte 1914 nicht auf die Entfesselung eines europäischen Krieges; sie war in erster Linie bedingt durch die Bündnisverpflichtung gegenüber Österreich-Ungarn.

b) Der Hamburger Professor Fritz Fischer (1908 - 1999) fasst seine Forschungen 1965 so zusammen:

Deutschland hat im Juli 1914 nicht nur das Risiko eines eventuell über den österreichisch-serbischen Krieg ausbrechenden großen Krieges bejaht, sondern die deutsche Reichsleitung hat diesen großen Krieg gewollt, dementsprechend vorbereitet und herbeigeführt.

c) Der Australier Christopher Clark, geboren 1960, schreibt in seinem 2013 in Deutschland veröffentlichten Buch „Die Schlafwandler":

[Der] Kriegsausbruch [war] eine Tragödie, kein Verbrechen. Wenn man dies anerkennt, so heißt es keineswegs, dass wir die kriegerische und imperialistische Paranoia[1] der österreichischen und deutschen Politiker kleinreden sollten, die zu Recht die Aufmerksamkeit Fritz Fischers [...] auf sich zog. Aber die Deutschen waren nicht die einzigen Imperialisten, geschweige denn die einzigen, die unter einer Art Paranoia litten. Die Krise, die im Jahr 1914 zum Krieg führte, war die Frucht einer gemeinsamen politischen Kultur.

d) Die Historikerin Annika Mombauer fasst 2014 ihre Auffassung zur Kriegsschuldfrage so zusammen:

Der Krieg war kein „Unfall", er war nicht das Resultat von Fehlern oder Versäumnissen, und die Verantwortlichen von 1914 waren keine „Schlafwandler" (Christopher Clark), sondern sie wussten im Gegenteil ganz genau, was sie taten. Der Krieg brach aus, weil einflussreiche Kreise in Wien und Berlin ihn herbeiführen wollten und ihn absichtlich riskierten und weil man in Paris und Petersburg bereit war, diesen Krieg zu führen, wenn er denn käme. Gewiss, es gab auch in Paris und Petersburg und zu einem viel geringeren Teil sogar in London im Juli 1914 Befürworter des Krieges, vor allem unter den Militärs. Aber die Entscheidung, im Sommer 1914 einen Krieg zu führen, war in Wien und Berlin getroffen worden.

a) Zitiert nach: Karl Dietrich Erdmann, Die Zeit der Weltkriege, in: Bruno Gebhardt, Handbuch der deutschen Geschichte, hrsg. von Herbert Grundmann, Bd. 4, Stuttgart [8]1959, S. 25; b) Fritz Fischer, Vom Zaun gebrochen – nicht hineingeschlittert. Deutschlands Schuld am Ausbruch des Ersten Weltkriegs, in: DIE ZEIT vom 3. September 1965, Nr. 36, S. 30; c) Christopher Clark, Die Schlafwandler. Wie Europa in den Ersten Weltkrieg zog, übersetzt von Norbert Juraschitz, München [14]2013, S. 716 f.; d) Annika Mombauer, Die Julikrise. Europas Weg in den Ersten Weltkrieg, München 2014, S. 117

[1] **Paranoia**: Wahnvorstellung

Wer hat Schuld am Ersten Weltkrieg?

1. *Arbeitet in Partnerarbeit die Gründe heraus, die die Historiker für den Kriegsbeginn nennen (M2).*
2. *Diskutiert, ob die von den Historikern angeführten Gründe den Artikel 231 des Vertrages von Versailles (M1) rechtfertigen.*

Gedenken an die Kriegsopfer

M 1 Kriegerdenkmal in Schnaittach
Foto vom 21. Januar 2016
Das Denkmal mit der Figurengruppe von Josef Wirth wurde am 25. August 1925 eingeweiht. Die Inschrift lautet:
„Der Markt Schnaittach seinen Helden / 1914 – 1918 / Aus der Marktgemeinde Schnaittach starben fürs Vaterland“
Es folgen 85 Namen mit Geburtsdatum und -ort sowie Todesdatum und -ort.

Schritt für Schritt:
Kriegerdenkmäler untersuchen

Kriegerdenkmäler gehören zu den gegenständlichen Quellen* und werden ähnlich wie diese interpretiert. Auf die Beschreibung folgen Untersuchung und Beurteilung. Folgende Punkte solltest du besonders beachten:

1. Wo steht das Denkmal (Ortszentrum, Kirche, Park, Hügel)?
2. Was ist dargestellt (z. B. Figuren, Gegenstände, Symbole, Allegorien, Inschriften)?
3. Wird der Gefallenen namentlich gedacht? Welche Informationen über sie sind zu finden? Wie vieler wird hier gedacht?
4. Gibt es heute noch Erinnerungsfeiern?
5. Wer ist Eigentümer des Denkmals? Wer pflegt es? In welchem Zustand ist es?
6. Welchen Gesamteindruck vermittelt das Denkmal?
7. Welche Botschaft will das Denkmal dem Betrachter vermitteln?
8. Erscheint die Art und Weise, wie erinnert wird, heute (noch) angemessen?

INFO Gedenken und Trauern

Der **Erste Weltkrieg** hat sich tief in das Bewusstsein der europäischen Völker eingebrannt. Kriegsgräuel belasteten das politische Klima der folgenden Jahre stark. Jede Nation* gedachte des ihr zugefügten Leids. Überall wurden Kriegsdenkmäler errichtet. Sie sollten an die „Helden" erinnern, die „fürs Vaterland" gestorben sind.
Heute pflegt vor allem der 1919 gegründete „Volksbund Deutsche Kriegsgräberfürsorge" die Gräber der deutschen Kriegstoten im Ausland. Auf seine Initiative hin wurde auch 1919 der Volkstrauertag als Gedenk- und Trauertag eingeführt. Er wurde erstmals am 1. März 1925 begangen. Anfang der 1950er-Jahre wurde der Volkstrauertag an das Ende des Kirchenjahres auf den vorletzten Sonntag vor dem ersten Advent verlegt.

Sven Pfleka

Medientipp:
Eine Broschüre zum Thema „Kriegerdenkmäler" bietet der Volksbund Deutscher Kriegsgräberfürsorge an, siehe **31063-65**.

Wie wird an die Kriegsopfer erinnert?

1. *Untersucht und interpretiert das Kriegerdenkmal (M1). Orientiert euch dabei an den Hinweisen in „Schritt für Schritt".*
2. *Recherchiert nach Kriegerdenkmälern aus dem Ersten Weltkrieg in eurem Schul- und Wohnort. Vergleicht sie mit denen aus anderen Kriegen (z. B. aus dem Zweiten Weltkrieg). Hat sich die Gedenkkultur verändert? Stellt euch dazu die Frage: Trifft auf das Objekt eher der Begriff „Ehrenmal" oder „Mahnmal" zu?*
3. *Immer wieder werden Stimmen laut, die fordern, Kriegerdenkmäler abzureißen oder zu entfernen. Nehmt Stellung zu diesen Forderungen.*

Das weiß ich! – Gelerntes sichern

M1 Soldatenfriedhof und Beinhaus von Douaumont bei Verdun

Undatiertes Foto

Das Beinhaus von Douaumont ist eine nationale Grabstätte für die im Ersten Weltkrieg bei Verdun gefallenen Soldaten. In dem zwischen 1920 und 1932 errichteten Gebäude werden die Gebeine von über 130 000 nicht identifizierten deutschen und französischen Soldaten aufbewahrt. Vor dem Beinhaus befindet sich ein Friedhof mit Gräbern von 15 000 französischen Soldaten. Heute gilt die Gedenkstätte als Symbol der Versöhnung zwischen Frank-

Auf einen Blick: Imperialismus und Erster Weltkrieg

Im Zeitalter des **Imperialismus**, also etwa ab dem letzten Viertel des 19. Jhs., wetteiferten die Großmächte um den Besitz von Kolonien vor allem in Afrika und Asien. Ihre imperialistische Politik hatte wirtschaftliche, machtpolitische und gesellschaftliche Gründe. Gerechtfertigt wurde sie mit der vermeintlichen Überlegenheit der „entwickelten" über die „nicht entwickelten" Nationen* und Völker. Die Kolonialmächte zogen neue Grenzen und zwangen den Einheimischen ihre Lebensart und ihre Überzeugungen auf. Damit zerstörten sie nicht nur bestehende Kulturen und Wirtschaftsformen, sondern sie schufen auch die Ursachen für Konflikte, die zum Teil bis heute andauern.

Das Deutsche Reich strebte nach 1890 unter Kaiser Wilhelm II. eine Weltmachtstellung an. Da Großbritannien, Frankreich und Russland sich von seiner Außenpolitik bedroht fühlten, legten sie ihren Streit um Kolonien bei und sicherten sich Hilfe für den Fall eines deutschen Angriffs zu. Dem Deutschen Kaiserreich* blieb nur Österreich-Ungarn als Bündnispartner. Es fühlte sich „eingekreist". Außerdem kam es zu einem Wettrüsten.

All dies waren langfristige Ursachen des **Ersten Weltkrieges**. Hinzu kamen kurzfristige Kriegsursachen: Auf dem Balkan beanspruchten Österreich-Ungarn und Serbien Gebiete des zerfallenden Osmanischen Reiches. Die Lage verschärfte sich, da Russland Serbien und das Deutsche Reich Österreich-Ungarn unterstützte. Anlass für den Ersten Weltkrieg wurde die Ermordung des österreichischen Thronfolgers Ende Juni 1914. Zuvor hatten Politiker und Militärs aller europäischen Großmächte mehr darüber nachgedacht, wie ein Krieg zu gewinnen als wie er zu verhindern sei. Militärische Planungen bestimmten ihr Denken und Handeln.

Es kam zu einem jahrelangen Stellungskrieg mit mörderischen Materialschlachten, die Millionen Soldaten das Leben kosteten, aber auch der Zivilbevölkerung große Opfer abverlangten. Das Jahr **1917** wurde zum Epochenjahr: Der **Kriegseintritt der USA** entschied den Krieg militärisch. Und die Misserfolge im Krieg führten im selben Jahr zur **Russischen Revolution**.

Die Kriegsfolgen sollten in den Pariser Vorortverträgen geregelt werden. Für Deutschland brachte der **Vertrag von Versailles** einschneidende territoriale, wirtschaftliche und militärische Verluste und Einschränkungen.

Im Versailler Vertrag wurde auch die Gründung des Völkerbundes beschlossen. Diese internationale Organisation sollte in Zukunft helfen, den allgemeinen Frieden zu sichern. Sie litt darunter, dass ihr anfangs nur die Siegermächte angehörten. Russland/die Sowjetunion und das Deutsche Kaiserreich wurden erst später zugelassen. Darüber hinaus verlor der Völkerbund an Ansehen, als der amerikanische Senat eine Mitgliedschaft der USA ablehnte. Überhaupt zeigte sich, dass die Pariser Vorortverträge keine stabile Friedensordnung schufen. Der Erste Weltkrieg hatte weitreichende Folgen, sodass spätere Historiker von ihm als der „Urkatastrophe des 20. Jahrhunderts" sprechen.

Dieter Brückner

1880 1890 1900

M 2 „Die Plünderer der Welt“
Nachträglich kolorierte Karikatur von Thomas Nast aus dem in New York erscheinenden Nachrichtenmagazin „Harper's Weekly“ vom 20. Juni 1885
Die drei Figuren sind Personifikationen des Deutschen Reiches, Großbritanniens und Russlands. Auf den Säcken steht „Grab-Bag“ (Grabbelsack; mit Geschenken gefüllter Sack).

M 4 „Deutsche Frauen arbeitet im Heimatheer!“
Plakat (71 x 94 cm) von Gottfried Kirchbach, um 1917
Mit solchen Anschlägen, die auch als Postkarten vertrieben wurden, versuchte man Frauen für die Arbeit in den Munitionsfabriken zu gewinnen.

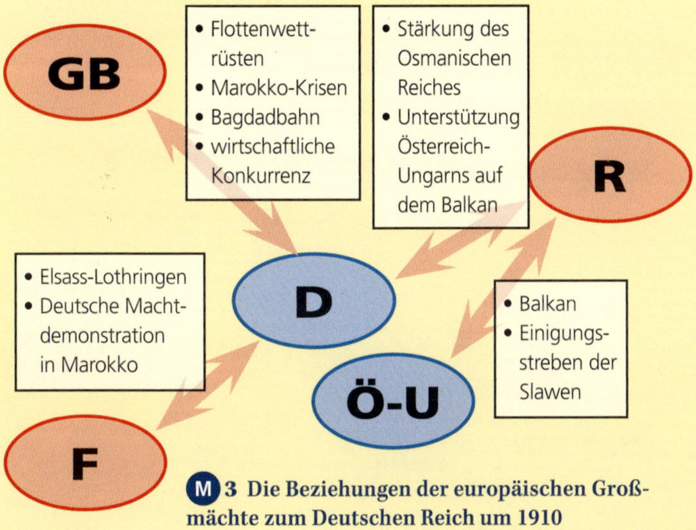

M 3 Die Beziehungen der europäischen Großmächte zum Deutschen Reich um 1910

1. *Erkläre ausgehend von der Karikatur M2 den Begriff Imperialismus*. Orientiere dich an den sogenannten W-Fragen wie z. B. wer?, wann?, wo?, wie?, welche Folgen?*
2. *Beschreibe die Beziehungen des Deutschen Reiches zu den übrigen Großmächten (M3).*
3. *Stelle die Vorgeschichte des Ersten Weltkrieges in einem Schema dar. Ordne dazu die folgenden Begriffe sinnvoll an und füge ihnen eine kurze Sacherklärung bei: Nationalismus*, Balkan, Militarismus, Imperialismus* und Wettrüsten.*
4. *Beschreibe mithilfe der Begriffe „Stellungskrieg“ und „Materialschlacht“ das Kriegsgeschehen.*
5. *Erläutere mithilfe der Abbildungen die Bedeutung der „Heimatfront“ für die Wahrnehmung des Weltkrieges durch die deutsche Bevölkerung (M4).*

1914-1918: Erster Weltkrieg
1910 — 1920 — 1930
• 1917: Kriegseintritt der USA und Russische Revolution

Das kann ich! – Gelerntes anwenden

M 1 „Ich gedenke …"

Zum 100. Jahrestag der Herero-Aufstände sagt die Bundesministerin für wirtschaftliche Zusammenarbeit und Entwicklung, Heidemarie Wieczorek-Zeul (SPD), am 14. August 2004 in Namibia:

Ich gedenke mit Hochachtung Ihrer Vorfahren, die im Kampf gegen ihre deutschen Unterdrücker gestorben sind. […]

Die damaligen Gräueltaten waren das, was heute als Völkermord bezeichnet würde – für den ein General von Trotha heutzutage vor Gericht gebracht und verurteilt würde. […]

Wir bekennen uns zu unserer besonderen historischen Verantwortung gegenüber Namibia und wollen die enge Partnerschaft auf allen Ebenen fortsetzen.

Zitiert nach: www.dhm.de/ausstellungen/namibia/rede.pdf (Zugriff: 12. 11. 2019)

M 2 Der Balkan 1913

M 3 Territoriale Veränderungen nach dem Ersten Weltkrieg (1917-1923)

1880 1890 1900

M 4 „Germania“
Inschrift: „Deutschland – August * 1914“
Gemälde (192 x 147 cm) von Friedrich August von Kaulbach, 1914
Das Bild wurde auch als Plakat veröffentlicht.

M 6 „Was wir verlieren sollen“
Plakat (71 x 96 cm) von Louis Oppenheim zu den Beschlüssen der Friedenskonferenz von Versailles, 1919

M 5 Ein „katastrophales Vermächtnis“

Der britische Historiker Ian Kershaw schreibt im Jahr 2015 über die Folgen des Ersten Weltkrieges:

Der Krieg hinterließ einen in Stücke geschlagenen Kontinent, der kaum etwas gemein hatte mit dem Europa vor Beginn des Konflikts. […]

Der ethnische Nationalismus war eines der Hauptvermächtnisse des Krieges. Und er sollte in eben jenen Teilen Mittel- und Osteuropas die tödlichste Wirkung entfalten, in denen diverse ethnische Gemeinschaften seit Jahrhunderten nebeneinander gelebt hatten, in denen sich jetzt aber neue, vornehmlich durch den Krieg erzeugte Spannungen, Konflikte und Feindschaften Bahn brachen, die in bittere Auseinandersetzungen um umstrittene Grenzen und geteilte Länder führten.

Ian Kershaw, Höllenstürz. Europa 1914 bis 1945. Aus dem Englischen von Klaus Binder, Bernd Leineweber und Britta Schröder, München 2015, S. 135-137

1. *Nimm auf der Grundlage deines Wissens Stellung zum Begriff „Völkermord“ und fasse zusammen, was du unter „historischer Verantwortung“ verstehst. Berücksichtige dabei M1.*
2. *Untersuche mithilfe der Karten (M2 und M3), ob bei der Neuordnung des Balkan zentrale Forderungen des Vierzehn-Punkte-Programms des US-Präsidenten Wilson umgesetzt wurden.*
3. *„Die Neuordnung des Balkan durch die Pariser Vorortverträge brachte keine dauerhafte Ruhe.“ Begründe diese Behauptung mithilfe der Karten M2 und M3 sowie der Karte „Der Zerfall Jugoslawiens 1991 bis 2008“ im Geschichtsatlas.*
4. *Ein britischer Politiker soll über die Pariser Vorortverträge später geurteilt haben, die Sieger hätten „den Krieg gewonnen, aber den Frieden verloren“. Erläutere dieses Urteil.*
5. *In diesem Band befinden sich mehrere Darstellungen der „Germania“ (siehe S. 71, 72, 124, 141 und 154). Vergleicht sie in Gruppenarbeit mit M4. Erläutert den Wandel der Aussageabsichten.*
6. *Definiere den Begriff „Epochenjahr“ und erkläre, worin sich das Jahr 1917 von anderen „Epochenjahren“ wie 1492*, 1517*, oder 1789* unterscheidet.*
7. *Nimm Stellung zu M5 und M6 und formuliere daraus politische Forderungen für die Gegenwart. Berücksichtige dabei auch S. 161, M4.*
8. *Verfasse einen Text, mit dem Jugendliche motiviert werden können, Kriegsgräberstätten zu besuchen und zu pflegen (siehe S. 164, M1, S. 189, M1 und S. 190, M1).*

1914-1918: Erster Weltkrieg

1910 — 1920 — 1930

1917: Kriegseintritt der USA und Russische Revolution

Grundlegende Daten und Begriffe für die 8 Jgst.

8.1 Aufklärung, Französische Revolution und Napoleon

1789	Beginn der Französischen Revolution: Durch die Französische Revolution wurde die absolutistische Monarchie in Frankreich gestürzt. Die Bezeichnung „Revolution" verdeutlicht, dass dieser tief greifende politische und gesellschaftliche Umbruch in verhältnismäßig kurzer Zeit stattfand.
1806	Ende des Heiligen Römischen Reiches Deutscher Nation.
1806	Gründung des Königreiches Bayern.

Aufklärung	Epoche der Geistesgeschichte im 17./18. Jh., die sich auf die Vernunft stützte und viele Traditionen infrage stellte. Eine der wichtigsten Forderungen der Aufklärer lautete: „Habe Mut, dich deines eigenen Verstandes zu bedienen!" (Immanuel Kant)
Menschenrechte	Angeborene und unveräußerliche Rechte eines jeden Menschen, z. B. Recht auf Leben, Freiheit und Gleichheit vor dem Gesetz.
Gewaltenteilung	Grundsatz, der die Teilung der Staatsmacht in drei Teilgewalten fordert. Legislative (gesetzgebende Gewalt, z. B. Parlament), Exekutive (ausführende Gewalt, z. B. Regierung) und Judikative (rechtsprechende Gewalt, z. B. Richter) kontrollieren sich gegenseitig, um einen Machtmissbrauch zu verhindern.
konstitutionelle Monarchie	Regierungsform, in der die Macht eines Monarchen durch eine Verfassung eingeschränkt wird (z. B. im Königreich Bayern). Der Monarch steht in dieser Regierungsform der Exekutive vor und handelt gemäß und innerhalb der Verfassungsvorgaben.
Nation	Menschen, die in einem bestimmten Gebiet leben, sich durch gemeinsame Merkmale wie Sprache, Kultur oder Geschichte miteinander verbunden fühlen und eine politische Gemeinschaft bilden bzw. anstreben.
Bürgertum	Gesellschaftsschicht aus Kaufleuten, Gelehrten, Beamten und Handwerkern, die in den Städten entstand und in den Zeiten der Aufklärung und der Industrialisierung eine wichtige Rolle spielte.
Volkssouveränität	Grundsatz, dass alle Staatsgewalt vom Volk ausgeht.
Napoleon	Napoleon Bonaparte, französischer General, der in der Französischen Revolution die politische Macht erringen konnte, sich 1804 selbst zum Kaiser der Franzosen krönte und Frankreich vorübergehend zur Hegemonialmacht in Europa machte.
Säkularisation	Enteignung und Verstaatlichung von Kirchengut (u. a. von Klöstern, Ländereien, Kunstschätzen) sowie Auflösung geistlicher Fürstentümer, z. B. im Heiligen Römischen Reich Deutscher Nation 1803.

8.2 Einigkeit und Freiheit? Deutschland zwischen Restauration und Revolution

1815	Wiener Kongress
1832	Hambacher Fest
1848/49	Revolution in Deutschland mit dem Ziel, einen Nationalstaat auf der Basis einer liberalen Verfassung zu begründen.

Deutscher Bund	Auf dem Wiener Kongress (1815) gegründeter loser deutscher Staatenbund, der 35 Staaten und vier freie Städte umfasste.
Nationalismus	Politische Strömung des 19. Jhs., die einen gemeinsamen Nationalstaat anstrebt; heute Bezeichnung für ein übersteigertes Nationalbewusstsein, das die eigene Nation vor andere stellt.
Liberalismus	Im 19. Jh. aufkommende politische Strömung, welche die Freiheitsrechte des Einzelnen betont und politisch einfordert.
Parlament	In demokratischen Staaten die Volksvertretung, deren wichtigste Aufgaben die Gesetzgebung, das Haushaltsrecht und die Kontrolle der Regierung sind.

8.3 Bayern – Identität, Staatsgebiet und kulturelles Erbe

Der Längsschnitt dient unter anderem der Wiederholung der Grundlegenden Daten und Begriffe, in ihm werden keine neuen Daten oder Begriffe eingeführt.

8.4 Industrialisierung und Soziale Frage

Industrialisierung	Von England ausgehende, tief greifende Veränderung der Arbeitsverhältnisse und der Gesellschaft durch den Einsatz von Maschinen im 19. Jh.
Soziale Frage	Frage nach der Lösung der durch die Industrialisierung entstandenen sozialen Probleme, z. B. Wohnungsnot, Kinderarbeit und mangelnde soziale Absicherung.
Sozialismus	Politische Strömung, welche von einer Klassengesellschaft ausgeht und diese v. a. durch eine gleichmäßigere Besitzverteilung, mitunter auch durch eine Verstaatlichung der Produktionsmittel, überwinden will.
Kommunismus	Von Karl Marx und Friedrich Engels in der Frühindustrialisierung entwickelter philosophisch-politischer Ansatz, der das Ziel einer klassenlosen Gesellschaft verfolgt und bei dem alle Produktionsmittel staatlich sind.

8.5 Das Deutsche Kaiserreich

1871	Deutsche Reichsgründung

Deutsches Kaiserreich	1871 nach den Einigungskriegen als konstitutionell-monarchischer Nationalstaat gegründet; 1918 im Zuge der Novemberrevolution nach dem Ersten Weltkrieg aufgelöst.
Bismarck	Otto von Bismarck, konservativer preußischer Ministerpräsident, der 1871 die Reichsgründung unter preußischer Führung erreichte und in der Folge als erster Reichskanzler das Deutsche Kaiserreich maßgeblich mitprägte.
Sozialgesetzgebung	Einführung der Kranken-, Renten- und Unfallversicherung unter Reichskanzler Otto von Bismarck, um die Soziale Frage zu entschärfen und dadurch zugleich den Wählerzuwachs der Sozialdemokraten zu stoppen; die Sozialgesetzgebung markiert den Beginn moderner staatlicher Sozialpolitik und hatte Vorbildcharakter für andere Länder.
Reichstag	Ab 1871 das gewählte Parlament des Deutschen Kaiserreiches; das Reichstagsgebäude in Berlin ist heute Sitz des Deutschen Bundestages.

8.6 Imperialismus und Erster Weltkrieg

1914-1918	Erster Weltkrieg
1917	Kriegseintritt der USA und Russische Revolution

Imperialismus	Streben von Staaten nach weltweiter politischer Machtausdehnung und wirtschaftlichem Einfluss im ausgehenden 19. und beginnenden 20. Jh., z. B. durch die Gründung von Kolonien; dabei spielten auch religiöses und kulturelles Sendungsbewusstsein sowie rassistische Einstellungen eine Rolle.
Vertrag von Versailles	1919 geschlossener Friedensvertrag, der den Ersten Weltkrieg beendete. Die Siegermächte schrieben dort u. a. die alleinige Kriegsschuld Deutschlands fest und verfügten Gebietsabtretungen, militärische Beschränkungen und Reparationszahlungen.

Anlage zum KMS „Handlungsfelder Geschichte" vom 19. Dezember 2018, Stand: 13. September 2019; zitiert nach: www.historisches-forum.bayern.de/lehrplanplus-geschichte/gymnasium (Zugriff: 25. 02. 2020)

Grundlegende Daten und Begriffe für die 6. bis 8. Jgst.

ab ca. 3000 v. Chr.	Hochkultur in Ägypten
753 v. Chr.	Mythische (der Sage nach) Gründung Roms
5. Jh. v. Chr.	Blütezeit Athens
1. Jh. v. Chr.	Übergang von der ▸*Republik* zum Prinzipat (Kaiserzeit)
um Christi Geburt	Zeitalter des Augustus
um 500	Reichsbildung der Franken. Die fränkischen Stämme vereinigten sich und bildeten ein stabiles, christlich (▸*Christentum*) geprägtes Fränkisches Reich, in dem sich germanische und römische Elemente verbanden.
800	Krönung ▸*Karls des Großen* zum ▸*Kaiser* in Rom
962	Krönung Ottos des Großen zum ▸*Kaiser* in Rom
um 1200	Kulturelle Blüte zur Zeit der Staufer
1453	Eroberung Konstantinopels durch die Osmanen und dadurch Ende des Oströmischen Reiches
1492	„Entdeckung" Amerikas durch Kolumbus
1517	Beginn der ▸*Reformation*
1618 – 1648	Dreißigjähriger Krieg
17./18. Jh.	▸*Absolutismus* in Europa
1789	Beginn der Französischen Revolution: Durch die Französische Revolution wurde die absolutistische Monarchie (▸*Absolutismus*; ▸*Monarchie*) in Frankreich gestürzt. Die Bezeichnung „Revolution" verdeutlicht, dass dieser tief greifende politische und gesellschaftliche Umbruch in verhältnismäßig kurzer Zeit stattfand.
1806	Ende des Heiligen Römischen Reiches Deutscher Nation
1806	Gründung des Königreiches Bayern
1815	Wiener Kongress
1832	Hambacher Fest
1848/49	▸*Revolution* in Deutschland mit dem Ziel, einen Nationalstaat (▸*Nation*) auf der Basis einer liberalen (▸*Liberalismus*) ▸*Verfassung* zu begründen.
1871	Deutsche Reichsgründung
1914-1918	Erster Weltkrieg
1917	Kriegseintritt der USA und Russische Revolution

Absolutismus	Herrschaftsform in Europa im 17. und 18. Jh., in der die ▸*Könige* bzw. Fürsten ihre Herrschaft von Gott ableiteten und den Anspruch erhoben, völlig uneingeschränkt zu regieren.
Adel	Im ▸*Mittelalter* und bis ins 19. Jh. herrschender Stand (▸*Stände*), der sich durch Abstammung, Besitz, Vorrechte und eigene Lebensformen von der übrigen Gesellschaft abhob. In Deutschland wurde der Adel 1919 abgeschafft, doch kann der Adelstitel auch weiterhin im Namen geführt werden.

Altsteinzeit	Ältester Zeitabschnitt der Menschheitsgeschichte (vor ca. 2 Mio. Jahren bis ca. 10 000 v. Chr.), in dem die Menschen als Jäger und Sammler umherzogen und ihre Werkzeuge und Waffen meist aus Stein herstellten.
Antike	Griechisch-römisches Altertum, also der Zeitraum, in dem die Griechen und Römer den Mittelmeerraum beherrschten bzw. kulturell prägten (ca. 1000 v. Chr. bis 500 n. Chr.).
Aristokratie	Herrschaftsform, bei der der ▸*Adel*, also die einflussreichsten Familien, die Macht besitzt.
Aufklärung	Epoche der Geistesgeschichte im 17./18. Jh., die sich auf die Vernunft stützte und viele Traditionen infrage stellte. Eine der wichtigsten Forderungen der Aufklärer lautete: „Habe Mut, dich deines eigenen Verstandes zu bedienen!" (Immanuel Kant)
Bismarck	Otto von Bismarck, konservativer preußischer Ministerpräsident, der 1871 die Reichsgründung unter preußischer Führung erreichte und in der Folge als erster Reichskanzler das ▸*Deutsche Kaiserreich* maßgeblich mitprägte.
Bürger	Im ▸*Mittelalter* die Einwohner einer Stadt, die das Bürgerrecht besaßen und damit politisches Mitspracherecht hatten (z. B. Wahl des Stadtrates). Heute bezeichnet der Begriff überwiegend Bewohner eines Staates, welche die Staatsbürgerschaft besitzen.
Bürgertum	Gesellschaftsschicht aus Kaufleuten, Gelehrten, Beamten und Handwerkern, die in den Städten entstand (▸*Bürger*) und in den Zeiten der ▸*Aufklärung* und der ▸*Industrialisierung* eine wichtige Rolle spielte.
Caesar	Gaius Julius Caesar war ein römischer Staatsmann, Feldherr und Autor, der sich 44 v. Chr. zum ▸*Diktator* auf Lebenszeit ernennen ließ und so das Ende der Römischen ▸*Republik* und den Beginn der Kaiserzeit einleitete.
Christentum	Die auf Jesus Christus, sein Leben und sein Wirken begründete monotheistische Religion (= Glaube an einen Gott), deren heilige Schrift die Bibel ist.
Demokratie	Herrschaftsform, in der das Volk über die Politik bestimmt. Die ursprüngliche Form entstand in der ▸*Polis* Athen im 6. und 5. Jh. v. Chr. In ihr konnten alle männlichen Bürger in der Volksversammlung direkt über Sachfragen abstimmen (direkte Demokratie). Frauen, Fremde und Sklaven besaßen keine politischen Rechte. Im Gegensatz dazu basiert der moderne Demokratiebegriff auf den für alle geltenden ▸*Menschenrechten* wie Freiheit und Gleichheit. Zudem werden in den meisten modernen Demokratien im Unterschied zur direkten Demokratie in der ▸*Antike* in der Regel Volksvertreter (Abgeordnete) in ▸*Parlamente* gewählt, die dort stellvertretend für alle Bürgerinnen und Bürger beraten und entscheiden (repräsentative Demokratie).
Deutscher Bund	Auf dem Wiener Kongress (1815) gegründeter loser deutscher Staatenbund, der 35 Staaten und vier freie Städte umfasste.
Deutsches Kaiserreich	1871 nach den Einigungskriegen als konstitutionell-monarchischer Nationalstaat (▸*konstitutionelle Monarchie*; ▸*Nation*) gegründet; 1918 im Zuge der Novemberrevolution nach dem Ersten Weltkrieg (1914-1918) aufgelöst.
Diktator	Befehlshaber mit uneingeschränkter Befehlsgewalt; in der Römischen ▸*Republik* außerordentliches Amt, nur in Notzeiten für sechs Monate bestimmt.

Gewaltenteilung	Grundsatz, der die Teilung der Staatsmacht in drei Teilgewalten fordert. Legislative (gesetzgebende Gewalt, z. B. ▸*Parlament*), Exekutive (ausführende Gewalt, z. B. Regierung) und Judikative (rechtsprechende Gewalt, z. B. Richter) kontrollieren sich gegenseitig, um einen Machtmissbrauch zu verhindern.
Ghetto	Von der übrigen Stadt oft durch Mauern und Tore abgetrenntes Wohngebiet der jüdischen Gemeinschaft (▸*Judentum*). Der Begriff „Ghetto" bezieht sich auf das „Gheto novo" genannte Wohnviertel der Juden in Venedig, das Anfang des 16. Jhs. auf dem Gebiet einer Gießerei (ital. ghettare: Eisen gießen) ausgewiesen wurde. Heute bezeichnet „Ghetto" meist abwertend ein Viertel, dessen Bewohner nur wenige Beziehungen zur städtischen Umgebung pflegen.
Grundherrschaft	Herrschaftsform, bei der Grundherren (beispielsweise Herzöge, Grafen, Bischöfe, Äbte und Äbtissinnen) Land an unfreie Bauern vergaben. Diese bewirtschafteten es, zahlten Abgaben und leisteten Frondienste, im Gegenzug bekamen sie insbesondere Schutz und Sicherheit.
Hegemonie	Vormachtstellung eines Staates in einer bestimmten Region.
Imperialismus	Streben von Staaten nach weltweiter politischer Machtausdehnung und wirtschaftlichem Einfluss im ausgehenden 19. und beginnenden 20. Jh., z. B. durch die Gründung von Kolonien; dabei spielten auch religiöses und kulturelles Sendungsbewusstsein sowie rassistische Einstellungen eine Rolle.
Industrialisierung	Von England ausgehende, tief greifende Veränderung der Arbeitsverhältnisse und der Gesellschaft durch den Einsatz von Maschinen im 19. Jh.
Investiturstreit	Machtkampf zwischen römisch-deutschem Königtum (▸*König*, ▸*Kaiser*) und Papsttum im 11. und 12. Jh. um die Vorherrschaft. Ausgangspunkt für den Streit war die Frage, wer die Investitur vornehmen, also Bischöfe einsetzen durfte. Höhepunkt des Investiturstreites war der Gang König Heinrichs IV. nach Canossa (1077). Die Auseinandersetzung endete mit dem Wormser Konkordat (1122) in einem Kompromiss.
Islam	Vom Propheten Mohammed im 7. Jh. begründete monotheistische Religion (= Glaube an einen Gott), deren Anhänger (Muslime) zu Allah beten. Die Glaubensgrundlage des Islam ist der Koran.
Judentum	Älteste monotheistische Religion (= Glaube an einen Gott) und zugleich Gemeinschaft aller Juden. Der Kern der jüdischen Religion ist in der Thora zugrunde gelegt.
Jungsteinzeit	Zeitabschnitt ca. 10 000 v. Chr. bis ca. 2000 v. Chr., in dem die Menschen sesshaft wurden und dank des wärmeren Klimas zu Ackerbau und Viehzucht übergingen.
Kaiser	Höchster Herrschertitel, der im ▸*Mittelalter* an die Tradition des Römischen Kaiserreiches anknüpfte. Der Kaiser wurde im Mittelalter vom Papst gekrönt und verstand sich als Schutzherr der Christenheit (▸*Christentum*). Zudem erhob er Anspruch auf die oberste weltliche Herrschaft über alle Christen.
Karl der Große	▸*König* des Fränkischen Reiches, der 800 als erster westeuropäischer Herrscher vom Papst zum ▸*Kaiser* gekrönt wurde und damit die Grundlage für das mittelalterliche Kaisertum (▸*Mittelalter*) legte.

Kloster	Eine oft aus mehreren Gebäuden bestehende Anlage, in der Nonnen oder Mönche sich dauerhaft, gemeinschaftlich und meist auf Grundlage bestimmter Ordensregeln auf die Ausübung ihres christlichen Glaubens (▸*Christentum*) konzentrierten. Im ▸*Mittelalter* waren die Klöster wichtige Träger und Bewahrer von Wissenschaft, Kunst und Kultur.
König	Meist aus dem ▸*Adel* stammender Herrscher eines Landes, der durch Wahl (z. B. im Heiligen Römischen Reich Deutscher Nation) oder Erbrecht (z. B. in England, Frankreich) bestimmt wird.
Kommunismus	Von Karl Marx und Friedrich Engels in der Frühindustrialisierung (▸*Industrialisierung*) entwickelter philosophisch-politischer Ansatz, der das Ziel einer klassenlosen Gesellschaft verfolgt und bei dem alle Produktionsmittel staatlich sind.
konstitutionelle Monarchie	Regierungsform, in der die Macht eines Monarchen (▸*Monarchie*) durch eine ▸*Verfassung* eingeschränkt wird (z. B. im Königreich Bayern). Der Monarch steht in dieser Regierungsform der Exekutive (ausführende Gewalt, ▸*Gewaltenteilung*) vor und handelt gemäß und innerhalb der Verfassungsvorgaben.
Kreuzzug	Vom 11. bis zum 13. Jh. stattfindende Kriegszüge in den Nahen Osten u. a. mit dem Ziel, die muslimische Herrschaft (▸*Islam*) über die Heiligen Stätten der Christen (▸*Christentum*) zu beenden und den christlichen Glauben zu verbreiten.
Kurfürsten	Die meist sieben zur Königswahl (▸*König*) berechtigten geistlichen und weltlichen Fürsten im Heiligen Römischen Reich Deutscher Nation. Das Wahlverfahren sowie die Zahl der Kurfürsten bildeten sich vor allem im 13. und 14. Jh. heraus.
Lehnswesen	Auf gegenseitiger Treue beruhende Herrschaftsform des ▸*Mittelalters*. Ein adliger (▸*Adel*) Leh(e)nsherr verlieh Land und/oder Ämter bzw. Rechte an einen adligen Leh(e)nsmann (Vasallen) auf Lebenszeit, der dafür Kriegs- und Amtsdienste leisten musste. Mit der Zeit wurden die Lehen erblich. So wurde Otto von Wittelsbach 1180 durch ▸*Kaiser* Friedrich I. (Barbarossa) mit dem Herzogtum Bayern belehnt. Seine Nachkommen, die Wittelsbacher, regierten Bayern bis 1918 als Herzöge, ▸*Kurfürsten* und ▸*Könige*.
Liberalismus	Im 19. Jh. aufkommende politische Strömung, welche die Freiheitsrechte des Einzelnen betont und politisch einfordert.
Limes	Befestigte römische Reichsgrenze, u. a. der obergermanisch-raetische Limes zwischen Rhein und Donau.
Luther	Martin Luther, Mönch und Theologe, der mit seiner Kritik an kirchlichen Missständen und mit seinen 95 Thesen die ▸*Reformation* auslöste.
Menschenrechte	Angeborene und unveräußerliche Rechte eines jeden Menschen, z. B. Recht auf Leben, Freiheit und Gleichheit vor dem Gesetz.
Migration	Dauerhafter Wohnortwechsel von Menschen, der unterschiedliche Ursachen haben kann, z. B. die Flucht vor politischer Verfolgung, vor Folter, Krieg und Hunger, die Suche nach besseren Lebensumständen oder neuen beruflichen Möglichkeiten.
Mittelalter	Zeit zwischen ca. 500 und ca. 1500, also zwischen der ▸*Antike* und der ▸*Neuzeit*.

Monarchie	Herrschaftsform, in der ein ▸*König* und/oder eine Königin an der Spitze des Staates steht.
Napoleon	Napoleon Bonaparte, französischer General, der in der Französischen Revolution (▸*1789*) die politische Macht erringen konnte, sich 1804 selbst zum ▸*Kaiser* der Franzosen krönte und Frankreich vorübergehend zur Hegemonialmacht (▸*Hegemonie*) in Europa machte.
Nation	Menschen, die in einem bestimmten Gebiet leben, sich durch gemeinsame Merkmale wie Sprache, Kultur oder Geschichte miteinander verbunden fühlen und eine politische Gemeinschaft bilden bzw. anstreben.
Nationalismus	Politische Strömung des 19. Jhs., die einen gemeinsamen Nationalstaat anstrebt; heute Bezeichnung für ein übersteigertes Nationalbewusstsein, das die eigene ▸*Nation* vor andere stellt.
Neuzeit	Bezeichnung für die Zeit nach dem ▸*Mittelalter* (ab ca. 1500) bis hin zur Gegenwart.
Parlament	In demokratischen Staaten (▸*Demokratie*) die Volksvertretung, deren wichtigste Aufgaben die Gesetzgebung, das Haushaltsrecht und die Kontrolle der Regierung sind.
Pharao	(Plural: Pharaonen) Oberster Herrscher oder oberste Herrscherin im alten Ägypten, der bzw. die zugleich als ▸*König* bzw. Königin und als Gott bzw. Göttin verehrt wurde.
Polis	(Plural: Poleis) Griechischer Stadtstaat in der ▸*Antike*, der aus einer Stadt und deren Umland bestand und politisch sowie wirtschaftlich selbstständig war.
(römische) Provinz	Ein unter römischer Herrschaft und Verwaltung stehendes erobertes Gebiet außerhalb Italiens.
Pyramide	Grabanlage einer hochgestellten Persönlichkeit (z. B. eines ▸*Pharaos*) im alten Ägypten, meist mit quadratischem Grundriss und nach oben spitz zulaufend.
Quellen	Texte, Gegenstände, Bilder aus der Vergangenheit, die entweder zufällig erhalten geblieben sind (Überreste) oder absichtlich überliefert wurden (Überlieferungen), sowie Zeitzeugenaussagen.
Reformation	Eine von ▸*Luther* ausgelöste kirchliche Erneuerungsbewegung, die zur Spaltung des westlichen ▸*Christentums* durch die Entstehung der evangelischen Kirche führte. Die Reformation veränderte auch die politische Ordnung Europas.
Reichstag	Ab 1871 das gewählte ▸*Parlament* des ▸*Deutschen Kaiserreiches*; das Reichstagsgebäude in Berlin ist heute Sitz des Deutschen Bundestages.
Renaissance	Frz.: Wiedergeburt. Kulturgeschichtliche Epoche vom 14. bis zum 16. Jh., die auf einer Wiederentdeckung der ▸*Antike* (Wissen, Kunst und Kultur) beruhte und den umfassend gebildeten Menschen in den Mittelpunkt stellte (Humanismus).
Republik	Der lateinische Begriff „res publica" fasst den Staat als „öffentliche Angelegenheit" auf, die alle freien Bürger betrifft. Heute bezeichnet „Republik" eine Staatsform, in der kein Monarch (▸*Monarchie*) an der Spitze steht, sondern das Staatsoberhaupt gewählt ist und in der grundsätzlich die Staatsgewalt vom Volk ausgeht (▸*Volkssouveränität*).
Revolution	▸*1789*: Beginn der Französischen Revolution

Romanisierung	Übernahme u. a. der römischen (lateinischen) Sprache und Kultur durch Bevölkerungsgruppen in einigen der von Römern eroberten Gebiete.
Säkularisation	Enteignung und Verstaatlichung von Kirchengut (u. a. von ▸*Klöstern*, Ländereien, Kunstschätzen) sowie Auflösung geistlicher Fürstentümer, z. B. im Heiligen Römischen Reich Deutscher Nation 1803.
Senat	Oberstes Beratungsorgan der Römischen ▸*Republik*, dessen Mitglieder aus den einflussreichsten Familien (▸*Adel* bzw. ▸*Aristokratie*) stammten und vorher wichtige Ämter ausgeübt hatten.
Soziale Frage	Frage nach der Lösung der durch die ▸*Industrialisierung* entstandenen sozialen Probleme, z. B. Wohnungsnot, Kinderarbeit und mangelnde soziale Absicherung.
Sozialgesetzgebung	Einführung der Kranken-, Renten- und Unfallversicherung unter Reichskanzler Otto von ▸*Bismarck*, um die ▸*Soziale Frage* zu entschärfen und dadurch zugleich den Wählerzuwachs der Sozialdemokraten zu stoppen; die Sozialgesetzgebung markiert den Beginn moderner staatlicher Sozialpolitik und hatte Vorbildcharakter für andere Länder.
Sozialismus	Politische Strömung, welche von einer Klassengesellschaft ausgeht und diese vor allem durch eine gleichmäßigere Besitzverteilung, mitunter auch durch eine Verstaatlichung der Produktionsmittel, überwinden will.
Stadtrecht	Besondere Rechte (Privilegien) von Städten, z. B. Münz-, Markt-, Zoll- und Befestigungsrecht.
Stände	Durch Geburt definierte Großgruppen in der mittelalterlichen Gesellschaft (▸*Mittelalter*): Klerus (Erster Stand), ▸*Adel* (Zweiter Stand), Bauern und ▸*Bürger* (Dritter Stand). Die drei Stände hatten unterschiedliche Rechte und Pflichten.
Verfassung	Grundlegendes Gesetz, das die politische Ordnung eines Staates festlegt (z. B. Staatsform, Rechte und Pflichten der ▸*Bürger*).
Vertrag von Versailles	1919 geschlossener Friedensvertrag, der den Ersten Weltkrieg (1914-1918) beendete. Die Siegermächte schrieben dort u. a. die alleinige Kriegsschuld Deutschlands fest und verfügten Gebietsabtretungen, militärische Beschränkungen und Reparationszahlungen.
Volkssouveränität	Grundsatz, dass alle Staatsgewalt vom Volk ausgeht (▸*Republik*).
Westfälischer Friede	Friedensverträge nach dem Dreißigjährigen Krieg im Jahr 1648, die die Gleichberechtigung der christlichen Konfessionen (▸*Christentum*; ▸*Reformation*) festschrieben und den deutschen Landesfürsten eine weitgehende Unabhängigkeit vom ▸*Kaiser* gewährten. *Im Westfälischen Frieden wurde auch der Augsburger Religionsfriede von 1555 bestätigt, der das Reformationsrecht der Landesfürsten beinhaltete: Der Grundsatz „cuius regio, eius religio" besagte, dass der Landesfürst im Prinzip über die Konfession seiner Untertanen bestimmen durfte.*

Nach: www.historisches-forum.bayern.de/fileadmin/user_upload/historisches_forum/GDB_Geschichte_LPP_21.02.2019.pdf (Zugriff: 18. 10. 2019); Definitionen alphabetisch geordnet, mit Verweisen versehen und geringfügig modifiziert

Arbeitsmethoden für das Fach Geschichte

Bauwerke beschreiben und untersuchen

Bauwerke sind Quellen* der Geschichte. Ihre Architektur ist auch Ausdruck politischen Denkens der Epoche, in der sie entstanden sind oder verändert wurden. Folgende Fragen helfen dir, sie als Zeichen der Kultur- und Ideengeschichte zu erkennen und zu untersuchen:

1. Wie sieht das Bauwerk aus (Größe, Baukörper, Fassaden, Höfe, Materialien)?
2. Steht es für sich alleine oder gehört es zu einer Gruppe von Bauten (Lage)?
3. Wer ließ es wann errichten (Entstehungszeit, Bauherr, Herrschaftsform)?
4. Gab es Vorbilder für das Bauwerk?
5. Was ist die Funktion des Bauwerks (ursprünglich und gegenwärtig)?

Denkmäler untersuchen

Denkmäler sind gegenständliche Quellen*. Sie erinnern an besondere Ereignisse oder an eine bedeutende Person. Sie wenden sich an gegenwärtige und zukünftige Betrachter. Immer liefern sie uns Hinweise über die Zeit ihrer Entstehung und die Vorstellung der Menschen, die sie errichten ließen. Um etwas darüber herauszufinden, gilt es, folgenden Fragen nachzugehen:

1. Wann, wo und aus welchem Anlass wurde das Denkmal errichtet?
2. An wen oder woran soll es erinnern?
3. Wer gab den Auftrag? Wer bezahlte das Denkmal?
4. Mit welcher Absicht wurde es errichtet?
5. Wie sind die dargestellten Symbole und Figuren zu verstehen?
6. Welche Wirkung sollte es erzielen?
7. Wie gehen wir heute mit ihm um?

Diagramme erstellen und deuten

Siehe S. 204.

Feldpostbriefe analysieren

Feldpostbriefe und -karten gehören zur Gruppe der schriftlichen Quellen*. Du kannst folgende spezielle Fragen an sie stellen:

1. Welche Informationen liegen über den Verfasser vor (Alter, Einheit, Rang)?
2. Wie sind Entstehungszeitpunkt und -ort des Briefes in den Kriegsverlauf einzuordnen?
3. An wen ist der Brief gerichtet (Familie, Freunde, Arbeitskollegen)?
4. Welche Informationen will der Schreiber dem Adressaten mitteilen?
5. Wie wird der Krieg beschrieben? Wie geht der Schreibende mit Fragen zu Grausamkeiten, Tod und Schuld um?
6. Sind die Schilderungen glaubhaft? Lassen sich die Aussagen verallgemeinern? (Vergleiche sie mit anderen Feldpostbriefen, auch mit solchen von „feindlichen" Soldaten.)
7. Unterscheiden sich die Schilderungen von der offiziellen Propaganda oder den amtlichen Heeresberichten?

Flugblätter und -schriften untersuchen

Seit der Reformation* versuchen Flugblätter und -schriften die öffentliche Meinung zu beeinflussen. Folgende Fragen sind für eine Untersuchung dieser Quellen* hilfreich:

1. Wann und wo wurde die Flugschrift bzw. das Flugblatt veröffentlicht? Sind Verfasser und/oder Zeichner bekannt?
2. Um welches Thema geht es?
3. An wen richtete sich der Text?
4. Unter welchen Umständen wurde die Schrift veröffentlicht?
5. Was wird auf dem Titelbild – wenn vorhanden – dargestellt? Was bedeuten die Bildelemente?
6. Welche sprachlichen Mittel werden häufig verwendet?
7. Was ist die zentrale Aussage?
8. Welche Wirkung geht von dem Text aus – damals und heute?

Diagramme erstellen und deuten

Diagramme sind auch eine Form der Darstellung historischer Inhalte. Wir unterscheiden drei wichtige Formen von Diagrammen:
Das *Kreisdiagramm* zeigt Anteile an einer Gesamtmenge in Prozenten und gibt den Zustand zu einer bestimmten Zeit an. Wollen wir Veränderungen erkennen, benötigen wir für jeden Zeitpunkt, den wir mit einem anderen vergleichen wollen, ein weiteres Kreisdiagramm.

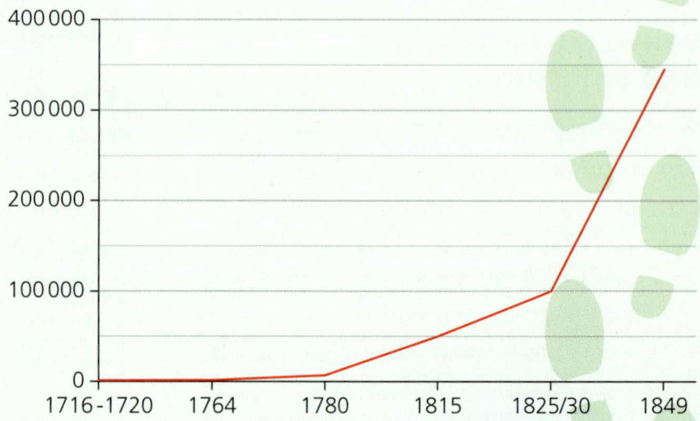

Linien- oder Kurvendiagramm
Um längere Entwicklungen zu zeigen, brauchen wir Daten in regelmäßigen Zeitabständen. Wir tragen die Messgrößen (y-Achse) und Zeiten (x-Achse) in ein Koordinatensystem ein und verbinden die Zahlenwerte zu einer Kurve. Wir können auch mehrere Kurven in einem Diagramm abbilden, um sie miteinander zu vergleichen. Bei Liniendiagrammen werden Zwischenzeiten, zu denen es neue Werte gibt, einfach linear ergänzt. Das unterstellt eine Entwicklung, von der unbekannt ist, ob sie so verlaufen ist. Säulen- und oder Balkendiagramme haben diese Problematik nicht.

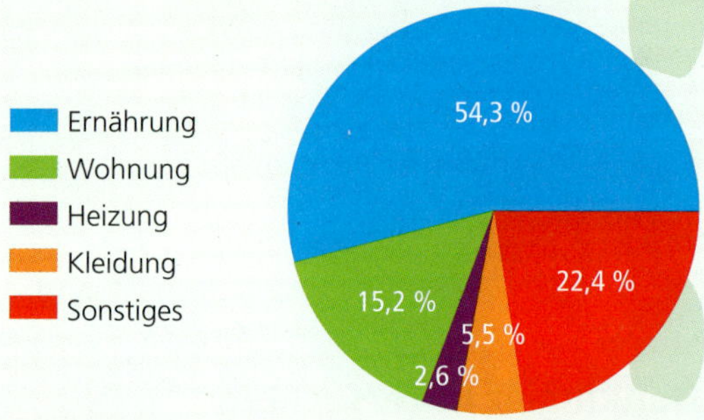

Säulen- oder Balkendiagramm
Wenn Zahlen nur in unregelmäßigen Jahresabständen vorliegen, empfiehlt sich das Säulen- oder Balkendiagramm: Wir wandeln die Zahlenwerte in entsprechend große Säulen oder Balken um.

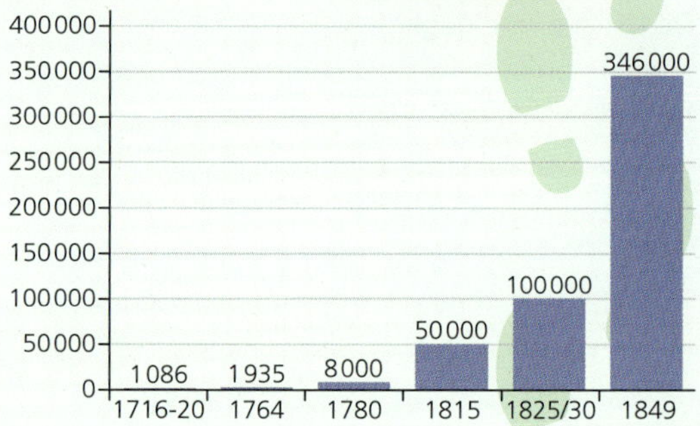

Diagramme beschreiben und deuten
Zunächst solltest du das Diagramm beschreiben. Dabei helfen dir folgende Fragen:
1. Wie und worüber informiert das Diagramm?
2. Welche Entwicklung ist zu erkennen (hohe und niedrige Werte beachten, Trends, Zusammenhänge)?

Wenn du die Diagramme beschrieben hast, kannst du versuchen, sie auszuwerten, deine Beschreibungen zu erklären und Schlussfolgerungen aus ihnen zu ziehen. Dazu benötigst du weitere Informationen. So lassen sich Gründe für die in den Diagrammen bezifferten Zustände und Entwicklungen benennen und Zusammenhänge verdeutlichen.

Fotografien analysieren und deuten

Wenn wir Fotos als historische Quellen* auswerten und deuten wollen, müssen wir sie wie andere Kunstwerke a) *beschreiben*, b) *analysieren* und c) *interpretieren*. Folgende Fragen helfen dabei:

1. Wann ist das Foto entstanden und wer hat es gemacht?
2. Mit welcher Absicht oder in wessen Auftrag wurde es gemacht?
3. Zu welchem Thema sagt es etwas aus?
4. Welche Personen oder welche Szene wurden fotografiert, von welchem Standpunkt und aus welcher Perspektive?
5. Ist es ein Schnappschuss oder eine gestellte Aufnahme?
6. Zeigt es eine komplette Szene oder einen Ausschnitt?
7. Wie aussagekräftig ist es?
8. Wie zuverlässig ist es? Bildinhalte können verändert, entfernt oder hinzugefügt werden.
9. Wie wirkt das Foto auf den Betrachter?

Gemälde und Statuen verstehen

Kunstwerke wie Gemälde und Statuen bilden die Wirklichkeit nicht ab; sie sind aber keine reine Erfindung einer Künstlerin oder eines Künstlers. Die Wahl des Themas und die Art der Darstellung spiegeln das Denken der Zeit ihrer Entstehung. Sie sind deshalb geschichtliche Quellen*. Um sie zu verstehen, gilt es, folgenden Fragen nachzugehen:

1. Wer war der Künstler/die Künstlerin?
2. Hatte sie/er einen Auftrag?
3. Aus welchem Anlass entstand das Kunstwerk? Für welchen Zweck?
4. Wo wurde bzw. wird es gezeigt?
5. Welche Informationen liefert der Bildtitel?
6. Ist das Kunstwerk auffallend groß oder klein?
7. Sind die dargestellten Personen bekannt?
8. Werden Symbole oder Gegenstände gezeigt? Was bedeuten sie?
9. Wofür wurden welche Farben oder Materialien verwendet?

Beachte, dass der Künstler/die Künstlerin bzw. der Auftraggeber/die Auftraggeberin mit dem Gemälde oder der Statue eine bestimmte Wirkung erreichen wollte.

Mit Geschichtskarten arbeiten

Erster Schritt: Karten im Geschichtsatlas finden
Unser Schulbuch enthält zahlreiche Geschichtskarten. Aber wie findest du weitere Karten zu bestimmten historischen Zuständen oder besonderen Entwicklungen? Nutze dazu den Geschichtsatlas. Beachte für die Kartensuche:

- Das Inhaltsverzeichnis des Geschichtsatlas ist nach historischen Epochen und geografischen Regionen gegliedert.
- Das Kartenregister nennt in alphabetischer Folge die Namen der Länder, Orte und Organisationen, die auf den Karten auftauchen. Die Angaben enthalten dazu knappe Hinweise und Daten zu bestimmten Ereignissen.

Zweiter Schritt: Geschichtskarten analysieren, auswerten und deuten
Geschichtskarten verbinden geografische mit historische Angaben und enthalten ausgewählte und vereinfachte Informationen.

- Der Geschichtsatlas enthält eine „Kartenschule", sie erläutert das Lesen, Auswerten und Deuten von Geschichtskarten.
- Alle Karten des Geschichtsatlas verwenden für jedes Herrschaftsgebiet eine bestimmte Farbe. Das erleichtert die Orientierung. Darüber hinaus werden in den Karten einheitliche Zeichen benutzt; eine Generallegende erklärt alle Zeichen.

Um Geschichtskarten einordnen und um Veränderungen erklären zu können, brauchst du Hintergrundwissen. Dieses liefern dir entweder die **Grundlegenden Daten und Begriffe**[1] oder zusätzliche Informationen, die dir das Geschichtsbuch liefert oder die du recherchierst. Darüber hinaus sind oft Kartenvergleiche hilfreich, um Entwicklungen bzw. Veränderungen beschreiben zu können.

[1] Siehe die Zusammenstellung der Grundlegenden Daten und Begriffe auf S. 197 ff.

Folgende Fragen helfen dir bei der Untersuchung, Auswertung und Deutung von Geschichtskarten:

1. Welches Thema hat die Karte? Beziehe den Titel und alle Zeichen der Legende mit ein.
2. Auf welchen Raum und auf welche Zeit bezieht sich die Karte?
3. Was weißt du über den Raum und die Zeit, auf die sich die Karte bezieht?
4. In welchen historischen Zusammenhang lässt sich die Karte einordnen?
5. Zeigt die Karte einen bestimmten Zustand oder eine Entwicklung bzw. Veränderung?
6. Wie lassen sich Zustand, Entwicklung bzw. Veränderung beschreiben?
7. Lassen sich Ursachen der Entwicklung bzw. Veränderung aus der Karte ablesen?
8. Welche Zeichen sind besonders häufig, wie sind sie verteilt?
9. Sagt die Karte etwas über den Einfluss eines Staates über andere aus?
10. Welche Gemeinsamkeiten und welche Unterschiede sind bei einem Kartenvergleich zu erkennen?
11. Welche wichtigen Informationen für die Auswertung fehlen dir? Wo kannst du sie recherchieren?
12. Welche historischen Schlussfolgerungen lassen Untersuchung und Auswertung zu.

Herrscherbilder untersuchen und deuten

Erster Schritt: beschreiben

1. Wer ist abgebildet?
2. Wo steht die Person, wie steht sie da (Gestik), welchen Gesichtsausdruck hat sie (Mimik)? Welche Kleidung trägt sie?
3. Welche Gegenstände und Symbole sind zu erkennen?

Zweiter Schritt: untersuchen (analysieren)

1. Wie ist das Bild aufgebaut? Was ist im Vordergrund, was im Hintergrund abgebildet?
2. Welche Bedeutung haben die Gegenstände und Symbole?
3. Welche besonderen Farben werden verwendet?
4. Wie groß ist das Gemälde?

Dritter Schritt: informieren und recherchieren

1. Wer war der Maler bzw. die Malerin?
2. Wann und in wessen Auftrag wurde das Porträt gemalt?
3. Was weiß ich über die porträtierte Person, über die Bedeutung der Kleidung und der abgebildeten Gegenstände (z. B. über die Herrschaftszeichen)?
4. Was ist mir über die Entstehungszeit bekannt?
5. Wo hing das Gemälde und wo befindet es sich heute?

Vierter Schritt: deuten (interpretieren)

1. Welche Wirkung soll das Bild auf die Betrachter entfalten?
2. Wie will die porträtierte Person gesehen werden?

Historiengemälde beurteilen

Historienbilder sind Kunstwerke wie Gemälde, Holzstiche, Kupferstiche, Lithografien, Reliefs oder Mosaike. Sie machen auf bedeutende Ereignisse, Leistungen und Personen aufmerksam. Sie sind besondere Quellen*, da die Künstler die historischen Sachverhalte oder die bedeutende Person auf ihre Weise darstellen und deuten. Um Historienbilder verstehen zu können, musst du – wie bei anderen Kunstwerken – drei Schritte zu beachten: a) *beschreiben*, b) *untersuchen* (*analysieren*) und c) *beurteilen* (*interpretieren*). Bei der Beschäftigung mit Historienbildern gilt es, folgenden Fragen nachzugehen:

1. Welche „Geschichte" ist dargestellt und wann fand sie statt?
2. Von wann ist das Gemälde? Wer malte es?
3. Wer gab den Auftrag? Wer sollte es bekommen?
4. Was ist im Vorder-, im Hintergrund und in der Bildmitte platziert?
5. Sollte das Gemälde bei den Zeitgenossen eine bestimmte Wirkung erzielen?
6. Wie wirkt es auf den heutigen Betrachter?

Karikaturen entschlüsseln

Karikaturen sind gezeichnete Kommentare zu Politik, Gesellschaft und Kultur. Sie vereinfachen und verzerren die Wirklichkeit, um etwas zu verdeutlichen, indem sie z. B. Eigenschaften einer Person oder Zustände bzw. Entwicklungen stark übertrieben wiedergeben; oft haben sie erläuternde Textelemente. Um eine Karikatur zu entschlüsseln, solltest du mit folgenden Fragen an sie herangehen:

1. Wie lauten Titel und Thema der Karikatur?
2. In welchem historischen Zusammenhang ist sie entstanden?
3. Woher stammt sie?
4. An wen wendet sie sich?
5. Wer oder was ist wie dargestellt?
6. Werden Symbole verwendet? Was bedeuten sie?
7. Welche Aussageabsicht wird verfolgt?

Kriegerdenkmäler untersuchen

Mit Kriegerdenkmälern wird an die Opfer von Kriegen gedacht. Sie können untersucht werden wie andere Denkmäler. Auf die Beschreibung (1.) folgen Untersuchung (2.) und Beurteilung (3.). Folgende Punkte solltest du besonders beachten:

1. Wo steht das Denkmal (Ortszentrum, Kirche, Park, Hügel)?
2. Aus welchen Materialien wurde es errichtet?
3. Was ist dargestellt (z. B. Figuren, Gegenstände, Symbole, Allegorien, Inschriften)?
4. Gibt es Spuren von Veränderungen (Verwitterung, Zerstörung, Restauration, Ergänzungen)?
5. Wird der Gefallenen namentlich gedacht?
6. Welche Informationen über sie sind zu finden?
7. Wie vieler wird hier gedacht?
8. Gibt es heute noch Erinnerungsfeiern?
9. Wer ist Eigentümer des Denkmals? Wer pflegt es? In welchem Zustand ist es?
10. Welchen Gesamteindruck vermittelt das Denkmal (Aufbau und Inschriften sowie Mimik und Gestik der Figuren)?
11. Welche Botschaft will das Denkmal dem Betrachter vermitteln?
12. Welche Wirkung könnte das Denkmal auf den heutigen Betrachter haben?
13. Erscheint die Art und Weise, wie erinnert wird, heute (noch) angemessen?

Quellen von Darstellungen unterscheiden

Die Vergangenheit hinterlässt Überreste und Spuren: Sie sind die Grundlage für die Erforschung der Geschichte. Wir nennen sie Quellen*. Historiker und Historikerinnen untersuchen und deuten Quellen. Sie versuchen damit, sich ein Bild von der Vergangenheit zu machen. Ihre Ergebnisse fassen sie in Texten zusammen, die wir Darstellungen nennen. Um herauszufinden, ob es sich um eine Quelle oder eine Darstellung handelt, gehe so vor:

1. Untersuche die Angaben zu den Abbildungen und Texten.
2. Beantworte mit deren Hilfe folgende Frage: Stammt der Text oder der Gegenstand aus der Zeit, über die wir etwas wissen möchten?
   ja: **Quelle**
   nein, er stammt aus einer späteren Zeit: **Darstellung**

Darstellungen enthalten Informationen. Sie geben die Kenntnisse und die Vorstellungen wieder, die ein Autor bzw. eine Autorin von etwas hat. Folgende Fragen und Tipps helfen dir, Informationen aus einer Darstellung zu entnehmen:

1. Von wem stammt der Text? An wen richtet er sich?
2. Worum geht es in dem Text? Berücksichtige die Überschrift.
3. Schreibe die zentralen Begriffe oder Thesen aus dem Text heraus. Wenn du einen Begriff nicht kennst, sieh in einem Wörterbuch, einem Lexikon oder im Internet nach.
   Zur Arbeit mit dem Internet siehe auch die allgemeine Arbeitstechnik Im Internet surfen.
4. Werden Wertungen vorgenommen?
5. Fasse anhand der Stichworte den Inhalt des Textes zusammen.

Statistiken auswerten

Statistiken zeigen Zustände oder Entwicklungen auf. Bei der Auswertung gilt zu beachten, dass bis Anfang des 20. Jhs. Daten nicht systematisch erfasst und gesammelt wurden. Statistische Angaben für die Zeit davor sind daher in der Regel Schätzungen.
Statistische Daten können in Form von Tabellen und Diagrammen dargestellt werden.[1] Sie stellen Zustände und Entwicklungen dar und lassen Vergleiche zu. Bei der Auswertung ist zu beachten, dass Statistiken nur das Ergebnis und nicht dessen Zustandekommen zeigen. Folgende Fragen sind zu beachten:

1. Worüber informiert die Statistik (Thema)?
2. Auf welche Gebiete und Zeiträume beziehen sich die Angaben? Sind die zeitlichen Abstände einheitlich?
3. Wie entwickeln sich die Angaben? (Hilfreiche Begriffe sind z. B.: Zunahme, Abnahme, Verdoppelung, Verdreifachung, steigend, sinkend …)
4. In welchem Verhältnis stehen die Angaben zueinander? Was zeigt ein Vergleich der Entwicklungen? Wie verläuft er? (Skizziere dazu bei Bedarf auf der Grundlage der Daten ein Liniendiagramm.)
5. Lassen die Angaben begründete Vorhersagen (Prognosen) zur weiteren Entwicklung zu?
6. Welche Aussageabsicht lässt sich der Statistik entnehmen?

[1] Siehe auch „Schritt für Schritt: Diagramme erstellen und deuten" auf S. 204.

Textquellen verstehen, einordnen und deuten

Textquellen sind die wichtigsten geschichtlichen Zeugnisse. Im Schulbuch findest du in der Regel nur Quellenauszüge. Um ihren Inhalt zu erfassen, solltest du so vorgehen:

Erster Schritt: die Textquelle verstehen

1. Lies den Text sorgfältig durch. Oft erschließt sich sein Sinn beim zweiten Lesen schon besser.
2. Notiere dir unbekannte Namen und Begriffe. Kläre sie mithilfe eines Wörterbuches oder eines Lexikons. Du kannst auch das Internet nutzen. *Lies dazu die allgemeine Arbeitstechnik Im Internet surfen.*

Zweiter Schritt: die Textquelle einordnen

1. Wann und wo entstand der Text?
2. Wer hat ihn verfasst? Suche nach Informationen über den Verfasser (z. B. Lebenszeit, Herkunft, Beruf usw.).
3. Informiere dich über die Textsorte. Handelt es sich um einen öffentlichen Beitrag wie ein Gesetz, einen Buchauszug oder eine Rede oder um einen privaten Text wie einen Brief?

Dritter Schritt: die Textquelle deuten

1. Nenne die wichtigsten Aussagen des Textes.
2. Werden Wertungen vorgenommen?
3. Stelle fest, was der Verfasser wohl damit bewirken wollte.
4. Beurteile, ob die Informationen richtig oder falsch bzw. subjektiv oder objektiv dargestellt sind.

Verfassungsschemata auswerten

Ein Verfassungsschema stellt grafisch dar, wie ein Staat aufgebaut ist, welche Institutionen er hat, wie sie zusammenarbeiten und welche Rechte sie haben. Folgende Leitfragen können dir bei der Auswertung einer solchen Grafik helfen:

1. Wer hat die Verfassung ausgearbeitet und beschlossen?
2. Welche Teile der Bevölkerung werden genannt?
3. Wer darf wählen (aktives Wahlrecht) und wer darf gewählt werden (passives Wahlrecht)?
4. Wer ist von Wahlen ausgeschlossen?
5. Welche Ämter und Einrichtungen werden genannt?
6. Wer hat welche Aufgaben, Rechte oder Pflichten?
7. Wer arbeitet mit wem zusammen?
8. Wer hat wie viel Macht? Wer ist ausgeschlossen?
9. Wie wird ein Machtmissbrauch der Exekutive verhindert? Besteht eine Gewaltenteilung*?

Allgemeine Arbeitstechniken

Bücher finden

Wenn du ein Thema gründlich erarbeiten willst, benötigst du Fachliteratur. In der Schul- oder Stadtbücherei sind Bücher alphabetisch in einem Verfasser- und in einem Sachkatalog aufgelistet. Auf einer Karteikarte oder auf einem Bildschirm erhältst du Angaben über Verfasser, Erscheinungsort und -jahr sowie die Signatur: eine Folge von Zahlen und Buchstaben, mit denen das Werk in der Bibliothek zu finden ist.
Entdeckst du zu deinem Thema mehr Bücher, als du auswerten kannst, musst du einige auswählen. Prüfe auf jeden Fall anhand des Inhaltsverzeichnisses, ob das Buch für dich ergiebig sein könnte.
Informationen, die du für ein Referat oder eine Präsentation nutzt, sind nachzuweisen, damit sie überprüft werden können. Gib dazu den Autor des Buches, den Titel, Ort und Jahr der Veröffentlichung und die Seitenzahlen an, z. B. so:

Vorname und Name des Verfassers	Titel	Verlagsort und Jahr der Veröffentlichung	bei Zitaten Seitenangaben
Peter Zolling	*Deutsche Geschichte von 1848 bis zur Gegenwart*	*München 2017*	*S. 11*

Jugendbücher untersuchen

In historischen Romanen wird „Geschichte erzählt". Die Handlungen und Personen sind in der Regel frei erfunden. Insofern sind die Geschichten keine Quellen*. Die Schriftstellerinnen und Schriftsteller bemühen sich aber, die Zeitumstände sowie die handelnden Personen glaubhaft zu gestalten. Ihre historischen Aussagen sind aber trotzdem immer zu prüfen. Beim Umgang mit einem Roman oder Ausschnitten daraus, helfen dir Antworten auf folgende Fragen:

1. Wovon handelt die Geschichte? Welche Ereignisse sind besonders wichtig?
2. Welche Personen stehen im Mittelpunkt? Stehen sie für eine bestimmte Gruppe oder Schicht?
3. Vertreten die handelnden Personen bestimmte Vorstellungen oder Weltanschauungen?
4. Wie verhalten sich die Personen?
5. Wie verknüpft die Autorin/der Autor die Handlung mit den historischen Umständen und Ereignissen? Basiert die Handlung auf bestimmten Quellen?
6. Gelingt es der Autorin/dem Autor, ein anschauliches und glaubhaftes Bild der Zeit zu vermitteln?

Diskussionen führen

In einer Diskussion werden verschiedene Meinungen zu einem Thema ausgetauscht.
So lässt sich eine sachliches Gespräch führen:

1. Ihr verständigt euch über das genaue Thema oder die Streitfrage.
2. Sodann wird entschieden, ob eine kleine Gruppe oder die gesamte Klasse diskutieren soll.
3. Anschließend wird eine Diskussionsleitung bestimmt und die Diskussionsdauer festgelegt.
4. Die Diskussionsleitung eröffnet mit einer einleitenden Aussage (Statement) die Diskussion, stellt Fragen und erteilt das Wort.
5. Die Teilnehmer überlegen sich im Vorfeld Argumente und Beispiele zum Thema.
6. Alle Argumente und Beispiele werden sachlich vorgetragen.
7. Zum Abschluss der Diskussion wird das Ergebnis gemeinsam zusammengefasst.

Exkursionen in ein Museum durchführen

Museen sammeln und stellen aus, was Menschen früherer Zeiten hinterlassen haben. Mithilfe dieser ausgewählten Überreste vermitteln sie historisches Wissen über Gesellschaft, Wirtschaft, Herrschaft und Religion früherer Zeiten. Manche Museen zeigen nicht nur Ausstellungsstücke (Exponate), sondern sie bieten ihren Besuchern auch die Möglichkeit auszuprobieren, wie früher getöpfert, geschneidert, gewebt oder gekocht wurde. Mit folgenden Tipps könnt ihr eine Exkursion planen:

Erster Schritt: Informiert euch

Recherchiert auf der Homepage des jeweiligen Museums folgende Informationen:

1. Was wird ausgestellt?
2. Gibt es spezielle Angebote für Klassen (z. B. Führungen, Workshops, Materialien etc.)?
3. Ist das Museum leicht zu erreichen? (Verkehrsmittel? Anfahrtszeit? Kosten?)
4. Wie sind die Öffnungszeiten und Preise?

Zweiter Schritt: Legt das Ziel fest und bereitet die Exkursion vor

1. Stellt eure Rechercheergebnisse in der Klasse vor und einigt euch auf ein Exkursionsziel.
2. Überlegt, ob ihr ein Angebot des Museums wahrnehmen oder lieber „auf eigene Faust" Erkundungen durchführen wollt.
3. Legt in Absprache mit der Lehrkraft den Termin fest und organisiert die Anfahrt bzw. das Museumsangebot.
4. Lasst Expertenteams aus eurer Klasse kurze Referate zu Themen des Museums vorbereiten.
5. Überlegt euch Fragen, die ihr vor Ort Fachleuten stellen wollt.
6. Verteilt vorab bestimmte Aufgaben wie Skizzen anfertigen, Notizen machen, Interviews führen, Fotos bzw. ein Video machen etc.

Dritter Schritt: Führt die Exkursion durch

1. Verschafft euch vor Ort gemeinsam einen Überblick.
2. Erledigt dann eure jeweiligen Aufgaben. Seid aber auch offen für Neues, denn ihr werdet wahrscheinlich vor Ort auf spannende Fragen, Ausstellungsstücke und Erkenntnisse stoßen, die ihr bei euren Planungen nicht berücksichtigt habt.

Vierter Schritt: Wertet eure Exkursion aus und dokumentiert sie

1. Stellt eure Ergebnisse der Klasse vor, besprecht sie und klärt offene Fragen.
2. Dokumentiert eure Exkursion, z. B. mit einem Wandposter, einem kleinen Reiseführer, einem Informationsfaltblatt, einem Artikel für die Schülerzeitung oder einem kleinen Video.

Im Internet surfen

Das Internet ist ein weltweites Netz (www: World Wide Web), das Millionen von Computern verbindet. Es enthält Daten aller Art: Texte, Grafiken, Bilder, Filme oder Tonaufnahmen. Da grundsätzlich jeder Nutzer Informationen ins Netz stellen kann, fällt es schwer, zwischen zuverlässigen und unzuverlässigen Informationen zu unterscheiden. Außerdem: Die allermeisten Informationen sind gar nicht für junge Leser geschrieben worden. Sie sind deshalb oft kompliziert und umfangreich.

Suchmaschinen helfen, Informationen zu finden. Dazu tippt man Stichwörter des gesuchten Themas in das Suchfeld ein. Je genauer die Angaben sind, desto nützlicher und übersichtlicher sind die Treffer. Folgende Fragen solltest du beim Surfen im Internet beachten:

1. Enthält die aufgerufene Seite tatsächlich die gesuchten Informationen oder wird eher geschäftliches Interesse verfolgt? (Dies trifft häufig auf die ersten Treffer zu!)
2. Ist nachgewiesen, woher die Informationen stammen? Gibt es einen Autor oder Quellenangaben?
3. Kann ich mich an die Verfasser wenden, wenn ich Fragen habe (E-Mail-Adresse)?
4. Ist die Website aktuell (letztes Update)?

Fremde Informationen, die du für deine Arbeit nutzt, sind nachzuweisen, damit sie überprüft werden können. Das gilt für Bücher ebenso wie für eine Website. Nenne auch immer das Zugriffsdatum, da sich die Angaben im Netz ständig ändern können.

Beispiel: *Zitiert nach: www.1000dokumente.de (Zugriff: 27.04.2020)*

Internettipps findest du auf vielen Seiten des Buches.

Einen Kurzführer für Bauwerke erstellen

Zu vielen hier gezeigten Bauwerken gibt es Kunstführer. Sie dienen zum besseren Verständnis der Gebäude. Für Bauwerke könnt ihr selbst Kurzführer erstellen, wenn ihr in Gruppenarbeit folgende Fragen schriftlich beantwortet und entsprechend bebildert:

1. Wie heißt das Gebäude? Besteht es aus einem oder mehreren Teilen?
2. Wo befindet es sich genau?
3. Wer ließ es errichten?
4. Wer waren die Baumeister/Architekten? Woher kamen sie?
5. In welchem Jahr wurde mit dem Bau begonnen, in welchem wurde er abgeschlossen?
6. Gab es einen bestimmten Anlass für die Errichtung?
7. Welche Aufgabe erfüllte das Gebäude, wie wurde es genutzt?
8. Enthält es ganz besondere Räume oder Kunstwerke?
9. Welche Künstler waren an der Ausstattung der Räume beteiligt? Woher kamen sie?
10. Wurde das Gebäude seit seiner Entstehung verändert?
11. Wie wird es heute genutzt?
12. Wer besitzt es heute?

Lernplakate präsentieren – digitale Präsentationen erstellen

Hast du dich mit einem Thema gründlich beschäftigt, kannst du dein Arbeitsergebnis anschaulich digital oder analog als Lernplakat mit Texten, Abbildungen und Grafiken präsentieren.

1. Der Umfang bzw. Platz sowie die zur Verfügung stehende Zeit sind begrenzt. Darauf musst du dich einstellen.
2. Ordne deine Ergebnisse wie in einer kurzen Zeitungsmeldung nach Wichtigkeit.
3. Formuliere klar, genau und verständlich in kurzen, einfachen Sätzen wie in einer Inhaltsangabe.
4. Verdeutliche wichtige Aussagen mit großen Abbildungen, Schaubildern oder Karten.
5. Gib dem Poster oder der digitalen Präsentation einen Titel, der motiviert und informiert.
6. Wähle eine einheitliche Schrift in angemessener Größe, sodass sie einwandfrei lesbar ist. Kurze Abschnitte mit knappen Überschriften machen den Text übersichtlich.
7. Gestalte dein Poster bzw. die digitale Präsentation vielfältig und übersichtlich. Achte darauf, dass der Text- den Bildanteil nicht übertrifft.
8. Vergiss nicht, die Quellen deiner Informationen, Texte und Bilder anzugeben.
9. Beachte die Arbeitstechniken „Bücher finden“ (siehe S. 210) und „Im Internet surfen“ (siehe S. 212).

Lernplakate und digitale Präsentationen kann man auch in Gruppen erarbeiten.

Ein Cluster oder eine Mindmap erstellen

Das englische Wort „Cluster“ steht für das Sammeln von Gedanken zu einem Begriff oder Satz. Hierfür wird der Begriff oder der Satz in die Mitte eines Blattes geschrieben. Angeregt von diesem Wort oder Satz schreibst du spontan weitere Wörter darum herum, die dir dazu einfallen. Diese Arbeitsmethode hilft, Ideen zu sammeln und Gedanken zu ordnen.
Aus einem Cluster wird eine Mindmap (Gedanken-Landkarte) wenn du deine Ideen nach Oberbegriffen gliederst und zwischen den Begriffen Verbindungslinien ziehst. Sie machen dann die Beziehungen der Begriffe zueinander deutlich. Eine Mindmap setzt schon genauere Kenntnisse über den Begriff oder den Satz voraus, zu dem du Ideen sammeln willst. Eine Mindmap hilft dir, ein Thema zu vertiefen und übersichtlich darzustellen.
Cluster und Mindmap können besonders ertragreich sein, wenn sie in Partner- oder Gruppenarbeit erstellt werden.

Gewusst wie?
Tipps und Anregungen für die Aufgaben

Kapitel 1: Aufklärung, Französische Revolution und Napoleon

S. 13, 6 (H) Stichwörter für die Diskussion wären z. B. „Gleichheit vor dem Gesetz", „Toleranz", „Widerstandsrecht" und „Gewaltenteilung". Berücksichtigt die Arbeitstechnik „Diskussionen führen"; siehe S. 210.

S. 15, 4 (H) Übergeordnete Gesichtspunkte könnten sein: Steuern und Finanzen, Freiheit und Eigentum, Herrschaft und Verfassung.

S. 19, 6 (H) In dem Zusammenhang könnt ihr auch auf die „Kinderrechte" verweisen; siehe *www.menschenrechte.jugendnetz.de/menschenrechte/kinderrechte* (Zugriff: 06. 12. 2019). Beachtet auch die Arbeitsmethode „Lernplakate präsentieren"; siehe S. 213.

S. 21, 3 (H) Das Verfassungsschema schlägt euch vor, an welcher Stelle ihr mit der Beschreibung beginnen und in welcher Reihenfolge ihr seine Informationen wiedergeben könnt. Denkbar sind aber auch andere Wege, sie sollten nur systematisch erfolgen.
Bei der Auswertung können Formulierungen wie die Folgenden helfen:

1. *Thema*: Das Schaubild zeigt …
2. *Beschreibung*: Eine zentrale Stellung nimmt das Volk ein. Es ist in zwei Gruppen aufgeteilt: die Aktivbürger (1), die …, und die Passivbürger (2), die ….
   Am Aufbau und an der Farbgebung des Schemas ist gut zu erkennen, dass es eine Gewaltenteilung gibt. Niemand hat also …
   Links in Rot stehen die Organe der … ((5) + (6) + (7)).
   In der Mitte in Gelb die … (10) : die … (4). Sie erlässt …; die …. (12) ist rechts in grau abgebildet. Zu ihr zählen …, an deren Spitze steht das … (9).
3. *Beurteilung*: Gegenseitige Kontrolle der Gewalten soll verhindern, dass …. Der erbliche … (5) ernennt und erlässt die … (6). Beide werden von der …. (4) kontrolliert. Der König kann gegen Gesetze ein Veto einlegen und damit … Das Oberste Gericht kontrolliert die … (12). Frankreich hat zwar noch einen König, aber in der Verfassung* sind nun … und … festgeschrieben. Diese Verfassung machte Frankreich zu einer … Monarchie.

S. 25, 2 (H) Berücksichtige die Arbeitsmethode „Verfassungsschemata auswerten"; siehe S. 209; beachte auch die Hinweise zu S. 21, 3.

S. 29, 3 (H) Beachte die Informationen zu M3 auf S. 11.

S. 31, 1 (H) Beachte die Arbeitsmethode „Herrscherbilder untersuchen und deuten"; siehe S. 206.

S. 31, 3 (H) Greife dabei auf dein Wissen über Kaiser* der Antike* und des Mittelalters* zurück; siehe außerdem S. 32, M1. Berücksichtige auch die Arbeitsmethode „Herrscherbilder untersuchen und deuten"; siehe S. 206.

S. 33, 1 (H) Berücksichtige auch die Arbeitsmethode „Herrscherbilder untersuchen und deuten"; siehe S. 206.

S. 35, 2 (H) Beachte die Arbeitsmethode „Mit Geschichtskarten arbeiten"; siehe S. 205 f.

S. 41, 7 (H) Berücksichtige dabei Napoleon. Welche Rolle spielte er für Metternichs Urteil?

Kapitel 2: Einigkeit und Freiheit? Deutschland zwischen 1815 und 1848/49

S. 47, 5 Ⓗ Menschen definieren sich als Gemeinschaft über eine gemeinsame Sprache, gemeinsame Überzeugungen, Verhaltensweisen, kulturelle oder emotionale Bezüge und Erinnerungen. Überlege, inwieweit in den deutschen Territorialstaaten diese Kriterien erfüllt waren. Berücksichtige für die Antwort auch die Beziehung der Stände* zu ihren Landesherren.

S. 51, 4 Ⓕ Anhaltspunkte dazu liefern z. B. das Reichsbanner des Heiligen Römischen Reiches Deutscher Nation und zahlreiche Wappen der Freien Reichsstädte.

S. 55, 1 Ⓗ Berücksichtige die Arbeitsmethode „Historiengemälde beurteilen"; siehe S. 207.

S. 55, 3 Ⓗ Berücksichtige die Arbeitsmethode „Textquellen verstehen, einordnen und deuten"; siehe S. 209.
Bei der Analyse einer Rede sind zu berücksichtigen:
- Wann und wo wurde sie vor welchem Publikum gehalten?
- Gab es einen besonderen Anlass?
- Was ist das Thema?
- Welche Argumente werden verwendet?
- Wie ist die Argumentation inhaltlich und sprachlich aufgebaut?
- Welche Zielsetzung wird verfolgt? (Soll das Publikum belehrt, erfreut oder zu etwas bewegt werden?)
- Wie wirkte sie auf das Publikum (z. B. Beifall, Zwischenrufe etc.)?

S. 59, 3 Ⓗ Berücksichtigt die Arbeitsmethode „Textquellen verstehen, einordnen und deuten"; siehe S. 209.
Welche Textstellen verweisen darauf, dass es sich ursprünglich um ein Trinklied handelte? Prüft den Vorwurf, der Text sei teilweise aggressiv und nationalistisch. Vergleicht dazu die deutsche mit anderen Nationalhymnen.
Unter *www.bpb.de/internationales/europa/europaeische-union/171039/hymnen (Zugriff: 29. 11. 2019)* findest du die Nationalhymnen der 27 EU-Mitgliedstaaten mit Texten, eingespielt vom Stabsmusikkorps der Bundeswehr.

S. 59, 6 Ⓗ Berücksichtige die zeitlosen Werte, die die Hymne anspricht. Werden Männer und Frauen gleichermaßen berücksichtigt?
2018 machte Kristin Rose-Möhring, die Gleichstellungsbeauftragte des Bundesfamilienministeriums, den Vorschlag, die Hymne geschlechterneutral umzudichten. Aus „Vaterland" solle „Heimatland" und aus der Zeile „brüderlich mit Herz und Hand" solle „couragiert mit Herz und Hand" werden. Vgl. dazu den Beitrag „Blühe, deutscher Bundesstaat!" von Johan Schloemann in der Süddeutschen Zeitung vom 6. März 2018 *(www.sueddeutsche.de/kultur/deutsche-nationalhymne-bluehe-deutscher-bundesstaat-1.3893219; Zugriff: 01. 01. 2020).*

S. 68, 5 Ⓗ Berücksichtige die Arbeitsmethode „Verfassungsschemata auswerten"; siehe S. 209.
Beachte auch die Auswertung des Schemas der Verfassung von 1791; siehe hier die Hinweise für S. 21, 3.

S. 68, 6 Ⓕ Die Diskussion kann mit folgender Frage erweitert werden: Wie ist die Leistung der Nationalversammlung aus heutiger Sicht zu beurteilen?

S. 69, 2 Ⓗ Berücksichtige die Arbeitsmethode „Textquellen verstehen, einordnen und deuten"; siehe S. 209.
Teilt euch für das Streitgespräch in zwei Gruppen auf. Jede Gruppe übernimmt eine Position (M2 oder M3). Versetzt euch in die Rollen von Adolph Hofmeister (M2) oder Louise

Otto (M3). Fasst die Thesen und Argumente stichwortartig zusammen, findet weitere Aspekte, die die Positionen stützen oder Beispiele, die die Argumente veranschaulichen. Zwei oder vier Schüler oder Schülerinnen führen das Streitgespräch durch, die übrigen agieren als Publikum. Bestimmt für die Durchführung auch eine Gesprächsleitung, die die Diskussion eröffnet und ggf. moderiert und Beobachter, die auf Inhalt und Form/Diskussionsverhalten achten. Wertet das Gespräch in der Klasse aus und nehmt aus heutiger Sicht Stellung zu den Argumenten.

S. 69, 3 (F) Um die damaligen politischen Möglichkeiten von Frauen beurteilen zu können, informiert euch über *Kathinka Zitz*, *Johanna Kinkel*, *Elise Blenker*, *Mathilde Franziska Anneke*, *Amalie Struve*, *Emma Herwegh*, *Louise Aston* und *Louise Otto-Peters*. Erste Hinweise über sie findest du im Internet unter *www.demokratiegeschichte.eu/index.php?id=93 (Zugriff: 27. 11. 2019)*.

S. 71, 3 (H) Beachte bei der Bearbeitung die „Reichsverfassung"; siehe S. 68.

S. 71, 6 (H) Berücksichtigt dabei die Ziele der Revolution, die Mehrheiten im Parlament und die Machtverhältnisse. Beachtet auch die Arbeitsmethode „Diskussionen führen"; S. 217.

S. 75, 3 (F) Lies dazu auch im Internet die Rede der damaligen Verteidigungsministerin Ursula von der Leyen vom 23. Mai 2019; siehe *www.bmvg.de/de/aktuelles/rede-der-ministerin-auf-dem-hambacher-schloss-51210 (Zugriff: 29. 12. 2019)*.

Kapitel 3: Bayern – Identität, Staatsgebiet und kulturelles Erbe

S. 81, 2 (H) Achte auf die unterschiedlichen Flächenfarben, auf die Grenzlinien und auf die im Kartenbild genannten Jahreszahlen.

S. 83, 1 (H) Beachte die Gegenstände auf dem Tisch am linken Bildrand. Worauf ruht die Hand des Königs? Berücksichtige die Arbeitsmethode „Herrscherbilder untersuchen und deuten"; siehe S. 206.

S. 85, 1 (H) Überlegt, welche Personen in euren Augen Vorbilder und/oder bedeutend für die deutsche Geschichte waren. Nebenbei: Über die Neuaufnahme von Büsten entscheidet der Bayerische Ministerrat. Vgl. *www.bayern.landtag.de/www/ ElanTextAblage_WP14/ Drucksachen/0000000401/wp14_0000436.pdf (Zugriff: 27. 11. 2019)*. Berücksichtigt auch die Arbeitsmethode „Diskussionen führen"; siehe S. 211.

S. 87, 1 (H) Gründe für den Besuch von Schlössern lassen sich auch aus der Arbeitsmethode „Einen Kurzführer für Bauwerke erstellen" ableiten; siehe S. 212.

S. 87, 2 (F) Vergleicht, wozu, für wen, nach welchen Vorbildern, an welchen Orten ... Ludwig I. und Ludwig II. ihre großen Bauvorhaben errichten ließen. Weiterführende Hinweise liefern der Medientipp (Code 31063-31) und *www.hdbg.eu/koenigreich/index.php/themen/index/herrscher_id/1/id/24 (Zugriff: 19. 11. 2019)*.

S. 89, 2 (H) Überlege, was die Menschen, die in Bayern leben, eint oder trennt.

S. 91, 1 (H) Beachte, aus wie vielen und welchen Elementen das Wappen besteht und wofür diese stehen.

Kapitel 4: Industrialisierung und Soziale Frage

S. 99, 1 (F) Du kannst dich z. B. mithilfe eines Erklärvideos über den Prozess des Spinnens und die Funktionsweise der „Spinning Jenny" informieren; siehe *www.youtube.com/watch?v=an4hi0knlaA (Zugriff: 21. 12. 2019).*

S. 99, 2 (H) Informationen zu den Folgen der Erfindung der „Spinning Jenny" für die Handspinnerei findest du in einem Comic von Milena Bassen; siehe *www.deutsches-museum.de/sammlungen/entdecken/comics/spinning-jenny/spinning-jenny-comic (Zugriff: 21. 12. 2019).*

S. 99, 4 (H) Beachte in dem Zusammenhang die Arbeitstechnik „Ein Cluster oder eine Mindmap erstellen"; siehe S. 213.

S. 101, 3 (H) Erklärt zunächst, welcher Zusammenhang zwischen den in M4 und in M3 erkennbaren Entwicklungen vermutlich besteht. Wenn ihr M4 und M5 vergleicht, müsst ihr darauf achten, dass es sich einmal um absolute Zahlen handelt, einmal um Prozentangaben. Überlegt z. B., ob der prozentuale Rückgang der in der Landwirtschaft Beschäftigten zwischen 1800 und 1850 auch einen Rückgang in absoluten Zahlen bedeuten muss.

S. 101, 4 (H) Du kannst dazu eine Tabelle mit folgendem Aufbau anlegen:

Wer sind die Verfasser? Was kannst du über sie durch Recherche im Internet herausfinden?	**Johanna Schopenhauer …**	**Friedrich Engels …**
Wann und wo ist der Reisebericht entstanden? Was waren die Umstände?	*Johanna Schopenhauer war zwischen 1803 und 1805 zusammen mit ihrem Mann, einem Kaufmann und Fabrikbesitzer, und ihrem Sohn in England. Ihre Aufzeichnungen erschienen 1813/14 in 2 Bänden.*	*Zwischen 1842 und 1844 während eines erneuten Englandaufenthalts, vordergründig, um Engels kaufmännische Ausbildung zu beenden. Tatsächlich …*
An wen richtet sich der Bericht?	*An eine Leserschaft, die an der aktuellen Entwicklung Englands interessiert war.*	*An sozialpolitisch interessierte Leser, die eine kritische Haltung zum Kapitalismus einnehmen …*
Was sind die wichtigsten Aussagen des Textes?	…	…
Erscheint die Darstellung sachlich richtig und objektiv? Wie fällt das Urteil aus? (Hilfreiche Begriffe sind z. B.: beeindruckt, begeistert, fasziniert, abgestoßen, besorgt …)	…	…

S. 103, 2 (H) Zur Arbeit mit Diagrammen siehe „Schritt für Schritt: Diagramme erstellen und deuten" auf S. 204.

S. 103, 3 (H) Beschreibt die Entwicklung erst nacheinander, dann vergleicht sie miteinander.
1. Schritt: Thema und Grundlage der Statistik bestimmen; England im Jahr 1900 wird mit dem Wert 100 angesetzt.

2. Schritt: Zeit und Räume beachten

3./4. Schritt: Veränderungen beschreiben, Vergleiche vornehmen

	1750	1800	1830	1860	1880	1900
Großbritannien	10	16	25	64	87	[100]
Deutsche Staaten/ Deutschland	8	8	9	15	25	52
Gesamteuropa	8	8	11	16	24	35
	Industrialisierungsgrad Englands etwas … als der Deutschlands – trotz geringerer Bevölkerungszahl	*Industrialisierungsgrad Englands steigt vom … auf das … von Deutschland an.*			*Bis 1900 deutlicher … des Industrialisierungsgrads Deutschlands: im Verhältnis zu England: …*	

5. Schritt: Prognostiziert werden kann, dass Deutschland … und England eventuell einholt.

6. Schritt: Die Statistik belegt die Entwicklung der Industrialisierung Englands und Deutschlands seit der Mitte des 18 bzw. 19. Jhs., und macht deutlich, dass beiden Länder bis 1900 über dem europäischen Schnitt …

S. 103, 4 (H) Verwendet dazu Zahlen und Zitate aus dem Material. Ihr könnt vergleichend auch die Materialien zur Industrialisierung in England benutzen.
Weiteres Bildmaterial zum Entwicklungsstand der Industrialisierung in Deutschland findet ihr z. B. unter *www.planet-wissen.de/gesellschaft/wirtschaft/industrialisierung_in_deutschland/index.html (Zugriff: 03.06.2020).*

S. 105, 3 (H) Informiert euch mithilfe des Internets über die Maßeinheiten zur Berechnung der Personenbeförderung und Transportleistung von Verkehrsmitteln (Personenkilometer und Tonnenkilometer). Ihr könnt auch euren Mathematiklehrer oder eure Mathematiklehrerin fragen.
Berechnet für die Angaben in den einzelnen Spalten die Veränderungsraten möglichst geschickt, z. B. Streckenlänge: > Verzehnfachung zwischen 1840 bis 1850; etwa Verfünffachung zwischen 1850 und 1880 …

S. 107, 2 (H) Für das Schaubild kannst du z. B. einen Regelkreislauf entwerfen:

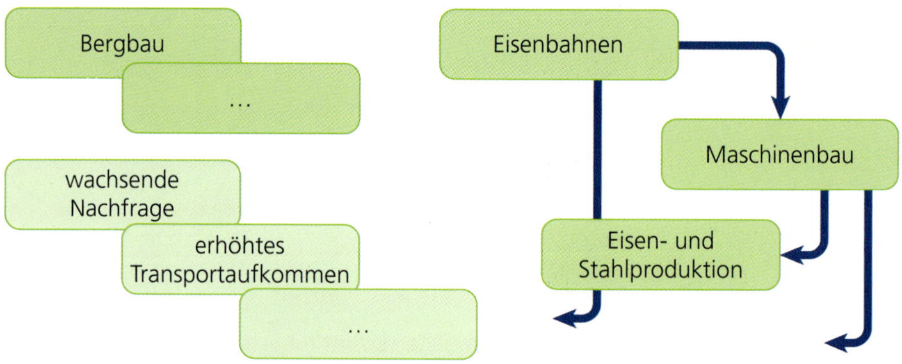

S. 109, 6 (H) Stellt z.B. in einer Tabelle Pro- und Kontraargumente zu dieser Frage zusammen. Formuliert ein Fazit, in dem ihr eure Meinung abschließend begründet.

S. 111, 1 (H) Du kannst dabei folgende Aspekte bedenken: In welchem Verhältnis stehen die Arbeiter in einem Handwerksbetrieb und in einer Fabrik zueinander? Wo wohnen die Arbeiter?

Über welche Berufsausbildung verfügen sie? Was stellen die einzelnen Arbeiter her, ein vollständiges Produkt oder Teile davon? Für wen stellen sie ihr Produkt her? Mit welchen Werkzeugen arbeiten sie dabei?

S. 115, 4 Ⓗ Legt zunächst eine Tabelle an, in der ihr Motive, Maßnahmen und Erfolge, aber auch Schwächen zusammenstellt. Für euer Gesamturteil könnt ihr folgende Formulierungen verwenden:

- *Einerseits ist es positiv, dass Kirchen und Unternehmer nach konkreten Lösungen für die sozialen Probleme gesucht haben. Einzelne Unternehmer errichteten für ihre Arbeiter z. B. Werkswohnungen, damit …*
- *Andererseits kann auch Kritik geübt werden, etwa an den Motiven oder dem Umfang der Hilfe: …*
- *Um zu einem abschließenden Urteil zu kommen …*

S. 115, 6 Ⓗ Informationen findest du z.B. unter *www.familienland-bayern.de/themen/mehrkindfamilien/index.php#sec3* (Zugriff: 03. 06. 2020)

S. 117, 1 Ⓗ Überlege dir dazu, was der Anlass für die Arbeiter sein könnte, sich vor dem Haus im Vordergrund zu versammeln. Achte auf die verschiedenen Personengruppen und ihr Verhalten.

S. 117, 4 Ⓗ Überlege dazu, welche Veränderung sich für das Eigentum des Einzelnen im Sozialismus* bzw. Kommunismus* ergeben würde. Unterscheide dabei zwischen dem persönlichen Eigentum des Einzelnen (z. B. eigene Kleidung) und dem Eigentum an Maschinen und Fabriken sowie der Verteilung der erwirtschafteten Gewinne.

S. 117, 5 Ⓗ **Vorschlag 1:** Arbeiter und Arbeiterinnen! Seit vielen Jahren müssen wir erleben, wie wir in den Fabriken ausgebeutet werden. Jeder von uns weiß, was es heißt, stundenlang in einer zugigen Werkshalle zu stehen, dem ohrenbetäubenden Lärm der Maschinen ausgesetzt … Wie oft schon haben wir bei den Fabrikherren vorgesprochen, um … Umsonst! …

Vorschlag 2: Die Gefahr durch die Arbeiter wächst! Wochenlang nun schon müssen wir Unternehmer zusehen, wie der Erfolg unsere Investitionen durch …. gefährdet wird, den unnütze Existenzen in unseren Fabriken …

S. 119, 1 Ⓗ Achte auf die Kleidung der Personen. In welchem Verhältnis könnten die Anwesenden stehen? Handelt es sich bei der Begegnung der beiden Jungen um eine Begrüßung, einen Abschied oder um ein Wiedersehen? Überlege auch, was der Zeichner mit dem Bild vermutlich ausdrücken wollte.

S. 123, 2 Ⓗ Beachte die Arbeitsmethode „Diagramme erstellen und deuten"; siehe S. 204.

Kapitel 5: Das Deutsche Kaiserreich

S. 127, 1 Ⓕ Informiere dich zunächst über den Zweck des Niederwald-Denkmals. Recherchiere dazu im Internet oder in einer Bibliothek. Beschreibe dann – unter Bezugnahme auf die Bildunterschrift – das Relief (M1). Interpretiere es anschließend. Überlege dir dazu, wofür das Bildelement im übertragenen Sinne steht, was also damit über den Krieg ausgesagt wird.

S. 129, 3 Ⓗ Beachte die Arbeitsmethode „Karikaturen entschlüsseln"; siehe S. 207. Zentral für die Kernaussage ist der zeitgeschichtliche Kontext.

S. 133, 3 Ⓗ Beachtet die Arbeitsmethode „Karikaturen entschlüsseln"; siehe S. 207.

S. 135, 1 Ⓗ Legt dazu z. B. eine Tabelle mit drei Spalten an, wo ihr die wichtigsten Kompetenzen des Kaisers, des Bundesrates und des Reichstages eintragt. Anschließend könnt ihr untersuchen, welche Macht diese Kompetenzen der jeweiligen Institution geben, und euer Urteil begründen. Berücksichtigt die Arbeitsmethode „Verfassungsschemata auswerten"; siehe S. 209, beachte auch die Hinweise zu S. 21, 3.

S. 135, 5 Ⓗ Prüft zunächst, ob sich Nonns These mithilfe der Verfassung belegen lässt (M2). Klärt sodann, warum er die Fähigkeit zur Kompromissbereitschaft für wichtig hält. Erörtert dann die Argumente. Berücksichtigt die Arbeitstechnik „Diskussionen führen"; siehe S. 211.

S. 137, 1 Ⓗ Beachte die Arbeitsmethode „Karikaturen entschlüsseln"; siehe S. 207. Zur Interpretation sind noch folgende Punkte zu beachten:

- Beschreibe die drei Zeichnungen nach und nach. Beziehe dabei die Bildüberschrift und die Bildunterschriften mit ein.
- In welchem Kontext werden hier die Begriffe „Pöbel", „Menge" und „Volk" verwendet? Stimmen die Zuordnungen?
- Welche Rolle spielt das Militär in den Bildern?
- Wie steht der Zeichner zum Thema der Karikatur?

S. 143, 6 Ⓗ Berücksichtige Entstehungszeit, Versicherungsarten, Umfang sowie Bedeutung für das Individuum und die Gesellschaft.

S. 145, 1 Ⓗ Siehe dazu S. 32, M1, und die Arbeitsmethode „Herrscherbilder untersuchen und deuten"; siehe S. 206.

S. 145, 3 Ⓗ Beachte besonders die Bildunterschrift der Karikatur. Berücksichtige, dass die Soldaten der Bundeswehr als „Staatsbürger in Uniform" gelten.

S. 147, 2 Ⓗ Die Stadt mit dem größten Wachstum kannst du durch Dividieren ermitteln. Bei der Suche nach den Gründen für das enorme Wachstum berücksichtige dein Wissen, das du im Zusammenhang mit der Industrialisierung* erworben hast.

S. 149, 6 Ⓕ Recherchiert dazu Informationen über die gezeigten Verkehrsmittel und genannten Zielorte. Welche Vorstellungen werden hier deutlich?

S. 153, 3 Ⓗ Informiert euch z. B. über folgende Bereiche:

- familiärer Hintergrund
- Schulbildung/Zugang zu Bildung
- politische Einstellung/politisches Engagement
- Ziele
- Werdegang

Überlegt euch anschließend, welche Informationen zentral für das Lernplakat sind. Berücksichtigt die Arbeitstechnik „Lernplakate präsentieren …"; siehe S. 213.

S. 157, 1 Ⓗ Berücksichtige die Arbeitsmethode „Karikaturen entschlüsseln"; siehe S. 207.

S. 157, 2 Ⓗ Beachte bei der Erläuterung die beabsichtigte Funktion des Denkmals (siehe auch die Arbeitsmethode „Denkmäler untersuchen"; S. 203) und konfrontiere sie mit den Aussagen Bebels.

Kapitel 6: Imperialismus und Erster Weltkrieg

S. 163, 2 Ⓗ Lege eine Tabelle an, in die du die Ergebnisse einträgst.

S. 163, 6 Ⓗ Beachte die Arbeitsmethode „Karikaturen entschlüsseln"; siehe S. 207.
Zum „Hosenbandorden" so viel: Ein Hosenband dient dazu, ein Verrutschen des

Strumpfs zu verhindern, ist gleichzeitig aber auch Symbol für Treue und Tugend. Es zu verlieren, galt als peinlich. Es gibt eine Gründungslegende: Die Geliebte des im 14. Jh. regierenden Königs Eduard III. soll während eines Tanzes ihr Strumpfband verloren haben, was Gelächter unter den Ballgästen hervorrief. Der König soll sich schützend vor seine Geliebte gestellt, das Strumpfband aufgehoben und den Satz „Honni soit, qui mal y pense" ausgerufen haben.

S. 163, 7 (H) Ordne die Teilergebnisse den Fragen zu „Wie veränderten sich die Kolonialreiche?" und „Warum veränderten sich die Kolonialreiche?". Überlege, wie du die beiden Karten M1 und M2 in den Kurzvortrag einbeziehen willst. Denke daran, dass ein Kurzvortrag eine Einleitung und einen Schluss hat; M4 kann dir eine Anregung dafür geben.

S. 165, 3 (H) Beachte auch die in der Karte verzeichneten Reaktionen auf das Vordringen der Kolonialmächte.

S. 165, 6 (H) Berücksichtige das Wohlwollen der Bevölkerung für den Kolonialerwerb, die Vorgehensweise der Kolonialmächte und die Folgen des Imperialismus.

S. 167, 4 (H) Notiere übersichtlich die Argumente, die für oder gegen einen Völkermord (Genozid) sprechen, wäge sie gegeneinander ab und ziehe für eine Stellungnahme eine Bilanz.

S. 169, 6 (H) Ordne die Arbeitsergebnisse z. B. nach der folgenden Gliederung untereinander oder von links nach rechts auf einem DIN A4-Blatt:

- Belastungen der Kolonialherrschaft
- Rolle der Kolonialmächte während und nach der Entlassung der Kolonien in die Unabhängigkeit
- gegenwärtige Probleme

Denke daran, dass Pfeile oder andere optische Zeichen, eine Grafik verständlicher machen.

S. 171, 4 (H) Arbeite heraus und stelle ggf. grafisch dar, welche Staaten sich annähern und verbünden und welche sich am Ende eher feindlich gegenüberstehen.

S. 173, 6 (H) Zeige, wofür die beiden Männer stehen, was sie im Arm halten und was der Zeichner mit der Bildunterschrift aussagen will. Berücksichtige auch, was du über den Rüstungswettlauf und über den Militarismus um 1900 weißt. Berücksichtige die Arbeitsmethode „Karikaturen entschlüsseln"; siehe S. 207.

S. 175, 1 (H) Berücksichtige die Arbeitsmethoden „Karten im Geschichtsatlas finden und auswerten" auf Seite 80 sowie „Mit Geschichtskarten arbeiten" auf Seite 205.

S. 175, 7 (H) Vergleiche: Welche Absicht unterstellt der Zeichner den europäischen Großmächten in Bezug auf den Balkan? Was hast du über ihre Interessen und über ihre Politik in diesem Kapitel erfahren? Berücksichtige auch die Arbeitsmethode „Karikaturen entschlüsseln"; siehe S. 207.

S. 178, 6 (H) Überlege, wie du die Handlungen der Mächte in der richtigen zeitlichen Reihenfolge darstellen und zeigen kannst, welche der Handlungen Aktion, welche Reaktion war.

S. 179, 10 (F) Zu diesem Arbeitsvorschlag könnt ihr im Gemeinde- oder Stadtarchiv Zeitungen vom August 1914 einsehen.

S. 181, 5 (H) Beachte dabei die Arbeitsmethode „Feldpostbriefe analysieren" auf S. 203.

S. 186, 6 (H) Berücksichtigt dabei die Arbeitsmethode „Mit Geschichtskarten arbeiten" auf Seite 205f.

S. 187 (H) Eure Lernplakate könnt ihr z. B. nach dem Muster einer Mindmap aufbauen; siehe dazu die Arbeitstechniken „Lernplakate präsentieren ..." und „Ein Cluster oder eine Mindmap erstellen" auf S. 213.

Sachregister

*Die mit * gekennzeichneten Begriffe zählen zu den „Grundlegenden Daten und Begriffen" des LehrplanPLUS, die* ***hervorgehobenen*** *Seitenzahlen verweisen auf zusätzliche Erklärungen.*

Personenregister

*Die mit * gekennzeichneten Namen gehören zu den „Grundlegenden Daten und Begriffen" des LehrplanPLUS, die* **hervorgehobenen** *Seitenzahlen verweisen auf biografische Angaben.*

Zusätzliches Kartenmaterial

M1 Mitteleuropa zu Beginn der Französischen Revolution 1789

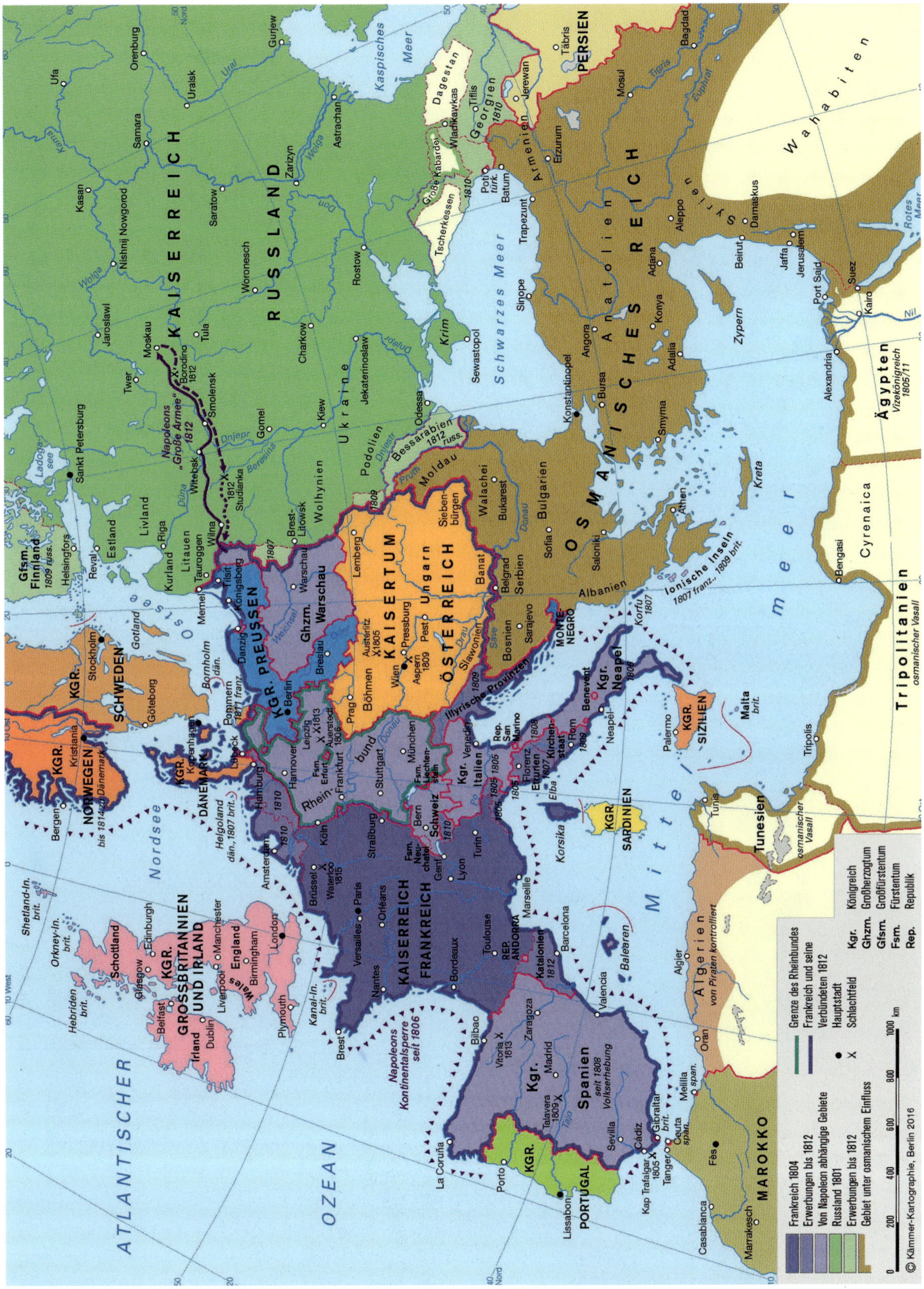

M2 Europa zur Zeit Napoleon I. 1804-1815

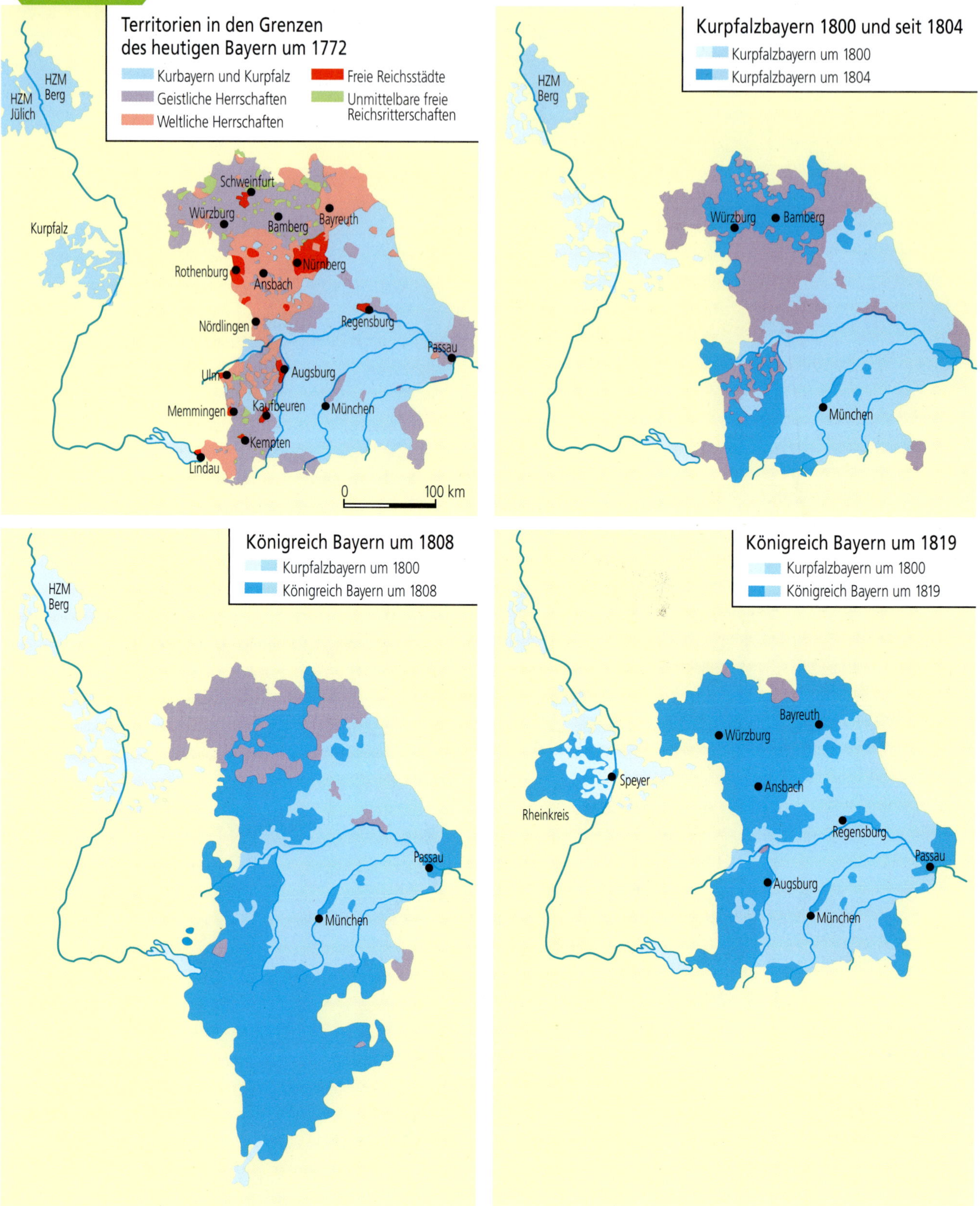

M3 Bayern Ende des 18. und Anfang des 19. Jahrhunderts

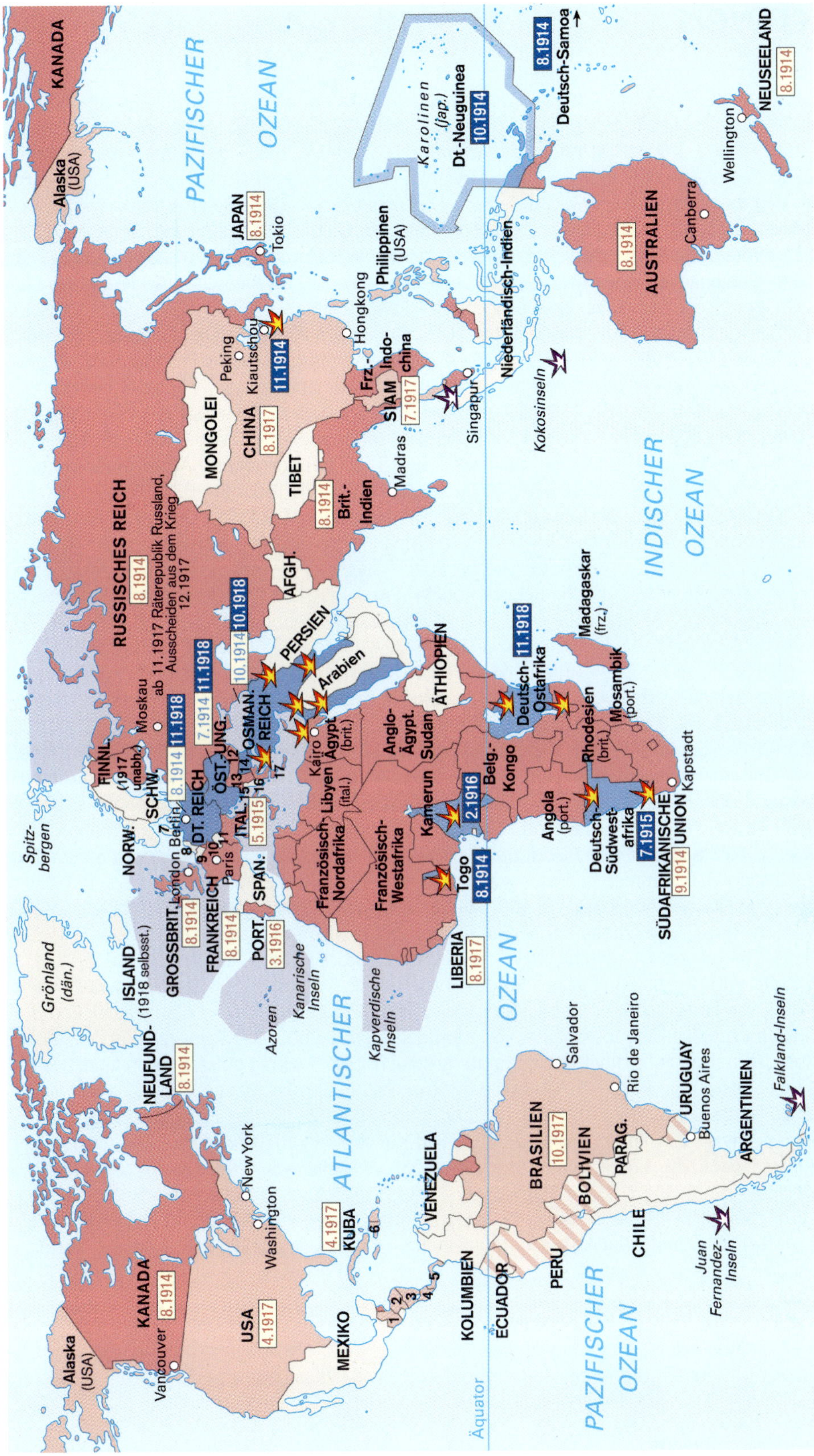

	Mittelmächte
	Deutsche Kolonien
	Deutsche U-Boot-Sperrgebiete 1917–18
8.1914	Kriegseintritt aufseiten der Mittelmächte
5.1915	Kapitulation der Mittelmächte
5.1918	Kriegseintritt auf alliierter Seite
	Alliierte und Verbündete 1914–1916
	Verbündete der Alliierten 1917–1918
	Staaten mit abgebrochenen diplomatischen Beziehungen zum Deutschen Reich
	Neutrale Staaten
	Kriegsschauplätze außerhalb Europas
	Bedeutende Seegefechte außerhalb Europas

1	GUATEMALA	4.1917
2	HONDURAS	5.1918
3	NICARAGUA	5.1918
4	COSTA RICA	5.1918
5	PANAMA	11.1917
6	HAITI	5.1918
7	DÄNEMARK	
8	NIEDERLANDE	
9	BELGIEN	8.1914
10	LUXEMBURG	8.1914
11	SCHWEIZ	
12	RUMÄNIEN	8.1916
13	SERBIEN	7.1914
14	BULGARIEN	10.1915 9.1918
15	MONTENEGRO	8.1914
16	ALBANIEN	
17	GRIECHENLAND	11.1916

0 500 1000 1500 2000 km

M 4 Die Welt im Ersten Weltkrieg 1914-1918

Bildnachweis

AdobeStock / Javi Martin – Vorsatz hinten; akg-images – S. 11, 12, 28, 50, 59, 73, 139, 143, 147, 174; - / Heritage Images, The Print Collector – S. 118; - / Landesmuseum Württemberg, Peter Frankenstein und Hendrik Zwietasch – S. 41; - / Erich Lessing, © VG Bild-Kunst, Bonn 2020 – S. 183; - / Jean-Pierre Verney – S. 182; Alamy Stock Photo / Granger Historical Picture Archive – S. 39, 57, 138; - / Heritage Image Partnership Ltd – S. 17, 66, 72; - / imageBROKER – S. 189; - / Mithra, Heritage Image Partnership Ltd – S. 54; - / B. O'Kane – S. 11; - / Pictorial Press Ltd – S. 30, 170; - / Eric D ricochet69 – S. 38; - / Peter Schatz – S. 113; - / The Granger Collection – S. 98; Archiv der sozialen Demokratie der Friedrich-Ebert-Stiftung, Bonn – S. 120, 153; Archiv Kurt Hoffmeister – S. 151; Axel Springer Syndication / WELT-Infografik 26.10.2014 – S. 161; Bayerisches Landesamt für Denkmalpflege / Michael Forstner, München – S. 93; Bayerisches Landesamt für Statistik, Fürth – S. 79; Bayerische Staatsbibliothek München / 4 Eph.pol. 80 a – 1832, 7-12 – S. 56; - / Per.22 ri-3 – S. 133; bpk-Bildagentur – S. 104, 114, 128, 144, 148, 150, 156, 176, 184; - / adoc-photos – S. 146; - / Hermann Buresch – S. 130; - / Georg Buxenstein Co. – S. 110; - / Deutsches Historisches Museum – S. 142; - / Deutsches Historisches Museum, Sebastian Ahlers – S. 32; - / © Olaf Gulbransson, VG Bild-Kunst, Bonn 2020 – S. 145; - / Dietmar Katz – S. 101, 110; - / Kunstbibliothek, Staatliche Museen zu Berlin – S. 164; - / Münzkabinett, SMB, Lübke & Wiedemann – S. 41; - / Staatsbibliothek zu Berlin, Dietmar Katz – S. 152; - / Studio Niermann, Emil Bieber – S. 179 ; - / Zentralarchiv, SMB – S. 100; Bundesarchiv / Allgemeiner Deutscher Nachrichtendienst, Zentralbild, Bild 183-R15449 – S. 128; - / Sig. Bild 146-1994-022-19 A, Fotograf: Oscar Tellgmann, Koblenz – S. 160; Bundeswehr / Sebastian Wilke – S. 74; Deutscher Gewerkschaftsbund, Berlin – S. 119; dpa Infografik / Globus-Grafik – S. 169,181; dpa Picture-Alliance / akg-images – S. 10, 26, 27, 33, 64, 74, 82, 112, 141, 180; - / AP Photo, Michael Euler – S. 8/9; - / Berliner Verlag, Uli Pschewoschny – S. 65; - / © Costa, Leemage – S. 22; - / dpa-Report, Ronald Wittek – S. 42/43; - / Heritage Images, Fine Art Images – S. 182; - / Mary Evans Picture Library – S. 191; - / Süddeutsche Zeitung Photo, Stephan Rumpf – S. 79; - / Süddeutsche Zeitung Photo, Johannes Simon – S. 123; - / ullstein bild – S. 185; - / ullstein bild, Archiv Gerstenberg – S. 55, 163, 172; - / vintage.de, Burkhard Juettner – S. 190; - / Westend61, Flamingo – S. 123; - / Zentralbild, Berliner Verlag, Archiv – S. 150; Harald Focke, Bassum – S. 185; Germanisches Nationalmuseum, Nürnberg – S. 69, 71; Getty Images / Bloomberg – S. 97; - / Markus Kleinmaier – S. 78; Getty Images Plus / iStockphoto, Santirf – S. 156; Haus der Bayerischen Geschichte, Augsburg / Bayerische Landesausstellung 2011, Götterdämmerung, König Ludwig II. – S. 86; Historisches Archiv Friedrich Krupp / Alfried Krupp von Bohlen und Halbach-Stiftung, Essen – S. 107; Historisches Archiv der MAN, Augsburg – S. 97; Anton Hötzelsperger / Bayerischer Trachtenverband, Prien am Chiemsee / OT Prutdorf – S. 83; Integrationsbeauftrage der Bayerischen Staatsregierung / Gudrun Brendel-Fischer, München – S. 93; Interfoto / Sammlung Rauch – S. 108; Kartographie Kämmer, Berlin / www.kaemmer.de – S. 228, 229; König & Bauer – S. 102; Kunstsammlungen und Museen Augsburg – S. 109; Mauritius Images / Alamy Stock Photo, Akademie – S. 31; - / Alamy Stock Photo, Art Heritage – S. 65; - / Alamy Stock Photo, Briefmarkensammlung – S. 154; - / Alamy Stock Photo, Chronik der Weltgeschichte – S. 19; - / Alamy Stock Photo, FALKENSTEINFOTO – S. 47; - / Alamy Stock Photo, FLHC7 – S. 29; - / Alamy Stock Photo, Historic Collection – S. 88; - / Alamy Stock Photo, History and Art Collection – S. 70; - / Alamy Stock Photo, Peter Horree – S. 116; - / Alamy Stock Photo, LH Images, Karin Sander, Maximilian Joseph Graf von Montgelas, 2003-2005, 3 D Scans historischer Abbilder von Graf Montgelas, digital errechnet und computergesteuert CNC 5-achsig gefräst, Aluminium, Höhe 6,20 cm, © VG Bild-Kunst, Bonn 2020 – S. 37; - / Alamy Stock Photo, Borislav Marinic – S. 58; - / Alamy Stock Photo, Niday Picture Library – S. 24; - / Alamy Stock Photo, NMUIM – S. 18; - / Alamy Stock Photo, Painters – S. 193; - / Alamy Stock Photo, Photo12, © VG Bild-Kunst, Bonn 2020 – S. 136; - / Alamy Stock Photo, Pictorial Press Ltd – S. 49, 170; - / Alamy Stock Photo, Steve Speller – S. 129; - / Alamy Stock Photo, The History Collection – S. 96, 115, 144; - / Alamy Stock Photo, The Picture Art Collection – S. 23, 36, 53, 60, 73, 129; - / Christian Bäck – Cover; - / imageBROKER, Helmut Corneli – S. 124/125; - / imageBROKER, H.-D. Falkenstein – S. 126; - / imageBROKER, Björn Kietzmann – S. 44; - / imageBROKER, Raimund Kutter – S. 91; - / Photononstop, Philippe Lissac – S. 20; - / United Archives, De Agostini, G. Dagli Orti – S. 46; - / United Archives, WHA – S. 98, 193; © mr-kartographie, Gotha / Erstveröffentlichung: Informationen zur politischen Bildung Nr. 331/2014, Zeitalter der Weltkriege, Bundeszentrale für politische Bildung/bpb, Bonn – S. 231; Münchner Stadtmuseum / Sammlung Graphik/Gemälde – S. 62, 63; Museumsstiftung Post und Telekommunikation / Museum für Kommunikation Frankfurt, Foto: Markus Heinisch – S. 86; Foto Neuhofer, Welchenberg – S. 76/77; © Österreichisches Staatsarchiv, Wien / HHStA SB, Kartensammlung Q, Ke3-1/4 – S. 73; © Peter Palm, Berlin – S. 35, 80, 97, 127, 175, 192; Postcard-museum / Peter Weiss, Hamburg –

S. 149; Jürgen Schraudner, Bamberg – S. 90; - / Stadtarchiv Bamberg – S. 90; Ernst Schütz – S. 88; Shutterstock / Aleksei Solodov – S. 40; Staatsbibliothek Bamberg / Eph.misc.f. 7 (1887, Nr. 2302), Foto: Gerald Raab – S. 87; Stadtarchiv Rosenheim – S. 140; Statistisches Bundesamt, Wiesbaden – S. 89, 122; Süddeutsche Zeitung Photo / Rue de Archives, Rene Dazy – S. 160; - / Scherl – S. 137; © Jochen Tack / Stiftung Zollverein – S. 94/95; The Fund For Peace / www.fundforpeace.org – S. 168; ullstein bild – S. 111, 166 (2); - / Archiv Gerstenberg – S. 44; - / Granger Collection – S. 191; - / histopics – S. 52; - / NMSI, Science Museum – S. 99; Universitäts- und Stadtbibliothek Köln – S. 188; Volksbund Deutsche Kriegsgräberfürsorge e. V. – S. 158/159; Wobring, in: Der europäische Bildersaal (2013), hrsg. von Popp/Wobring, Schwalbach/Ts, S. 88 – S. 131; www.altrofoto.de, Regensburg – S. 92; www.wikimedia.org – S. 14, 84, 85, 91 (2); - / David Liuzzo – S. 51

Mediencodes

akg-images – S. 64; - / Erich Lessing – S. 49, 100; bpk-Bildagentur / Deutsches Historisches Museum – S. 180; dpa Picture-Alliance / akg-images – S. 17

M 5 Die Welt von heute